KB161653

Be the Solver
실험 계획(DOE)

– 요인설계/강건설계

문제처리

Be the Solver

실험 계획(DOE)

– 요인설계/강건설계

송인식 지음

이담
Books

'문제 해결 방법론(PSM)'[1]의 재발견!

오랜 기간 기업의 경영 혁신을 지배해온 「6시그마」의 핵심은 무엇일까? 필자의 과제 수행 경험과 강의, 멘토링, 바이블 시리즈 집필 등 20년 넘게 연구를 지속해오면서 6시그마를 지배하는 가장 중요한 요소가 무엇인지 깨닫게 되었다. 그것은 바로 **'문제 처리(Problem Handling)', '문제 해결(Problem Solving)', '문제 회피(Problem Avoiding)'**이다. 이에 그동안 유지해온 타이틀 『6시그마 바이블』 시리즈와 『Quality Bible』 Series를 이들 세 영역에 초점을 맞춘 『Be the Solver』 시리즈로 통합하고, 관련 내용들의 체계를 재정립한 뒤 개정판을 내놓게 되었다.

기업에서 도입한 경영 혁신의 핵심은 대부분 '문제 처리/문제 해결/문제 회피(이하 '3대 문제 유형')'를 위해 사전 활동으로 '과제 선정'이 요구되고, '3대 문제 유형'을 통해 사후 활동인 '성과 평가'가 이루어진다. 또 '3대 문제 유형'을 책임지고 담당할 '리더'가 정해지고, 그들의 '3대 문제 유형' 능력을 키우기 위해 체계적인 '전문 학습'이 기업으로부터 제공된다. 이들을 하나로 엮으면 다음의 개요도가 완성된다.[2]

---

1) Problem Solving Methodology.
2) 송인식(2016), 『The Solver』, 이담북스, p.38 편집.

상기 개요도에서 화살표로 연결된 내용들은 '용어 정의'를, 아래 밑줄 친 내용들은 '활동(Activity)'을 각각 나타낸다. 기업에는 모든 형태의 문제(공식화될 경우 '과제')들이 존재하고 이들을 해결하기 위해 세계적인 석학들이 다양한 방법론들을 제시했는데, 이같이 문제들을 해결하기 위한 접근법을 통틀어 **'문제 해결 방법론(PSM, Problem Solving Methodology)'** 이라고 한다.

필자의 연구에 따르면 앞서 피력한 대로 문제들 유형은 '문제 처리 영역', '문제 해결 영역' 그리고 '문제 회피 영역'으로 나뉜다. '문제 처리 영역'은 '사소한 다수(Trivial Many)'의 문제들이, '문제 해결 영역'은 고질적이고 만성적인 문제들이, 또 '문제 회피 영역'은 연구 개발처럼 '콘셉트 설계(Concept Design)'가 필요한 문제 유형들이 포함된다. '문제 회피(Problem Avoiding)'의 의미는 설계 제품이 아직 고객에게 전달되지 않은 상태에서 '향후 예상되는 문제들을 미리 회피시키기 위해 설계 노력을 강구함'이 담긴 엔지니어 용어이다. 이들 '3대 문제 유형'과 시리즈에 포함되어 있는 '문제 해결 방법론'을 연결시켜 정리하면 다음과 같다.

[총서]: 문제 해결 역량을 높이기 위한 이론과 전체 시리즈 활용법 소개.
- The Solver → 시리즈 전체를 아우르며 문제 해결 전문가가 되기 위한 가이드라인 제시.

[문제 처리 영역]: '사소한 다수(Trivial Many)'의 문제들이 속함.

- 빠른 해결 방법론 → 전문가 간 협의를 통해 해결할 수 있는 문제에 적합. '실험 계획(DOE, Design of Experiment)'을 위주로 진행되는 과제도 본 방법론에 포함됨(로드맵: 21 – 세부 로드맵).
- 원가 절감 방법론 → 원가 절감형 개발 과제에 적합. 'VE(Value Engineering: 가치공학)'를 로드맵화한 방법론(로드맵: 12 – 세부 로드맵).
- 단순 분석 방법론 → 분석량이 한두 건으로 적고 과제 전체를 5장 정도로 마무리할 수 있는 문제 해결에 적합.
- 즉 실천(개선) 방법론 → 분석 없이 바로 처리되며, 1장으로 완료가 가능한 문제 해결에 적합.
- 실험 계획(DOE) → '요인 설계'와 '강건 설계(다구치 방법)'로 구성됨 (로드맵: '빠른 해결 방법론'의 W Phase에서 'P‑D‑C‑A Cycle'로 전개).

[문제 해결 영역]: 고질적이고 만성적인 문제들이 속함.

- 프로세스 개선 방법론 → 분석적 심도가 깊은 문제 해결에 적합(로드맵: 40 – 세부 로드맵).
- 통계적 품질 관리(SQC) → 생산 중 문제 해결 방법론. '통계적 품질 관리'의 핵심 도구인 '관리도'와 '프로세스 능력'을 중심으로 전개.
- 영업 수주 방법론 → 영업 수주 활동에 적합. 영업·마케팅 부문(로드맵: 12 – 세부 로드맵).
- 시리즈에 포함되지 않은 동일 영역의 기존 방법론들 → TPM, TQC, SQC, CEDAC, RCA(Root Cause Analysis) 등.[3]

---

3) TPM(Total Productive Maintenance), TQC(Total Quality Control), SQC(Statistical Quality Control), CEDAC(Cause and Effect Diagram with Additional Cards).

[문제 회피 영역]: '콘셉트 설계(Concept Design)'가 포함된 문제들이 속함.

- 제품 설계 방법론 → 제품의 설계·개발에 적합. 연구 개발(R&D) 부문 (로드맵: 50 - 세부 로드맵).
- 프로세스 설계 방법론 → 프로세스 설계·개발에 적합. 금융/서비스 부문 (로드맵: 50 - 세부 로드맵).
- FMEA → 설계의 잠재 문제를 적출해 해결하는 데 쓰임. Design FMEA 와 Process FMEA로 구성됨. 'DFQ(Design for Quality) Process'로 전개.
- 신뢰성(Reliability) 분석 → 제품의 미래 품질을 확보하기 위해 수명을 확률적으로 분석·해석하는 데 적합.
- 시리즈에 포함되지 않은 동일 영역의 기존 방법론들 → TRIZ, NPI 등.[4]

다음은 『**Be the Solver**』 시리즈 전체와 개별 주제들의 서명을 나타낸다.

분류	『Be the Solver』 시리즈
총서	The Solver
문제 해결 방법론 (PSM)	[문제 처리 영역] 빠른 해결 방법론, 원가 절감 방법론, 단순 분석 방법론, 즉 실천(개선) 방법론 [문제 해결 영역] 프로세스 개선 방법론, 영업 수주 방법론 [문제 회피 영역] 제품 설계 방법론, 프로세스 설계 방법론
데이터 분석 방법론	확증적 자료 분석(CDA), 탐색적 자료 분석(EDA), R분석(빅 데이터 분석), 정성적 자료 분석(QDA)
혁신 방법론	혁신 운영법, 과제 선정법, 과제 성과 평가법, 문제 해결 역량 학습법
품질 향상 방법론	[문제 처리 영역] **실험 계획(DOE)** [문제 해결 영역] 통계적 품질 관리(SQC) - 관리도/프로세스 능력 중심 [문제 회피 영역] FMEA, 신뢰성 분석

---

4) TRIZ(Teoriya Resheniya Izobretatelskikh Zadach), DFQ Process(Design for Quality Process), NPI(New Product Introduction).

들어가는 말

본 책은 「Be the Solver_실험 계획(DOE)」편이며, 특히 '요인 설계(Factorial Design)'와 '강건 설계(Robust Design)'를 다룬다. 현재 기업의 연구원과 엔지니어들을 대상으로 한 3일 교육 과정이 운영 중이며 애초 교재로 사용될 목적으로 기획되었다. 강의 수준은 처음 입문하는 교육생들의 눈높이에 맞춰 실습을 중심에 두고 이론을 곁들인 형태로 운영되고 있고, 이에 따라 책의 내용 역시 쉽고 빠르게 기본에 이를 수 있도록 구성했다. 그러나 본문을 써 내려가면서 모든 게 바뀌었다. 욕심이 난 것이다.

'실험 계획'은 고객관점의 '반응(Y)'을 만족 수준으로 끌어올리기 위해 그와 연동된 '변수(X)'들을 최적 값으로 정하는 활동이다. 따라서 'Y와 X'의 관계를 잘 파악하고 있는 연구원이나 엔지니어들에게 활용도가 높은 '최적화' 도구이다. 개발 관점에서 보면 설계품을 생산에 넘기기 전 모든 관리 변수들을 한데 모아 적정 값을 찾고 확인하는 절차이므로 '실험 계획'에서 확실한 답이 나오지 않을 경우 양산은 요원하다. 그만큼 연구 개발 단계에서 중요한 역할을 하므로 R&D에 종사하는 연구원이면 '실험 계획' 한두 개쯤 익숙하게 다루는 것은 일상이 되었다.

1990년대 초반에 연구원이었던 필자는 월요일 아침마다 모든 직원들에게 방영되는 그룹뉴스에서 바로 옆 연구실의 아무개 연구원이 '실험 계획'을 통해 재료의 최적 수준을 결정한 뒤 큰 성과를 거뒀다는 보도를 아직도 생생하게 기억한다. '실험 계획'이 위대해서 기억나는 것이 아니라 바로 옆 연구방의 잘 아는 연구원이 그룹 뉴스에 등장했던 사실이 매우 이례적이고 놀랄 만한 사건이라서 머릿속에 각인됐던 것이다. 참 한심한 일이다. 뉴스의 기억 덕에 당시 필자의 연구는 '실험 계획'과 전혀 무관하게 수행되고 있었음을 역설적으로 확인한 꼴이 되어버렸다. 오죽하면 회사에 그 유명한 다구치 박사가 왔다 갔다 해도 나가볼 생각을 안 했을까?

'실험 계획'은 일을 스마트하게 해주는 핵심 도구이다. 변수들을 하나씩 조정해 원하는 '반응 값'에 이르더라도 요인들 간 상호작용 때문에 예측하지 못한 결과를 초래한다. 실험 당시에는 분명 문제가 없었는데 생산 중에 자꾸 불량이 쏟아지고, 그를 해결하기 위해 다른 요인을 조정하면 시간이 지나 재발하는 일이 반복된다. 물론 일회성 대형 사고로 이어지는 일도 다반사다. 생산 프로세스가 항상 일정하게 유지되는 것이 아니므로 약간의 변동이 생기면 '상호작용 효과'들도 득세하기 마련이다. 따라서 변수들은 하나씩이 아닌 한 번의 실험으로 한꺼번에 처리되어야 한다.

'실험 계획(DOE)'을 이용하는 연구 환경이 조성됐다면 이번엔 어떤 '실험 계획'을 사용해야 하는지도 매우 중요하다. 한번은 A기업의 연구소에서 연구원들이 수행한 '실험 계획' 내용을 검토해달라는 요청을 받고 방문한 적이 있었다. 실험들은 주로 화학 성분들을 섞어 원하는 기능을 발현하는 데 맞춰져 있었는데 '실험 계획'은 모두 '요인 설계'로 진행되었다. 그래서 혹시 왜 '혼합물 실험'을 하지 않느냐고 물었더니 이전 과제들의 적용 사례가 없고 막상 개인이 내용을 이해하고 적용하려니 어려움이 많다는 답변을 들었다. '요인 설계'에 비해 용어나 개념이 다소 어려운 것은 인정하지만 좀 더 효율과 효과를 높일 수 있는 방법이 있음에도 '실험 계획'의 유형 선택을 달리하는 것 또한 지양해야 한다. 연구개발 환경에 맞는 '실험 계획의 유형'을 선택하는 것도 핵심 역량 중의 하나이며, 따라서 활용도가 높은 '요인 설계', '강건 설계', '혼합물 실험'들은 철저하게 그 내용을 파악할 필요가 있다. 그런 목적이라면 본 책의 애초 의도인 난이도를 줄여 쉽게 입문토록 본문을 꾸미기보다 적어도 '요인 설계'와 '강건 설계'만큼은 확실하게 이해할 수 있도록 구성했다는 점에 다소 위안이 간다.

따라서 독자들은 본 책을 통해 얻게 될 '요인 설계'와 '강건 설계'에 대해 확실한 전문적 소양을 발휘할 것이라 자신하며, 학습한 내용을 바탕으로 좀 더 다양하고 깊이 있는 영역으로 실험 해석에 대한 소양을 키워나가길 기원한다.

저자 송인식

일반적으로 '실험 계획(DOE, Design of Experiment)'을 내용으로 하는 서책은 '실험 계획'이란 용어가 기본으로 들어가고, '요인 설계(Factorial Design)' 또는 이것과 연계성이 강한 '반응 표면법(RSM, Response Surface Methodology)' 이 함께하거나, '강건 설계'의 대명사인 '다구치 방법(Taguchi Method)'을 독립적으로 담는 구성이 대부분이다. 그러나 본 책은 '요인 설계'와 '다구치 방법'을 함께 실은 것이 가장 큰 특징이라면 특징이다. 그 이유는 '요인 설계'와 '다구치 방법'이 따로 학습하는 것보다 함께 학습하는 것이 현업에서의 문제 해결에 상승효과가 크기 때문이다.

예를 들어 '요인 설계'는 '반응의 평균'을 원하는 수준에 맞추려는 데 반해, '다구치 방법'은 '산포'를 줄이는 데 초점을 맞춘다. 따라서 둘의 장단점을 이해하면 수행해야 할 실험을 위해 효율과 효과 두 마리 토끼를 다 잡는 성과로 이어질 수 있다. 연구원과 엔지니어의 문제 해결 역량이 두 방법을 학습한 만큼 배가된다는 뜻이다. 이런 이유로 본 책의 구성은 크게 「요인 설계(Factorial Design)」와 '다구치 방법'의 핵심인 「강건 설계(Robust Design)」로 구성되어 있다. 전체 구성을 요약하면 다음과 같다.

『Ⅰ. 실험 계획 개요』에서는 '실험 계획'이 어떤 과정을 거쳐 탄생했는지 그 역사적 배경을 살펴본다. 또 '실험 계획' 해석의 중심인 '분산 분석'의 탄생도 함께 다룸으로써 향후 '실험 계획'의 실체를 파악하는 데 도움을 준다. 또 '실험 계획'에서 쓰이는 주요 용어들은 물론 '실험 계획의 종류', 5대 원리, 그 외에 본문을 설명하는 데 필요한 실습 내용 등에 대해 기술한다. 따라서 본 장을 통해 앞으로 이어질 '요인 설계'와 '강건 설계'의 기초를 다지는 데 큰 도움을 받게 된다.

『Ⅱ. 요인 설계』에서는 『1. 완전 요인 설계(Full Factorial Design)』와 『2. 부분 요인 설계(Fractional Factorial Design)』를 다루며, 특히 후자는 '해상도 (Resolution)'의 해석과, 실험 수가 줄어들어 파악이 안 되는 정보를 보상하기 위한 '접음(Folding)'의 영역까지 포함한다.

『Ⅲ. 강건 설계』는 '다구치 방법'을 상세히 다룬다. '다구치 방법'은 '요인 설계'와 별개의 용법을 가지며, 주로 통계적 접근이 아닌 공학적 접근법으로 알려져 있다. 따라서 『1. 다구치 방법 개요』에서는 탄생 배경은 물론 실험 결과의 해석에 매우 중요한 '손실 함수', '강건 설계', 'SN 비' 등에 대한 개념은 물론 수학적 원리를 따져 세세하게 정리하고 유도함으로써 기존 '다구치 방법'에 모호함을 느꼈던 독자에게 갈증이 완전하게 해소되는 기회를 제공한다. 이어지는 『2. 정특성 강건 설계(연속 자료)』에서는 '망목/망소/망대 특성'에 대한 '강건 설계'를, 『3. 정특성 강건 설계(이진수자료/순서척도)』에서는 '계수 분류치'에 대한 설계가, 『4. 정특성 허용차 설계』에서는 '망목/망대 특성'에 대한 '허용차 설계'를 다룬다. 끝으로 『5. 동특성 강건 설계』에서는 입력 신호에 따라 출력이 가변하는 시스템에서의 '최적 조건'을 찾는 방법과 해석을 상세히 소개한다.

원래 본 책의 기획 의도는 '완전 요인 설계'와 '다구치 방법의 정특성'만을 다루려는 것이었으나 '부분 요인 설계'와 '동특성'까지 아우르는 명실상부 '요인 설계'와 '강건 설계' 전체를 집대성하게 되었다. 그러나 내용이 늘어났다고 허술하게 다룬 부분이 없다는 점은 특히나 강조하고 싶다. 본 책을 통해 소속된 분야에서 최적의 제품을 개발하고 생산함으로써 개인의 역량 향상은 물론, 기업과 국가경제에 작은 보탬이 되길 기원하는 바이다.

.차례

실험 계획(Design of Experiment) 개요

업무에 사용하는 각종 도구(Tools)들은 그들이 생겨날 수밖에 없었던 필연적인 이유가 있다. '실험 계획' 역시 동일하며 이 용어는 모든 실험적 방법들의 총칭어로 쓰인다. 본문에선 여러 시험 방법들 중 '요인 설계(Factorial Experiment)'와 '강건 설계'를 다루고 있으며 특별한 사유가 없는 한 이들을 통칭하는 용어로 사용할 것이다. 본 장에선 '실험 계획' 전체를 이해하는 데 필요한 기본 사항들을 학습한다.

1. 실험 계획의 시작

1992년쯤으로 기억된다. 월요일 아침마다 방영되는 그룹소식 코너에서 바로 옆 연구실의 한 선배 연구원이 '실험 계획(Design of Experiments)법'을 적용해 연구 중인 재료의 최적 조건을 찾아 품질을 획기적으로 높였다는 취재 보도가 흘러나왔다. 당시 연구 의욕이 왕성했던 필자로서는 밤이 새더라도 열정의 에너지를 쏟는 환경이 더 편하고 친숙했던지라 복잡한 수식으로 연구 활동을 대신하는 일엔 사실 별 관심이 없었고, 이 같은 고집스러운 연구 활동은 90년대 후반 '6시그마'가 회사 전체를 지진해일처럼 휩쓸고 지나갈 때까지 변함없이 지속됐다. 논리적 접근보다 손발이 먼저 움직이는 것이 왠지 결과도 빨리 볼 수 있다는 확신이 앞섰던 시기였다. 그러나 열정이 큰 만큼 손발이 그에 비례해서 수도 없이 빠르게 움직여야 하는 요샛말로 스마트하지 못한 연구원 생활이었다.

당시의 연구 방식이 '실험 계획'을 적용하는 방식보다 왜 더 빠르다고 느꼈고, 한편으론 '실험 계획'이 효율적이란 정보를 입수했음에도 그를 적극 도입하려는 노력은 거의 기울이지 않았던 것일까? 사실 대학을 다니면서 '실험 계획'처럼 통계적 처리가 필요한 분야는 산업공학이나 통계학을 전공하는 학과에서나 다루는 학문으로 여겨졌지 나와 관련 있을 것이란 생각은 한 번도 해본 적이 없었고, 더 큰 이유는 그런 게 있었다는 사실조차 전혀 모르고 지냈다는 것이다. 이 같은 상황은 지금도 별반 나아지지 않고 있는데 공대를 나온 학생들 상당수가 '분산 분석'이나 간단한 '가설 검정'조차 경험하지 못했음을 주변에서 쉽사리 접하곤 한다. 어떤 이유로든 대학에서 그 필요성을 충분히 공감한 학생이면 부전공이든 아니면 별도의 노력을 통해서라도 '실험 계획'의 효용성을 일정 수준 체험했을 텐데, 불행히도 학교에서 기회를 갖지 못하고 사회에 나와 기업에서조차 학습 기회를 갖지 못하면 그 중요성을 전혀 인식하지 못한 채 직진 길도 한참 돌아서 가는 일이 다반사로 일어난다. 효율이 떨어질 수밖에 없다. 대학의 산업공학부 커리큘럼에서조차 '실험 계획'은 4학년쯤에서 다루고 있어 같은 학과 1~3학년조차 접하기 어려운 상황인 데다, 설사 타 전공 학생들이 관심을 가졌다손 치더라도 다른 학과의 고학년이나 배우는 내용을 쉽게 내 것으로 만드는 일은 현실적으로 쉽지만은 않다. 따라서 공대 경우 '실험 계획'의 중요성을 인식시키고 필수 과목으로 유도한다거나 아니면 기업에서 철저한 교육프로그램 운영을 통해 확실하게 지원하는 환경이 매우 절실하다. 그렇다면 '실험 계획'을 꼭 알아야 할 이유는 무엇일까?

'실험 계획'의 효용성은 그의 창시자인 Fisher가 직접 언급한 다음의 말에서도 상당 부분 공감이 가는 대목이 있다.5)

> "지금까지 실험을 통해 처리하고자 했던 문제들은 한 번에 한 개, 많아봐야 몇 개 정도를 해결할 수 있다는 게 정론이었으나, 필자(Fisher를 지칭)는 더 이상 이와 같은 통념은 사실이 아니며, 이제 '요인 설계'라고 하는 새로운 실험 방법을 통해 문제를 해결하는 시대가 왔다."

Fisher가 이르길 "자연은 논리적이고 아주 사려 깊은 질문에 매우 잘 반응한다"고 하였다. 즉, '요인 설계'는 각 요인들의 'Y'에 미치는 영향뿐만 아니라 그들 사이의 상호작용이 주는 영향도 한 개 요인이 주는 영향들과 같은 정확도로 동일 시행 수에 의해 결정될 수 있다. 손발을 빨리빨리 움직여 요인들의 'Y'에 미치는 영향을 파악하는 일보다 '요인 실험'을 통해 같은 시행으로 여러 요인들이 주는 영향과 그들 간 상호작용의 영향까지 한 번에 알 수 있다

---

5) 영문판 WIKIPEDIA의 "Factorial Experiment"에 언급된 내용을 직역하지 않고 알기 쉽도록 풀어서 옮겨놓았다.

면 굳이 '그 효율성과 효과성을 간과하고 각자의 실험법을 고수할 하등의 이유가 없다. Fisher의 말이 맞는다면 말이다.

1.1. '실험 계획(DOE, Design of Experiments)'의 탄생과 발전

'실험 계획'의 최초 발상이 언제부터인지를 논하기는 매우 어려우나 공식적으로 알려진 사안만을 기준으로 볼 때 대략 16세기인 1700년대 무렵부터 논의가 이루어진 것으로 보인다. 이에 대해서는 영문판 위키피디아의 'Design of Experiments'를 통해 아래와 같이 설명되고 있다.

체계적으로 계획된 임상 시험

현재의 '실험 계획'과 유사하면서 공식적이고 체계적으로 이루어진 최초의 임상 시험은 1717년에 영국 군함 솔즈베리(Salisbury)의 외과 전문의였던 제임스 린드(James Lind)에 의해서였다. 그는 당시 괴혈병 치료약들을 비교할 목적으로 체계적인 임상 시험을 시행하였다. Lind는 괴혈병과 관련 없는 외부 변동을 줄이기 위해 엄격한 선발 조건을 마련한 후 괴혈병으로 고통 받고 있던 선원 12명을 차출했다. 그는 선원들을 여섯 쌍으로 나누고, 각 쌍에게 서로 다른 식이 보조제를 다음과 같이 2주에 걸쳐 제공하였다.

(그룹 1) 매일 약 1.14리터의 사과 주스
(그룹 2) 매일 세 번 공복 상태에서 25방울의 황산
(그룹 3) 매일 약 275㎖의 해수
(그룹 4) 육두구(열매) 크기로 혼합한 마늘, 겨자, 고추냉이
(그룹 5) 매일 세 번의 식초 한 숟가락
(그룹 6) 매일 오렌지 두 개와 레몬 한 개

6일째 되던 날 과일이 떨어져 감귤류 처방(그룹 6)은 중단되었으나 두 명 중 한 명은 거의 회복 상태에 이르렀다. 그 외에는 사과 주스를 처방한 그룹만이 효과를 보였으며, 따라서 나머지 그룹들은 '통제 집단(Control Group)'[6]의 역할을 한 것이었으나 Lind는 그 '통제 집단'으로부터 나타난 결과는 보고하지 않았다.

통계적으로 이루어진 실험

'실험 계획'과 관련된 통계적 추론의 두 가지 이론이 Charles S. Peirce에 의해 정립되었는데, 하나는 측정 대상의 '무선 배치(Random Assignment)'[7]이고, 다른 하나는 '최적 설계(Optimal Design)'이다. 전자는 1877년부터 1878년에 걸쳐 그가 [월간 대중 과학(Popular Science Monthly)]에 발표한 「과학적 논리의 예시(Illustrations of the Logic of Science)」라는 주제하의 여섯 편의 연작 논문과, 1883년에 발표한 「확률적 추측 이론(Theory of Probable Inference)」에서 발전하였다. 두 발표문들은 통계학에서 임의성(Randomization)에 기반을 둔 추측(Inference)이 중요하다는 것을 강조하였다. 이어 측정 대상을 **무작위로 배치한 설계** 예가 1885년에 발표되었다. 여기서 무게를 판별해내는 능력을 알아내기 위해 참여자들이 인지하지 못한 상태에서 반복 측정이 이루어지도록 그들을 무작위로 배치한 경우를 설명하고 있다.[8] 이 같은 Peirce의 실험은 1800년대의 심리학과 교육학의 여러 연구자들이 측정 대상을 무작위로 배치하는 연구 문화를 형성시키고 발전시키는 데 중요한 역할을 하였다.

---

6) 피험자는 '실험 집단(Experimental Group)'과 '통제 집단(Control Group)'으로 나뉘며, 전자는 효과를 보기 위한 처방이 이루어진 집단을, 후자는 기존의 방식대로 처리한 집단을 각각 지칭한다.
7) (실험심리학 용어사전) 모자 속의 종이쪽지를 뽑거나, 동전을 던지거나, 난수표에서 선정하는 등 여러 방법을 통해 피험자를 각 조건에 할당하는 것. 각각의 피험자는 어떤 집단에 배치될 동등한 기회를 가진다.
8) Peirce, Charles Sanders; Jastrow, Joseph (1885). "On Small Differences in Sensation." Memoirs of the National Academy of Sciences 3: 73 - 83.

'최적 설계(Optimal Design)'는 다항 회귀를 이용한 선구적인 접근법이 이미 1815년 Gergonne에 의해 제안되었으며, 1918년엔 Kirstine Smith가 6차수 이하의 다항식으로 이루어진 최적 설계를 발표한 바 있다. Peirce는 1876년에 회귀 모형을 이용한 접근법을 영문으로 처음 출판하면서 이 분야 발전의 토대를 마련하였다.[9]

'순차 시험(Sequential Experiment)'의 발전

실험의 계속 여부 또는 새로운 계획 수립의 필요성이 이전의 실험 결과에 따라 결정되는 실험을 '순차 시험'이라고 하며, 통계적 가설에 대한 연속적 검정 연구의 선구자인 Abraham Wald[10]에 의해 개척된 '순차 분석(Sequential Analysis)'[11]의 한 분야이다. 1972년에 이르러서는 Herman Chernoff가 '최적 순차 설계(Optimal Sequential Designs)'[12]를, 1996년엔 S. Zacks에 의해 '적응 설계(Adaptive Designs)'[13]가 연구되면서 이 분야의 두드러진 발전이 이루어졌다.

Ronald A. Fisher의 등장

실험을 설계하는 구체적인 방법론이 Fisher의 혁신적인 서책인 『The Arrangement

---

9) Peirce, C. S. (1876). "Note on the Theory of the Economy of Research." Coast Survey Report: 197 - 201, actually published 1879, NOAA / Reprinted in Collected Papers 7, paragraphs 139 - 157, also in Writings 4, pp.72~78, and in Peirce, C. S. (July - August 1967). "Note on the Theory of the Economy of Research." Operations Research 15 (4): 643 - 648.

10) Wald, A. (1945). "Sequential Tests of Statistical Hypotheses", Annals of Mathematical Statistics, 16 (2), 117 - 186.

11) Johnson, N. L. (1961). "Sequential analysis: a survey." Journal of the Royal Statistical Society, Series A. Vol. 124 (3), 372 - 411. pp.375~376.

12) Herman Chernoff, Sequential Analysis and Optimal Design, SIAM Monograph, 1972.

13) Zacks, S. (1996). "Adaptive Designs for Parametric Models." In: Ghosh, S. and Rao, C. R., (Eds) (1996). "Design and Analysis of Experiments", Handbook of Statistics, Volume 13. North-Holland. ISBN 0-444-82061-2. (pp.151~180).

of Field Experiments(1926)』와 『The Design of Experiments(1935)』에서 발표되었다. 여기서 이루어진 많은 선구적인 연구는 통계 방법을 주로 농업 분야에 적용한 것들이었다. 일상에서 일어나는 상황을 '실험 계획'으로 설명한 예로 1935년도 서책에 포함된 "숙녀들의 차(Tea) 감별 실험(Lady Tea Tasting Experiments)"이 있다.[14]

이 실험에서 한 여인(Muriel Bristol)이 밀크티를 마실 때, 그 밀크티에 우유를 먼저 넣었는지 아니면 차를 먼저 넣었는지를 감별해낼 수 있다는 주장에 대해, 실제로 숙녀가 그런 구분을 할 수 있는지를 실험으로 예로 든 것이다. Fisher는 이 실험 방법에서 "숙녀는 그런 능력이 없다. 즉 구분할 수 없다"는 것을 '귀무가설(Null Hypothesis)'로 두고, 이 '귀무가설'이 옳다는 것은 실험으로 증명할 수 없지만, 그 가설이 잘못되었다는 것, 즉 "능력이 없다는 것이 거짓이다=숙녀가 구별할 능력이 있다"는 것은 실험으로 증명할 수 있다고 하였다. 실험 방법은 다음과 같다.[15]

- 우유를 먼저 넣어 만든 넉 잔의 밀크티와, 차를 먼저 넣어 만든 넉 잔의 밀크티를 준비한다.
- 위의 총 여덟 잔의 밀크티를 무작위로 테이블 위에 배치한다.
- 숙녀에게 왼편에는 우유를 먼저 넣었다고 생각되는 밀크티를, 오른편에는 티를 먼저 넣었다고 생각되는 밀크티를 구분해놓도록 한다.

이 경우, 여덟 잔들 중 넉 잔만 선택되면 나머지도 결정되므로 가능한 총 경우의 수는 "8개 중 4개를 선택하는 조합(Combination)"으로 압축된다. 이를

---

14) 위키피디아(영문판) 'Lady tasting tea'와, 블로그 "http://blog.daum.net/ rhaoslikesan/227"을 편집해 옮김.
15) 애니메이션 설명은 "https://www.youtube.com/watch?v=lgs7d5saFFc" 참조.

계산하면 '$_8C_4 = 8!/4!(8-4)! = 70$'이며, 넉 잔 모두 올바로 선택될 확률이
'$(_4C_4 \times _4C_4)/_8C_4 = 1/70 \cong 0.0143$'이므로, 이때 '유의 수준=0.05'에서 '대립 가설
의 채택', 즉 "숙녀는 밀크티를 판별할 능력이 있다"로 판단할 수 있다. 만일
여덟 잔들 중 석 잔을 올바로 판단할 확률을 별도 계산할 경우
'$(_4C_3 \times _4C_3)/_8C_4 = (4 \times 4)/70 = 16/70 \cong 0.229$'로 '유의 수준=0.05'에서 '귀무가설
을 기각하지 못함'이 되며, 이때 "숙녀는 밀크티를 판별할 능력이 없다(또는
판단할 수 있다고 주장한 것은 거짓말이었다)"로 판단할 수 있다. 종합하면 숙
녀는 석 잔 이하는 판별할 능력이 없고 넉 잔은 판별할 수 있으므로 "확실히
판별한다"는 결론에 이른다.

앞서 설명한 예시는 Fisher가 '가설 검정'에 대해 논의한 것으로도 인용되나
2002년에 미국의 David Salsburg는 그의 저서 『The Lady Tasting Tea』에서
Fisher의 실험과 그에 적용했던 '임의성(Randomization)'을 강조해 자세히 묘
사한 바 있다. '임의성'은 실험의 무작위 배치를 뜻하며 '실험 계획'의 주요한
기본 원리 중 하나이다.

다음 [그림 Ⅰ‐1]은 Ronald A. Fisher와, 그가 일상에 '실험 계획'을 적용
했던 사례를 담은 서책 『The Lady Tasting Tea』의 표지이다.

[그림 Ⅰ‐1] Fisher 및 Salsburg의 『The Lady Tasting Tea』 표지

Ronald A. Fisher

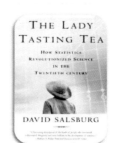

Salsburg의 「The Lady Tasting Tea (02)」 표지

Fisher의 실험 방식은 농업 분야뿐만 아니라 현재에 이르러 자연과학과 사회과학에서 폭넓게 활용되는 계기가 되었다.

'실험 계획'과 관련해 영국의 통계학자인 William Sealy Gosset과 Fisher와의 일화가 있어 다음에 옮겼다.[16] 내용은 '실험 계획'에서 빠져서는 안 될 '임의성(Randomness)'에 대한 초창기 논란을 담고 있다. 참고로 Gosset은 우리가 잘 알고 있는 'Student t‑test'를 정립한 학자이다.

R. A. Fisher가 Gosset과 서신 왕래를 시작한 것은 그가 정규 모집단의 평균과 분산을 추정하기 위해 최우법(Maximum Likelihood)을 적용한 논문을 Gosset에게 보냈던 1912년부터이다. 그러나 그들이 만난 것은 약 10년이 지난 뒤 Gosset이 Rothamsted를 방문해 Fisher에게 그의 통계표를 제시했을 때였다. 그들은 1923년까지 다양한 주제로 서신 왕래를 하였으며, 그중엔 '실험 계획'에 대해 Fisher가 Mackenzie와 함께 연구한 내용도 포함되어 있었다. 당시 Gosset은 '계통적 배치법'을 주장하면서 Fisher의 '무작위 추출법'에 대해서는 본질적으로 반대하고 있었다. 무작위 추출의 적용에 대한 그들의 의견 대립은 개인 편지로도 지속되었고, 급기야 Gosset은 1931년 오명이 나 있던 'Lanarkshire Milk Experiment('Student', 1931)'에 대한 논평을 통해 Fisher를 직접 공식 비판하기에 이르렀다.

그러나 1936년에, 영국 왕립통계협회에서 "대규모 실험에 대한 협업"이란 논문을 두고 토론하던 중, 둘의 논쟁이 세상에 드러났다. Gosset은 Beaven의 '절반 파종(Half-drill Strip, 재배법)'의 계통 설계를 극찬하였고, 다음 순서에 발표하기로 되어 있던 Fisher는 그의 주장에 반대하는 입장을 보였다. 이 일로 Fisher와 Barbacki는 「계통적 설계(Systematic Designs)의 정밀성」을 비판하는

---

16) C. C. Heyde, E. Seneta Editor, Statisticians of the Centuries, Springer Science & Business Media, p.316.

논문을 발표하게 되었고 이 내용을 Gosset과 편지로 주고받았다.

Gosset이 사망할 즈음, 당시 Fisher에 대응하기 위한 깊이 있는 연구가 진행되었고, 그 과정에 본인의 '계통적 실험'을 재차 강조하면서 다시금 '무작위 추출'의 역할에 대해 의구심을 제기하였다. 몇 해가 흘렀음에도 그들은 아주 기본적인 통계적 논란에 해당되는 이 같은 문제에 해결점을 찾지 못했다. Gosset이 연구했던 논문은 사후 1년이 지난 1938년에 발표됐고, Fisher는 그 논문을 읽은 후 Harold Jeffreys에게 보낸 편지에서 다음과 같이 당시 상황을 논평했다.

> "내 판단으로는, 만일 우리가 다른 점이 무엇인지 정확히 파악하기 위해 서로를 충분히 알려고 노력했더라면, 또 그가 의무감에 이끌려 Beaven이 수행한 '절반 파종(half-drill strip, 재배법)' 실험의 장점들을 극찬하고 결함들은 오히려 부정하는 일에 관여하지 않았더라면, Gosset의 '계통적 실험'과 나의 '무작위 추출' 간에는 매우 근소한 차이가 있었음을 간파했을 것이다….
>
> 나는 또 내 판단이 중대성을 띨 마큼 우려스러웠던 경험은 별로 없었지만, 토양의 비옥도 차이가 무작위 실험으로부터 쉽게 제거될 수 있음을 Gosset은 결코 깨닫지 못했다고 생각되는데, 이제 생각하지만 좀 더 일찍 이 부분을 그에게 분명히 알아듣도록 설명하지 못했던 것은 내 실수이다. 지난 2년간 나는 정말 Gosset이 내가 주장했던 무작위 추출 모두를 확실히 알고 있었다고 생각했다."

결론적으론 Fisher가 주장한 실험의 '임의성(Randomness)'은 '실험 순서'든 '표본의 배치'든 실험 과정 중에 잡음 요소들을 제거하는 데 없어서는 안 될 매우 중요한 원리임에 틀림없다. 지금은 당연시되는 지식도 처음 제안되었을 당시엔 논란의 중심에 있었음을 짐작하고도 남는 일화이다.

Ronald A. Fisher 이후 '실험 계획'의 발전

1937년 Frank Yates는 '균형 요인 설계(Balanced Factorial Design)'에서 '주 효과'와 '상호작용 효과'를 효율적으로 계산하는 방법을 개발했다. 이것을 'Yates's Algorithm'이라고 한다. 원래는 요인들이 두 개 수준이어야 하지만 세 개 이상의 수준들로도 확장 가능하다. 이 알고리즘은 덧셈과 곱셈으로 이루어져 있어 수작업뿐만 아니라 프로그램으로도 쉽게 구현할 수 있는 특징을 갖췄다. 알고리즘을 역으로 이용하면 '적합 값(Fitted Value)'과 '잔차(Residual)'를 얻을 수 있다. 참고로 Yates는 1931년 Fisher에 의해 Rothamsted Experimental Station에서 연구하도록 보조 통계학자로 지명되었으며, 1933년 Fisher가 University College London으로 자리를 옮기면서 통계학자들의 수장이 되었다. 그는 Rothamsted에서 Fisher의 '분산 분석' 이론을 정립하는 데 기여했고, '균형 불완비 블록 설계(Balanced Incomplete Block Design)'와 'Yates's Algorithm'을 창안하는 등 '실험 계획' 해석에 크게 공헌하였다.

1940년 Indian Statistical Institute에 소속된 Raj Chandra Bose와 K. Kishen은 수 개의 '주 효과'를 효율적으로 추정하는 설계 방식을 발견했으나 거의 알려지지 않다가 1946년 Biometrika에 'Plackett-Burman Design'이 실리면서 세상에 빛을 보게 되었다.

1947년에 C. R. Rao는 '직교 배열(Orthogonal Arrays)'[17]의 개념을 '실험 계획'에 적용했는데, 이 개념은 1954~1955년에 Indian Statistical Institute를 방문했던 Genichi Taguchi에 의해 개발된 '다구치 방법(Taguchi Methods)'의 주 원리가 되었다. Taguchi는 그곳에서 C. R. Rao 외에 Fisher와 Walter A.

---

17) 라틴방격(Latin Squares)과 상호 라틴방격의 개념이 1946년 Kishen에 의해 라틴 입방체, 라틴 초입방체 그리고 직교 라틴입방체와 초입방체로 일반화되었다. 1946년 Rao는 이 결과들을 'Strength t'로 일반화 하였으며, 현재의 직교배열 표기는 일반화된 형식을 빌린 것으로 1947년 C. R. Rao가 그의 논문 "Factorial experiments derivable from combinatorial arrangements of arrays", J. Roy. Stat. Soc., Suppl. 9: 128 - 139에서 제시하였다.

Shewhart와도 함께 작업하였다. '다구치 방법'은 일본에서 다구치의 지도하에 이미 1950년대부터 여러 산업 현장에서 널리 응용되고 있었으며 1959년 일본 과학기술연맹에서 『직교 표에 의한 실험의 배치 방법』이라는 책자를 출판하였다. 그러나 세계적으로 이 분야에 학자들이 관심을 갖게 된 것은 그보다 수십 년 뒤의 일로 1980년대 이후 Phadke et al.(1983), Kacjar(1985), Box(1988), Nair(1986, 1992) 등의 학자들이 관련 논문을 발표하면서부터였다. 서구의 학자들에게 소개된 이후 Box(1988)를 비롯한 통계학자들은 주로 비판적인 시각에서 '다구치 방법'을 평가하였는데 통계적 이론이 미흡하다는 것이 주된 이유였다. 예를 들어, 'SN 비(Signal‑to‑Noise Ratio)'의 사용 근거, 제어 인자의 '주 효과' 위주의 설계, 상호작용 파악에 부적절한 직교표의 사용, 유의한 효과의 판정 방법 등에 대한 비판이 그것이다. 그러나 부정적인 시각에도 불구하고 '다구치 방법'은 산업 현장에서의 수많은 성공 사례들과 함께 Taguchi (1987), Phadke(1989), Fawlkes and Creveling(1995), Mori, T.(1995), Roy, R. K.(2001), Taguchi(2004) 등 학자들의 저서를 통해 일본뿐만 아니라 세계 각국의 많은 산업 현장에 널리 보급됨으로써 제품 개발과 공정 개선에 효과적으로 활용될 수 있는 강력한 방법론으로 자리매김하였다.[18] '다구치 방법'은 제품의 '품질 변동(Quality Variation)'을 줄이려는 노력의 일환으로 '다구치 품질 공학(Quality Engineering)'이라는 학문 분야를 탄생시켰다.

1950년에는 Gertrude Mary Cox와 William Gemmell Cochran이 발간한 『실험 설계(Experimental Designs)』 책이 이후 수년에 걸쳐 통계학자들을 위한 '실험 계획'의 지침서가 되었다.[19]

1951년엔 George Box와 Wilson이 출력들을 하나의 '반응 함수'로 여기고 이

---

18) 권혁무·장현애(2013), 「다구치 방법의 강점 및 약점에 대한 사례 연구」, Journal of the Korean Institute of Industrial Engineers Vol. 39, No. 5, pp.383~392. October 2013.
19) William Gemmell Cochran, Gertrude Mary Cox (1950). "Experimental Design", John Wiley & Sons.

함수로부터 최적 조건을 찾으려는 '반응 표면법(Response Surface Methodology)'
관련 핵심 논문을 발표하였다. 재미있는 사실은 Box가 Fisher의 사위라는 점
이다. '실험 계획'의 최초 이론이 사위를 통해 발전된 셈이다.

1958년엔 Scheffe는 'q개'의 성분들이 포함된 독창적인 '혼합물 실험
(Mixture Experiment)'인 '심플렉스 격자 설계(Simplex-lattice Design)'를 발표
하였다. 이 설계의 목적은 성분들의 전체 양이 아닌 그들의 비율에 따라 반응
이 변동할 때 그를 예측하기 위함이었다. 그는 다시 1963년에 '심플렉스 중심
설계(Simplex Centroid Design)'라 불리는 실험 설계를 발표했는데 여기서 'q
개'의 성분들이 혼합될 수 있는 모든 부분 집합은 '(2^q-1)개'임을 주장하였다.
1968년 Murty와 Das는 Scheffe의 모형에서 파라미터의 추정을 위해 '대칭 심
플렉스 설계(Symmetric-simplex Designs)'를 적용하는 아이디어를 제안하였다.
'혼합물 실험'은 이후 최근에 이르기까지 지속적으로 발전하고 있으며 자세한
내용은 관련 문헌을 참고하기 바란다.[20]

'실험 계획'에서 쓰이는 선형 모형 이론의 개발은 논문 저자들의 관심을 증
폭시켰는데, 오늘날 이 이론은 선형 대수, 대수와 조합론에 크게 기여하였다.

현재 '실험 계획'은 통계학의 또 다른 영역인 '빈도주의적 접근'과 '베이지
안적 접근' 모두를 이용하면서 발전하고 있다. '실험 계획'의 통계적 절차를
발전시켜 나가는 데 있어 '빈도주의적 통계학'은 '표본 분포'에 관심을 두는
데 비해, '베이지안적 통계학'은 파라미터 공간상의 '확률 분포'를 업데이트
하는 데 관심을 두고 연구를 집중하고 있다.

실험 계획 분야에 많은 기여를 한 사람들은 다음과 같다. C. S. Peirce, R.
A. Fisher, F. Yates, C. R. Rao, R. C. Bose, J. N. Srivastava, Shrikhande S.
S., D. Raghavarao, W. G. Cochran, O. Kempthorne, W. T. Federer, V. V.

---

20) '혼합물 실험' 관련 전체 역사는 http://prr.hec.gov.pk/Chapters/2327S-2.pdf 참조.

Fedorov, A. S. Hedayat, J. A. Nelder, R. A. Bailey, J. Kiefer, W. J. Studden, A. Pázman, F. Pukelsheim, D. R. Cox, H. P. Wynn, A. C. Atkinson, G. E. P. Box and G. Taguchi.

1.2. '분산 분석(ANOVA, Analysis of Variance)'의 탄생

사실 '실험 계획'에서 쓰이는 통계적 기법들은 한두 개로 요약하기 어려울 정도로 다양한 유형과 또 오랜 기간 숙성된 결과물들이 혼재되어 있어 그 하나하나를 따지려 든다면 통계 역사 전체를 들먹거려야 할지 모른다. 그러나 '실험 계획'을 논할 때 이것을 빼놓고는 얘기하기 어려울 정도로 중요한 핵심 도구가 있는데 바로 '분산 분석(ANOVA, Analysis of Variance)'이다. 다음은 '분산 분석'의 기원을 옮긴 것이다.[21][22]

'분산 분석'에는 오랜 기간 이전 학자들의 수많은 연구 결과물인 가설 검정, 실험관련 통계 도구, 변동의 분리, 가법 모형의 내용들이 집약되어 있다. 참고 로 '가법 모형'은 "여러 가지 요인들이 반응 변수에 더하기 효과로 영향을 주 는 모형을 말하며 분산 분석의 경우 상호작용이 없는 모형"을 의미한다. Laplace는 1770년대 때 '가설 검정'을 시행하였으며, '최소 제곱법(Least-squares Method)'이 Gauss와 Laplace에 의해 1800년경에 발전하면서 천문학과 측지학 에서 관측치를 엮어내는 개량된 방법을 제공하였다. 또 '최소 제곱법'은 '변동 (Sum of Squares)'에 대한 수많은 연구를 촉발시켰는데, Laplace는 '잔차 제곱 합(Residual Sum of Squares)'으로부터 '분산(Variance)'을 추정하는 방법을 알

---

21) 위키피디아(영문판), "Analysis of Variance" 내 'History' 섹션 번역.
22) A. Zechariah Jebakumar and G. Manoj. AN OVERVIEW OF BIOSTATISTICS, p.73. Journal of Pharmaceutical Biology.

아냈다. 1827년 무렵 Laplace는 '대기 조석(Atmospheric Tides)'의 측정에 **최소 제곱법'을 사용해서 분산 분석(ANOVA) 문제들을 다루었다.** 1800년 이전의 천문학자들은 반응 시간 때문에 생기는 측정 오차('Personal Equation', 즉 관측 때 생기는 개인 오차)를 분리해서 그를 줄이는 방법에 대해 골몰하곤 하였다. 관측상 개인 오차를 연구하는 데 사용된 실험 방법들은 후에 '무작위(Randomization) 배정'과 '맹검(Blinding)'[23]이 추가되면서 심리학 분야에 전수되어 '완전 요인 설계(Full Factorial Experimental Methods)'로 발전하였다.

Ronald Fisher는 1918년 그의 저서 『The Correlation Between Relatives on the Supposition of Mendelian Inheritance』에서 용어 "분산(Variance)"을 처음 도입해 정형화된 분석법을 제시했으며, **최초의 '분산 분석' 적용이 1921년 저널 『Metron』에 발표**되었다.[24] '분산 분석'은 1925년 그의 저서인 『Statistical Methods for Research Workers』에 수록되면서 더욱 폭넓게 알려지게 되었다.

'랜덤화 모델(Randomization Models)'은 몇몇 선각자들에 의해 개발되었는데, 그 최초는 1923년 폴란드의 Neyman에 의해서였다. Scheffé에 따르면,[25] '랜덤화 모델'은 1923년 Neyman에 의해 최초로 무작위 설계로써의 완전한 모습을 갖췄고, 이어 1935년엔 역시 Neyman에 의해 '무작위화 블록(Randomized Blocks)' 설계가 제시되었다. 1937년 Welch와 Pitman은 귀무가설하에서의 '라틴 방격(Latin Square)'을, 1952년과 1955에는 Kempthorne, 1955년엔 Wilk가 랜덤화 모델에 대한 다양한 설계방법들을 제안하였다.

'분산 분석'이 초창기 때부터 관심을 끌었던 주된 이유는 계산 과정이 매우 수려한 데 있었는데, 계수들을 더해나가는 방식이 매트릭스 계산법이 아닌 단순 대수 처리로 가능했기 때문이었다. 통계적 유의성은 초창기 통계학에서 제시된 'F - 함수표'를 이용했다.

바로 직전의 내용 중 천문학에서 '개인 오차(Personal Equation)'를 줄이기

---

23) 실험내용을 피험자와 평가자 등에 알리지 않고 시행되는 시험법.
24) On the "Probable Error" of a Coefficient of Correlation Deduced from a Small Sample. Ronald A. Fisher. Metron, 1: 3-32 (1921).
25) Scheffé, H. (1999)[1959]. The Analysis of Variance. New York: Wiley.

위한 노력이 지속되어 왔음을 언급하였다. '개인 오차(Personal Equation)'란 다음의 역사적 배경을 통해 이해될 수 있으며,[26] '최소 제곱법'이 왜 절실하게 필요했는지를 알 수 있다. '분산 분석'으로 가는 여정에 작은 보탬이 될 것이다.

　　19세기와 20세기 초 과학 분야에 종사하는 모든 관측자들은 측정과 관측 때 편의가 내재되어 있다는 것을 발견했으며, 이것을 '개인 오차(Personal Equation)'라 불렀다. 천문학에서 쓰이는 '개인 오차'란 많은 관측자들이 동시에 값을 측정하더라도 서로 약간씩 차이가 난다는 것을 발견한 데서 유래한 것인데, 예를 들어 망원경 뷰 파인더의 십자 선을 지나는 천체의 정확한 시간을 기록할 때 측정된 값들 간 차이 등이 그 예이다. '개인 오차'들 중 일부는 대규모 계산 때 문제를 야기할 정도로 영향을 주곤 하였다. 천문학자들은 이 때문에 다른 천문학자들이나 주변 동료들의 측정값들에 의심을 갖기 시작했으며, 그 영향을 줄이거나 제거하기 위한 다양한 시도를 하게 되었다.
　　시도된 방법들엔 관측을 자동화하거나, 수면 부족과 같이 알려진 오차를 피하기 위해 관측자들을 훈련시키기, 여러 관측자들이 동시에 관측치를 얻도록 하는 기구의 개발, **값을 중복 측정해서 '최소 제곱법'과 같은 통계적 방식으로 의미 있는 값들을 유도하기**, 개인 작업자들의 편의를 정량화해서 그를 제외시키는 방법 등이 사용되었다.

　　그런데 '최소 제곱법'이 어떤 것이기에 앞서 설명했던 '오차(Error)'를 줄일 수 있는 것일까? 역사적 배경과 함께 둘의 관계를 알아보고 본 내용이 Laplace가 다루었던 '분산 분석' 문제들과 어떻게 관계하고 있는지에 대해서도 알아보자.

---

26) 위키피디아(영문판), "Personal Equation" 번역.

'최소 제곱법(Method of Least Squares)'의 기원을 좀 더 상세히 설명하기 위해 다음을 옮겨놓았다.[27]

1801년에 천문학자 피아치(J. Piazzi)는 이탈리아 팔레르모 천문대에서 소행성 하나를 관측했다. 이것을 세레스(Ceres)라고 명명하고 41일 동안 22개의 관찰 자료를 만들었다. 그러나 얼마 후 세레스는 시야에서 사라져 더 이상 관찰할 수 없게 되었다. 1800년대 초에 천문관측 도구의 발달로 별의 위치를 표시한 천문도가 만들어졌는데, 당시 과학자들은 세레스의 궤도를 계산하여 출현 위치를 먼저 알아내기 위해 서로 경쟁하고 있었다.

세레스의 궤도 계산에서 가장 큰 문제는 선행 연구가 부족하다는 것이었다. 천왕성을 발견한 허셜의 연구가 있긴 했지만, 그때는 위치를 관찰한 많은 자료들이 있었으며 또한 궤도가 원일 것이라는 단순한 가정이 다행히 맞아떨어진 경우였다.

이 시점에 가우스(C. F. Gauss)는 이미 달의 운동에 관한 천문학 문제를 연구하고 있었다. 불과 18살이었던 그는 궤도가 원뿔곡선이라는 가정 아래 '최소 제곱'이라는 새로운 방법을 사용하여 궤도를 결정하고자 했다. 세레스의 이심률을 임의의 값으로 정하여 계산을 했던 동시대의 사람들과는 달리, 가우스는 어떠한 가정도 하지 않은 채 피아치가 남긴 22개의 관찰 자료에만 의존했다. 가우스의 예측은 다른 사람들의 것과 크게 달랐지만, 그가 말한 바로 그 자리에서 11월 25일과 12월 31일 사이에 세레스를 재발견할 수 있었다. 가우스는 세레스의 궤도를 알아낸 후, '최소 제곱법'을 사용하여 새로운 행성이 발견되는 대로 그 궤도를 계산해낼 수 있었다.

가우스가 말하는 '최소 제곱법'은 무엇인지 알아보자. 관찰이나 실험으로 얻

---

27) (네이버 지식백과) http://navercast.naver.com/contents.nhn?rid=22 & contents_id=3352, 최은미, 한남대학교 수학과 교수.

은 적은 수의 자료를 분석하여 그 상황을 설명하기 위해서는 자료를 잘 표현할 수 있는 방정식을 만들어야 한다. 세레스의 궤도를 연구했던 여러 학자들 중에서 가우스만이 그 위치를 알 수 있었던 것은 그가 예측한 식이 그만큼 적합했다는 것이다. 다음 [그림 Ⅰ-2]는 '최소 제곱법'을 설명하기 위한 개요도이다.

[그림 Ⅰ-2] '최소 제곱법' 설명을 위한 개요도

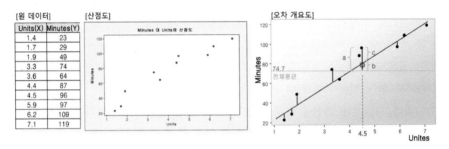

[그림 Ⅰ-2]에서 '[원 데이터]'의 'X'와 'Y'들을 타점한 그림이 가운데 '[산점도]'이다. 여기에 점들을 가장 잘 설명하는 직선을 그으면 맨 오른쪽 '[오차 개요도]'가 된다. 가우스는 타점들을 가장 가깝게 지나가는 직선의 방정식을 얻어 세레스의 궤도연구에 활용한 것이다. '[오차 개요도]'에서 'X=4.5'의 타점 값은 '[원 데이터]'로부터 '96'임을 알 수 있다. 그런데 이 값은 'Y'의 전체 평균 '74.7(가로 중간을 가르는 수평선)'을 기준으로 볼 때 직선상의 점 '◎'로부터 'b'와 'c'로 양분된다. 즉 개념적으로 'a=b+c'의 관계에 있다. 여기서 거리 'b'는 'X'의 증감에 따라 증가하거나 감소하게 되어 "설명이 되는 편차"지만, 거리 'c'는 그 차이를 현재로선 왜 생겼는지 알 수 없는 편차이다. 'a'는 '총 편차'라고 부른다. 가우스가 언급한 '최소 제곱법'은 바로 "설명이 안 되는 편차=c"를 최소가 되게끔 직선의 방정식을 찾는 문제로 귀결

된다. 이것은 다른 말로 주어진 '[원 데이터]'를 통해 방정식 "Y=mX+k"에서 '기울기, m'과 '절편, k'를 찾는 문제가 되며, 이때 약간의 수학적 기교(편미분, 연립 방정식)가 요구된다. 수학적 과정은 「Be the Solver_확증적 자료 분석」편을 참고하고 여기서의 유도는 생략한다. 'm'과 'k'를 얻는 결과 식만 옮기면 다음 (식 I - 1)과 같다.

$$m = \frac{n\sum x_i y_i - \left(\sum x_i\right)\left(\sum y_i\right)}{n\sum x_i^2 - \left(\sum x_i\right)^2}, \quad k = \frac{\sum y_i - m\sum x_i}{n} \qquad \text{(식 I -1)}$$

(식 I - 1)은 모두 [그림 I - 2]의 '[원 데이터]'를 통해 얻을 수 있다. 본 예의 경우 'm=15.99', 'k=10.73'에 각각 대응한다. 따라서 [그림 I - 2]의 '[오차 개요도]'에서의 직선의 방정식은 "Y=15.99X+10.73"이다.

다음 [그림 I - 3]은 '직선 방정식'과 '개인 오차' 및 '분산 분석' 들 간 관계를 설명하기 위한 개요도이다.

[그림 I - 3] '개인 오차 vs. 최소 제곱법' 및 '분산 분석' 간 관계도

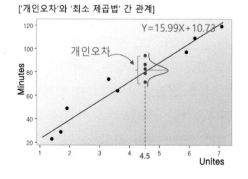

['개인오차'와 '최소 제곱법' 간 관계]

Y=15.99X+10.73

개인오차

[분산 분석]

$$\frac{\sum b_i^2}{\left[\sum c_i^2 \big/ (n-2)\right]} = F$$

설명이 되는 분산

설명이 안 되는 분산

[그림 Ⅰ-3]의 왼쪽 개요도를 보면 'X=4.5'에서 수직으로 배열되어 있는 여러 회의 측정값들이 앞서 설명했던 '개인 오차(즉, 한 개 X값에서 여러 번 측정된 Y값)'들이며, 이들의 '평균(그림에서 정규분포의 중심)'이 '$\hat{Y}_{x=4.5}$'이다(즉, X=4.5에 대한 직선상의 한 점). 이 값은 '최소 제곱법'으로 얻은 방정식에 'X=4.5'를 대입해서 얻은 이론적인 'Y값'이다. '이론값($\hat{Y}_i$)-측정값(Y_i)'을 '잔차(Residual)'라고 한다. 이 상황을 다른 모든 타점들로 확장하면 '직선의 방정식'은 각 'X점'들에서 측정된 '개인 오차'들의 '평균'들을 이은 선이 된다.

사실 '분산 분석'이 Ronald Fisher에 의해 공식적으로 처음 알려진 시점이 1921년이므로 '최소 제곱법'이 르장드르에 의해 문서로 알려진 1806년과는 상당한 시간 갭이 존재한다. '최소 제곱법'이 탄생한 시기에 Fisher가 정립한 '분산 분석'이 쓰일 수 없었다는 예기다. 그러나 '최소 제곱법'과의 관계를 알아보면, [그림 Ⅰ-3]의 오른쪽 식은 개념적으로 [그림 Ⅰ-2]의 'b_i(설명이 되는 편차들)'과 'c_i(설명이 안 되는 편차들)'의 '비율(Ratio)'인 'F'이며, 분모가 작을수록 'F'가 커지는 관계에 있다. 다시 'F'가 커진다는 의미는 '설명이 되는 양'이 "상대적으로 커진다"는 뜻이며, 이것은 곧 '단순 회귀 방정식'에서의 '기울기'가 "의미 있음(존재함)"을 나타낸다. 이 '비율(F)'은 정확히는 '분산의 비'로 얻어지며, 'F'는 그를 최초로 정립한 'Fisher'의 이름 첫 자를 딴 표기이다. 이 과정이 '분산 분석'이다. 수학적 과정은 「Be the Solver_확증적 자료 분석(CDA)」편의 '회귀 방정식'을 참고하고 본문에서의 설명은 생략한다.

지금까지의 내용을 정리하면 가우스가 '최소 제곱법'으로 '회귀 방정식'을 얻어 소행성 세레스(Ceres)의 궤도를 알아내는 데 이용했으며, 이때 '분산 분석'은 직선이 적합한지(또는 기울기가 존재하는지) 여부를 확인하는 용도로 주요하게 쓰인다. 참고로 '최소 제곱법'은 가우스 외에 프랑스 수학자인 르장드

르(Legendre)도 발견했는데 이들에 대한 이력을 다음에 옮겨보았다.[28]

Gauss는 1795년 이후 '최소 제곱법'을 주로 천문학에 이용하였지만 '최소 제곱법'에 관한 최초의 설명을 볼 수 있는 것은 Gauss의 저작이 아니라 1806년 르장드르의 『혜성의 궤도 결정을 위한 새로운 방법』에서다. 그는 다음과 같이 언급하고 있다. "이 목적을 위하여 제안할 수 있는 모든 원리 중에서 앞서 논의한 원리, 즉 '오차 제곱 합'을 최소로 하는 것만큼 간단한 것은 없다." 그는 이 원리를 명확히 정식화하여, 관측치로부터 가장 정확한 결과를 얻을 필요가 있는 물리학이나 천문학의 각종 문제에 있어서 매우 유용함을 역설하였다. '최소 제곱법'이라는 명칭을 처음 사용한 사람도 그였다. 그러나 '최소 제곱법'의 원리는 이미 Gauss가 1794년에 발견하였다. '최소 제곱법'의 기본적 착상은 1794년 가을 Gauss가 Lam'bert, Johann Heinrich(1728~1777)의 『수학의 필요성에 대한 기여와 응용』(1765)이란 책 제1권에 있는 여분의 관측치를 다루는 방법 부분을 읽고 있을 때라고 한다. '최소 제곱법'을 스스로 수년간 연구에 이용해왔지만 Gauss가 저작으로 '최소 제곱법'을 처음 다룬 것은 1809년 『천체 운동론』에서다. 이 책에서 다음과 같이 설명하고 있다. "그런데 이 원리는 1795년부터 계속 사용해온 것이지만 최근 르장드르가 『혜성의 궤도 결정을 위한 새로운 방법』(Paris, 1806)이란 저서에서 체계를 잡았다. 그 책에서 이 원리의 다른 많은 특성도 설명하고 있다…."

이 내용을 접한 르장드르가 매우 격분하여 가우스에게 편지를 쓰게 되었으며, 서로 설전이 오가는 과정에서 가우스가 르장드르의 '최소 제곱법'을 발표한 시기보다 훨씬 전인 1794년부터 이미 그 개념을 연구에 적용해왔음이 드러났다. 자세한 내용은 '주) 28'을 참고하기 바란다. 다음 [그림 Ⅰ-4]는 르장드르의 저서 『혜성의 궤도 결정을 위한 새로운 방법』(Paris, 1806)의 표지와 본문 중 일부이다.[29]

---

28) 네이버 블로그: http://blog.naver.com/ydcbk/20025032415

[그림 Ⅰ-4] 르장드르의 '최소 제곱법' 적용 저서 표지와 본문(1806년)

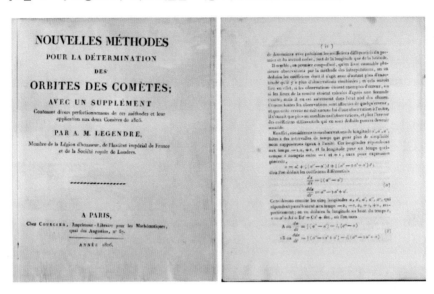

[그림 Ⅰ-4]를 보면 '혜성의 궤도(Orbites des Cometes)'란 제목과 맨 아래 '1806'이란 연도도 보인다. 오른쪽 본문엔 편미분 등 일부 식들이 관찰된다. 역사에 한 획을 그은 낡은 과학서를 직접 접하니 묘한 감동이 일어 본문에 포함시켰다. 참고하기 바란다.

---

29) http://echo.mpiwg-berlin.mpg.de/ECHOdocuView?url=/permanent/library/5RYX7033/pageimg&pn=8&mode=imagepath

2. 실험 계획의 기본

본 단원에선 '실험 계획'에 자주 등장하는 주요 용어, 실험 계획의 수행 목적, 실험 계획법의 종류, 실험 계획 해석에 중요한 '5대 원리'들에 대해 학습한다. 이들은 실험 계획을 이해하는 데 공통적이고 필수적인 지식들이므로 본론에 들어가기 전 철저히 학습해야 하며, 따라서 독자는 단원의 내용을 정독해주기 바란다.

우선 「주요 용어들」에서는 실험 계획에 자주 등장하는 핵심 용어들을 모두 찾아 기술하고, 그들이 갖는 정의를 명확히 설명한다. 용어만 제대로 알아도 50%는 이해한 것이나 다름없다. 「실험 계획의 수행 목적」은 실험 계획을 통해 얻고자 하는 결과물이 무엇인지 알려준다. 「실험 계획법의 종류」에서는 현업에서 사용빈도가 높은 실험 계획법들이 소개되며, 왜 '완전 요인 설계'를 가장 먼저 학습하는 것이 이로운지에 대해서도 알아본다. 끝으로 「실험 계획 5대 원리」는 실험 계획에서 공통으로 적용되는 원리들에 대해 자세히 알아봄으로써 실제 실험 설계와 통계적 해석 등에 유익하게 활용된다는 것을 보여준다. 이제 각각에 대해 알아보자.

2.1. '실험 계획'에 쓰이는 주요 용어들

새로운 분야에 처음 입문할 때 쓰이는 용어의 명칭과 정의를 명확하게 이해하고 올바로 활용할 수 있는 자세가 매우 중요한데, 왜냐하면 우선 대화를 해나가는 데 있어 소통이 원활하도록 지원하고 여러 영역으로 응용력을 키워나가는 데 기반이 되기 때문이다. 그러나 용어란 사용자들이 서로 다른 배경을 갖고 있을 때, 본인에 익숙한 쪽으로 해석하거나 불리는 명칭이 조금씩 달라지기도 한다. 결국 시간이 지난 뒤 어떤 것이 올바른지 모호해져 해당 분야에 처음 입문하는 초보자들을 난감하게 만든다. 용어만 이해하더라도 '실험 계획'의 전체 내용을 상당부분 파악하고 이해할 수 있다. 이것은 비단 '실험 계획'뿐만 아니라 대부분의 학습에서 경험하는 일이기도 하다. 따라서 본론에 들어가기 전 '실험 계획'에 쓰이는 용어들을 명확히 정의하되, 우리말과 영문 간 번역은 「한국통계학회_통계학 용어 대조표」를 따르고, 용어 정의는 기본적으로 사전을 참고하겠으나 독자가 이해하기 쉬운 내용이 있을 경우 함께 활용할 것이다. 이때는 물론 그 출처를 명확히 기재해서 독자의 학습에 도움이 되도록 배려할 것이다. 주요 용어들은 다음과 같다.

◎ 실험(Experiment) → 이 단어는 1950년 W. Feller가 저술한 『Introduction to Probability Theory and its Applications, volume one』에서 확률 이론을 설명하기 위해 처음 사용되었다.[30] [국어사전]과학에서, 이론이나 현상을 관찰하고 측정함. [MoreStream.com]세워놓은 가설의 검증, 이미 알고 있는 효과의 설명, 기존에 알지 못했던 효과의 발견을 목적으로 정해놓은 환경에서 실행되는 체계적인 절차. '실험'이 프로세스를 분석할 목적으로 쓰이면, 프로세스 입력이 프로세스 출력에 유의한 영향을 주는지, 또 이들 입력의 목표 값이 원하는 출력 값을 이루어주는지를 평가하는 데 이용된다. '실험'은 이와 같은 정보를 수집하기 위해 다양한 방식으로 설계(Designed)될 수 있다.

◎ 실험 계획(Design of Experiment) → R. A. Fisher에 의해 1925년부터

---

30) 해당 문헌의 관련 문장은 "The mathematical theory of probability gains practical value and an intuitive meaning in connection with real or conceptual experiments or phenomena such as [이후 긴 사례 목록들이 나열됨]." (p.8).

유사 용어가 쓰였으나 동일 표현은 1935년 그의 저서인 『The Design of Experiments』에서부터다. [국어사전][31]수학에서 "추계학을 이용하여 실험의 정밀도를 높이는 방법. 실험 배치의 결정과, 그것을 토대로 한 실험 결과의 분산 분석법으로 이루어진다. 1920년 영국의 통계학자 피셔가 창시하였다." [MoreStream.com]'실험 계획'은 설계절차를 단축시키고, 차후의 설계 변경이나 제품 원자재의 저감 또는 작업의 복잡성을 줄여줌으로써 설계비용을 크게 낮추는 데 기여한다. 또 '실험 계획'은 프로세스 변동을 줄이고, 그 외에 재작업과 스크랩, 검사빈도도 줄여 제조 비용을 낮추는 데 강력한 도구로 이용된다. 영문으로 Design of Experiments, 줄여 DOE, Designed Experiments, Experimental Design, Planning of Experiment는 모두 동일 용어로 쓰인다.

◎ 실험 단위(Experimental Unit)[32] → '처리 조합'이 적용되는 개체(Entity). 예를 들어 PC 보드, 실리콘 웨이퍼, 농업용 식물, 토지 일 구획, 자동차용 변속기 등.

◎ 요인, 인자(Factor) → 실험과 관련된 단어 'Factor'가 처음 쓰인 시기는 1926년 Fisher의 논문 「The Arrangement of Field Experiments」[33]에서임. [국어사전][34]사물이나 사건이 성립되는 까닭. 또는 조건이 되는 요소. 원인. [MoreStream.com]프로세스에서는 '프로세스 입력(Process Input)'으로 불린다. '요인'은 다시 '제어 가능 변수(Controllable Variables)'와 '제어 불가능 변수(Uncontrollable Variables)'로 나뉘며, 전자는 만일 케이크를 만드는 프로세스라면 재료 성분(오일, 물, 양념)의 종류나 양, 오

---

31) '실험 계획' 대신 '실험 계획법'의 용어만 있어 그대로 옮김.
32) http://www.itl.nist.gov/div898/handbook/pri/section7/pri7.htm
33) Journal of the Ministry of Agriculture of Great Britain, 33, (1926) p.511.
34) '국어사전'에서는 '요인(要因)'과 '인자(因子)'를 구별해서 정의하고 있다. 본문은 '요인'에 대한 내용이며, '인자'에 대해서는 "어떤 사물의 원인이 되는 낱낱의 요소나 물질"이다. '요인(要因)'과 '인자(因子)'에는 모두 '원인'이라는 공통된 요소가 포함되어 있다.

븐에서의 제어 가능한 요인(온도, 시간)들이 포함된다. 또 다른 형태의 요인들엔 혼합 방법, 혼합 순서, 담당자가 포함되며, 이들은 통상 '제어 인자(Control Factor)'로 불린다. 단 '담당자(People)'는 일반적으로 '잡음 인자(Noise Factor)'[35]로 분류되며, 평상시에는 변동을 야기하는 '제어 불가능한 요인'이지만 실험 중에는 '랜덤화(Randomization)'나 '블록 (Block)'을 통해 제어될 수 있다. 실험에 쓰일 모든 요인(잠재 원인 변수)들은 '특성 요인도(Ishikawa Diagram)'를 이용해 도출하고 유형화할 수 있다.

◎ 수준(Level) → [국어사전]사물의 가치나 질 따위의 기준이 되는 일정한 표준이나 정도. [MoreStream.com]실험에서 평가에 쓰일 개별 요인의 설정 값. 예를 들어, 오븐에서 세팅되는 온도 값, 설탕이나 밀가루양, 또는 계란 수가 해당된다.

◎ 반응, 응답(Response) → [국어사전]자극에 대응하여 어떤 현상이 일어남. 또는 그 현상. [MoreStream.com]'실험의 출력(Output of the Experiment)', '종속 변수(Dependent Variable)'로도 불림. 케이크를 만드는 프로세스 예에서 요인들과 그들의 수준에 따라 변하는 맛, 농도, 케이크의 외관 등이 속한다. 경우에 따라서 반응 하나가 아닌 여럿의 반응들을 동시에 만족시킬 필요가 있으며, 반응 모두를 측정하고 평가할 수 있다면 최적화를 이루는 요인들과 각 값은 실험을 통해 결정될 수 있다.

◎ 효과(Effect) → 요인의 설정 값 변화(수준의 변화)로 나타난 반응의 변화량. 특히 단일 요인에 의한 효과를 '주 효과(Main Effect)'라고 한다.[36] 예를 들어, 요인 '온도'에 '20℃', '30℃' 두 개 수준이 있고, 이때 '30℃ → 20℃'로 변화 시 '반응'의 변화량이 '5'라면 "온도의 '주 효과'

---

35) '요인(또는 인자)'은 일반적으로 '잡음 인자(Noise Factor)'와 '제어 인자(Control Factor)'로 구분한다.
36) http://www.itl.nist.gov/div898/handbook/pri/section7/pri7.htm#Coding Factor

는 5"가 된다. 또 두 요인들의 수준들 간 조합으로 나타나는 효과를 '상 호작용 효과(Interaction Effect)'라고 한다.

◎ 처리(Treatment) → 연구자가 '실험 단위'에 부여하는 것. 예를 들어, 한 개 요인이 '온도'이고, 이때 그 '수준'에 '20℃', '30℃'가 정해졌다면 이 들 각각은 하나의 '처리(Treatment)'이다. 이 경우 '수준(Level)'과 동의 어로 쓰인다. 다시 실험에 '압력'이란 요인이 추가되고 그 '수준'에 '1atm', '2atm'이 정해져 실제 실험이 '20℃ - 1atm' 조건에서 이루어 지면 이 역시 하나의 '처리(Treatment)'에 해당한다. 이 경우 '처리 조합 (Treatment Combination)'과 동의어로 쓰인다.[37]

◎ 처리 조합(Treatment Combination) → 요인들의 설정 값(수준)들로 이루 어진 조합. 예를 들어, 앞서 '20℃ - 1atm' 조건에서 실험이 진행될 경 우 이를 '처리 조합(Treatment Combination)'이라고 한다. '실험 계획' 수행에서 쓰이는 'Run(시행)'과 같은 의미이다.

◎ 설계 표[Design Matrix(또는 Table)][38] → 실험을 위해 '처리 조합'들로 이루어진 전체 표이며, 통상 '상호작용' 열이나 'Y' 열은 제외된다. 예를 들어, '온도'는 '20℃', '30℃', '압력'은 '1atm', '2atm'인 실험에서 총 '처리 조합'은 '4개'이며, 이때 다음과 같이 구성한 표를 지칭한다.

[표 Ⅰ-1] '설계 표(Design Matrix)' 예

온도(℃)	압력(atm)
20	1
30	1
20	2
30	2

37) www.minitab.com에서 'treatments'로 검색 후 설명 내용 참고
38) http://www.itl.nist.gov/div898/handbook/pri/section3/pri3331.htm#Model

참고로, '설계 표'인 [표 Ⅰ-1]에 '상호작용'인 '온도*압력'열과, 값 '1'로만 이루어진 'I'열을 추가한 배열 표를 'Model(또는 Analysis) Matrix'라고 하는데, 출처에 따라 후자를 'Design Matrix'로 부르기도 한다. 이것은 1950년대 실험 계획을 설명할 때 매트릭스 공식을 사용한 데서 비롯되었으며, 대표적으론 1952년 K. D. Tocher의 논문이 있다.[39)]

◎ 부호화, 코딩(Coding) → 각 요인의 수준을 두 개로 정할 경우, 큰 값은 '+1', 작은 값은 '-1'로 설정하는 것. 예를 들어, '온도'가 '20℃', '30℃'일 경우 '20℃ → +1', '30℃ → -1'로 전환해서 실험을 진행한다. 이것은 '상호작용'의 '설계 표' 작성을 돕거나, 모형 구성 시 '계수(Coefficient)'의 해석을 쉽게 해준다. 다음 [표 Ⅰ-2]는 [표 Ⅰ-1]의 부호화 예이다.

[표 Ⅰ-2] '설계 표(Design Matrix)'의 '부호화(Coding)' 예

온도(℃)	압력(atm)	온도*압력
-1	-1	+1
+1	-1	-1
-1	+1	-1
+1	+1	+1

이 과정은 '수준(Level)'을 간단히 선형 변환시킨 것으로 큰 값을 'X_H', 작은 값을 'X_L', 변환을 원하는 '수준'을 'X'라 할 때 다음의 변환 식을 통해 이루어진다.

---

39) "The Design and Analysis of Block Experiments", Journal of the Royal Statistical Society B, 14, (1952), p.48에서 용어 '실험 계획'을 'Design Matrix' 선택의 문제로 해석.

$$\text{부호화} \, 'X' \text{는} \quad \frac{X-a}{b} \qquad\qquad (\text{식 } I-2)$$
$$where, \; a = (X_H + X_L)/2, \quad b = (X_H - X_L)/2$$

예를 들어, '온도'의 두 개 수준이 '20℃', '30℃'일 경우,

$$a = (30+20)/2 = 25, \quad b = (30-20)/2 = 5 \qquad (\text{식 } I-3)$$

$$\text{부호화 } '20' \text{ 은, } \frac{20-a}{b} = \frac{20-25}{5} = -1$$

$$\text{부호화 } '30' \text{ 은, } \frac{30-a}{b} = \frac{30-25}{5} = 1$$

◎ 상호작용, 교호작용(Interactions) → 한 요인의 효과가 다른 요인의 수준에 의존하는 경우를 지칭. 두 요인들의 수준 조합 사이에서 생기는 상이한 효과를 통해 파악될 수 있다. 예를 들어, '온도'는 '20℃', '30℃', '압력'은 '1atm', '2atm'인 실험의 경우, '온도=20℃'로 유지한 상태에서 '압력'을 '1atm → 2atm'으로 변화시켰을 때 '반응'이 '5'만큼 증가한 반면, '온도=30℃'로 유지한 상태에서 '압력'을 '1atm → 2atm'로 동일하게 변화시켰을 때 '반응'이 예상 밖의 '‐10'만큼 떨어지는 효과를 말한다. 두 요인이 '상호작용'이 없다면 두 조합 예에서 '반응'의 변동 폭은 유사하게 나온다. [그림 I‐5]는 '상호작용'이 '없는 경우'와 '있는 경우'의 간단한 예를 그래프로 표현한 것이다. 왼쪽 그림은 '온도'가 일정하게 유지되는 상태에서 '압력'이 '1atm → 2atm'으로 변할 때 '반응'의 상승 폭은 동일(두 직선이 평행)하나, 오른쪽 그림에선 '온도'가 일정하게 유지되는 상황에서 '압력'이 '1atm → 2atm'으로 변할 때 '온도'의 '수준'별로 '반응'의 상승 폭이 달라짐을 알 수 있다(두 직선이 평행하지 않음).

[그림 Ⅰ-5] 두 요인들의 수준 조합에 따른 '상호작용' 유무 예

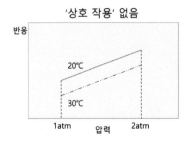
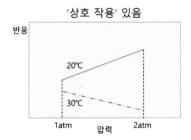

◎ 오차(Error) → '반응(Y)' 값들을 모두 모아놓았을 때 설명이 안 되는 변동. '실험 계획'에선 '잔차 오차(Residual Error)'가 있으며, 이것은 '순수 오차(Pure Error, 또는 Random Error)'와 '적합성 결여 오차(Lack of Fit Error)'가 합쳐진 오차이다. '순수 오차'는 반복 측정을 했을 때 반복된 값들 간 차이에서 오는 오차이고, '적합성 결여 오차'는 '반응'에 영향력이 미미한 항(요인)을 모형에서 제외시켰을 때 그 항이 원래 갖고 있던 변동에서 온 오차이다. 예를 들어, '순수 오차'는 '온도 → 20℃, 30℃'와 '압력 → 1atm, 2atm'인 실험의 경우, '처리 조합'이 '20℃ ‒ 1atm'에서 '반응 값=10'을 얻고, 반복 실험의 같은 조합, '20℃ ‒ 1atm'에서 두 번째 '반응 값=10.1'을 얻었다면, 둘 간의 차이 '0.1'은 그 차이가 왜 생겼는지 알 수 없다. 이를 '변동(Sum of Square)'으로 표현하면 '순수 오차'가 되며, 다음 (식 Ⅰ‐4)를 통해 계산된다. '적합성 결여 오차'는 [그림 Ⅱ‐25]를 참고하기 바란다.

$$
\begin{aligned}
두\,반응\,값들의\,평균 &= (10+10.1)/2 = 10.05 \\
'순수\,오차(Pure\,Error)' &= (10-10.05)^2 + (10.1-10.05)^2 \\
&= 0.005
\end{aligned}
$$
(식 Ⅰ‐4)

◎ 모형, 모델(Model)[40] → 주어진 '반응(Y)'의 변화가 한 개 이상의 '요인 (X)'들 변화에 의해 결정될 때, 그들 간 연계성을 설명하는 수학적 관계. 예를 들어, 실험과 분석이 마무리된 후 '반응(Y)'과 요인들인 '온도 (Temp)' 및 '압력(Press)'들 간 관계가 다음과 같을 때 이를 '모형'이라 고 한다.

$$Y(경도) = 12.5 + 2.35 \times Temp - 1.84 \times Press + 5.02 \times Temp*Press \qquad (식 \ I\ \text{-}5)$$

◎ 해상도(Resolution)[41] → 추정된 '주 효과'들이 '2 - 수준 상호작용'들, 또는 '3 - 수준 상호작용'들과 배치가 중첩되는(또는 같아지는, 교락되는, 별명이 되는) 정도. 예를 들어, 요인들이 각 두 개 수준으로 이루어진 '온도(A)', '압력(B)', '농도(C)'의 실험에서 '처리 조합'은 모두 여덟 개 $[= (수준 수)^{요인수} = 2^3]$이며([표 Ⅰ - 3]의 왼쪽 표), 이때 어떤 이유 때 문에 실험을 반으로 줄여 네 번을 수행한다면 '설계 표'는 다음 [표 Ⅰ - 3]의 오른쪽 표와 같다.

[표 Ⅰ - 3] '2^3 설계'와 '2^{3-1} 설계'의 '설계 표' 예

2^3 설계			2^{3-1} 설계					
A	B	C	A	B	C	AB	AC	BC
−1	−1	−1	−1	−1	+1	+1	−1	−1
+1	−1	−1	+1	−1	−1	−1	−1	+1
−1	+1	−1	−1	+1	−1	−1	+1	−1
+1	+1	−1	+1	+1	+1	+1	+1	+1
−1	−1	+1						
+1	−1	+1						
−1	+1	+1						
+1	+1	+1						

---

40) http://www.itl.nist.gov/div898/handbook/pri/section7/pri7.htm
41) http://www.itl.nist.gov/div898/handbook/pri/section7/pri7.htm

[표 Ⅰ-3]에서 '2^3 설계'는 '총 8회'의 수행(Run)을 하나 이를 반으로 줄이면 '총 4회'인 '2^{3-1} 설계'가 되며, 이때 각 '요인'들의 수준 배치와 동일한 '2-수준 상호작용'의 배치가 존재한다(동일한 셀 색 참조). 예를 들어, '항 A의 효과'와 '항 BC의 효과'는 동일 배치(교락, 별명 관계)로 인해 '효과' 구분이 안 되며, 이 상황을 '해상도 Ⅲ'이라고 한다. 즉 '주 효과'와 '2-수준 상호작용'이 분해되지 않는다는 뜻이다. 그 외에 '2-수준 상호작용'끼리 분해가 되지 않으면 '해상도 Ⅳ'라 하고, '2-수준 상호작용'과 '3-수준 상호작용'이 분해되지 않으면 '해상도 Ⅴ'라고 한다. '부분 요인 설계'에서 일어나는 현상이다(자세한 내용은 「Ⅱ. 요인 설계」 내 「2.1. '해상도(Resolution)'와 '교락'의 완전 이해」 참조).

용어만 잘 이해해도 '실험 계획'의 반 이상은 안 거나 다름없다. 어떤 분야든 용어와 정의를 명확히 알도록 노력해야 하고, 따라서 앞서 설명된 항목과 내용들은 가급적 시간을 내서라도 정독해주기 바란다.

2.2. '실험 계획'의 용도

'실험 계획'을 언제 어떻게 쓰는지, 즉 그 쓰임새도 본론으로 들어가기에 앞서 고민해야 할 주요 주제 중 하나이다. 물론 이어질 「2.3. '실험 계획'의 수행 목적」에서 설명된 '목적'이 생기면 '실험 계획'을 수행해야겠지만 그보다 좀 더 상위 개념에서 쓰임새를 생각하면 앞으로의 학습에 큰 도움이 된다. 상위 개념이란 '문제 해결(Problem Solving)에서의 쓰임새'와 '독립적으로의 쓰임새', 두 경우로 나눠볼 수 있다.

우선 **'문제 해결에서의 쓰임새'**는 가장 보편적인 '문제 해결 방법론'에서 찾아볼 수 있다. 문제를 정의하고(Define), 'Y'의 현 수준을 파악하며(Measure), 'Y'가 목표에 미달되는 데 영향을 미치는 '핵심 인자(Vital Few Xs)'를 찾는다(Analyze). 이때 '핵심 인자'는 '제어 인자(Operating Parameter)'와 '대안 인자(Critical Element)'로 나뉘는데 전자에 대해 '모형'을 찾아 '최적 조건'을 정하는 용도로 '실험 계획'과 '회귀 분석'이 이용된다. 또 후자인 '대안 인자'는 '대안'이 필요한 인자이므로 '아이디어 창출' 과정을 거쳐 '최적 대안'을 찾는 절차를 밟는다(Improve). 다음 [그림 Ⅰ‐6]은 앞서 설명했던 전체적인 흐름을 나타낸 것이며, '개선 체계도'라고 한다.42)

[그림 Ⅰ‐6] '실험 계획'의 '문제 해결(Problem Solving)에서의 쓰임새'

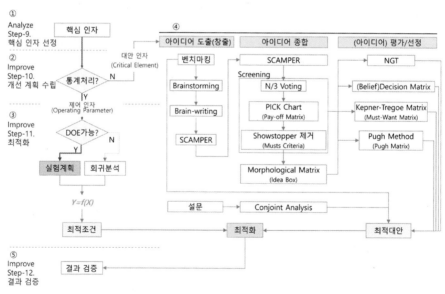

---

42) 「Be the Solver_프로세스 개선 방법론」편 참조.

[그림 Ⅰ‐6]의 Analyze Phase에서 '핵심 인자(Vital Few Xs)'들이 결정되면 '통계처리?'가 가능한 요인들인지 판단하는데, 이때 수치로 '최적화'가 이루어지면 아래 방향인 '제어 인자' 쪽으로, '대안'이 필요한 인자이면 오른쪽 '대안 인자' 쪽으로의 절차를 따른다(영역 ①, ②). 다시 '통계 처리'가 가능한 경우 'DOE가능?'처럼 '$Y = f(X)$'를 얻기 위해 "의도적 설정을 통한 실험 진행이 가능"하면 '실험 계획'이, 여러 사정(실험 불가, 설비 미비, 실험의 위험 존재 등) 때문에 직접 실험이 어려울 경우 프로세스 내 '과거 데이터(Historical Data)'를 수집해 모형을 정립하는 '회귀 분석'이 이용된다(영역 ③). 일단 둘 중 어느 쪽이든 '$Y = f(X)$'를 얻으면 '최적 조건'을 찾아 목표를 달성할 수 있다. '대안 인자' 쪽 흐름은 본 책의 범위에서 벗어나므로 관심 있는 독자는 '주) 42'를 참고하기 바란다.

다음 **'독립적으로의 쓰임새'**는 문제 해결 절차가 불필요하고, 대신 '특성 요인도(Ishikawa Diagram)' 같은 빠른 방식으로 주요 요인들을 도출해 바로 '실험 계획'으로 들어가는 접근이다. 주로 잦은 실험이 필요한 연구 개발(R&D) 부문에서의 쓰임새이며, 잘 알려진 'Plan → Do → Check → Act'의 절차를 따른다.

[그림 Ⅰ‐7] '실험 계획'의 '독립적으로의 쓰임새'

Plan	Do	Check	Act
(실험) 계획 수립 (요인, 수준, 실험법 결정, 설계 표 작성)	실험 실행 ('설계 표'에 정해진 순서로 반응(Y)을 얻음)	분석 수행 (그래프 분석, 통계 분석, 잔차 분석 수행)	결과 검증(재현 실험) (최적 조건에서 예측된 Y가 나오는지 확인)

필요 시 Cycle

[그림 Ⅰ-7]을 보면 'Plan'에서 '실험 계획'을 위한 사전 준비가 이루어지고, 'Do'에서 계획에 따라 '반응(Y)' 값을 얻으며, 다시 'Check'에서 분석이 수행된다. 분석은 통상 '그래프 분석(주 효과도, 상호작용 효과도, 정방체도/입방체도)', '통계 분석(분산 분석, 회귀 분석, 잔차 분석)'으로 나뉜다. 끝으로 'Act'는 얻어진 '최적 조건'을 이용해 목표 달성 여부를 확인한다. 만일 예측 값이 안 나오든가 목표 미달일 경우 'Plan'으로 다시 돌아가 'P ‐ D ‐ C ‐ A Cycle' 절차를 밟는다. 본문에서 설명될 내용은 '독립적으로의 쓰임새'이며, 따라서 모든 '실험 계획'은 'P ‐ D ‐ C ‐ A Cycle'로 전개되고 설명된다.

2.3. '실험 계획'의 수행 목적

'실험 계획'을 수행하는 목적은 단순 명쾌하다. 즉, "반응(Y)의 목표를 달성하는 것"이다. 그러려면 선행 활동으로 'Y'와 'X'들의 관계인 '모형(Model)'을 찾아야 하고, 그로부터 목표 달성을 위한 'X'들의 정확한 값(최적 조건)도 알아내야 한다.

목적을 기술적으로 좀 더 세분하면 몇 개 영역으로 나뉘는데 학습에 도움이 되므로 가급적 익혀두기 바란다. 다음은 미국 '국립 표준 기술 연구소'[43]에서 정의한 '실험 계획'의 수행 목적이다. '실험 계획(DOE)'은 일반적으로 기술적 문제를 해결하기 위해 쓰이며, 목적에 따라 다음의 다섯 가지로 나눠볼 수 있다('강건성'은 필자가 추가함).

---

43) NIST, National Institute of Standards and Technology.
　　http://www.itl.nist.gov/div898/handbook/pmd/section3/pmd31.htm

비교(Comparative)

　관리 중인 프로세스 안에는 '반응(Y)'에 영향을 주는 많은 요인들이 존재하며, 이들을 비교하는 데 '실험 계획'이 이용된다. 예를 들어, 빵을 만드는 경우 기존에 쓰지 않던 다른 두 개의 밀가루 종류를 선택하려 할 때 그 결과를 현재의 '반응(Y, 맛)'과 비교할 수 있다. 만일 한 공급자로부터 납품된 밀가루가 맛에 영향을 주지 않는다고 판명되면(즉, 통계적으로 유의하지 않으면), 가장 저렴한 밀가루를 선택할 수 있다. 만일 다른 공급체로부터 온 새로운 밀가루가 맛에 영향을 준다면(즉, 통계적으로 유의하다면), 그땐 가장 영향력 있는 밀가루를 선택해야 한다. 이와 같이 실험은 '반응(Y)'과의 비교를 통해 '품질'과 '비용'을 결정하는 데 매우 중요한 정보를 제공한다.

선별화/특성화(Screening/Characterizing)

　'선별(Screen)'은 유의한 요인을 찾는 실험에 쓰이는 용어이고, '특성화(Characterizing)'는 "특징지어짐"이나 "성격을 묘사함"의 의미를 담고 있으므로 요인의 성향을 구분 짓는 것과 관계한다. 즉 '반응'에 영향을 주는 유의한 요인들을 찾는 목적으로 '실험 계획'이 쓰인다. 예를 들어,[44] 빵의 맛을 결정할 때 중요하게 생각하는 밀가루, 계란, 설탕, 굽기 등이 '반응(맛, Y)'에 얼마나 영향을 주는지 순위를 매기는 것뿐만 아니라 이들을 능가하는 유의한 요인들이 더 존재하는지 '실험 계획'을 통해 파악할 수 있다. 즉 순위를 매기면 '선별화'가 되고, 다른 유의한 요인의 성향을 찾기 위한 실험이면 '특성화'에 해당한다.

---

[44] 빵 제조 사례에 대한 출처: Montgomery, D. (2005). Design and Analysis of Experiments. 6th ed. Wiley.

모형화(Modeling)

엔지니어는 프로세스를 모형화하기 위해 '반응(Y)'을 잘 설명하는 수학적 관계식을 이용하며, 이때 함수에 포함된 '계수'들을 정확히 추정하는 일에 '실험 계획'이 중요한 역할을 한다. 예를 들어 "Y(맛)=22+1.5×밀가루양-2.1×설탕량+1.5×굽는 시간"의 관계를 얻는 데 '실험 계획'이 이용된다.

최적화(Optimizing)

엔지니어는 프로세스 내 '반응(Y)'을 최적화시킬 목적으로 관련 요인들의 '최적 조건(각 요인의 정확한 값)'을 찾는 일에 '실험 계획'을 이용한다. 예를 들어, 어머니가 만든 빵의 '맛(Y)'을 얻기 위해 밀가루양=300g, 설탕량=2스푼, 굽는 시간=45분을 얻는 데 '실험 계획'이 이용된다.

강건성(Robustness)

'강건성'은 "요인들의 수준이 최적으로 조합된 상태에서 안 좋은 데이터가 유입되거나 이상점의 존재, 또는 심지어 숙련도가 떨어지는 조작자나 재료 특성에 작은 변동이 생기더라도 원하는 '반응'을 유지하는 성질"이다. 예를 들어 빵을 만드는 경우 제어가 가능한 밀가루양, 설탕량, 굽는 시간들의 '최적 조건'을 설정했을 때, 사용해오던 오븐이 아닌 다른 오븐이 사용되더라도 기존 맛을 유지할 수 있는지의 예 등이다.

문제 해결 교육 과정을 이수한 독자라면 '선별화'와 '특성화', 그리고 '최적화'에 이르는 [그림 Ⅰ‐8]의 분류에 익숙할 것이다. '선별화(Screening)'가 여타 '실험 계획'들과 달리 '핵심 인자'를 찾는 목적에 국한된 용어인 점을 감안해 필자도 [그림 Ⅰ‐8]의 분류 체계를 선호하는 편이다. 각 분류에 포함된 '실험 계획' 유형들에 대해서는 이어지는 「2.4. '실험 계획'의 종류(위계 관점)

」의 내용을 참고하기 바란다.

[그림 Ⅰ‑8] '실험 계획(DOE)'의 목적별 분류

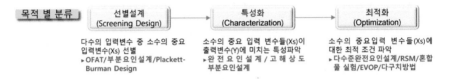

이 외에도 다양한 목적을 위해 '실험 계획'이 쓰이는데 이들을 정리하면 다음과 같다.

○ 신제품이나 신규 프로세스의 설계 또는 개발 소요 시간을 단축함.
○ 현재의 프로세스 성능을 향상시키고자 함.
○ 제품의 신뢰성 또는 성능을 향상시키고자 함.
○ 제품과 프로세스의 강건성을 높이고자 함.
○ 원재료의 평가, 설계 대안 확정, 부품과 시스템의 공차를 설정함.
○ 특성들의 변동성을 줄이고자 함.

이어 자주 접하는 '실험 계획법'의 종류에는 어떤 것들이 있는지 알아보자.

2.4. '실험 계획'의 종류(위계 관점)

'실험 계획의 종류'를 '위계 관점'으로 본다는 것은 "실험을 통해 얻은 모형이 실제 값을 얼마나 잘 예측하느냐?"에 따른 구분의 의미다. 실험을 통해 얻은 'X와 Y의 관계식'이 "예측력이 높다"라면 현업에서의 활용도도 그만큼 높을 수밖에 없다.

일반적으로 정보를 얻는 데 필요한 '실험 계획(DOE, Design of Experiment)'에는 연구 개발 업무에서 자주 접하는 '시행착오(Trial and Error)', 'OFAT(One Factor at a Time)', '완전 요인 설계(Full Factorial Design)', '부분 요인 설계(Fractional Factorial Design)', '플래케트‐버만 설계(Plackett‐burman Design)', '반응 표면법(RSM, Response Surface Methodology)', '혼합물 실험(Mixture Experiment)', '다구치 방법(Taguchi Method)', '진화적 조업(EVOP, Evolutionary Operation)' 등이 포함되며, 편의상 '요인 실험(Factorial Experiment)'으로 묶을 경우 '완전 요인 설계', '부분 요인 설계', '플래케트‐버만 설계', '반응 표면법'이 이에 속한다. 이들을 개요도로 정리하면 다음 [그림 Ⅰ‐9]와 같으며, 특히 현업에서 사용 빈도가 매우 높은 설계이면서 앞으로 중점 학습할 '완전 요인 설계'는 대충 그들의 중간쯤에 위치한다. 일반적으로 [그림 Ⅰ‐9]의 아래로 내려갈수록 예측력을 높일 수 있는 실험 방법이다.

[그림 Ⅰ‐9] '실험 계획(DOE)'의 종류(위계 관점) 예

[그림 Ⅰ-9]에서 '완전 요인 설계'를 중심으로 위쪽으론 정해진 실험 수 (Run)보다 훨씬 적거나 반 이상 줄어들어 약간 까다로운 해석들이 요구되는 실험법들이(시행착오, OFAT, 플래키트-버만 설계, 부분 요인 설계), 아래로는 'X'와 'Y' 간 '2차 방정식'을 얻을 수 있어 '반응(Y)'의 예측력을 훨씬 높일 수 있는 실험법들이 위치한다(반응 표면법, 혼합물 실험). 그 외에 '다구치 방법'은 '통계적'이 아닌 '공학적' 방법의 실험법이며, '진화적 조업'은 양산 중에 2개 또는 3개 요인들의 '최적 조건'을 찾는 방법이다. 따라서 '실험 계획' 전체를 이해하기 위해서는 '완전 요인 설계'를 먼저 섭렵한 후 상황에 따라 위나 아래의 방법들로 범위를 넓혀가는 것이 학습뿐만 아니라 이해하는 데도 매우 유리하다.

본론인 '완전 요인 설계'로 들어가기에 앞서 [그림 Ⅰ-9]에서 설명했던 '실험 계획' 종류별 내용과 특징들에 대해 다음에 간략히 정리하였다.[45]

① 시행착오(Trial and Error): 사전적 의미는 "사람이나 동물이 새로운 문제를 해결하기 위하여 선천적 또는 후천적으로 이미 알고 있는 여러 가지 동작을 반복하다가 우연히 성공한 뒤, 되풀이하던 무익한 동작을 배제하게 되는 일"이다. 목적을 이룰 때까지 시도해보는 방법으로 위계가 가장 낮은 실험 계획이다. 그런데 반대로 해석하면 이 같은 수준의 실험을 운영하기 위해서는 '제어 인자'들에 대한 풍부한 사전 지식 또는 뛰어난 프로세스 관리 능력을 보유하고 있어야 '시행착오'적 운영이 가능한 것으로도 볼 수 있다. 물론 '제어 인자'들에 대한 충분한 지식 없이 문제가 발생할 때마다 임기응변식으로 대응하는 것은 자칫 감당하기 어려운 대가를 치를 수 있다는 점도 명심해야 한다.

---

45) 「Be the Solver_확증적 자료 분석(CDA)」편의 본문을 편집해 옮김.

② <u>OFAT(One Factor at a Time)</u>: 한 번에 한 요인씩 조정해가는 '실험 계획'이다. 즉 다른 요인들은 모두 고정하고 한 요인만 조금씩 조정해나가다 '반응(Y)'이 최적이 되면 고정하고, 다른 요인 하나를 정해 또 조정해나가는 식이다. 실험을 실시하는 목적 중 하나가 요인들 간 '상호작용(Interaction)'을 확인하는 데 있으며, '상호작용(「2.1. '실험 계획'에 쓰이는 주요 용어들」 참조)'은 두 개 요인이 합쳐진 경우는 영향력에 대한 해석이 매우 중요한 반면 세 개 요인 이상이 합쳐진 경우는 '반응'에 미치는 영향이 매우 미미한 것으로 경험상 알려져 있다. 따라서 우리에게 중요한 '상호작용'은 두 개 요인들로 이루어진 '이요인 상호작용(Two-factor Interaction)'[46]에 국한한다. 그런데 'OFAT'는 두 요인 간의 상호작용이 있는 경우 그 영향을 파악하기 어려우므로 역시 위계가 낮은 '실험 계획'이라 할 수 있으며, '시행착오'와 마찬가지로 높은 수준의 관리 능력이나 기술력을 축적한 상태에서 운영할 수 있는 실험법으로도 볼 수 있다.

③ <u>부분 요인 설계(Fractional Factorial Design)</u>: 'Fractional'은 '단편적인', '아주 적은'의 뜻이며, 'Factorial'은 '요인적인'의 뜻으로 '요인(Factor)'의 형용사적 표현이다. 연결해서 의역하면 "요인 실험을 하되 아주 적게 하겠다"로 해석된다. 만일 실험에 쓰일 요인들 개수가 다섯 개 이상이면, '실험 계획'을 수행하는 데 많은 제약이 따른다. 요인 수가 많아지면 그만큼 실험 수도 증가하기 때문이다. 통상 실험은 수준이 '두 개'인 것을 기본으로 하며, 이때 실험 수는 '$(수준수)^{요인수}=2^{요인수}$'로 알 수 있는데, 만일 '제어 인자'가 '5개'이면 '$2^5=32$회'의 수행(Run)이 필요하다. 물론 요인 수가 '6개, 7개' 등으로 늘어나면 수행 수도 '64회', '128회' 등으로 증폭된다. 이 경우 실험 수를 줄일수

---

46) 미니탭은 '2원 상호작용'으로, 또 출처에 따라 '2원 교호작용'으로 표현하나 한국통계학회 '통계학 용어 대조표'에는 '이요인 상호작용'으로만 되어 있어 그대로 옮겨놓았다.

록 비용이나 투입 자원도 따라 줄지만, 그에 반해 획득할 정보의 양도 덩달아 줄어드는 단점이 있다.

만일 요인들의 '최적 조건'을 얻기보다 영향력이 적은 요인들을 실험을 통해 걸러내겠다는(또는 역으로 '핵심 인자'를 찾겠다는) 목적이 앞서면 '부분 요인 설계'지만 이를 따로 구분해 '선별 설계(Screening Design)'라고 부른다. 그러나 요인들 간 '상호작용'에 대한 사전 정보(논문, 과거 실험 결과, 전문가 의견 등)가 있거나, 수행 수를 줄여도 '최적 조건'을 충분히 달성할 수 있는 상황이면 굳이 실험을 전부 다 해야 하는 '완전 요인 설계'보다 '부분 요인 설계'를 통해서도 소기의 목적을 달성할 수 있다.

[그림 Ⅰ‐10]은 미니탭에서 '요인 설계'에 어떤 유형들이 있는지 확인할 수 있는 '대화 상자'이다. 위치는 미니탭 「통계 분석(S) > 실험 계획법(D) > 요인(F) > 요인 설계 생성(C)…」에 들어가 '`사용 가능한 설계 표시(Y)…`' 버튼을 누른다. 그림에서 '완전'이라고 쓰인 경우가 바로 현재 주제인 '완전 요인 설계'를 나타내고, 그 외 것들이 '부분 요인 설계'이다. 빨강, 노랑, 녹색(색 구분은 미니탭 참조) 등은 '부분 요인 설계'에서 정보를 잃어버리는 정도를 구분해놓은 표시이다. 예를 들어, '녹색(Ⅴ ~ Ⅷ)'은 유용한 정보를 모두 얻어낼 수 있는 반면, '노랑(Ⅳ)'과 '빨강(Ⅲ)'으로 갈수록 중요 정보를 놓칠 수 있음을 암시한다. '노랑(Ⅳ)'은 그 중간 정도이다. 경제적 측면에선 수행 수가 줄어 효율적이지만, 정보 수집 측면에선 일부 손실을 감수해야 한다. 정보의 손실이 무엇인지에 대한 구체적인 설명은 「2.1. '해상도(Resolution)'와 '교락'의 완전 이해」를 참고하기 바란다.

[그림 Ⅰ-10] '선별 설계'에 해당하는 '부분 요인 설계'와 '플래케트-버만 설계'

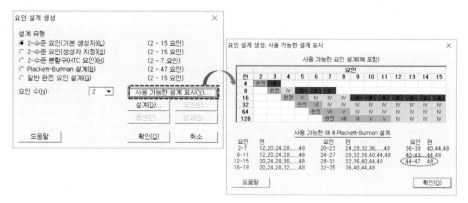

    [그림 Ⅰ-10]의 오른쪽 그림 아래를 보면 '사용 가능한 해 Ⅲ Plackett-Burman 설계'가 있으며, 요인 수가 최대 '47개'임에도 수행 수는 '48회'가 가능한 '선별 설계' 예를 보여준다. '해상도(Resolution)'가 'Ⅲ(빨강)'이므로 요인들의 '최적 조건'보다 '선별 설계'의 목적으로 유용하다.

    ④ 완전 요인 설계(Full Factorial Design): '완전 요인 설계'는 말 그대로 정해진 실험인 '(수준 수)$^{요인수} = 2^{요인수}$'을 전부 다 수행하는 방법이다. 예를 들어, '요인 수=3'이면 '수행 수= $2^3 = 8$회', '요인 수=5'이면 '수행 수= $2^5 = 32$회' 등이다. 물론 경제적 측면에선 비용과 시간, 노력이 더 들지만 '실험 계획'에서 얻을 수 있는 정보 모두를 확보할 수 있는 최대의 장점이 있다. 어떤 정보를 얻는 것인지에 대해서는 본문에서 자세히 다룰 것이다.

    ⑤ 반응 표면법(Response Surface Methodology)[47]: '반응 표면법'은 '2차

---

47) 한국통계학회, 통계학 용어 대조표에는 "반응 표면 설계"이나 일반적으로 'RSM'처럼 'Methodology'의 호칭이 일반화되어 있어 "반응 표면 설계" 대신 "반응 표면법"을 사용함.

방정식'을 얻기 위한 실험 방법이다. 앞서 설명한 '완전 요인 설계'는 최종적으로 얻게 되는 함수가 예로써, 'Y = 7.125 − 1.125A + 0.875B + 2.375C − 2.875A*B − 0.375A*C − 0.875B*C(예로써, A = 온도, B = 압력, C = 농도)'와 같이 1차 항들의 합으로 구성되어 있어 만일 'X'와 'Y'가 곡률 관계로 형성된다면 원하는 '반응(Y)'을 찾을 수 없다. 곡률 관계는 '2차 방정식'이 필요하기 때문이다.

그러나 초기 실험에서 'X'와 'Y'가 곡률의 관계인지 알 수 없으므로, 바로 '반응 표면법'을 수행하는 것은 바람직하지 않다. 왜냐하면 실험 수도 늘어날 뿐더러 인자들의 수준 폭도 더 넓혀야 하고, 또 직선 관계로 충분히 설명할 수 있는 것을 불필요한 '2차 방정식'을 도입할 필요는 더더욱 없기 때문이다. 따라서 정보가 부족한 상황이면 우선 '완전 요인 설계'를 하되, 실험 설계 시 '중심점(Center Point)'을 추가시켜 '곡률성 여부'를 확인하는 것이 일반적이다. 만일 'X'와 'Y'가 곡률 관계로 판명이 나면 당연히 '반응 표면법'의 진행은 불가피하다. [그림 Ⅰ−11]은 '완전 요인 설계'에서 곡률 여부를 탐지하기 위

[그림 Ⅰ−11] '중심점' 추가 및 '설계 표' 결과

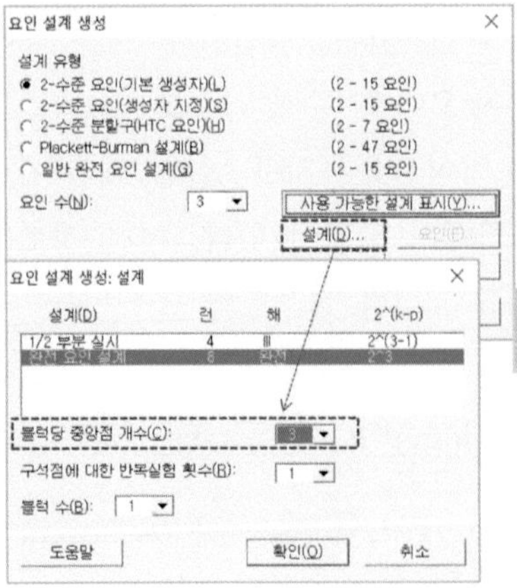

↓	C1	C2	C3	C4	C5	C6	C7	C8
	표준 순서	런 순서	중앙점	블럭	온도	압력	농도	Y
1	1	1	1	1	20	1	10	1.0
2	2	2	1	1	40	1	10	5.0
3	3	3	1	1	20	3	10	10.0
4	4	4	1	1	40	3	10	3.0
5	5	5	1	1	20	1	30	8.0
6	6	6	1	1	40	1	30	11.0
7	7	7	1	1	20	3	30	14.0
8	8	8	1	1	40	3	30	5.0
9	9	9	0	1	30	2	20	3.5
10	10	10	0	1	30	2	20	4.3
11	11	11	0	1	30	2	20	5.1

한 '중심점' 추가 방법과, 그 '설계 표(Design Matrix)'를 보여준다.

왼쪽의 '대화 상자'에서 '중심점' 3개가 포함되었으며, 그 결과 워크시트의 '중앙점' 열에 3개의 '0'이 표기되고('중심점'이란 의미임), 각 요인의 수준은 '높은 수준'과 '낮은 수준'의 가운데 값인 '온도=30', '압력=2', '농도=20'으로 설정되었다. 이 경우 설계에서 '중심점'을 '3개' 넣었으므로, 실험은 '중심'에서 3회 반복된다. 「통계 분석(<u>S</u>) > 실험 계획법(<u>D</u>) > 요인(<u>F</u>) > 요인 설계 분석(<u>A</u>)···」과 「통계 분석(<u>S</u>) > 실험 계획법(<u>D</u>) > 요인(<u>F</u>) > 요인 그림 (<u>F</u>)···」에서 통계량 및 '주 효과도(Main Effect Plot)'를 얻으면 곡률 관계 여부를 판독할 수 있다.

⑥ 혼합물 실험(Mixture Experiment): '혼합물 실험'은 실험의 대상이 여러 성분(Components)들의 혼합으로 이루어져 있고, '반응(Y)'을 최소 또는 최대로 만들 최적의 '혼합 비율(Mixing Proportion)'에만 관심이 있는 경우의 실험법이다. 일반적으로 실험 조건은 다음과 같다.

> (제약 조건) k개 성분들의 혼합에 있어 x_i를 i번째 성분의 혼합 비율이라 하면,
>
> $$x_1 + x_2 + x_3 + ... + x_i = 1, \ x_i \geq 0, \ i = 1, 2, ... k$$
>
> (식 Ⅰ-6)

(식 Ⅰ-6)의 정의에서 '제약 조건'은 기본적으로 실험 대상에 들어가는 성분들을 모두 섞어놓았을 때 그들의 총 혼합 비율은 '1'이다. 물론 비율이 '음수'가 되는 경우는 없으므로 '$x_i \geq 0$'가 성립한다. '혼합물 실험'에서는 '심플렉스(Simplex)'라고 하는 생소한 단어가 등장하기 시작하는데, 이들의 정의에 대해서는 '주) 45'를 참고하기 바란다.

2.5. '실험 계획'의 선택

'실험 계획' 방법들을 이해했으면 다음 고민은 나에게 맞는 '실험 계획'은 무엇인가이다. 몇 년 전 한 기업 연구소의 요청으로 그곳에서 수행 중인 여러 '실험 계획'을 검토해준 일이 있다. 내용들은 90% 이상이 성분들의 혼합에 있음에도 '완전 요인 설계'에 치중되어 있었으며, 적합한 '혼합물 실험'이 한두 개 시도되곤 있었지만 해석에 필요한 충분한 시행 수가 확보되지 않아 통계적으로 처리하기에 어려움이 있었다. '실험 계획'에 대한 이해가 부족한 이유도 컸지만 그로 인해 통계 해석을 위한 추가 실험뿐만 아니라 아예 '실험 계획' 자체를 바꿔야 하는 과제도 상당수 존재했다. 물론 이미 많은 시간이 소요된 상태에서 그 모두를 바로잡기란 현실적으로 어려움이 있었다. 그래서 적합한 '실험 계획'을 선택하는 일 역시 연구원이나 엔지니어에겐 매우 중요한 역량 중 하나이다. [그림 Ⅰ-12]는 '실험 계획 선정도'를 나타낸다.

사실 '실험 계획'을 선정하는 방식은 목적이나 요인, 수준들의 분류 방식에 따라 출처마다 다양한 흐름도를 제시한다. [그림 Ⅰ-12]는 필자의 경험을 일부 반영해 작성된 것으로 우선 '문제 정의'가 이뤄진 후 「2.3. '실험 계획'의 수행 목적」에서 지정된 '실험 목적'에 따라 '최적화'와 '선별화/특성화'로 구분하였다. 전자는 '최적 조건'을 찾기 위함이고, 후자는 '핵심 인자(Vital Few)'를 찾거나 요인들 간 유의한 정도에 따라 순위를 매기려는 목적을 갖는다. 특히 '선별화/특성화'의 '다구치 방법'에 표기한 '+강건성'은 '선별화/특성화'에 추가해 '강건성'도 확보할 수 있음을 나타낸 것이다. 또 '부분 요인 설계'는 '접음(Folding)'이란 처리를 통해 '완전 요인 설계'와 동등한 효과를 볼 수 있다.

[그림 Ⅰ-12] '실험 계획' 선정도

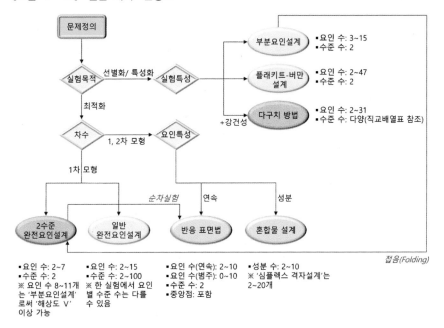

다시 '최적화' 경로는 모형이 '1차 항'들의 선형 결합으로 이루어진 '2수준 완전 요인 설계'와 '일반 완전 요인 설계'가 있다. '2수준 완전 요인 설계'는 '곡률 관계'가 밝혀지면 '순차 실험'이란 명목하에 '2차 항'들이 포함된 '반응 표면법'으로 연결 실험이 가능하며('순차 실험'이라고 함), 이때 '완전 요인 설계'에서 얻었던 결과들을 그대로 활용함으로써 시간과 비용을 절감할 수 있다. '일반 완전 요인 설계'는 각 요인들의 '수준 수'가 뒤섞여 있을 때 적합하나, 해석 시 약간 번거로움이 존재한다. '반응 표면법'과 '혼합물 실험'은 '1, 2차 방정식' 모두 모형 설정이 가능하며, 데이터 유형이 '연속 자료'인 경우와 '성분'들을 혼합해서 최적 비율을 찾으려는 실험에 각각 적합하다.

[그림 Ⅰ-12]에 요약된 각 '실험 계획'별 '요인 수'와 '수준 수'는 현실성을 감안해 대부분의 기업에서 많이 쓰고 있는 미니탭 내 설정된 제한 값들을 따랐다. 그러나 '완전 요인 설계'는 '5개 이내'에서, '반응 표면법'은 '4개 이내'에서 대부분의 실험들이 수행된다. 수년 전 한 기업 연구소에서 과제의 '반응(Y)'이 '7개'이고 관련 요인들은 '20개'라고 제시했었으나 분석 결과 요인 수가 '3개'로 압축된 경험에서 보듯, '반응(Y)'에 주로 영향력 있는 요인은 아무리 많아도 '5개' 이내에서 결정된다.

2.6. '실험 계획'의 5대 원리

'실험 계획' 유형과 선정 방법에 어느 정도 익숙해졌다면 핵심에 좀 더 다가가 보자. '실험 계획'을 제대로 수행하고 해석하려면 주요 원리들을 확실하게 알고 있어야 하는데 이들엔 '반복의 원리', '랜덤의 원리', '블록화의 원리', '교락의 원리', '직교화의 원리'가 있다. 처음 입문하는 독자들은 사실 이 같은 낯선 용어들에 애를 먹는 경우가 많다. 강의 중에 이해를 돕기 위해 가상 사례들을 들어 설명하곤 하는데 해당 내용을 그대로 옮겨보았다.

① 반복의 원리(Principle of Replication): 총알을 생산하는 A사, B사, C사가 있고 국방부에 실탄을 납품하기 위해 각 제조사로부터 시험 표본 1개씩을 준비했다고 가정하자. 시험은 경력 있는 명사수가 100m 떨어진 과녁을 정조준해 원점에 가장 근접하게 맞춰진 실탄의 제조사를 최종 공급사로 정한다(고 가정한다). 실험이 진행되고 B사의 실탄이 원점에 가장 근접한 것으로 판명 났다면, 그리고 다음 달부터 100만 개에 달하는 실탄을 납품하도록 계약이 성사된다면…! 만일 여러분이 A사나 C사 영업 담당자라면 어떤 이의를 제기할

수 있을까? 이 질문에 대한 답은 참으로 쉽다. 납품 수량 100만 개라는 어마어마한 매출을 올리는데 고작 1개의 표본으로 결정하다니… 명사수가 콧등이 가려워 움찔하거나 잠깐 애인 생각을 했다든가, 아니면 순간 바람이 스쳐 지나갔을지도 모른다. 명사수가 완벽하다고 아무리 우겨도(?) 미세한 잡음 요인들의 존재를 계속 지적하면 대응에 한계가 있다. 그렇다면 해결책은? 그렇다, 각 제조사별로 100개씩 가져다 실탄 사격을 한 후 타깃의 원점에서 떨어진 거리를 제조사별로 각각 '평균' 내어 비교하면 된다.

[그림 Ⅰ-13] '1회 실험'과 '반복 실험'의 비교

실탄 1개로부터의 거리　　　　실탄 여러 개로부터의 거리 평균

[그림 Ⅰ-13]에서 실탄을 1회 발사 후 얻은 측정값(원점으로부터의 거리)은 사격수의 순간 상태에 따라 영향을 받지만 오른쪽 타깃처럼 여러 발을 반복해 쏜 후 거리들의 '평균'을 구하면 그 총알의 특성이 반영된 참값에 점점 다가서게 된다. 이것이 '반복의 원리'가 필요한 이유이다. 반복 측정 후 그 '평균'을 사용함으로써 외부로부터 유입된 알 수 없는 '잡음(Noise)'을 제거시키는 효과를 얻는 것이다.

'실험 계획'에서 '반복'의 개념은 용도상 두 개로 구분된다. 하나는 'Replication'이고, 다른 하나는 'Repetition'이다. 전자는 '사본, 복제'의 사전적 의미를 갖고 있으며 '실험 계획'에선 '재현'을, 후자는 '반복'의 의미를 담고 있다. 각각

이 '실험 계획'에서 어떻게 표현되고 이용되는지 알아보자.

<u>Replication(재현)</u> - 다음 [그림 Ⅰ-14]는 실제 실험에서 2회 반복이 적용된 '설계 표'이며, 각 '처리(Treatment)'가 두 번씩 포함되어 있다.

[그림 Ⅰ-14] '반복 2회'를 반영한 '설계 표' 예(Replication)

워크시트 5 ***

↓	C1	C2	C3	C4	C5	C6	C7	C8
	표준 순서	런 순서	중앙점	블럭	A	B	C	Y
1	1	1	1	1	2	1	10	8.5
2	2	2	1	1	6	1	10	*
3	3	3	1	1	2	8	10	*
4	4	4	1	1	6	8	10	*
5	5	5	1	1	2	1	40	*
6	6	6	1	1	6	1	40	*
7	7	7	1	1	2	8	40	*
8	8	8	1	1	6	8	40	*
9	9	9	1	1	2	1	10	8.3
10	10	10	1	1	6	1	10	*
11	11	11	1	1	2	8	10	*
12	12	12	1	1	6	8	10	*
13	13	13	1	1	2	1	40	*
14	14	14	1	1	6	1	40	*
15	15	15	1	1	2	8	40	*
16	16	16	1	1	6	8	40	*

반복 1

반복 2

[그림 Ⅰ-14]는 요인 3개에 대해 '$2^3=8$'의 수행(반복 1)을 해야 하므로, 2회 반복 시 동일한 '처리 조합'이 '8회(반복 2)'가 추가되어 '총 16회' 실험 수를 갖는다. 이때 그림에서 강조된 '표준 순서 1'과 '표준 순서 9'의 'Y_i'는 각각 '8.5'와 '8.3' 두 개이며, 사전적 정의인 '복제'가 의미하듯 실험 내용이 동일하다는 점에 주목한다. 이 같은 '처리 조합'의 반복 실험을 통해 '반응(Y)'이 '재현'되는지를 확인한다. 다른 '처리 조합'들 역시 동일한 배치를 하고 있다(타 '처리 조합'들의 'Y_i'는 편의상 생략하고, 대신 '*'로 표시함).

<u>Repetition(반복)</u> - 다음 [그림 Ⅰ-15]는 '$2^3=8$'의 수행을 보여주는 '3회' 반복의 '설계 표' 예이다.

[그림 Ⅰ-15] '반복 3회'를 반영한 '설계 표' 예(Repetition)

평균

	C1	C2	C3	C4	C5	C6	C7	C8	C9	C10	C11
	표준 순서	런 순서	중앙점	블럭	A	B	C	Y1	Y2	Y3	Y_Avrg
1	1	1	1	1	-1	-1	-1	3.5	3.8	4.1	3.80
2	2	2	1	1	1	-1	-1	9.2	10.3	9.6	9.70
3	3	3	1	1	-1	1	-1	12.6	11.9	12.3	12.27
4	4	4	1	1	1	1	-1	7.8	7.6	5.8	7.07
5	5	5	1	1	-1	-1	1	18.1	17.6	15.8	17.17
6	6	6	1	1	1	-1	1	6.3	7.7	8.1	7.37
7	7	7	1	1	-1	1	1	8.9	9.4	9.5	9.27
8	8	8	1	1	1	1	1	11.5	12.0	12.4	11.97

워크시트 2 ***

[그림 Ⅰ-15]는 '처리 조합'을 반복하는 대신 동일 '처리 조합'에서 'Y'를 수차례(예에서는 3회) 반복 측정한 뒤 그들의 '평균(Y_Avrg)'을 분석에 적용한다. 다음 [표 Ⅰ-4]는 두 방식의 비교이다.

[표 Ⅰ-4] 'Replication'과 'Repetition'의 비교

Replication (재현)	□ '처리 조합'을 동일하게 추가한 뒤 '반응'을 재측정(예, 온도 20℃, 농도 10% 조합을 한 번 더 측정). 또는, 하나의 '처리 조합'에서 '실험 단위'를 여럿 제작해 '반응'을 측정함(예, 분당 회전 100RPM, 압력 2.5bar의 동력체 2개를 제작해 Y를 각각 얻음). □ 실험의 재현성을 파악할 수 있음. □ 각 '반응(Yᵢ)'을 분석 때 사용함[그림 Ⅰ-14] 참조).
Repetition (반복)	□ 동일 '처리 조합'에서 연속해 '반응'을 얻음. □ 실험 중 발생할 수 있는 오차를 보상함('중심 극한 정리'에 의해 $1/\sqrt{n}$ 만큼의 정밀도를 높일 수 있게 됨). □ 반복 측정된 '반응들의 평균'을 분석에 사용[그림 Ⅰ-15] 참조).

다시 실탄 사격의 예로 돌아가서 알 수 없는 잡음을 제거하기 위해 이제 A사 100발, B사 100발, 그리고 C사 100발을 반복해 쏜 뒤 '평균'을 비교한 결과 최종 A사가 선정됐다면 이때 B사와 C사는 어떤 이의를 제기할 수 있을까?

② 랜덤의 원리(Principle of Randomization): 사격수가 A사, B사, C사의 순서로 100발씩 계속 쏜다면 아마 B사의 후반부터 300발째를 쏘는 C사에 이르러서는 제정신이 아닌 상태(?)에서 사격을 하고 있을 수 있다. 아무리 명사수라도 그 정도의 집중력을 계속 유지하기란 매우 힘들 것이기 때문이다. 이 역시 실험에 '잡음(Noise)'이 유입되는 상황이며, 해결책은 바로 실탄 모두를 막 섞어서 무작위로 선택해 사격하는 것이다. 이 경우 정신이 말짱할 때도 A사, B사, C사 모두의 실탄이 골고루 섞여 있을 것이고, 정신이 혼미할 때도 모든 제조사 제품이 골고루 섞여 있을 것이므로 실험이 종료된 뒤 각 사별로 모아 거리의 평균을 구해 서로에서 빼주면 공통된 양만큼의 잡음은 제거되고 '순수 효과'만 얻게 된다. [그림 Ⅰ-16]은 실험 순서를 뒤섞어놓은 '설계 표' 예이다.

[그림 Ⅰ-16] 실험을 무작위로 해놓은 '설계 표' 예

	C1 표준 순서	C2 런 순서	C3 중앙점	C4 블럭	C5 A	C6 B	C7 C	C8 Y
1	6	1	1	1	6	1	40	*
2	5	2	1	1	2	1	40	*
3	1	3	1	1	2	1	10	8.5
4	2	4	1	1	6	1	10	*
5	13	5	1	1	2	1	40	*
6	12	6	1	1	6	8	10	*
7	14	7	1	1	6	1	40	*
8	4	8	1	1	6	8	10	*
9	16	9	1	1	6	8	40	*
10	7	10	1	1	2	8	40	*
11	11	11	1	1	2	8	10	*
12	8	12	1	1	6	8	40	*
13	3	13	1	1	2	8	10	*
14	15	14	1	1	2	8	40	*
15	10	15	1	1	6	1	10	*
16	9	16	1	1	2	1	10	8.3

[그림 Ⅰ-16]을 보면 [그림 Ⅰ-14]와 달리 '표준 순서'가 뒤섞여 있음을 알 수 있으며, [그림 Ⅰ-14]의 '표준 순서-1'과 '표준 순서-9' 역시 임의의 위치에 배치되어 있음을 알 수 있다. 실탄을 뒤섞어놓은 뒤 무작위로 골라 쏜 탄알 한 개는 '설계 표'에서의 '처리 조합' 하나에 대응하고, 이때 실탄 사격 후 '중심으로부터의 거리'는 '반응(Y)'에 각각 대응한다.

실험을 하는 입장에선 [그림 Ⅰ-16]과 같이 그 순서를 무작위로 하는 방법도 있지만, 다음 [그림 Ⅰ-17]과 같이 '실험 단위'의 위치를 무작위로 배치하는 경우도 생긴다.

[그림 Ⅰ-17] '실험 단위'의 무작위 배치 예

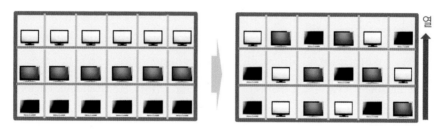

[그림 Ⅰ-17]의 왼쪽 그림은 가장 아래쪽 '실험 단위'에 10KHz를, 중간 단위에 '20KHz', 맨 위쪽 '실험 단위'에 '30KHz'를 인가했다고 하고, 제품 특성상 '실험 단위'의 표면에서 열이 발생한다고 가정하자. 이때 열은 위로 이동하므로 정상적인 실험 환경에서 맨 위의 30KHz 적용 제품들은 인가된 주파수 외에 '열(Heat)'이라고 하는 환경적 잡음의 영향하에 놓이게 된다. 이를 제거하기 위해 [그림 Ⅰ-17]의 오른쪽 그림과 같이 높이별로 각 '실험 단위'를 같은 수만큼 섞어 배치하면 각 수준별 제품들은 동일한 개수만큼씩 '열'의 영향을 받게 된다. 이때 실험 종료 후 유형별로 각기 모아 특성을 얻은 뒤 그

'평균'을 서로 뺄 경우 순수 효과만을 얻어 비교할 수 있다. '랜덤의 원리'란 이와 같이 '잡음(Noise)'을 제거할 수 있는 매우 좋은 방법 중 하나이다.

③ 블록화의 원리(Principle of Blocking): 실탄을 쏘는 실험 예에서 만일 사수가 세 개 제조사의 총알 '300발'을 하루 내에 모두 발사하지 못한다고 가정해보자. 체력이 문제될 수도 있고, 기후 환경이 오전에만 적합할 수도 있다. 또는 사정상 한 곳의 사격장에서 '300발' 모두를 실험하는 것이 아니라 또 다른 사격장에서도 실험이 진행되어야 한다고 가정해보자. 시간차를 두고 실험이 진행될 때 어제 쏜 결과와 오늘 쏜 결과에 차이가 생기면, 즉 날짜에 따라 실탄 사격 결과가 영향을 받는다면 올바른 실험이 됐다고 보기 어렵다. 장소역시, 두 공간상 차이가 결과에 영향을 미친다면 해석에 어려움이 생긴다. '시간이나 공간의 차이'는 애초부터 우리의 관심사가 아니었으며, 또 우리가 제어하고자 하는 요인과도 분명 거리가 있다. 이때 제어하길 원하는 요인을 '모수 인자(Fixed Factor)', 기술적으로 의미가 없는 요인을 '변량 인자(Random Factor)'라고 한다.

결국 실험이 진행된 후 '시간이나 공간의 차이'가 결과에 영향을 미쳤는지 검증할 수 있는 장치가 필요하고, 또 실험 중에는 나누어지는 각 일자나 공간들이 '동일한 실험 수'와 '동일한 처리 조합(반복 실험 경우)'들을 포함하도록 '설계 표'가 마련되어야 한다. 당연한 얘기다. 예를 들어, 이틀 동안 300개의 실탄을 나눠 시험한다고 가정할 때, 첫날은 200개, 다음 날엔 100개씩을 쏘거나, 첫날은 A사 100개와 B사 50개를 쏘고 다음 날엔 B사의 나머지 50개와 C사의 100개를 실험한다면 첫날에 비가 오거나 할 경우 잡음(예로, 습기 등) 때문에 불균형이 생겨 효과 계산을 어렵게 만든다. B사의 경우 첫날의 50개는 비가 와 습기의 영향을 받겠지만, 둘째 날의 50개는 그렇지 않으므로 이들이 만들어낸 중심으로부터의 평균 거리는 A사(모두 습기의 영향을 받음)나 C사

(습기의 영향을 받지 않음)의 그것과 서로 비교되므로 큰 의미가 없다.

이 원리를 이용한 대표적인 실험 계획법이 '난괴법(Randomized Block Design)' 이며 '실험일' 등을 블록으로 나누어 하나의 요인으로 잡아준 뒤 진행된다. 실험이 끝난 후 분석 시 '실험일'도 하나의 요인처럼 '검정'이 이루어지며, 이때 유의하지 않게 나오는 것이 우리가 바라는 바이다. 만일 유의하다면 '날(Day)' 로 나누어 실험한 결과끼리 차이가 생겼다는 것을 의미하므로 이를 해소하기 위한 별도의 조치가 필요하다. [그림 Ⅰ-18]은 미니탭에서 '블록'을 설정하는 방법과 그 결과를 보여준다. 3인자 2수준으로 '이틀(또는 두 개 공간)'로 나누어 실험이 진행된다고 가정한다.

[그림 Ⅰ-18] 블록화의 원리

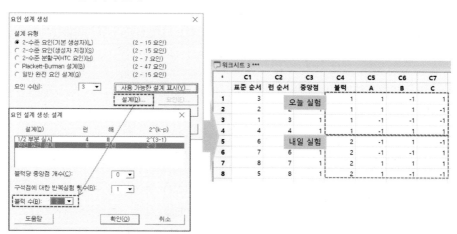

[그림 Ⅰ-18]의 '설계 표'를 보면, 각 '블록' 내에서 이루어지는 실험들 역시 무작위로 배치되어 있음을 알 수 있다. '랜덤의 원리'가 적용된 것이다.

④ 교락의 원리(Principle of Confounding): '실험 계획'을 실시하다 보면 '교락'이란 단어를 많이 접하게 된다. 참 이해하기 어려운 단어다. '교락'은 영어로 'Confound', 즉 '혼동하다'라는 뜻이다. 무엇을 혼동한다는 말인가? 주로 실험 수가 줄어든 '부분 요인 설계'에서 발생하므로 '2수준 3인자'인 '총 8회' 실험을 '4회'인 반으로 줄이는 경우를 예로 들어 보겠다. 다음 [그림 Ⅰ-19]는 '부분 요인 설계'인 '2^{3-1} 설계'의 '설계 표'를 나타낸다.

[그림 Ⅰ-19] '2^{3-1} 부분 요인 설계'의 '설계 표' 예

	C1	C2	C3	C4	C5	C6	C7	C8	C9	C10	C11
	표준 순서	런 순서	중앙점	블럭	A	B	C	Y	A*B	A*C	B*C
1	1	1	1	1	-1	-1	1	1	1	-1	-1
2	2	2	1	1	1	-1	-1	7	-1	-1	1
3	3	3	1	1	-1	1	-1	5	-1	1	-1
4	4	4	1	1	1	1	1	8	1	1	1

설명을 쉽게 하기 위해 원래 '설계 표'에는 없지만 'A*B', 'A*C', 'B*C'의 상호작용을 '설계 표'에 포함시켰다. 이전 「2.1. '실험 계획'에 쓰이는 주요 용어들」 중, '효과(Effect)'의 설명에서 요인별 '반응(Y)'에 미치는 영향을 어떻게 계산하는지 간단히 알아본 바 있다. 원래 '8회'의 실험을 '반'으로 줄인 [그림 Ⅰ-19]의 '설계 표(Design Matrix)'에서 'A 요인'의 '효과'는 '(수준 1의 Y값 평균) - (수준 -1의 Y값 평균)'이다. 이것을 직접 계산하면 '(7+8)/2 - (1+5)/2 = 4.5'이다. 그런데 문제가 있다. 'B*C'의 배치를 보면 'A 요인'과 동일하게 '-1, 1, -1, 1'의 순서이며, 만일 '효과'를 계산한다면 배치가 같으므로 '효과'도 같은 값인 '4.5'가 나온다. 그렇다면 '4.5'는 'A 요인'의 효과일까? 아니면 'B*C'의 효과일까? 혼동(Confound)하게 되는데 이와 같은 상황을 '교락'이라고 한다. 특히 실험에서 중요하게 생각되는 '주 효과(Main Effect)'

인 'A 요인'과, '이요인 상호작용(Two–factor Interaction)'인 'B*C'가 구별이 안 되므로(동일하므로) "분해가 가장 안 되는 심각한 상황이다" 해서 로마숫자 'Ⅲ'으로 표기하며, 미니탭에서는 심각성을 부각시키기 위해 [그림 Ⅰ–20]에서와 같이 실험의 분리 수준(또는 정보 획득 수준, 또는 해상도)을 '빨강'으로 표기한다(그림에서 화살표 예). 한마디로 좋은 실험 방법은 아니라는 얘기다.

[그림 Ⅰ–20] 해상도(Resolution)

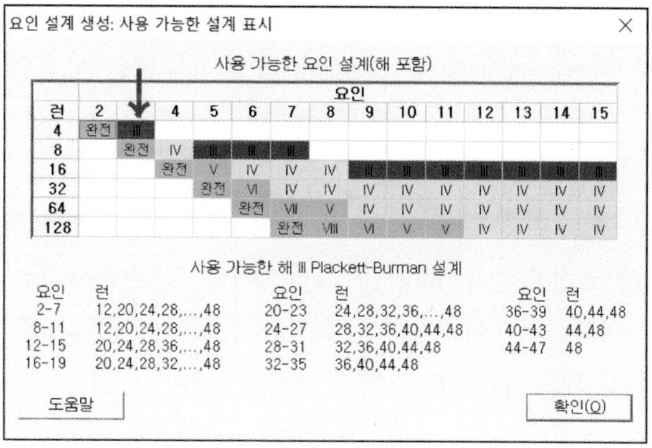

이런 현상은 'A 요인'에만 국한된 문제는 아니다. 'B 요인'은 'A*C'와, 'C 요인'은 'A*B'와 '교락(동일한 배치)' 관계에 있음을 알 수 있다. 실험 수가 줄어들어 경제적인 반면 주요한 정보를 얻지 못하는 부작용(?)이 생긴다. 또, '교락' 관계의 항들은 배치가 동일하므로 "본명(本名) 이외의 것들이다" 해서 '별명(Alias)'이라고도 불린다. 예를 들어 'B*C'는 'A 요인'과 '교락' 관계이면서, 'A 요인의 별명'이 되는 식이다. 그러나 실험을 줄여 양질의 정보를 얻지 못한다고 반드시 부족한 실험법이라 할 수는 없다. 요인들 간 '상호작용'이 없다는 것을 경험이나 문헌 등을 통해 사전에 인지할 수 있으면 '교락'을 이용해 실험 수를 줄이는 효과 등이 생기기 때문이다. 따라서 실험 전 관련 정보를 먼저 수집하는 습관이 매우 중요하다. 이 외에 '교락법'은 '효과(Effects)'가 없거나 무시할 수 있는 항을 '블록'과 '교락'시킴으로써 실험의 효율을 높이는 방법도 있다. 당장은 좀 어려운 얘기들이지만 차차 학습해나가도록 하자.

⑤ 직교화의 원리(Principle of Orthogonality): '실험 계획'을 처음 접하는 독자들을 괴롭히는 용어들 중 하나가 바로 '직교'이다. 자주 들어본 단어지만 이것이 실험 결과를 해석하는 데 어떻게 작용하는지 이해하기란 쉽지 않다. 또 주변에 초보자들을 위해 쉽게 설명해놓은 자료도 찾아보기 어렵다. 접근하지 못하게 높은 장막을 쳐놓은 듯해서 몇 번 시도하다 포기하기 일쑤다. '직교화의 원리'란 실험 계획에서 어떤 작용을 하는 것일까?

우선 '직교'란 의미부터 알아야 할 것 같다. '직교'는 수학에서 쓰이는 용어로 영문 'Orthogonality'의 'Orthos'는 그리스어로 '곧은(Straight)', '옳은(Right, True)'의 뜻을 내포한다. 이것은 각 요소(직선, 신호, 현상)들이 서로 '독립(Independence)'적임을 나타낸다. '독립'이란 두 개 요소가 서로 상관성이 없다는 뜻이며, 더 쉽게는 서로 관련성이 없다는 뜻이다. 따라서 서로를 의식하지 않고 개별적 평가를 통해 요소들의 특성을 파악할 수 있다. '실험 계획'에 빗대면 3개의 요인들 A, B, C로 실험이 이루어졌을 때, '요인 A'가 '반응(Y)'에 미치는 영향을 '요인 B'나 '요인 C'를 고려치 않고 바로 '요인 A'만의 수준 변화만을 고려해 파악할 수 있다는 뜻이다. 그런데 '직교'는 개념은 동일하나 수학의 여러 분야별로 그 표현법에 약간씩 차이가 있다.

[기하학]에서의 '직교'는 다음 [그림 Ⅰ-21]과 같이 두 선분이 서로 수직인 상태를 의미한다.

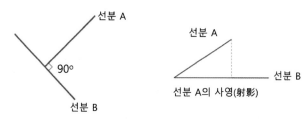

[그림 Ⅰ-21]의 왼쪽은 두 선분이 '수직(90°)'으로 교차하고 있으며, 그 오른쪽은 '90°'보다 작은 각으로 만나고 있어 "선분 A의 선분 B로의 사영 (Projection, 射影)"이 존재한다. '사영'이란 '선분 B'의 위쪽 수직 방향에서 빛을 쏘였을 때 '선분 A'의 그림자가 드리워진 상을 나타낸다. 두 선분이 수직으로 만나면 이와 같은 '사영'이 존재하지 않아 겹치는 영역이 없으므로 서로 '독립'의 관계를 형성한다.

[선형 대수]는 '행렬'과 '벡터'를 배우는 학문으로 만일 두 선분이 수직으로 만날 경우 각 선분을 벡터(예로써, $\vec{u}$, $\vec{v}$)로 나타내 그들 간의 수학적 관계를 규정할 수 있다. 다음 [그림 Ⅰ-22]는 [그림 Ⅰ-21]을 업데이트 한 예이다.

[그림 Ⅰ-22] 선형 대수에서의 '직교' 상태

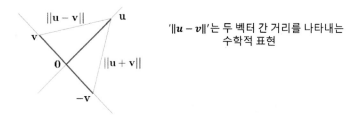

'$\|u - v\|$'는 두 벡터 간 거리를 나타내는
수학적 표현

[그림 Ⅰ-22]에서 두 벡터(선분), $\vec{u}$, $\vec{v}$가 원점을 지나면서 서로가 수직일 조건은 다음 (식 Ⅰ-7)과 같이 '내적(Inner Product)'이 '0'인 경우이다(유도 과정은 본 책 맨 뒤의 '부록 A' 참조).

$$\vec{u} \cdot \vec{v} = 0 \qquad \text{(식 Ⅰ-7)}$$

다음 (식 Ⅰ-8)은 만일 두 벡터가 '3차원' 공간에 위치하고 있으면서 '직교'할 경우의 수학적 증명이다.

$$\vec{u} = [a_1, a_2, a_3],\ \text{또는}\ \vec{u} = a_1\vec{i} + a_2\vec{j} + a_3\vec{k} \qquad \text{(식 Ⅰ-8)}$$
$$\vec{v} = [b_1, b_2, b_3],\ \text{또는}\ \vec{v} = b_1\vec{i} + b_2\vec{j} + b_3\vec{k}$$

$$\vec{u} \cdot \vec{v} = \left(a_1\vec{i} + a_2\vec{j} + a_3\vec{k}\right) \cdot \left(b_1\vec{i} + b_2\vec{j} + b_3\vec{k}\right)$$
$$= a_1 b_1 \vec{i} \cdot \vec{i} + a_1 b_2 \vec{i} \cdot \vec{j} + a_1 b_3 \vec{i} \cdot \vec{k}$$
$$+ a_2 b_1 \vec{j} \cdot \vec{i} + a_2 b_2 \vec{j} \cdot \vec{j} + a_2 b_3 \vec{j} \cdot \vec{k}$$
$$+ a_3 b_1 \vec{k} \cdot \vec{i} + a_3 b_2 \vec{k} \cdot \vec{j} + a_3 b_3 \vec{k} \cdot \vec{k}$$

그런데, $\vec{i} \cdot \vec{i} = \vec{j} \cdot \vec{j} = \vec{k} \cdot \vec{k} = 1$, $\ \vec{i} \cdot \vec{j} = \vec{i} \cdot \vec{k} = \vec{j} \cdot \vec{k} = 0$ ('부록 A' 참조)

그러므로 직교인 경우, $\vec{u} \cdot \vec{v} = a_1 b_1 + a_2 b_2 + a_3 b_3 = 0$

즉, (식 Ⅰ-8)의 맨 끝 식에서 벡터의 각 성분끼리 곱한 뒤 합한 결과가 '0'이 된다. 예를 들면, $\vec{u} = (1, 0, 0)$, $\vec{v} = (0, 1, -1)$일 경우,

$$\vec{u} \cdot \vec{v} = 1 \times 0 + 0 \times 1 + 0 \times (-1) = 0 \qquad \text{(식 Ⅰ-9)}$$

이므로 두 벡터는 서로 '직교'의 관계에 있음을 알 수 있다. 이와 같은 개념은 '실험 계획'으로 그대로 확장되어 응용된다.

[실험 계획]에서는 만일 실험에 쓰일 요인이 '2개'인 '온도(20℃, 40℃)', '압력(5atm, 10atm)'이라고 가정해보자. 이때 '완전 요인 설계'를 위한 '설계 표'는 다음 [표 Ⅰ‐5]와 같다.

[표 Ⅰ‐5] '2^2‐완전 요인 설계'의 '설계 표' 예

온도(℃)	압력(atm)
20	5
40	5
20	10
40	10

이 배치가 '직교'하는지는 「2.1. '실험 계획'에 쓰이는 주요 용어들」의 "부호화, 코딩(Coding)"에서 설명된 (식 Ⅰ‐2)를 이용해 [표 Ⅰ‐5]를 부호(‐1, +1)로 변환 후 평가하는 방식이 있고, 또는 [표 Ⅰ‐5]의 실제 값인 'Uncoded' 상태에서 간접적으로 알아보는 방식도 있다. 부호로 변환해 평가하는 방식이 사용 빈도가 높고 익숙하므로 이에 대해 먼저 알아보면 다음 (식 Ⅰ‐10)처럼 부호로 변환한 후 [표 Ⅰ‐6]의 '설계 표'를 완성한다(변환 식을 적용하지 않고 각 요인의 낮은 수준은 '‐1', 높은 수준은 '+1'로 바로 변환해도 관계없음).

$$(변환식)\ 요인의\ 부호화\ 'X' 는\ \frac{X-a}{b}. \qquad (식\ Ⅰ\text{-}10)$$
$$where,\ a = (X_H + X_L)/2,\ b = (X_H - X_L)/2$$

'온도' 부호화 : $a = (40+20)/2 = 30, b = (40-20)/2 = 10.$
$$\therefore (20-30)/10 = -1, \quad (40-30)/10 = +1$$

'압력' 부호화 : $a = (10+5)/2 = 7.5, b = (10-5)/2 = 2.5.$
$$\therefore (5-7.5)/2.5 = -1, \quad (10-7.5)/2.5 = +1$$

[표 Ⅰ-6] '설계 표 – 부호화(Coding)' 예

온도(℃)	압력(atm)
-1	-1
+1	-1
-1	+1
+1	+1

[표 Ⅰ-6]은 변환을 통해 부호화했으므로 본래 각 요인의 속성은 그대로 유지된다. 이때 [표 Ⅰ-6]의 부호화된 배치에서 '온도'와 '압력'을 (식 Ⅰ-8)의 '$\vec{u}$'와 '$\vec{v}$'에 각각 대응시켜 보자. 두 요인을 벡터로 간주하면 요인들 간 '직교성' 여부를 다음 (식 Ⅰ-11)과 같이 파악할 수 있다.

$$\overrightarrow{u_{온도}} = [-1, +1, -1, +1], \text{ 또는 } \overrightarrow{u_{온도}} = -1\vec{i} + 1\vec{j} + (-1)\vec{k} + 1\vec{l} \qquad (식\ Ⅰ-11)$$
$$\overrightarrow{v_{압력}} = [-1, -1, +1, +1], \text{ 또는 } \overrightarrow{v_{압력}} = -1\vec{i} + (-1)\vec{j} + 1\vec{k} + 1\vec{l}$$

$$\overrightarrow{u_{온도}} \bullet \overrightarrow{v_{압력}} = -1*(-1) + 1*(-1) + (-1)*1 + 1*1$$
$$= 1 + (-1) + (-1) + 1 = 0$$

(식 Ⅰ-11)을 통해 [표 Ⅰ-6]은 4차원 공간($\vec{i}, \vec{j}, \vec{k}, \vec{l}$)에서의 벡터를 가정할 수 있으며, 따라서 두 요인 간 '내적(Inner Product)'은 '0'이므로 둘은 서로 '직교한다'고 결론짓는다.

또 다른 방식인 '실제 값(Uncoded)' 상태에서의 '직교성'은 "한 요인의 수준이 다른 요인의 수준들과 만나는 횟수가 같을 때"를 말하는데,[48] 다음 [그림 Ⅰ-23]을 보자.

---

48) 이상복(2000. 6.), 『알기 쉬운 다구치 기법』, 상조사, p.126.

[그림 Ⅰ-23] '실제 값(Uncoded)'에서의 '직교성' 판단

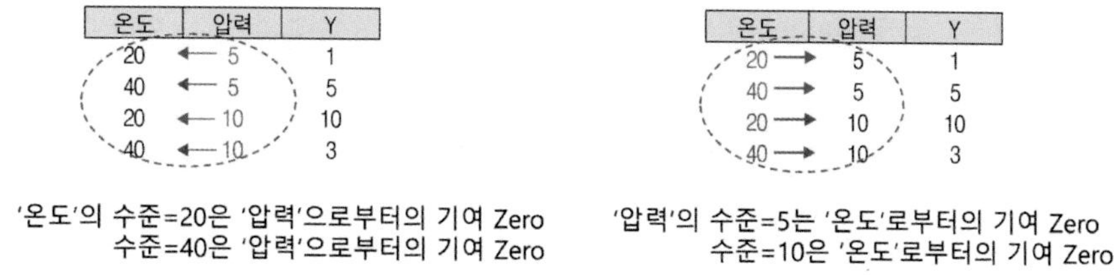

온도	압력	Y
20 ← 5		1
40 → 5		5
20 ← 10		10
40 ← 10		3

'온도'의 수준=20은 '압력'으로부터의 기여 Zero
수준=40은 '압력'으로부터의 기여 Zero

온도	압력	Y
20 → 5		1
40 → 5		5
20 → 10		10
40 → 10		3

'압력'의 수준=5는 '온도'로부터의 기여 Zero
수준=10은 '온도'로부터의 기여 Zero

[그림 Ⅰ-23]의 왼쪽을 보면 '온도'의 수준 '20'에 나타나는 '압력'의 각 수준 '5'와 '10'으로부터의 기여(오는 화살표)는 같고, '온도'의 수준 '40' 역시 동일하다. 이것을 "온도에 나타나는 압력으로부터의 기여가 제로"라고 한다. [그림 Ⅰ-23]의 오른쪽 그림도 같은 맥락에서 "압력에 나타나는 온도로부터의 기여가 제로"라고 한다. 이와 같이 두 요인끼리의 기여가 '제로'인 경우를 '직교'라고 한다. 이 같은 해석은 (식 Ⅰ-11)의 '부호화'를 통한 '직교성' 확인 과정을 염두에 두고 부호화하지 않은 상태에서 간접적으로 확인하는 절차이다.

지금까지 두 가지 방식으로 두 요인들 간 '직교성'을 확인했으나 '실험 계획'에서의 '직교'의 실질적 의미는 두 요인이 서로 '독립' 관계에 있다는 뜻이다. 이것은 '온도' 또는 '압력'의 변화에 따라 '반응(Y)'에 미치는 영향을 계산할 때 서로의 눈치를 볼 필요 없이 독립적 계산이 가능하다는 뜻이다. 정확히는 요인별 '효과(Effect)'를 계산할 때 다른 요인의 영향을 고려하지 않고 원하는 요인의 '반응(Y)'에 미치는 정도만 계산해낼 수 있다. 이와 관련된 자세한 학습은 「1.3.5. [통계 분석] 회귀 분석(Regression Analysis)」 내 「'주 효과(Main Effect)'의 계산 원리」를 참고하기 바란다.

지금까지의 '실험 계획'에서의 직교 조건을 정리하면 다음과 같다.

(직교 조건 1) 각 열에서 각 수준은 같은 빈도수로 나타난다([그림 Ⅰ-23] 참조). 이것을 '균형(Balance)'이라고 한다. '균형'은 한 개 요인 관점이다.

> · **균형(Balance)** (www.isixsigma.com) All factor levels(or treatment groups) have the same number of experimental units(or items receiving a treatment). 모든 요인의 수준들이 동일한 수의 실험 단위를 갖는 경우. (필자) '균형'은 한 요인 관점에서 파악한다. 즉 한 요인 내에 '높은 수준(1)'과 '낮은 수준(-1)'이 동일한 수만큼 존재하면 '균형 잡혀 있다'라고 한다. 이것은 '효과'에 대한 수학적 계산을 용이하게 해준다.

(직교 조건 2) 임의의 두 개 열 관계에서 수준 조합이 같은 빈도수로 나타난다. 이것은 두 개 요인들 관점이다.

2.7. '실험 계획'에 쓰일 실습 사례

앞으로 전개될 본문 내용은 종이 헬리콥터 실습 사례를 통해 초기 설계 방법, 수행, 분석들에 대해 자세히 알아볼 것이다. 종이 헬리콥터 실습은 현업에서 교육 중 자주 활용되는 좋은 아이템이다. 우선 많은 자재가 필요치 않고 구조가 단순해 제작에서 측정까지 소요되는 시간도 짧다. 또 헬리콥터 실습을 선호하는 가장 큰 이유는 '다구치 방법'에서도 사용이 가능하다는 점이다. 따라서 '완전 요인 설계'와 '다구치 방법' 간 특징과 차이점, 장점과 단점 등을 비교하기에 매우 효과적이다. 두 '실험 계획' 방법의 학습을 통해 독자는 처해진 상황에 따라 '완전 요인 설계'가 필요한 것인지, 아니면 '다구치 방법'이 필요한 것인지, 또 둘 중 어떤 실험이 나의 상황에 올바른 실험 방법인지 판단하는 데 큰 도움을 받을 수 있다.

'다구치 방법'의 본문에서는 헬리콥터 실습에 대해 별도 언급은 하지 않을 것이다. 다만 '완전 요인 설계'와의 비교를 통해 학습 효과를 높일 목적으로 강의 중에 병행한다는 점만 알아두자.

우선 헬리콥터 제작에 대해, 그리고 어떻게 '실험 계획' 학습에 유용하게 쓰이는지 알아보자. 다음 [그림 Ⅰ-24]는 헬리콥터 구조와 설계도이다.

[그림 Ⅰ-24] 헬리콥터 구조와 설계도 예

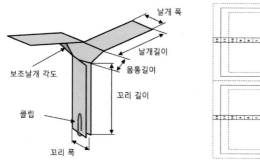
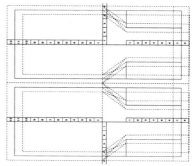

[그림 Ⅰ-24]의 구조에서 각 부위의 명칭은 모두 '제어 인자'가 될 수 있으며, 브레인스토밍을 통해 '체공 시간'에 영향을 줄 수 있는 '잠재 원인 변수'를 추가 발굴할 수 있다. 각 부위와 '반응(Y)'인 '체공 시간'의 기본 규격은 다음 [표 Ⅰ-7]과 같다('규격'은 실험자들에 의해 변경 가능함).

[표 Ⅰ-7] 헬리콥터 기본 규격

명칭	규격(cm)	비고
체공 시간(Y)	2.5초 이상	
날개 길이	13±2	
날개 폭	4.5±1	○ 낙하 높이(cm): 200±0.5
꼬리 길이	7±2	○ 규격은 가이드라인이며 '체공 시간'을 최
꼬리 폭	4±1	대화하기 위해 구조 및 길이 등의 변경은
보조 날개 각도	90°	팀 활동을 통해 결정됨.
몸통 길이	1±0.5	
클립 수	1개	

참고로 헬리콥터 제작에 필요한 도구는 다음 [그림 Ⅰ-25]와 같다.

[그림 Ⅰ-25] 헬리콥터 실습 및 실험에 필요한 도구 예

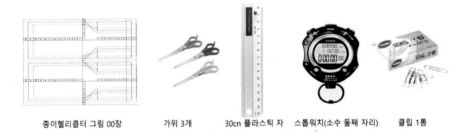

| 종이헬리콥터 그림 00장 | 가위 3개 | 30cn 플라스틱 자 | 스톱워치(소수 둘째 자리) | 클립 1통 |

요인 설계(Factorial Design)

'실험 계획'은 모든 실험적 방법들의 총칭이며, 본 단원은 그들 중 하나인 '요인 설계(Factorial Design)'에 대해 학습한다. '요인 설계'는 다시 '완전 요인 설계'와 '부분 요인 설계'로 나뉘며, 각각에 대해 상세한 설명이 이어질 것이다. 독자들은 '요인 설계' 학습을 통해 실무에서 어려움 없이 활용할 수 있는 충분한 역량을 확보할 수 있다.

1. 완전 요인 설계

　　　　　　　'완전 요인 설계'의 본론으로써, 종이 헬리콥터 실습 사례를 통해 초기 설계 방법, 수행, 분석들에 대해 자세히 알아본다. 전개는 「2.2. '실험 계획'의 용도」에서 설명한 두 개의 용도들 중 '독립적 쓰임새', 즉 연구 개발 부문 등에서 문제 해결을 위해 '실험 계획'을 바로 적용하는 상황을 가정할 것이다. 따라서 다음 소단원부터 'Plan → Do → Check → Act'의 흐름으로 단계별 활동을 상세하게 설명한다.

1.1. Plan – 계획 수립

　'Plan'은 '실험 계획'을 수립하는 단계이며, 산출물은 '설계 표(Design Matrix)'이다. '설계 표' 작성을 위해서는 다음의 항목들이 순차적으로 결정되어야 한다.

1) 실험의 목적과 목표를 정한다.
2) '반응(Y)'을 결정한다.
3) '잠재 원인 변수'의 발굴 및 '요인(Factor)'들을 결정한다.
4) '수준(Level)'을 결정한다.
5) '실험 계획'의 종류를 결정한다.
6) '설계(Design)' 항목을 결정한다.
7) '설계 표(Design Matrix)'를 작성한다.

각 세부 활동을 헬리콥터 사례에 맞춰 상세하게 알아보자.

1) 실험의 목적과 목표를 정한다.

실험을 왜 하는지에 대해 명확히 정의를 내리는 단계이다. 실험을 혼자 하는 경우는 없다. 설사 수행을 혼자 하더라도 결과의 적용까지 혼자만의 공간으로 제한하는 것은 조직 내에서 있을 수 없는 일이다. 누군가는 보고를 받아야 하며, 결과의 적용을 지속 관리해야 할 책임자도 필요하다. 따라서 실험을 왜 하는지를 결정하는 일은 본인의 소속뿐만 아니라 적용되는 프로세스 운영 담당자까지 고려해 명확하게 설정하는 것이 매우 중요하다.

실험을 위해 '목적'을 따지려면 통상 그 앞에 '문제의 정의'가 위치해야 한다. 문제가 있어야 그를 제거하거나 감소시킬 활동이 필요하며, 활동의 '목적'도 분명해진다. 또 문제의 제거나 감소를 어느 수준까지 이행해야 할지도 관심사이므로 '목표'를 결정하는 일과도 자연스럽게 연결된다. 이때 해당 문제 해결에 필요한 접근이나 도구를 '실험 계획(DOE)'으로 하겠다는 것이 현재의 상황이다. 예를 들기 위해 헬리콥터 실습의 경우 '문제 기술'과 '목적' 및 '목표'를 다음과 같이 설정하였다(고 가정한다).

[표 Ⅱ-1] 문제 기술, 목적 및 목표 설정

구분	내용
문제 기술	당사 헬리콥터에 대한 3개년 고객 클레임을 분석한 결과, FX-1 모델에 대한 '체공 시간'의 '산포'가 경쟁사 대비 10% 높고, '평균'은 약 15% 낮은 것으로 파악되어 '체공 시간'의 개선이 시급한 것으로 파악됨(내부 기술 보고서 TR-016).
실험 목적	최소 변동으로 헬리콥터를 오래 체공시킨다(최적화).
목표	목표 4.2초(LSL 2.5초)

'문제 기술'은 상황을 정량적으로 표현한다. 뭉뚱그리거나 모호한 표현은 지

양하고 '6하원칙'에 근거해 과제 수행 승인권자와 관련 직원들이 개선 필요성을 빠르고 정확하게 판단할 수 있도록 작성한다. 그러려면 상황에 대한 조사가 기본적으로 이루어져야 한다.

'목적'은 정성적 기술이 가능하지만 「2.3. '실험 계획'의 수행 목적」에 나열된 유형들 중 어디에 속하는지가 구분되어야 한다. 헬리콥터 실습의 경우 '반응(Y)'인 '체공 시간'을 최대화해야 하므로 그를 조정할 요인들이 결정되어야 하고, 또 궁극적으론 그들의 '최적 조건'을 알아야 목표를 달성할 수 있으므로 '최적화'와 관련된 '실험 계획'이 필요하다. 따라서 실험의 '목적'은 '최적화'에 둬야 한다.

'목표'는 '지표'와 '수치'가 명확하게 설정되어야 한다. '지표'는 자연스럽게 '체공 시간'이 될 것이고, '수치'는 경쟁사의 수준을 고려해 결정될 수 있다. 본 예의 경우 "2.5초 아래로는 수용하지 못하며 평균 4.2 이상"을 요구하는 것으로 결정하였다(고 가정한다). 이때 '2.5초'는 '규격 하한'인 'LSL=2.5초'가 되며, '결과 검증' 단계에서 '프로세스 능력(공정 능력, 또는 개발 능력)'을 평가할 때 기준으로 활용한다.

2) '반응(Y)'을 결정한다.

일반적으로 연구 개발 과정, 또는 기술 과제를 수행 중이면 어떤 지표를 개선해야 하는지 명료하게 알려지는 경우가 대부분이다. 따라서 '지표'가 무엇인지 밝혀내려는 노력보다 개선하려는 '지표'의 '신뢰성'이나 '속성'에 좀 더 깊이 있는 검토가 이루어지는 것이 바람직하다. 검토 항목에는 다음의 것들이 포함된다.

[표 Ⅱ‑2] '반응(Y)' 결정 시 검토 내용

구분	내용	대응
측정 시스템	MSA는 적정 범위에 들어왔는가?	필요 시 측정 시스템 분석 수행
데이터 유형	연속자료, 범주자료, 이진자료 여부	범주, 이진→로지스틱회귀분석 필요
목표	평균, 산포는 어느 수준까지?	목표 설정에 활용
관리 방법	통계적 관리가 가능한가?	프로세스 적용 시 중요
시계열 특성	시간에 따라 변동하는가?	시계열 분석을 통해 모형화
정규성	정규 분포를 따르는가?	결과 검증 시 판단에 활용
반응변수 수	한 개? or 여럿을 대상으로 하는가?	여럿인 경우 '만족도 함수'로 평가

[표 Ⅱ－2]에서 가장 중요한 항목은 '측정 시스템'이다. 평상시 이를 간과하고 바로 '실험 계획'에 들어가는 사례가 참으로 많다. '측정 시스템(Measurement System)'은 '반응'을 수치로 얻는 데 작용하는 모든 환경 요소들을 지칭한다. 측정할 때마다 그 환경 요소들 중 하나라도 영향을 미친다면 우리의 손에 쥔 데이터는 신뢰할 수 없으며, 만일 그 데이터가 변동성이 큼에도 신뢰하고 의사 결정을 강행한다면 '실험 계획'의 효용성은 급격하게 떨어진다. 어떨 때는 맞고 어떨 때는 틀리는 일이 반복적으로 일어난다는 뜻이다. '측정 시스템 분석'에 대해서는 「Be the Solver_프로세스 개선 방법론」편을 참고하기 바란다. 본문에서의 설명은 생략한다.

그 외에 '데이터 유형'은 만일 '연속 자료'라면 문제될 게 없지만, '범주 자료'나 '이진 자료'라면 '로지스틱 회귀 분석'을 통해 모형이 만들어져야 하며, 이 경우 실험을 통해서라기보다 과거 데이터를 이용해 분석한다. '시계열 특성' 역시 '반응(Y)'이 시간에 의존하는 특성이면 '시계열 분석(Time Series Analysis)'을 통해 모형이 결정될 수 있다. '시계열 분석'은 「Be the Solver_탐색적 자료 분석(EDA)」편을 참고하고 별도의 설명은 생략한다.

헬리콥터 실습에서 '반응(Y)'은 '체공 시간'이며 측정 단위는 '초'이고, 측정은 소수점 둘째 자릿수를 나타내는 '스톱워치'를 이용한다. 주로 정해진 담당자에 의해 여러 회 측정이 이루어짐에 따라 '반복성' 문제가 빈발하며 따라서 이 부분에서 변동이 발생하지 않도록 사전에 '측정 시스템 분석(MSA)'을 정해진 프로세스에 맞게 철저히 실행하고 결과를 공유한다. 본 과정에서는 '측정 시스템'은 정해진 관리 범위에 들어와 문제가 없는 것으로 가정한다.

3) '잠재 원인 변수'의 발굴 및 '요인(Factor)'들을 결정한다.

일반적으로 '실험 계획'을 자주 이용하는 조직 경우 제어할 요인에 어떤 것들이 있는지 늘 관리하고 있어 굳이 찾으려는 노력이 필요치 않다. 그러나 '반응(Y)'에 영향을 주는 요인은 '제어 인자'만 있는 것이 아니라 '잡음 인자'도 있어 머리를 비우고 영향이 있을 만한 모든 원인 제공자를 도출해보려는 노력이 필요하다. 물론 완전히 새로운 '반응'에 대한 실험이 진행될 예정이면 잠재적 영향 요인들의 발굴에 더더욱 신경 써야 한다.

'잠재 원인 변수'는 말 그대로 '잠재(Potential)'된 변수들이며 가능성이 있다는 뜻이지 현재로선 그 영향력을 확신하지 못하는 요인들이다. 따라서 도출하는 과정에 큰 제약을 둘 필요가 없으므로 '브레인스토밍(Brainstorming)'이나 '특성 요인도(이시가와 다이어그램)'를 주로 이용한다. 후자는 '브레인스토밍' 기능을 포함하면서 프로세스에서 주로 다루는 '5M - 1I - 1E'[49]를 1차 분류로 시작해 근본 원인까지 파고들 수 있는 특징이 있어 '실험 계획'의 요인들 결정에 자주 이용된다.

만일 1차로 발굴된 '잠재 원인 변수'들에 대해 데이터양이 충분하면 「2.2. '실험 계획'의 용도」에서 설명된 "문제 해결에서의 쓰임새", 즉 [그림 Ⅰ-6]의 절차를 따라 '가설 검정'을 수행한다. '가설 검정'을 통해 얻은 산출물이

---

49) Man, Machine, Material, Method, Measurement, Information, Environment.

'핵심 인자(Vital Few Xs)'이다. 그러나 '실험 계획'이 이미 알려진 요인들을 대상으로 하는 경우가 많아 이 같은 과정 이행 여부는 상황에 따라 판단한다. 다음 [그림 Ⅱ-1]은 헬리콥터 사례에 대한 '특성 요인도'의 결과이며, 본문에서는 이들로부터 실험에 필요한 요인들을 팀원들과 함께 최종 확정한 것으로 가정한다.

[그림 Ⅱ-1] '체공 시간 변동'에 대한 '잠재 원인 변수'의 발굴 예

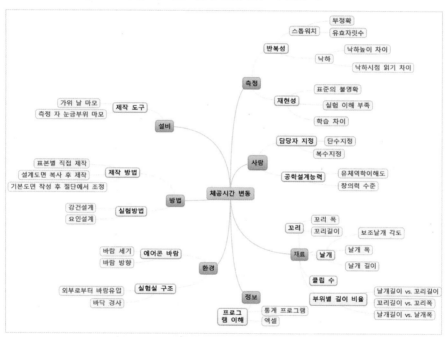

　　[그림 Ⅱ-1]은 '체공 시간 변동'에 영향을 주는 원인 변수들을 브레인스토밍을 통해 '마인드맵'으로 정리한 결과이다. 구성상 '특성 요인도'와 차이가 없고 소프트웨어를 쉽게 구할 수 있어 편리성 때문에 활용하였다.

실험에 반영할 요인들은 팀원들이 기존의 연구 노하우, 공학적 지식, 문헌 탐구 등을 기반으로 '날개 폭', '날개 길이', '꼬리 길이'를 최종 결정하였다(고 가정한다). 물론 영향력이 클 것으로 기대되는 요인이 더 있으면 수에 관계없이 선정하되 수가 많으면 이후 실험법 선택에서 '핵심 인자'를 찾을 목적의 '선별 설계(Screening Design)'를 진행할 수도 있다.

[표 Ⅱ-3] 실험에 반영할 '요인'들의 결정 예

요인(Factor)	날개 폭, 날개 길이, 꼬리 길이

4) '수준(Level)'을 결정한다.

'수준'은 영문으로 'Level' 외에 'Setting'도 쓰인다. '설정 값'으로 해석하는데 앞서 결정된 각 요인들의 실험값이다. 일반적으로 다음의 가이드라인을 따라 실험 목적과 부합하는 값들을 정한다.

○ 가능한 2개 수준을 정한다. 예로써, '온도' 경우 '20℃'와 '40℃' 등

○ 허용 가능한 범위에서 두 값의 차이를 최대화한다. 수준을 '20℃'와 '40℃'로 정했을 때, 고객이 요구하는 '반응(Y)'에 대해 '온도'의 '최적 조건'이 두 값 사이에 존재하지 않으면 최종 결론을 내릴 수 없다. 즉 실험 범위를 벗어난 수준에서 '최적 조건'이 정해지면 실험 데이터로 만들어진 모형으로는 알 수 없으며, 다시 실험을 해야 하는 상황이 벌어질 수 있다.

○ 현재 프로세스에서 적용되고 있는 수준에서 벗어난 값을 설정할 수 있다. 단 파괴적 고장이 일어나거나 비정상적 반응치를 보이는 값은 제외한다.

○ '범주 자료'의 경우 최소, 최대 상황을 고려해서 결정한다. 예를 들어, 요인이 '숙련도', '학습 이해도' 등일 경우 '미숙련자(최소)'와 '경력자(최대)'로 수준을 정한다. 변별력이 떨어지는 유사한 수준의 적용은 '반응(Y)'에 미치는 영향력도 유사할 것이므로 실험 목적에 부합하지 않는다.

○ 만일 'X'와 'Y' 간 곡률성이 의심되어 '반응 표면법(RSM)'으로의 연결 실험을 염두에 둔다면 낮은 수준보다 좀 더 작은 값, 높은 수준보다 좀 더 높은 값을 설정해야 하므로 계획 시점에 이 부분을 충분히 검토해서 결정한다. 참고로 통계 프로그램(미니탭 등)을 이용해 미리 '설계 표'를 작성해보면 일어날 상황을 미리 예견할 수 있다.

'실험 계획'에 처음 입문하는 초보자가 가장 많이 범하는 실수는 '수준' 간 폭을 너무 좁게 잡아 모든 실험이 완료된 후 원하는 '반응' 값을 얻지 못하는 경우이다. 모형만 얻으면 직선을 연장해 모든 상황을 예측할 수 있으리란 막연한 기대가 작용하기 때문이다. 실험을 통해 모형화를 꾀하는 이유는 'X'와 'Y' 데이터를 직접 얻어 그 데이터 범위 안에서 예측을 한다는 뜻이지 얻지 못한 데이터까지 연장해 예측한다는 뜻은 아니다.

헬리콥터의 예에서 과거의 실험 경험과 고객 클레임 자료, 내부의 공학 지식을 참고해서 다음과 같은 수준을 결정하였다(고 가정한다).

[표 II‐4] '요인'들의 '수준(Level)' 설정 예

요인(Factor)	수준(Level), [단위: cm]
날개 폭	3.5, 5.5
날개 길이	12, 15
꼬리 길이	5, 8

5) '실험 계획'의 종류를 결정한다.

'요인'과 '수준'이 결정되면 이어 상황과 목적에 맞는 '실험 계획'을 선정한 다. 선정 방법에 대해서는 [그림 Ⅰ-12]의 '실험 계획 선정도'를 활용한다. 이해를 돕기 위해 다시 옮겨놓았다.

[그림 Ⅱ-2] 헬리콥터 실험을 위한 '실험 계획' 선정도

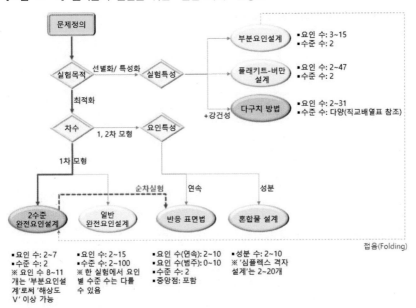

[그림 Ⅱ-2]에서 굵은 화살표는 헬리콥터 실험에 맞는 '실험 계획' 종류의 선택 경로를 보여준다. 우선 '실험목적'이 '최적화'이고, 모형의 '차수'가 '1차' 임에 따라 '2수준 완전 요인 설계'를 선택하였다. 만일 '곡률성'에 의심이 간 다면 '순차 실험'을 염두에 두고 '중심점'을 추가해 '반응 표면법(RSM)'으로 확장하는 계획을 세운다('순차 실험' 굵은 점선 참조). 그러나 본 헬리콥터 예

에서는 '곡률' 관계는 없는 것으로 정하고 '완전 요인 설계'에 한정한다(고 가정한다).

[표 Ⅱ-5] '실험 계획 종류' 선정 예

실험 계획	2수준 완전 요인 설계

6) '설계(Design)' 항목을 결정한다.

'실험 계획'의 종류가 결정되면, 이어 상세 설계 내역을 정한다. 여기엔 곡률성 평가를 위한 '중심점(Center Point) 추가' 여부, 실험의 정도를 높이기 위한 '반복(Replication) 수' 지정 여부, 공간이나 시간을 몇 개로 나누어 진행해야 할 경우의 '블록(Block) 설정' 여부가 포함된다. 주어진 상황과 목적에 맞도록 정해져야 할 세부 항목들이며, 헬리콥터 예에서는 다음 설정을 따른다(고 가정한다).

[표 Ⅱ-6] '설계(Design)' 항목 결정 예

설계 항목	중심점=없음, 반복=2, 블록=2

7) '설계 표(Design Matrix)'를 작성한다.

'설계 표'는 앞서 용어의 설명부터 수차례 작성 예를 보여준 바 있다. 필요한 독자는 [표 Ⅰ-1], [표 Ⅰ-3], [그림 Ⅰ-14] 및 관련 본문을 복습하기 바란다. 현재의 '2수준 3인자 완전 요인 설계'의 총 실험 수는 "$2^3 \times 2$회(반복) $= 16$회"이며, 다음 [표 Ⅱ-7]과 같이 여러 형태로 표현이 가능하다.

부호 값(Coded)												실제 값 (Uncoded)			비고	
A	B	C	A	B	C	A	B	C	A	B	C	A	B	C		
-1	-1	-1	0	0	0	-	-	-	1	1	1	3.5	12	5		
1	-1	-1	1	0	0	+	-	-	2	1	1	5.5	12	5		
-1	1	-1	0	1	0	-	+	-	1	2	1	3.5	15	5		
1	1	-1	1	1	0	+	+	-	2	2	1	5.5	15	5	반복 1	
-1	-1	1	0	0	1	-	-	+	1	1	2	3.5	12	8		(요인명)
1	-1	1	1	0	1	+	-	+	2	1	2	5.5	12	8		A=날개 폭
-1	1	1	0	1	1	-	+	+	1	2	2	3.5	15	8		B=날개 길이
1	1	1	1	1	1	+	+	+	2	2	2	5.5	15	8		C=꼬리 길이
-1	-1	-1	0	0	0	-	-	-	1	1	1	3.5	12	5		
1	-1	-1	1	0	0	+	-	-	2	1	1	5.5	12	5		(설계 순서)
-1	1	-1	0	1	0	-	+	-	1	2	1	3.5	15	5		예이츠 순서(Yates Order)
1	1	-1	1	1	0	+	+	-	2	2	1	5.5	15	5	반복 2	
-1	-1	1	0	0	1	-	-	+	1	1	2	3.5	12	8		
1	-1	1	1	0	1	+	-	+	2	1	2	5.5	12	8		
-1	1	1	0	1	1	-	+	+	1	2	2	3.5	15	8		
1	1	1	1	1	1	+	+	+	2	2	2	5.5	15	8		

[표 Ⅱ-7]에서 미니탭 경우 '부호화(Coding)'는 '-1, 1'을 적용한다. '다구치 방법'처럼 2~3개의 '수준'이 포함되는 '설계 표'에서는 '1, 2'나 '1, 2, 3'의 숫자가 주로 이용된다. 그 외에 '0, 1' 또는 '-, +' 등도 쓰인다.

미니탭으로 **실제 실험을 진행할 때는 '실제 값(Uncoded)'으로 설계하는 것이 유리**하다. 미니탭에 '실제 값(Uncoded)'으로 입력하면 결과 화면에 '실제 값'뿐 아니라 '부호화'의 모형도 함께 나오기 때문에 활용이 용이하다. 만일 '부호화'로만 설계하면 '최적 조건'이 '-1'과 '1' 사이의 값으로 나오는데, 예를 들어 '체공 시간'을 최대로 할 '날개 폭'의 '최적 조건=−0.6'이면 '실제 값'이 얼마인지 몰라 불편하다. '부호 값'으로 '−0.6'은 '실제 값'으로 환산 시 다음 [그림 Ⅱ−3]의 비율 비교법을 통해 '3.9'임을 알 수 있으나 산정 과정이 불편하므로 애초에 '실제 값(Uncoded)'으로 설계한다.

[그림 Ⅱ−3] '부호 값(Coded)'의 '실제 값(Uncoded)'으로의 전환 예

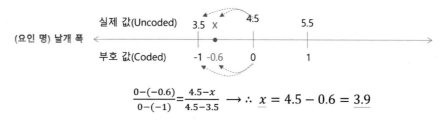

$$\frac{0-(-0.6)}{0-(-1)}=\frac{4.5-x}{4.5-3.5} \;\rightarrow\; \therefore\; \underline{x = 4.5 - 0.6 = 3.9}$$

[표 Ⅱ−7]의 '비고'란을 보면 '설계 순서'로 '예이츠 순서(Yates Order)'가 있다. 이것은 실험 순서를 '랜덤의 원리'에 따라 뒤섞어놓는 대신 규칙적으로 나열한 순서를 말하며, Frank Yates(1902~1994)가 각 요인들의 '효과(Effect)' 를 계산하기 위해 고안한 'Yates Algorithm(또는 Yates Analysis)'에 필요한 배치이다('Yates Algorithm'은 '부록(Appendix)-B'에 자세히 소개하고 있으니 관심 있는 독자는 해당 내용을 참고하기 바란다). 이 계산법은 「Box, Hunter,

[그림 Ⅱ−4] '예이츠 순서(Yates Order)' 작성 순서

$2^3 = 8$회

A	B	C
−1	−1	−1
1	−1	−1
−1	1	−1
1	1	−1
−1	−1	1
1	−1	1
−1	1	1
1	1	1

A	B	C
−1	−1	−1
1	−1	−1
−1	1	−1
1	1	−1
−1	−1	1
1	−1	1
−1	1	1
1	1	1

A	B	C
−1	−1	−1
1	−1	−1
−1	1	−1
1	1	−1
−1	−1	1
1	−1	1
−1	1	1
1	1	1

and Hunter(1978)」[50]에 자세히 나와 있다. '예이츠 순서'는 요인이 아무리 많아도 중복되지 않게 나열할 수 있는 특징이 있으며 작성은 [그림 Ⅱ-4]와 같다(2수준 3인자 경우).

[그림 Ⅱ-4]에서 '2수준 3인자 완전 요인 설계' 경우 총 '$2^3 = 8$회'의 실험 수를 갖는다. 이때 세 번째 요인 'C'부터 전체 실험 수의 첫 반(4회)은 '-1'을 배치하고 나머지 반(4회)은 '1'을 배치한다([그림 Ⅱ-4]의 왼쪽 그림). 다음 요인 'B'는 요인 'C'의 '-1'들 중 첫 반(2회)은 '-1'을, 나머지 반(2회)은 '1'을 할당하고 이를 반복한다([그림 Ⅱ-4]의 중앙 그림). 끝으로 요인 'A'는 요인 'B'의 '-1'들 중 첫 반(1회)은 '-1'을, 나머지 반(1회)은 '1'을 할당하고 이를 반복한다([그림 Ⅱ-4]의 오른쪽 그림).

다음 [그림 Ⅱ-5]는 헬리콥터 실험을 위한 미니탭에서의 설계 과정과, 그 결과인 '설계 표'를 나타낸다. 참고로 실험 순서는 무작위로 구성되어 있다 ('예이츠 순서'가 아님).

[그림 Ⅱ-5] 헬리콥터 실험을 위한 '설계' 및 '설계 표' 예

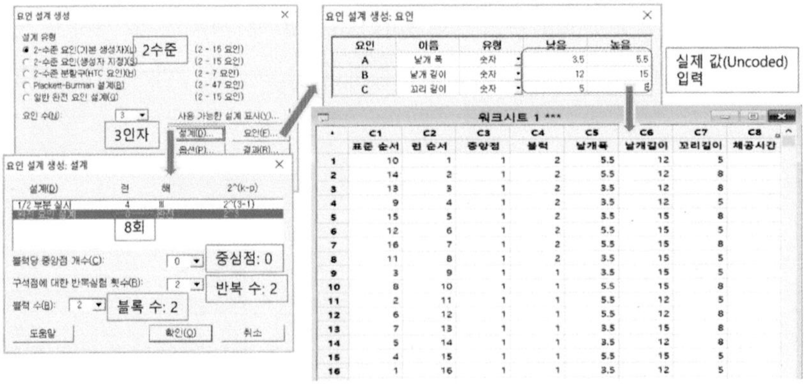

---

50) Box, G. E. P.; Hunter, W. G.; Hunter, J. S. (1978). Statistics for Experimenters: An Introduction to Design, Data Analysis, and Model Building. John Wiley and Sons.

[그림 Ⅱ-5]를 보면 앞서 설명된 '설계 표' 작성 순서인 '1)~7)'의 내용이 반영되어 있다.

이어서 '설계 표'의 맨 끝 열인 "체공 시간(Y)"에 각 처리별로 실험을 통해 'Y 값'을 입력할 'Do'의 활동이 이어진다.

1.2. Do - 실험 실행

'Do'는 [그림 Ⅱ-5]에서 설계된 실험을 수행하는 활동이다. 일반적으로 수행 과정을 보여줄 순 없으므로 그 결과인 '체공 시간'을 얻어 입력하며, 이것이 'Do'의 산출물이다. 다음 [그림 Ⅱ-6]은 [그림 Ⅱ-5]의 '설계 표'를 확대한 것이며, 실험 수행 전 상황을 다시 한번 정리하고 넘어가자.

[그림 Ⅱ-6] 헬리콥터 실험을 위한 '설계 표' 예

워크시트 1 ***

	C1 표준 순서	C2 런 순서	C3 중앙점	C4 블럭		C5 날개폭	C6 날개길이	C7 꼬리길이	C8 체공시간
1	10	1	1	블록 2	2	5.5	12	5	
2	14	2	1		2	5.5	12	8	
3	13	3	1		2	3.5	12	8	
4	9	4	1		2	3.5	12	5	
5	15	5	1		2	3.5	15	8	
6	12	6	1		2	5.5	15	5	
7	16	7	1		2	5.5	15	8	
8	11	8	1		2	3.5	15	5	
9	3	9	1	블록 1	1	3.5	15	5	
10	8	10	1		1	5.5	15	8	
11	2	11	1		1	5.5	12	5	
12	6	12	1		1	5.5	12	8	
13	7	13	1		1	3.5	15	8	
14	5	14	1		1	3.5	12	8	
15	4	15	1		1	5.5	15	5	
16	1	16	1		1	3.5	12	5	
17									
18									

참고로 각 열의 역할을 요약하면 다음 [표 Ⅱ - 8]과 같다.

[표 Ⅱ - 8] '설계 표' 각 열의 역할 설명

열명	의미
C1: 표준 순서	임의성이 아닌, '1,2,3……,15,16'의 정배열이면 '예이츠 순서'가 됨.
C2: 런 순서	실제 실험 순서이며, 항상 '1,2,3……,15,16'의 정배열로 나타남.
C3: 중앙점	[그림 Ⅱ - 5]에서 '중심점' 포함 시 '0'으로 표시됨. 이때 요인들의 수준 조합은 각 요인의 중심 값인 'A=4.5', 'B=13.5', 'C=6.5'가 됨.
C4: 블록	실험을 균일하게 나눠야 하므로 '1회 반복=블록1', '2회 반복=블록2'로 지정됨. 반복이 없으면 블록은 요인별로 동일한 수준 수가 포함되도록 배치됨.
C5: 날개 폭	첫 번째 요인이며 수준들이 '블록 1'과 '블록 2'에 균일하게 배치됨.
C6: 날개 길이	두 번째 요인이며 수준들이 '블록 1'과 '블록 2'에 균일하게 배치됨.
C7: 꼬리 길이	세 번째 요인이며 수준들이 '블록 1'과 '블록 2'에 균일하게 배치됨.
C8: 체공 시간	실험을 통해 각 처리별로 값을 얻어 입력할 '반응(Y)' 열임.

이제 [그림 Ⅱ - 6]에 주어진 '런 순서'대로 실험을 통해 '체공 시간'을 얻는다. 예를 들어, 첫 번째 시행할 실험은 '런 순서=1'이며, 이때 "날개 폭=5.5, 날개 길이=12, 꼬리 길이=5"의 헬리콥터를 제작해 정해진 높이에서 낙하시킨 뒤 '체공 시간'을 측정한다. 다음 '런 순서=2'도 동일한 방식으로 실험을 진행하며, '16회' 실험이 모두 완료될 때까지 반복한다.

현재 '블록'은 둘로 나누어져 있으므로, '블록=1'은 '오늘', '블록=2'는 '다음 날' 수행하거나, 또는 '블록=1'은 '공간 A', '블록=2'는 '공간 B'에서 수행한다. 교육 중에는 '블록=1'은 '낙하 담당자 A', '블록=2'는 '낙하 담당자 B'가 수행하는 방법을 쓰곤 한다. 분석에 들어가면 '블록'도 하나의 요인으로 간주하고 둘 사이에 차이가 있는지 유의성 검정이 이루어진다. 실험 중 '반응(Y)'에 원치 않는 변동이 생기지 않도록 다음 사항을 철저히 지킨다.

1) '측정 시스템 분석(MSA, Measurement System Analysis)'을 실시/확인한다.
2) 설계된 [그림 Ⅱ-6]의 계획대로 잘 진행되는지 주의 깊게 관찰한다.
3) 정해진 요인들 외의 여러 실험 조건들은 가능한 일정하게 유지시킨다.
4) 실험 과정 중 발생되는 작은 변화나 특이 사항은 세세하게 기록한다.

다시 한번 강조하지만 '1)~4)'의 주의 사항은 참고 수준이 아니라 하나하나가 매우 중요하고 실험 중 꼭 지켜야 하는 항목들임을 명심하자. 실험이 완료된 후 최종 산출물은 '반응(Y)'들이다. 다음 [그림 Ⅱ-7]은 그 결과를 보여준다(고 가정한다).

[그림 Ⅱ-7] 'Do - 실험 실행' 후 '설계 표' 예

	C1	C2	C3	C4	C5	C6	C7	C8
	표준 순서	런 순서	중앙점	블럭	날개폭	날개길이	꼬리길이	체공시간
1	10	1	1	2	5.5	12	5	3.50
2	14	2	1	2	5.5	12	8	3.63
3	13	3	1	2	3.5	12	8	3.08
4	9	4	1	2	3.5	12	5	2.84
5	15	5	1	2	3.5	15	8	4.38
6	12	6	1	2	5.5	15	5	3.87
7	16	7	1	2	5.5	15	8	3.35
8	11	8	1	2	3.5	15	5	3.55
9	3	9	1	1	3.5	15	5	3.63
10	8	10	1	1	5.5	15	8	3.61
11	2	11	1	1	5.5	12	5	2.66
12	6	12	1	1	5.5	12	8	3.54
13	7	13	1	1	3.5	15	8	4.14
14	5	14	1	1	3.5	12	8	3.32
15	4	15	1	1	5.5	12	5	3.94
16	1	16	1	1	3.5	12	5	2.50

[그림 Ⅱ-7]의 '체공 시간' 열이 모두 채워져 실험이 완료됐음을 알 수 있다. 다음은 분석이 이루어지는 'Check' 단계에 대해 알아보자.

1.3. Check - 분석 수행

'Do'의 산출물인 [그림 Ⅱ-7]을 이용해 분석 과정, 즉 'Check'를 다음 [그림 Ⅱ-8]의 항목들과 순서로 진행한다.

[그림 Ⅱ-8] 'Check - 분석 수행'의 진행 과정

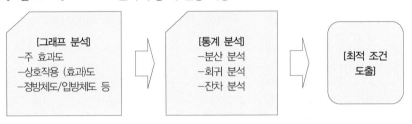

「Check-분석 수행」은 수행된 실험 결과([그림 Ⅱ-7])를 이용해 '$Y = f(X)$'를 완성하는 '[그래프 분석]'과 '[통계 분석]' 활동, 그리고 고객이 목표로 하는 'Y'를 얻기 위해 정확한 'X'들의 값을 정해주는 '[최적 조건 도출]' 활동으로 구성된다. '[그래프 분석]'과 '[통계 분석]'의 세부 항목들은 [그림 Ⅱ-8]을 참고하기 바란다.

'실험 계획'에서 올바른 분석과 올바른 결론을 유도하기 위해서는 그 바탕을 이루는 이론적 배경에 완전히 익숙해야 한다. 어떻게 각 요인의 '주 효과(Main Effect)'와 '상호작용 효과(Interaction Effect)'를 계산하는지, 이들을 어떻게 시각화할 것인지, 또 변동을 어떻게 '분산 분석 표(ANOVA Table)'로 표현해내는지와 '분산 분석(ANOVA, Analysis of Variance)'은 어떻게 작동하는지 등을 완벽히 이해해야 한다. 먼저 '그래프 분석'에 대해 알아보고, 이어 '주 효과'와 '상호작용 효과' 등 통계적 계산이 어떻게 이루어지는지에 대해서도 자세히 알아보자.

‘주 효과(Main Effect)’의 정의는 「2.1. ‘실험 계획’에 쓰이는 주요 용어들」
에서 설명한 바 있다. 통상 ‘분석’에 들어갈 때는 눈으로 전체를 개괄하면서
세부 분석 방향을 모색하는 게 순서인데 ‘실험 계획’에서도 동일하다. 이때 쓰
이는 그래프가 ‘주 효과도(Main Effect Plot)’와 ‘상호작용 (효과)도(Interaction
Effect Plot)’이다. 다음 [그림 Ⅱ - 9]는 [그림 Ⅱ - 7]을 이용해 ‘주 효과도’
및 그와의 관계를 표현한 개요도이다. 이해를 돕기 위해 ‘표준 순서’로 ‘오름
차순 정렬’을 하였다.

[그림 Ⅱ - 9] 그래프 분석 - 주 효과도

표준 순서	런 순서	중앙점	블럭	날개폭	날개길이	꼬리길이	체공시간
1	16	1	1	3.5	12	5	2.50
2	11	1	1	5.5	12	5	2.66
3	9	1	1	3.5	15	5	3.63
4	15	1	1	5.5	15	5	3.94
5	14	1	1	3.5	12	8	3.32
6	12	1	1	5.5	12	8	3.54
7	13	1	1	3.5	15	8	4.14
8	10	1	1	5.5	15	8	3.61
9	4	1	2	3.5	12	5	2.84
10	1	1	2	5.5	12	5	3.50
11	8	1	2	3.5	15	5	3.55
12	6	1	2	5.5	15	5	3.87
13	3	1	2	3.5	12	8	3.08
14	2	1	2	5.5	12	8	3.63
15	5	1	2	3.5	15	8	4.38
16	7	1	2	5.5	15	8	3.35

$$\frac{(2.50+2.66+3.63+3.94)+(2.84+3.50+3.55+3.87)}{8}=3.31125$$

우선 ‘표준 순서’로 정렬했으므로 전체 ‘처리(Treatment)’들은 ‘예이츠 순서
(Yates Order)’이며, 따라서 규칙적으로 배열되어 있어 그래프와의 연관성을
쉽게 파악할 수 있다. 예를 들어, 요인 ‘꼬리 길이’의 ‘주 효과도’는 두 개의
타점들을 직선으로 연결하고 있는데, 아래쪽 타점(-1 수준, 실제 값은 5cm)

의 값은 '설계 표'에 대응하는 '반응'이 '총 8개'이므로 그들의 '체공 시간 평균'인 '3.31125'에 위치한다. 동일하게 위쪽 타점(1 수준, 실제 값은 8cm)의 값 역시 대응하는 '반응'이 '총 8개'이므로 그들의 '체공 시간 평균'인 '3.63125'에 위치한다. 다른 요인들의 '주 효과도' 타점 역시 같은 방식으로 계산한다. 만일 반복이 아니면 '8개 평균' 대신 '4개 평균' 값을 타점한다.

[그림 II-9]의 '주 효과도' 해석은 ① 각 요인들의 '수준'이 '낮은 수준 (-1)'에서 '높은 수준(1)'으로 변화할 때 '체공 시간'이 모두 증가하는 "양의 관계"에 있음을 알 수 있고, ② 기울기가 가장 급해 보이는 '날개 길이(가운데 직선)'가 '체공 시간'에 미치는 영향력이 가장 크다는 사실도 확인할 수 있다.

1.3.2. [그래프 분석] 상호작용 효과도(Interaction Effect Plot)

'상호작용'은 두 개 요인들 간의 관계이므로 현 실험에서 'A*B', 'A*C', 'B*C' 등 '총 3개' 그래프가 필요하며, 다음 [그림 II-10]과 같다.

[그림 II-10] 그래프 분석 - 상호작용 (효과)도

표준 순서	런 순서	중앙점	블럭	날개폭	날개길이	꼬리길이	체공시간
1	16	1	1	3.5	12	5	2.50
2	11	1	1	5.5	12	5	2.66
3	9	1	1	3.5	15	5	3.63
4	15	1	1	5.5	15	5	3.94
5	14	1	1	3.5	12	8	3.32
6	12	1	1	5.5	12	8	3.54
7	13	1	1	3.5	15	8	4.14
8	10	1	1	5.5	15	8	3.61
9	4	1	2	3.5	12	5	2.84
10	1	1	2	5.5	12	5	3.50
11	8	1	2	3.5	15	5	3.55
12	6	1	2	5.5	15	5	3.87
13	3	1	2	3.5	12	8	3.08
14	2	1	2	5.5	12	8	3.63
15	5	1	2	3.5	15	8	4.38
16	7	1	2	5.5	15	8	3.35

$$\frac{(2.50+2.66)+(2.84+3.50)}{4}=2.875$$

[그림 Ⅱ-10]에서 '날개 길이*꼬리 길이'의 '상호작용 효과도(아래 오른쪽)'를 보면 'x-축'이 '날개 길이'이고, '꼬리 길이=5'는 '실선', '꼬리 길이=8'은 '점선'으로 나타나 있다. 이때 '설계 표'에서 '날개 길이(수준 12, 즉 낮은 수준)'는 네 개 그룹이 있으며, 이들 중 다시 '꼬리 길이(수준 5)'에 대한 '체공 시간'은 '2.50, 2.66, 2.84, 3.50' 등 총 4개이므로 이들의 평균을 구하면 '2.875'이다([그림 Ⅱ-10] 내 '상호작용 효과도'의 굵은 숫자 '2.875' 참조). '날개 길이*꼬리 길이'의 나머지 3개 타점들, 그리고 다른 '상호작용'들도 동일한 방식으로 구한 뒤 타점한다.

[그림 Ⅱ-10]의 '상호작용'에 대한 해석은 ① 두 선분이 평행에 가까우면 두 요인 간 '상호작용'은 없다고 판단하며, ② 두 선분의 평행이 깨질수록 강한 '상호작용'을 예견한다. [그림 Ⅱ-10]에서 '날개 폭*꼬리 길이'가 상대적으로 강한 '상호작용' 가능성을 보이며, '날개 폭*날개 길이'도 약한 '상호작용'이 관찰된다. 그림에서 '상호작용'이 있는 것처럼 보이더라도 축 눈금들의 자동 조정 기능 때문에 착시가 생길 수 있어 '세션 창' 통계량을 꼭 확인한다.

'상호작용'의 개념과 용도는 초보자들에겐 바로 와 닿지 않는 내용들이다. 그래서 교육 중에 쉬운 이해를 위해 자주 써먹는 예가 있다. 바로 멋진 남녀 연예인 커플의 구성에 따른 '광고 효과'이다. 다음 [그림 Ⅱ-11]을 보자.

[그림 Ⅱ-11] 그래프 분석 - 상호작용 (효과)도

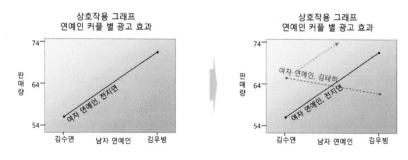

[그림 Ⅱ‒11]의 왼쪽 그래프는 만일 '여자 연예인(전지연)'이 '남자 연예인 (김수연)'보다 '남자 연예인(김우빙)'과 광고 커플을 맺으면 광고 효과(판매량) 가 더 크다는 것을 알 수 있다. 다시 오른쪽 그래프에서 '여자 연예인(김태 희)' 경우 '김수연'과 커플을 맺으면 '전지연' 때보다 판매량이 높은 반면, '김 우빙'과 함께할 때는 '전지연'의 경향에 비추어 화살표 방향으로 판매량이 중 대될 것으로 판단되나 예상을 뒤엎고 판매량이 갑자기 뚝 떨어지는 결과로 나 타난다(점선 선분이 실선과 교차됨). 즉 수준의 조합이 달라지면 예상을 깨고 다른 '반응' 값을 보이는 효과를 '상호작용'이라고 한다. 이것은 현업에서 자 주 맞닥트리는 현상이다. 예를 들어, 기존에 무리 없이 잘 관리해오던 기계 작 동을 생산량 증대를 목적으로 '회전 수'를 높인 결과 예상을 뒤엎고 효과가 반대로 나오는 경우, 또는 누군가 필요에 의해 요인 수준을 자주 변경해왔으 나 그에 따라 불량 발생률이 들쭉날쭉했던 경험 등이다.

　　'상호작용 (효과)도'는 다음 [그림 Ⅱ‒12]와 같이 프로세스 관리에 큰 긍정 적 변화를 가져올 수도 있다.

[그림 Ⅱ‒12] 그래프 분석 ‒ '상호작용 (효과)도' 활용 예

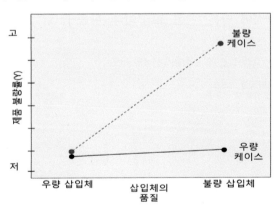

[그림 Ⅱ - 12]에서 '우량 케이스'를 쓸 경우, '삽입체의 품질'이 '우량'이든 '불량'이든 관계없이 '제품 불량률(Y)'엔 큰 변화가 없다. 그러나 '불량 케이스'를 쓸 경우, '삽입체의 품질'이 '불량'이면 '제품 불량률(Y)'은 급격히 증가한다. 만일 '삽입체'의 품질 관리는 매우 어렵고, 대신 '케이스'의 품질 관리는 상대적으로 손쉽다면 '삽입체' 관리는 간소화(또는 아예 관리하지 않음)하고 '케이스'의 품질 관리만 더 철저히 함으로써 비용과 자원 모두를 줄일 수 있다. '상호작용 (효과)도'가 어떻게 쓰이는지 보여주는 좋은 예이다

1.3.3. [그래프 분석] 정방체도(Square Plot)/입방체도(Cube Plot)

'정방체'는 정사각형, '입방체'는 정육면체다. 각 꼭짓점이 전자는 4개, 후자는 8개로 '2^2 완전 요인 설계'와 '2^3 완전 요인 설계'에 각각 대응한다. 실험 수가 그만큼씩 존재하기 때문에 요인 설계의 시각화에 유용하게 쓰인다.

[그림 Ⅱ - 13] 그래프 분석 - 정방체도, 입방체도, 2*입방체도

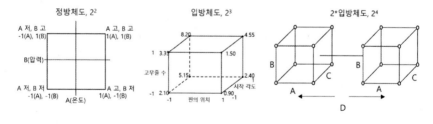

[그림 Ⅱ - 13]에 자주 쓰이는 그림들을 포함시켰다. 각 꼭짓점은 공통적으로 실험의 '처리(Treatment)' 또는 결과인 '반응(Y)'을 나타내므로 실험 내용과 결과를 한눈에 파악할 수 있다. 예를 들어, 가운데의 '입방체도'를 보면

'2^3 완전 요인 설계'이며, '핀의 위치(1)-고무줄 수(1)-시작 각도(-1)'의 '반응 (Y)'은 '1.50'임을 쉽게 알 수 있다. 본 그림들은 내용을 한 번에 파악하기 위한 용도이지 논문이나 보고서에는 포함시키지 않는다. 참고로 미니탭에서 그래프를 작성하기 위해서는 다음의 위치로 들어간다.

[그림 Ⅱ-14] 미니탭 '그래프 분석' 메뉴 위치

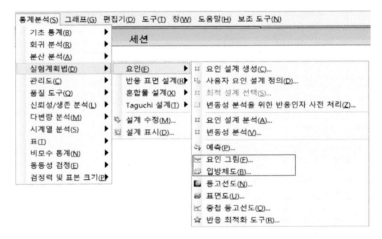

이어서 '통계 분석'에 대해 알아보자. 여기에는 [그림 Ⅱ-8]에서 언급한 '분산 분석', '회귀 분석', '잔차 분석'이 포함된다.

1.3.4. [통계 분석] 분산 분석(ANOVA, Analysis of Variance)

'분산 분석'은 글자대로 "분산을 분석하는 것"이 아니다. "분산을 (이용한 평균의 차이) 분석"이다. '분산 분석'의 탄생 배경에 대해서는 「1.2. '분산 분석(ANOVA, Analysis of Variance)'의 탄생」을 참고하기 바란다. 이제 '분산 분석'이 어떻게 '실험 계획'에서 요긴하게 쓰이는지 자세히 알아보자.

우선 기초 통계에서 잘 알려진 표본의 '분산(Variance)'은 다음의 식으로 얻어진다(표본 분산).

$$s^2 = \frac{\sum_i^n (y_i - \overline{y})^2}{n-1} \quad \begin{array}{l} \leftarrow \quad\quad 변동 \\ \swarrow \ \text{자유도(DF, Degree of Freedom)} \end{array} \qquad (식\ \mathrm{II} - 1)$$

(식 Ⅱ - 1)의 분자는 '변동(Variance)'이라고 하며, 실제 데이터의 "흩어져 있는 정도"를 표현하는 핵심 양이다. 분모는 데이터 수에서 한 개 빠지는 양으로 '자유도(Degree of Freedom)'라고 한다. '모 분산(σ^2)'을 '표본 분산(s^2)'으로 추정할 때 작은 값으로 치우치는 성향을 보정하기 위한 수학적 조치다.[51] '분산 분석'은 바로 (식 Ⅱ - 1)을 이용한다. 내용을 좀 더 진전시키기 위해 다음과 같은 상황에서 [표 Ⅱ - 9]의 '부분군(Subgroup)'들이 수집됐다고 가정하자.

'부분군-A'는 '실험 단위'를 20℃에 방치한 후 측정한 특성 값들이며, '부분군-B'는 30℃, '부분군-C'는 60℃에 방치한 후 측정한 특성 값이라고 가정하자. 이때 '부분군-A' 내 5개 값들은 같은 '실험 단위'를 같은 환경에 노출시켰으므로 이론적으론 모두 일치해야 한다. 그러나 알 수 없는 다수의 사소한 요인들 때문에 값들이 변동하며, 이 같은 상황은 '부분군-B'와 '부분군-C'도 동일하다.

---

51) '자유도'의 탄생과 이론적 배경에 대해서는 「Be the Solver_통계적 품질 관리」편의 '부록(Appendix)' 내 "비편향 상수의 이해"를 참고하기 바란다.

[표 Ⅱ‑9] '분산 분석' 설명용 데이터

부분군-A(20℃)	부분군-B(30℃)	부분군-C(60℃)
9	18	21
12	15	19
14	14	21
13	17	16
18	15	23

이제 [표 Ⅱ‑9]에 있는 각 부분군들의 '평균'을 비교한다고 가정하자. 이때 '부분군 평균'을 직접 계산해 비교해도 되지만 현 표본들의 평균을 비교하는 것이 아니라 그들이 나온 모집단 평균의 차이를 유추하는 게임이므로 통계적 접근이 필요하다. 이 문제를 고민했던 사람이 R. A. Fisher이다.

Fisher 이전에는 '2 ‑ 표본 t ‑ 검정(2 ‑ Sample t-test)'이 있어 두 개씩 비교한 뒤 종합 판단을 내릴 수 있었지만 '제1종 오류(α-오류)'가 증가해 잘못 판단할 가능성도 그만큼 증가한다. 예를 들어, 3개의 부분군들이 있을 때 서로 비교할 쌍은 3개이며, 'α(유의 수준)=0.05'에서 "평균의 차이가 없다"는 가설을 받아들일 확률은 '0.95'이므로, 3쌍들에 대해 3번의 검정으로 "평균의 차이가 없다"는 가설을 받아들일 확률은 '$0.95^3 \cong 0.857$'이다. 이때 적어도 한 쌍이 차이가 있다고 판단할 가능성은 '$1 - 0.857 \cong 0.143$'이다. 이것은 3개의 쌍 평균들 모두가 실제 통계적으로 차이가 없다고 할 때, 한 번 잘못 판단할 가능성이 '약 14.3%'에 이른다는 뜻이다. 물론 비교할 쌍이 5개 쌍으로 늘어나면 잘못 판단할 가능성도 '40% 이상'으로 증가한다. 이것은 평균 비교 시 다른 좋은 대안이 필요하다는 점을 암시하는데, 이때 Fisher가 평균의 차이 유무를 한 번에 해석하는 방법을 도입했던 것이 '분산 분석'이다.

'분산 분석'의 기본 원리

우선 '분산'을 이용하기 위해서는 (식 Ⅱ - 1)에서 언급한 바와 같이 '분자'인 '변동'을 얻어야 한다. '변동(Variation)'은 "개별 값과 평균과의 차의 제곱"인데 [표 Ⅱ - 9]에서 파악해야 할 '변동'에는 어떤 것들이 있을까?

데이터가 수집됐을 때 그 안에 존재하는 '변동의 유형'을 파악해내는 일이 해석에 매우 중요하다. 다시 '변동'을 구분해내려면 '변동'을 유발시킨 '요인(원인)'이 무엇인지 제일 먼저 파악되어야 한다. 왜 그럴까? **숫자(Value)는 저절로 변하지 않는다. 만일 변했다면 분명히 '원인 제공자'가 존재한다. 숫자가 변했다는 것은 '변동'이 생긴 것이고, '변동'의 '원인(Cause)'이 반드시 있어야 한다는 뜻이다.** 따라서 '변동'을 이해하려면 값들이 만들어진 환경을 알아야 한다. 그래야 그 속에서 '원인'을 찾을 수 있다. 다음 [그림 Ⅱ - 15]는 [표 Ⅱ - 9]를 얻어낸 상황을 예시한 개요도이다.

[그림 Ⅱ - 15] '[표 Ⅱ - 9]'의 실험 상황 예

[그림 Ⅱ - 15]는 '실험 단위'를 20℃, 30℃, 60℃에 방치한 후 얻은 반응 값들이며, 따라서 각 '부분군 간' 값들의 차이는 '온도'라는 원인에 의해 나타난 '변동'이나, 각 '부분군 내'에서의 차이는 왜 발생했는지 설명이 어렵다(예, '부분군-A(20℃)'의 '9, 12, 14, 13, 18'). 이론적으론 같은 부분군 내 값들은

모두 일치해야 하기 때문이다. 그러나 분명한 것은 여기에도 '원인'은 존재한 다는 것이고, 추정컨대 '다수의 사소한 원인들'일 것이며 이들엔 전처리의 미 세한 차이, 주변의 온도/습도 변화, 측정 중 약간의 습관 반영 등등이 포함될 것이다. 따라서 [그림 II‑15]를 통해 값들이 변하게 된 주요 '원인(Causes)' 들을 정리하면 다음과 같다.

1) 온도 원인 → 부분군들 간 평균의 변동을 유발시킴.
2) 다수의 사소한 원인 → 부분군 내 개별 값들의 변동을 유발시킴.

두 '원인'들을 모두 고려해서 [표 II‑9]에 존재하는 '변동'을 (식 II‑1)의 '분자'의 형태로 얻기 위해 다음 [그림 II‑16]의 개요도를 작성했다.

[그림 II‑16] '부분군'들에 포함된 '변동' 계산 개요도

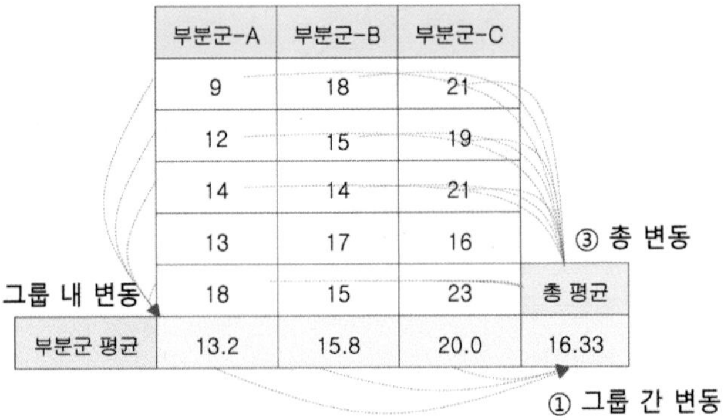

부분군-A	부분군-B	부분군-C
9	18	21
12	15	19
14	14	21
13	17	16
18	15	23

③ 총 변동
② 그룹 내 변동
① 그룹 간 변동

	부분군-A	부분군-B	부분군-C	총 평균
부분군 평균	13.2	15.8	20.0	16.33

[그림 II‑16]을 보면, '① 그룹 간 변동'은 "각 부분군 평균과 총 평균 간 차의 제곱"을, '② 그룹 내 변동'은 "각 부분군 내부의 값들과 해당 부분군 평 균 간 차의 제곱"을 이용한다. 추가로 '③ 총 변동'은 "모든 개별 값들과 총

평균 간 차의 제곱"이다. '변동'이 계산되면 '분산'을 얻기 위해 '자유도'로 나눠준다. 끝으로 이들을 이용해 Fisher의 '분산 분석'이 수행된다. 다음 [표 II‒10]은 '분산 분석'에 필요한 '변동'과 '분산'을 얻기 위해 지금까지의 과정을 반영한 '기본 도표'이다.

[표 II‒10] '분산 분석'을 위한 '기본 도표'

	부분군‒A	부분군‒B	부분군‒C	
	9	18	21	
	12	15	19	
	14	14	21	
	13	17	16	
	18	15	23	총 평균($\overline{\overline{x}}$)
부분군 평균($\overline{x}_j$)	13.2	15.8	20.0	16.33

'변동'의 계산은 [그림 II‒16] 내 '곡선'들의 경로를 참고하면 편리하다. 먼저 '① 그룹 간 변동'은 다음과 같다('부분군 평균'과 '총 평균' 적용).

$$\text{그룹 간 변동} = \sum_{j}^{3} n_j \left(\overline{y}_j - \overline{\overline{y}} \right)^2 = 5 \times \left\{ \begin{array}{l} (13.2 - 16.33)^2 + (15.8 - 16.33)^2 \\ + (20.0 - 16.33)^2 \end{array} \right\} \qquad \text{(식 II‒2)}$$
$$\cong 117.73$$

'② 그룹 내 변동'은 다음의 식으로 얻는다(부분군 내 '개별 값'과 '부분군 평균' 적용).

$$\text{그룹 내 변동} = \sum_{j}^{3} \sum_{i}^{5} \left(y_{ij} - \overline{y}_j \right)^2 = (9 - 13.2)^2 + (12 - 13.2)^2 + ... + (18 - 13.2)^2 \qquad \text{(식 II‒3)}$$
$$+ (18 - 15.8)^2 + (15 - 15.8)^2 + ... + (15 - 15.8)^2$$
$$+ (21 - 20.0)^2 + (19 - 20.0)^2 + ... + (23 - 20.0)^2$$
$$\cong 81.6$$

'③ 총 변동'은 다음의 식으로 얻는다(전체 '개별 값'과 '총 평균' 적용).

$$총 변동 = \sum_{j}^{3}\sum_{i}^{5}\left(y_{ij} - \overline{\overline{y}}\right)^2 = (9-16.33)^2 + (12-16.33)^2 + ... + (18-16.33)^2 \qquad (식 \ II-4)$$
$$+ (18-16.33)^2 + (15-16.33)^2 + ... + (15-16.33)^2$$
$$+ (21-16.33)^2 + (19-16.33)^2 + ... + (23-16.33)^2$$
$$\cong 199.33$$

'총 변동(199.33)=그룹 간 변동(117.73)+그룹 내 변동(81.6)'이 성립한다. (식 II‑2)에 포함된 'n_j'는 이 같은 항등식을 유지하는 데 필요한 양이다('총 변동$=\sum_{j}^{n}\sum_{i}^{k}\left(x_{ij} - \overline{\overline{x}}\right)^2$'을 수학적으로 전개하면 확인할 수 있음). 만일 [표 II‑10] 의 '개별 값'들이 모두 같으면 '평균'들도 '개별 값'과 같으므로 '변동=0'이다. 값들 간 차이가 생기면 '변동'이 생기고, 특히 [표 II‑9]와 같이 '부분군'들 로 수집된 경우이면 (식 II‑2)~(식 II‑4)의 변동 계산이 가능하다.

Fisher가 개발한 '분산 분석'은 (식 II‑2)와 (식 II‑3)의 '분산 비(Ratio)' 를 이용한다. 따라서 앞서 얻은 '변동'을 '분산'으로 전환시켜야 하며, 이를 위 해 각각을 (식 II‑1)에서와 같이 '자유도(n-1)'로 나눈다.

분산 분석 표(ANOVA Table)
다음 [표 II‑11]은 지금까지의 계산 결과를 요약한 표이며, Fisher의 '분산 비(F)'를 얻고 통계적 결론을 내리는 데 쓰이는 '분산 분석 표(ANOVA Table)' 이다(각 열들의 계산에 대해서는 표 아래 '비고'란 참조).

[표 Ⅱ‑11] '분산 비(F-값)'를 얻기 위한 '분산 분석 표(ANOVA Table)'

출처	자유도(DF)	변동(SS)	분산(MS)	분산 비(F-값)	P-값
요인(그룹 간 변동)	2	117.73	58.87	8.66	0.005
오차(그룹 내 변동)	12	81.60	6.80		
총계	14	199.33			

[자유도]
○그룹 간 변동: n−1=3−1=**2**(부분군이 3개이므로)
○그룹 내 변동: (부분군 A 경우) n−1=5−1=4, 총 3개 부분군이므로 4×3=**12**
[분산]변동÷자유도, [분산 비(F)]요인 분산÷오차 분산=58.87÷6.8
[P-값] F분포에서 '8.66'이 가르는 오른쪽 넓이

[표 Ⅱ‑11]에서 '분산 비(F-값)'의 물리적 의미에 대해 알아보자. 산식을 다시 쓰면 다음과 같다.

$$분산비(F-값) = \frac{분산_{그룹 간}}{분산_{그룹 내}} = \frac{분산_{요인}}{분산_{오차}} = \frac{58.87}{6.80} \cong 8.66 \qquad (식 Ⅱ-5)$$

(식 Ⅱ‑5)의 '분모'는 "값들의 차이가 왜 일어나는지 알 수 없는 변동량"이며, 일반적으로 크기가 작다. 그러나 '분자'는 "처리 온도가 다르기 때문에 나타난 변동량"이므로 그들의 평균은 실험 결과에 따라 유사할 수도 또는 차이를 보일 수도 있다. 결국 (식 Ⅱ‑5)의 비율은 "출처를 알 수 없는 미미한 요인들로 인한 작은 변동" 대비 "차이를 유발시킨 요인들 때문에 부분군들 간 평균의 차이가 기대되는 변동"의 '비율'이므로 만일 '온도'의 처리 효과가 크면 클수록 'F-값'은 점점 더 커지는 특징이 있다.

그럼 현재 얻은 'F=8.66'이 어느 정도 되어야 부분군들 간 평균의 차이가 있다는 결론을 내릴 수 있을까? 이때 의사결정을 할 수 있게 도와주는 값이 바로 'p−값(p는 probability의 첫 알파벳임)'이다. 다음 [그림 Ⅱ‑17]은 'F-분포'의 개요도이다.

[그림 Ⅱ - 17] 유의성 검정을 위한 '$p-$값'

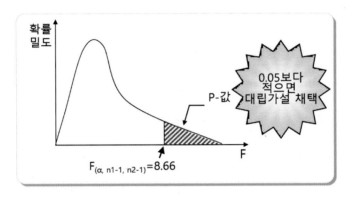

　　[그림 Ⅱ - 17]은 'F-분포'이며, '분산 비(F-값)'를 계산할 때 관여한 '분모'와 '분자'의 '자유도'에 따라 그 모양이 결정된다. 예를 들어, [표 Ⅱ - 11]에서 '분모의 자유도=12', '분자의 자유도=2'이므로 이 값에 맞는 분포 모양은 딱 "결정"된다는 뜻이다. 따라서 이미 결정된 분포에 현재 데이터로부터 얻은 'F-값=8.66'을 [그림 Ⅱ - 17]에서와 같이 'X-축(F-분포이므로 F-축임)'에 올려놓으면 이때 갈리는 넓이 중 오른쪽(확률)이 '$p-$값'이다. 'F-값'이 클수록 '$p-$값'은 적어지며, 일반적 기준인 '유의 수준=0.05'와 비교한다. 만일 '유의 수준'보다 적으면 현재 얻은 'F-값'은 빈도가 높은 앞쪽 영역으로부터 멀리 떨어졌다는 것이며([그림 Ⅱ - 17]에서 대부분의 데이터는 앞쪽에 모여 있음), 이것은 'F-값'이 본 분포에 속한 값이 아니라 다른 분포로부터 온 값일 가능성을 시사한다. 즉 "차이가 있다"란 뜻이며, "적어도 한 개 이상의 부분군이 다른 부분군 평균과 차이를 보인다"로 해석한다. 다음은 본 예의 '가설 검정' 과정과 결론이다.

(가설)   (식 Ⅱ-6)
H_o : 부분군들의 평균은 모두 동일하다. (또는 $\mu_A = \mu_B = \mu_C$).
H_A : 모든 부분군들의 평균이 동일한 것은 아니다.

유의 수준 $= 0.05$
$p-$ 값 $= 0.005$
(결론) 유의 수준 0.05에서 $p-$ 값 $=0.005$이므로 대립가설 채택.
　　　　즉, 부분군들 간 평균은 모두 동일한 것은 아니다.

다음 [그림 Ⅱ-18]은 원 데이터인 [표 Ⅱ-9]를 미니탭으로 '분산 분석'한
과정과 결과이다.

[그림 Ⅱ-18] 미니탭에서의 '분산 분석' 과정과 결과

[그림 Ⅱ-18]에서 '세션' 창 내 '분산 분석 표'는 [표 Ⅱ-11]과 일치하며
(소수점 이하 자릿수 처리로 약간 차이가 남), '$p-$ 값=0.005'로부터 "부분군
들 간 평균에 차이가 있다"는 결론을 내린다. 특히, 어떤 부분군들 간 차이가
있는지는 '세션' 창 아래쪽의 '부분군별 95%CI'가 겹치지 않는 '부분군-A
(10.67, 15.73)'와 '부분군-C(17.47, 22.53)'로 인해 유의한 결과가 나왔음을 확
인할 수 있다.

'실험 계획'에서의 '분산 분석' 응용

지금까지 '분산 분석(ANOVA)'의 기본 원리에 대해 알아보았다. 이제 '실험 계획'에서는 '분산 분석'이 어떻게 활용되는지 본 주제로 넘어가보자. 이해를 돕기 위해 실험 실행 후 '설계 표'인 [그림 Ⅱ－7]에서 '블록 1'만을 떼어내 보자. 이 경우 '2^3-완전 요인 설계'가 된다('표준 순서'로 옮김).

[그림 Ⅱ - 19] 이해를 돕기 위한 '2^3-완전 요인 설계' 예

워크시트 1 ***

↓	C1	C2	C3	C4	C5	C6	C7	C8
	표준 순서	런 순서	중앙점	블럭	날개폭	날개길이	꼬리길이	체공시간
1	10	1	1	2	5.5	12	5	3.50
2	14	2	1	2	5.5	12	8	3.63
3	13	3	1	2	3.5	12	8	3.08
4	9	4	1	2	3.5	12	5	2.84
5	15	5	1	2	3.5	15	8	4.38
6	12	6	1	2	5.5	15	5	3.87
7	16	7	1	2	5.5	15	8	3.35
8	11	8	1	2	3.5	15	5	3.55
9	3	9	1	1	3.5	15	5	3.63
10	8	10	1	1	5.5	15	8	3.61
11	2	11	1	1	5.5	12	5	2.66
12	6	12	1	1	5.5	12	8	3.54
13	7	13	1	1	3.5	15	8	4.14
14	5	14	1	1	3.5	12	8	3.32
15	4	15	1	1	5.5	15	5	3.94
16	1	16	1	1	3.5	12	5	2.50

[표준순서]로 정렬

표준순서	날개 폭	날개길이	꼬리길이	체공시간
1	3.5	12	5	2.50
2	5.5	12	5	2.66
3	3.5	15	5	3.63
4	5.5	15	5	3.94
5	3.5	12	8	3.32
6	5.5	12	8	3.54
7	3.5	15	8	4.14
8	5.5	15	8	3.61

[그림 Ⅱ－19]의 '2^3-완전 요인 설계'는 요인 '3개'를 적용해 얻은 결과이다. 만일 각 '처리'가 동일하다면 이론상 '체공 시간'은 모두 같아야 한다. 그런데 그들이 변동하는 이유는 각 '처리'별로 요인들의 '수준'이 바뀌기 때문이다. 예를 들어, 요인 '꼬리 길이' 경우 '5㎝ → 8㎝'로 바뀌면 '체공 시간'은 '(2.50, 2.66, 3.63, 3.94, $\bar{y} \cong 3.183$) → (3.32, 3.54, 4.14, 3.61, $\bar{y} \cong 3.653$)'으로 변화한다. 이때 다른 요인들의 수준 조합은 동일하므로 이 평균의 변화는 '꼬리 길이'가 바뀌었기 때문에 나타난 효과이다. 즉, '꼬리 길이'의 변화가 '체공

시간'의 '변동'을 유발한다. 다른 요인들도 동일한데, 이들을 그림으로 표현하면 다음 [표 Ⅱ-12]와 같다.

[표 Ⅱ-12] 각 '요인'별 'Y'에 미치는 영향 파악을 위한 '설계 표' 예

A	B	C	Y	A	B	C	Y	A	B	C	Y
3.5	12	5	2.50	3.5	12	5	2.50	3.5	12	5	2.50
3.5	12	8	3.63	5.5	12	5	2.66	5.5	12	5	2.66
3.5	15	5	3.32	3.5	12	8	3.32	3.5	15	5	3.63
3.5	15	8	4.14	5.5	12	8	3.54	5.5	15	5	3.94
5.5			2.66		15		3.63			8	3.32
5.5	상동		3.94	상동	15	상동	3.94	상동		8	3.54
5.5			3.54		15		4.14			8	4.14
5.5			3.61		15		3.61			8	3.61
(비고) A=날개 폭, B=날개 길이, C=꼬리 길이, Y=체공 시간											

[표 Ⅱ-12]에서 첫 번째 표는 '요인 A'의 수준 변화에 따른 'Y'의 변화를, 두 번째 표는 '요인 B'의 수준 변화에 따른 'Y'의 변화, 세 번째 표는 '요인 C'의 수준 변화에 따른 'Y'의 변화를 각각 나타낸다. 이때 '상동'은 바로 위의 배치와 동일하다는 뜻이다. 즉 바뀌는 것은 '첫 번째 표 → A의 수준 변화', '두 번째 표 → B의 수준 변화', '세 번째 표 → C의 수준 변화'만이 존재한다. 'Y의 평균'이 왜 변했는지 설명하는 충분한 이유가 된다(직교하므로 요인별로 독립적 평가가 가능하다는 뜻과 상통함).

그럼 'Y'를 변화시키는 원인에는 '요인'들만 있는 것일까? 그렇지 않다. 바로 '상호작용'이 있다. 예를 들어, '요인 A'와 '요인 B'의 각 수준들 조합에 따라 'Y'에 미치는 영향력에 차이가 생긴다. '변동'을 야기하는 것이다. 이들엔 'A*B', 'A*C', 'B*C', 'A*B*C'가 속한다. 이들을 '설계 표'로 나타내면

다음 [표 Ⅱ - 13]과 같다(편의상 부호로 표기).

[표 Ⅱ - 13] 각 '상호작용'별 'Y'에 미치는 영향 파악을 위한 '설계 표'

표준 순서	A*B	A*C	B*C	A*B*C	Y
1	1	1	1	-1	2.50
2	-1	-1	1	1	2.66
3	-1	1	-1	1	3.63
4	1	-1	-1	-1	3.94
5	1	-1	-1	1	3.32
6	-1	1	-1	-1	3.54
7	-1	-1	1	-1	4.14
8	1	1	1	1	3.61
(비고) 얻는 방법은 A*B 경우, '표준 순서=1'에서, A=-1(3.5), B=-1(12) → A*B=-1*(-1)=1					

[표 Ⅱ - 13]에서 'A*B'가 'Y'에 미치는 영향력은 '-1 → 1'로 변화할 때이며, 이때 'Y'는 '(2.66, 3.63, 3.54, 4.14, $\bar{y} \cong 3.493$) → (2.50, 3.94, 3.32, 3.61, $\bar{y} \cong 3.343$)'으로 변화한다. 역시 '변동'을 유발시키며, 다른 '상호작용'도 동일한 방식으로 확인할 수 있다.

[표 Ⅱ - 12]와 [표 Ⅱ - 13]의 '변동 유발 요인'들 외에 예를 든 '2^3-완전 요인 설계'에서 다른 '변동 유발 요인'들은 또 없을까? 현재로선 'Y'에 영향을 주는 모든 요인들을 다 검토했으므로 더 이상은 존재하지 않는다. 혹자는 앞서 언급했던 '다수의 사소한 원인'들이 있을 것 아닌가 하고 반문할지 모르지만 [그림 Ⅱ - 19]의 '2^3-완전 요인 설계'에서 각 '처리'는 한 번 실험에 하나의 'Y'만 대응하므로 설사 그 안에 '다수의 사소한 원인'에 의한 영향분이 포함됐더라도 현재로선 분리할 방도는 없다. 단지 해당 '처리'에 의한 결과 값 '하나'로서만 의미를 가질 뿐이다.

이제 (식 Ⅱ‑1)의 분자인 '변동'을 계산하는 일은 식은 죽 먹기다. 왜냐하면 '요인'들과 '상호작용'들의 '-1 → 1(또는 1 → -1)'을 염두에 두고 '변동'을 계산하면 되기 때문이다. 이 과정은 (식 Ⅱ‑2)의 '그룹 간 변동'의 계산과 정확히 일치한다.

[표 Ⅱ‑14] '2^3-완전요인설계'에서 각 항들의 '변동' 계산을 위한 표 예

	'요인 A'의 변동		'상호작용 B*C'의 변동		
	'-1'의 Y	'1'의 Y	'-1'의 Y	'1'의 Y	
	2.50	2.66	3.63	2.50	
	3.63	3.94	3.94	2.66	
	3.32	3.54	3.32	4.14	총 평균
	4.14	3.61	3.54	3.61	3.42
평균	3.40	3.44	3.61	3.23	

다음은 '요인 A'와 '상호작용 B*C'의 '변동' 계산이다.

(그룹간 변동) (식 Ⅱ‑7)

$$A : \sum_{j}^{2} n_j \left(\bar{y}_j - \bar{\bar{y}} \right)^2 = 4 \times \left\{ (3.40 - 3.42)^2 + (3.44 - 3.42)^2 \right\} \cong 0.0032$$

$$B*C : \sum_{j}^{2} n_j \left(\bar{y}_j - \bar{\bar{y}} \right)^2 = 4 \times \left\{ (3.61 - 3.42)^2 + (3.23 - 3.42)^2 \right\} \cong 0.289$$

다른 항들도 동일하나 과정은 생략한다. [그림 Ⅱ‑20]은 미니탭을 통해 모든 항들의 'Y'에 미치는 '변동'량을 얻은 결과이다. 참고로 '분산'은 (식 Ⅱ‑7)에서 관계된 데이터가 '2개'이므로 '자유도=n‑1=2‑1=1', 즉 '분모=1'이므로 '변동'과 동일하다.

[그림 Ⅱ-20]에 표시된 두 값('SS'는 'Sum of Squares'의 약자로 '편차 제곱 합', 즉 '변동'임)은 (식 Ⅱ-7)에서 계산된 '요인 A'와 '상호작용 B*C'의 '변동'과 정확히 일치함을 알 수 있다. 'MS'는 'Mean Squares'의 약자로 'SS'의 '평균'이므로, 곧 '분산'을 지칭한다. '자유도=1'이므로 이 경우 'SS'와 동일하다.

또 '출처'들 중 '오차'의 '변동(SS)=0'인데, 이것은 'Y'를 변하게 할 모든 항(요인, 이요인 상호작용, 삼요인 상호작용)들의 '변동'들이 고려됐으므로 더 이상의 변동량이 없어 자연스럽게 '0'이 된 것이다. 'F-값'은 이 '오차'가 '분모'로 작용해서 얻어지는데 현재 '0'이므로 '불능' 상태가 되어 '*', 즉 값이 없는 상태다. 'F-값'을 얻기 위해서는 '실험 계획'에서 경험적으로 '삼요인 상호작용'은 'Y'에 미치는 영향력이 미미한 것으로 알려져 있다. 따라서 [그림 Ⅱ-20]의 'A*B*C(날개 폭*날개 길이*꼬리 길이)'의 '변동(SS)=0.10125'를 '다수의 사소한 요인들'의 영향으로 간주해 '오차'로 처리하면 'F-값' 및 유의

성 검정을 위한 'p − 값'을 얻는다. 물론 이 경우 '삼요인 상호작용'의 'F-값'
은 계산될 수 없다. 다음 [그림 Ⅱ-21]은 미니탭 과정과 결과를 보여준다.

[그림 Ⅱ-21] '삼요인 상호작용'의 '오차 처리(Pooling)' 후 결과

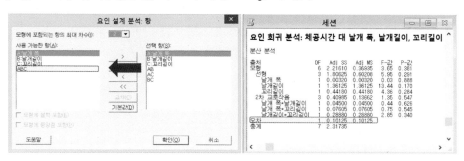

[그림 Ⅱ-21]의 왼쪽은 '삼요인 상호작용'을 정상적인 '항'으로 간주하지
않겠다는 의미이고, 오른쪽은 그것의 'Y'를 흔들어놓은 양(SS=0.10125)은 사
라진 것이 아니라 '오차'에 포함되어 자동적으로 'F-값'을 계산하는 데 활용됐
음을 알려준다. 이 과정을 통계 용어로 '풀링(Pooling)'이라고 한다. 우리말로
는 '병합' 또는 '통합' 등으로 불리는데 "오차에 합쳤다"로 해석한다.

이제 복잡도를 좀 더 높인 상태에서 '분산 분석'을 학습해보자. 'Do 단계'에
서 얻은 [그림 Ⅱ-7]은 '반복 2회'와 '블록 2개'가 추가된 '2×2^3-완전 요인
설계'를 보여준다. '총 16회' 실험 수이므로 '8회' 때의 '변동' 계산 과정을 그
대로 확장하면 되지만 추가 항목들이 있어 'Y'를 흔들어주는 원인들에 대한
별도의 고려가 필요하다. 따라서 계산 과정을 알아보기 전에 '설계 표' 안에
포함된 '변동 유발 요인'들엔 어떤 것들이 있는지 알아보자. 다음 [그림 Ⅱ-
22]는 [그림 Ⅱ-7]을 다시 옮겨놓은 것이다.

[그림 Ⅱ－22] ‘Do - 실험 실행’ 후 ‘설계 표’와 ‘변동 유발 요인’

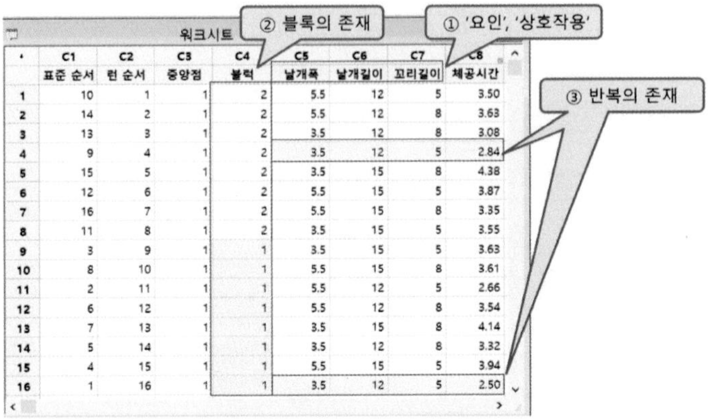

↓	C1 표준 순서	C2 런 순서	C3 중앙점	C4 블럭	C5 날개폭	C6 날개길이	C7 꼬리길이	C8 체공시간
1	10	1	1	2	5.5	12	5	3.50
2	14	2	1	2	5.5	12	8	3.63
3	13	3	1	2	3.5	12	8	3.08
4	9	4	1	2	3.5	12	5	2.84
5	15	5	1	2	3.5	15	8	4.38
6	12	6	1	2	5.5	15	5	3.87
7	16	7	1	2	5.5	15	8	3.35
8	11	8	1	2	3.5	15	5	3.55
9	3	9	1	1	3.5	15	5	3.63
10	8	10	1	1	5.5	15	8	3.61
11	2	11	1	1	5.5	12	5	2.66
12	6	12	1	1	5.5	12	8	3.54
13	7	13	1	1	3.5	15	8	4.14
14	5	14	1	1	3.5	12	8	3.32
15	4	15	1	1	5.5	15	5	3.94
16	1	16	1	1	3.5	12	5	2.50

[그림 Ⅱ－22]에서 ‘변동 유발 요인’들은 크게 세 부류이다. 그림에서 **‘① 요인, 상호작용’**에 있어 ‘요인’인 ‘A, B, C’ 3개와 ‘이요인 상호작용’의 ‘A*B, A*C, B*C’ 3개, ‘삼요인 상호작용’의 ‘A*B*C’ 1개 등 기본적으로 ‘총 7개’가 있다. 이들 각각에 대한 ‘변동’ 계산은 [표 Ⅱ－14]와 (식 Ⅱ - 7)에서 소개

[표 Ⅱ - 15] ‘2×2^3-완전 요인 설계’에서 각 항들의 ‘변동’ 계산을 위한 표 예

	‘요인 A’의 변동		‘상호작용 B*C’의 변동		
	‘-1’의 Y	‘1’의 Y	‘-1’의 Y	‘1’의 Y	
	2.50	2.66	3.63	2.50	
	3.63	3.94	3.94	2.66	
	3.32	3.54	3.32	4.14	
	4.14	3.61	3.54	3.61	
	2.84	3.50	3.55	2.84	
	3.55	3.87	3.87	3.50	
	3.08	3.63	3.08	4.38	총 평균
	4.38	3.35	3.63	3.35	3.47
평균	3.43	3.51	3.57	3.37	
○ ‘요인 A=날개 폭’, ‘요인 B=날개 길이’, ‘요인 C=꼬리 길이’ ○ 계산 편의상 [그림 Ⅱ－22]를 ‘표준 순서’로 정렬 후 입력함.					

한 바 있다. [표 Ⅱ-15]와 (식 Ⅱ-8)은 동일한 방법으로 '요인 A'와 '상호 작용 B*C'의 '변동'을 계산한 예이다. 단, 개수만 '8개 → 16개'로 증가하였다.

다음은 [표 Ⅱ-15]의 '요인 A'와 '상호작용 B*C'의 '변동' 계산이다.

(항들의 그룹간 변동)　　　　　　　　　　　　　　　　　　　　　　　(식 Ⅱ-8)

$$A: \sum_j^2 n_j \left(\overline{y}_j - \overline{\overline{y}} \right)^2 = 8 \times \left\{ (3.43 - 3.47)^2 + (3.51 - 3.47)^2 \right\} \cong 0.02723$$

$$B*C: \sum_j^2 n_j \left(\overline{y}_j - \overline{\overline{y}} \right)^2 = 8 \times \left\{ (3.57 - 3.47)^2 + (3.37 - 3.47)^2 \right\} \cong 0.15603$$

다른 항들에 대한 '변동'도 동일한 과정을 거쳐 계산되며, 미니탭 결과와의 비교를 위해서는 [그림 Ⅱ-23]을 참조하기 바란다.

또 다른 '변동 유발 요인'이 '② **블록의 존재**'이다. '블록'은 「2.6. '실험 계획'의 5대 원리」의 '블록화의 원리'에서 용도를 설명한 바 있다. '블록'을 도입한 이유가 단지 오늘 실험을 다 못 하기 때문에 '블록1=오늘'과 '블록2=내일'로 설정했다고 가정하자. 이때 '오늘'과 '내일'의 실험 결과는 차이가 있어선 안 된다. 차이가 난다면(유의하다면) 날짜도 '요인'으로 간주해 모형(식)에 반영해야 한다. 'Y'를 흔들어주므로 그를 빼면 예측력이 떨어지기 때문이다. 그렇다고 이틀간 나눠 실험한 결과가 똑같이 나올 가능성은 거의 없다. '다수의 사소한 원인들'이 작용하므로 동일한 '처리'라도 똑같은 값이 나온다는 것은 거의 불가능하다. 결국 '블록'으로 묶어 두 개 블록 간 'Y'에 미치는 영향을 평가해야 하며, 이것도 하나의 '변동 유발 요인'으로 간주한다. '블록'으로 인한 '변동'을 계산하기 위해 [그림 Ⅱ-22]를 '표준 순서'로 정렬한 뒤 각 블록의 '평균'과 '총 평균'을 다음 [표 Ⅱ-16]과 같이 준비하였다. '변동' 계산은 (식 Ⅱ-9)에 있으며, 미니탭 결과와의 비교를 위해서는 [그림 Ⅱ-23]을 참조하기 바란다.

[표 Ⅱ - 16] '2×2^3-완전 요인 설계'에서 블록의 '변동' 계산을 위한 표 예

표준순서	런 순서	중앙점	블록	날개폭	날개길이	꼬리길이	체공시간		
1	16	1	1	3.5	12	5	2.50		
2	11	1	1	5.5	12	5	2.66		
3	9	1	1	3.5	15	5	3.63		
4	15	1	1	5.5	15	5	3.94		
5	14	1	1	3.5	12	8	3.32		
6	12	1	1	5.5	12	8	3.54		
7	13	1	1	3.5	15	8	4.14	Blk-1평균	
8	10	1	1	5.5	15	8	3.61	3.418	
9	4	1	2	3.5	12	5	2.84		
10	1	1	2	5.5	12	5	3.50		
11	8	1	2	3.5	15	5	3.55		
12	6	1	2	5.5	15	5	3.87		
13	3	1	2	3.5	12	8	3.08		
14	2	1	2	5.5	12	8	3.63		
15	5	1	2	3.5	15	8	4.38	Blk-2평균	
16	7	1	2	5.5	15	8	3.35	3.525	
						총 평균	3.47		

$$(블록의\ 그룹간\ 변동) \qquad\qquad\qquad (식\ Ⅱ\text{-}9)$$

$$\sum_{j}^{2} n_j \left(\overline{y}_j - \overline{\overline{y}} \right)^2 = 8 \times \left\{ (3.418 - 3.47)^2 + (3.525 - 3.47)^2 \right\} \cong 0.04622$$

또 다른 '변동 유발 요인'은 '③ **반복의 존재**'인데, 이것은 '반복' 때문에 나타난 요인이다. 즉, [그림 Ⅱ - 22]처럼 '표준 순서=1'과 '표준 순서=9'는 반복에 의한 동일 '처리 조합'으로 이론적으론 동일한 'Y'가 나와야 한다. 현재는 '2.50'과 '2.84'로 서로 차이가 있다. 이 차이는 왜 생겨났는지 현재로선 알길이 없다. 그러나 같은 실험 환경임에도 다른 값이 나왔으므로 분명 '변동

유발 요인'이 존재하며, 따라서 '다수의 사소한 원인들'이 복합적으로 작용한 결과로 해석한다. 이 같은 차이는 '표준 순서=2'와 '표준 순서=10'…, '표준 순서=8'과 '표준 순서=16' 등 총 8개 쌍이 존재한다([표 Ⅱ-16] 참조). 여기서 얻어진 차이(변동)들을 모두 모은 값이 '분산 분석 표'에서 '순수 오차의 변동(SS Pure Error)'이다[(식 Ⅱ-10) 참조]. 이것은 반복이 없는 '2^3-완전 요인 설계'와 큰 차이를 보이는데, [그림 Ⅱ-20]의 경우 '오차=0'이어서 'F-값'들이 '*'로 처리됐던 것과 달리 여기서는 '오차'가 기본으로 존재하게 되어 모든 'F-값'들이 자동 계산된다. '반복 때문에 발생한 변동'은 다음 [표 Ⅱ-17]과 같이 계산된다([표 Ⅱ-16]과 대조하면서 학습하기 바란다).

[표 Ⅱ-17] '2×2^3-완전 요인 설계'에서 반복에 기인한 '변동' 계산

대상	체공시간	평균	개별 변동 계산
표준순서 1, 9	2.50 2.84	2.67	$(2.50-2.67)^2+(2.84-2.67)^2=0.0578$
표준순서 2, 10	2.66 3.50	3.08	$(2.66-3.08)^2+(3.50-3.08)^2=0.3528$
표준순서 3, 11	3.63 3.55	3.59	$(3.63-3.59)^2+(3.55-3.59)^2=0.0032$
표준순서 4, 12	3.94 3.87	3.91	$(3.94-3.91)^2+(3.87-3.91)^2=0.00025$
표준순서 5, 13	3.32 3.08	3.20	$(3.32-3.20)^2+(3.08-3.20)^2=0.0288$
표준순서 6, 14	3.54 3.63	3.59	$(3.54-3.59)^2+(3.63-3.59)^2=0.00041$
표준순서 7, 15	4.14 4.38	4.26	$(4.14-4.26)^2+(4.38-4.26)^2=0.0288$
표준순서 8, 16	3.61 3.35	3.48	$(3.61-3.48)^2+(3.35-3.48)^2=0.0338$
'순수 오차(Pure Error)' 변동			(개별 변동들의 합) **0.5117**

[표 Ⅱ-17]의 첫 열은 반복되는 처리들의 쌍을 나타내며, 그들로부터 최종 얻은 '반복으로 인한 변동(순수 오차)'은 '0.5117'이다. 그러나 [그림 Ⅱ-22] (또는 [표 Ⅱ-16])의 실험 설계는 '반복'과 '블록'이 일치한다(반복1=블록1, 반복2=블록2).[52] 따라서 앞서 (식 Ⅱ-9)에서 얻은 '블록으로 인한 변동 =0.04622'는 '반복으로 인한 (순수 오차)변동=0.5117'의 일부이다. 왜냐하면 실험일이 2일에 걸쳐 진행되어 날짜별 변동이 존재하지만 그들은 다음 날 똑같은 처리 조합(반복)의 값이 달라지는 데 일부 기여하기 때문이다. 이에 [표 Ⅱ-17]의 결과 값에 날짜 차이의 변동이 함께 포함된다. 따라서 이를 바탕으로 '순수 오차(Pure Error)의 변동'은 다음의 관계가 성립한다.

$$순수오차(Pure\ Error) = 오차 + 블록으로 인한 변동 \qquad (식\ Ⅱ\text{-}10)$$
$$0.5117 = 오차 + 0.04622$$

$$\therefore 오차 = 0.5117 - 0.04622 = 0.46548$$

미니탭에서 [그림 Ⅱ-22](또는 [표 Ⅱ-16])의 실험 설계를 분석하면 (식 Ⅱ-10)의 각 변동들은 [그림 Ⅱ-23]과 같이 최종 '분산 분석 표'에 분리되어 나타난다.

[그림 Ⅱ-23]에는 '블록'의 변동인 '0.04622(식 Ⅱ-9)'와, '오차'인 '0.46548(식 Ⅱ-10)'의 값들이 각각 포함되어 있다. 이 두 값을 합하면 [표 Ⅱ-17]에서 구한 '순수 오차(Pure Error)=0.5117'이 된다. 그 외에 (식 Ⅱ-8)에서 계산한 '요인 A(날개 폭)=0.02723'과 '상호작용 B*C(날개 길이*꼬리 길이)=0.15603'도 다른 항들의 '변동'과 함께 포함되어 있다.

---

52) '반복1=블록1' 경우, '반복 1'의 y값들 평균과 '블록1'의 y값들 평균이 사실상 차이가 없으므로 둘 중 어느 쪽의 영향인지 구분할 수 없다. 이 같은 상황을 "블록과 반복이 교락되어 있다"고 한다.

[그림 Ⅱ - 23] '실험 설계'의 미니탭 분석 결과(분산 분석)

세션

요인 회귀 분석: 체공시간 대 블럭, 날개폭, 날개길이, 꼬리길이

분산 분석

출처	DF	Adj SS	Adj MS	F-값	P-값
모형	8	3.45830	0.43229	6.50	0.012
블럭	1	0.04622	0.04622	0.70	0.432
선형	3	2.25933	0.75311	11.33	0.004
날개폭	1	0.02723	0.02723	0.41	0.543
날개길이	1	1.82250	1.82250	27.41	0.001
꼬리길이	1	0.40960	0.40960	6.16	0.042
2차 교호작용	3	0.86653	0.28884	4.34	0.050
날개폭*날개길이	1	0.39690	0.39690	5.97	0.045
날개폭*꼬리길이	1	0.31360	0.31360	4.72	0.066
날개길이*꼬리길이	1	0.15603	0.15603	2.35	0.169
3차 교호작용	1	0.28623	0.28623	4.30	0.077
날개폭*날개길이*꼬리길이	1	0.28623	0.28623	4.30	0.077
오차	7	0.46548	0.06650		
총계	15	3.92378			

병합(Pooling)

'Pooling'은 한국통계학회 '통계학 용어 대조표'에서 '병합' 외에 '합동', '합병', '통합'으로도 해석한다. "'분산 분석 표'에서 유의하지 않은 항의 변동을 '오차'에 합치는 과정"이다. 다음 [그림 Ⅱ - 24]는 '병합'을 설명하기 위해 [그림 Ⅱ - 23]을 다시 정리한 '분산 분석 표'이다.

[그림 Ⅱ - 24] '분산 분석 표(ANOVA Table)'의 일반적 형태

분산 분석

출처	DF	Adj SS	Adj MS	F-값	P-값
모형	8	3.45830	0.43229	6.50	0.012
블럭	1	0.04622	0.04622	0.70	0.432
선형	3	2.25933	0.75311	11.33	0.004
날개폭	1	0.02723	0.02723	0.41	0.543
날개길이	1	1.82250	1.82250	27.41	0.001
꼬리길이	1	0.40960	0.40960	6.16	0.042
2차 교호작용	3	0.86653	0.28884	4.34	0.050
날개폭*날개길이	1	0.39690	0.39690	5.97	0.045
날개폭*꼬리길이	1	0.31360	0.31360	4.72	0.066
날개길이*꼬리길이	1	0.15603	0.15603	2.35	0.169
3차 교호작용	1	0.28623	0.28623	4.30	0.077
날개폭*날개길이*꼬리길이	1	0.28623	0.28623	4.30	0.077
오차	7	0.46548	0.06650		
총계	15	3.92378			

제외

분산 분석

출처	DF	Adj SS	Adj MS	F-값	P-값
모형	8	3.45830	0.43229	6.50	0.012
블럭	1	0.04622	0.04622	0.70	0.432
선형	3	2.25933	0.75311	11.33	0.004
2차 교호작용	3	0.86653	0.28884	4.34	0.050
3차 교호작용	1	0.28623	0.28623	4.30	0.077
오차	7	0.46548	0.06650		
총계	15	3.92378			

[그림 Ⅱ-24]의 왼쪽은 [그림 Ⅱ-23]의 원 '분산 분석 표'인데 통상 사각형으로 강조된 내용을 빼고 오른쪽 '분산 분석 표'처럼 요약해서 나타내는 게 일반적이다. 예를 들어, '날개 폭', '날개 길이', '꼬리 길이'의 '변동'을 모두 합해 '선형'의 변동만 표시하는 식이다. '상호작용'도 마찬가지다. 미니탭의 과거 버전은 [그림 Ⅱ-24]의 오른쪽처럼 표시되어서 개별항들의 '변동(SS)'을 확인할 수 없으므로 '병합'은 통상 이후에 설명될 '회귀 분석' 단계에서 수행했었다. 그러나 최근 버전엔 [그림 Ⅱ-24]의 왼쪽과 같이 모든 항들의 '변동'과 유의성 여부를 판단할 'p-값'이 포함되어 있어 이 시점에서 '병합(Pooling)'을 바로 수행한다.[53]

'병합'은 먼저 '유의 수준'을 정하고, 그를 넘어선 "유의하지 않은 항"들을 대상으로 실시하되, 다음과 같은 순서로 진행한다.

1) '블록'이나 '곡률' 항이 포함되어 있을 경우 우선적으로 수행한다.
2) 최고차항부터 실시한다. 본 실험 경우 '삼요인 상호작용 → 이요인 상호작용' 순으로 실시한다.
3) '유의 수준(통상 5%)'과 비교해 'p-값'이 가장 큰 항부터 실시한다.
4) 한 번에 한 개 항씩 수행한다. 이때 남아 있는 항들의 'p-값'이 갱신되므로 '3)' 이후 과정을 반복한다.
5) '순수 오차(Pure Error)'가 포함된 경우 병합을 하면 '적합성 결여(Lack of Fit)' 항이 나타나며, 이 항이 유의해지면 병합을 멈춘다.
6) 주요인(본 실험 경우 '날개 폭', '날개 길이', '꼬리 길이')은 '병합'하지 않는다. 그 이유는 'Y'에 매우 중요하다고 판단해서 실험에 반영되었으므로 확실한 근거가 없는 한 제거할 수 없다. 또 주요인이 유의하지 않더라도 그 요인이 포함된 '상호작용'이 유의하면 병합할 수 없다.

---

53) '가설 검정'과 관련된 용어, 수행 과정, 이론 설명 등은 「Be the Solver_확증적 자료 분석(CDA)」편을 참고하기 바란다. 또, 관련 인터넷 강의는 YouTube에서 '송인식' 검색 후 '확증적 자료 분석(CDA)' 동영상을 시청할 수 있다.

이 기준들을 중심으로 [그림 Ⅱ-24]의 항들을 하나씩 '병합'한다. 다음 [그림 Ⅱ-25]는 헬리콥터 실습 결과인 [그림 Ⅱ-23]의 '분산 분석'에 대해 병합 과정과 결과를 나타낸 것이다.

[그림 Ⅱ-25] '분산 분석'에서의 병합(Pooling)

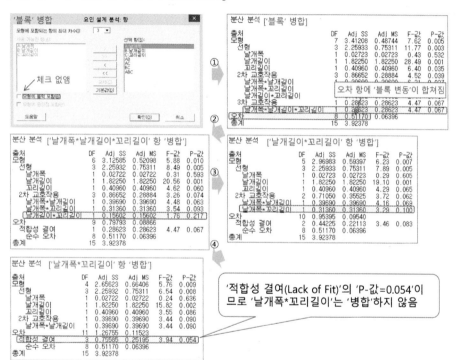

[그림 Ⅱ-25]의 맨 위 두 그림(과정 '①')은 '블록'의 '$p-$값=0.432'로 '유의하지 않음'에 따라 '병합'을 위한 '대화 상자'와 '결과'를 각각 나타낸다. 이때 '블록'의 'SS(변동)=0.04622'는 '오차'에 합쳐진다. 다음 '과정 ①'에서 고

차항인 '날개 폭*날개 길이*꼬리 길이'의 '$p-$값=0.067'로 '유의하지 않음'에 따라 '과정 ②'를 거쳐 '병합'한다. 이때 '순수 오차(반복에 의해 형성된 오차)'와 별개의 새로운 항인 '적합성 결여'로 합쳐지며, '순수 오차'와 '적합성 결여' 두 개의 'SS(변동)'를 합해 '오차의 변동'이 된다. 특히 '삼요인 상호작용'은 'Y'에 미치는 영향이 미미하다고 알려져 있어 분석 초반에 모두 '병합' 하는 것이 일반적이다. 이어 남아 있는 '이요인 상호작용'들 중 '날개 길이*꼬리 길이'의 '$p-$값=0.217'로 가장 높아 세 번째 '병합'이 수행된다(과정 '③'). 또 '날개 폭*꼬리 길이'의 '$p-$값=0.100'으로 '유의하지 않음'에 따라 '병합' 을 수행했으나(과정 '④') '적합성 결여'의 '$p-$값=0.054'로 '유의함'에 따라 이 항은 '병합'하지 않고 모형에 그대로 잔류시킨다(정확히는 '유의 수준 =0.05'보다 약간 크므로 '병합' 대상으로 볼 수 있으나 기술적 판단에 따라 모형 유지를 결정했다고 가정).

[그림 Ⅱ-25]에서 '병합'되지 않고 최종 모형에 남아 있는 항들은 '날개 폭', '날개 길이', '꼬리 길이', '날개 폭*날개 길이', '날개 폭*꼬리 길이' 들이 며, 이들은 이후 설명될 '회귀 분석'에서 '계수(Coefficient)'들을 갖는 항들이 된다. 다음 [그림 Ⅱ-26]은 '분산 분석'이 완료된 후의 최종 결과이다.

[그림 Ⅱ-26] '분산 분석' 후 최종 결과

분산 분석					
출처	DF	Adj SS	Adj MS	F-값	P-값
모형	5	2.96983	0.59397	6.23	0.007
선형	3	2.25933	0.75311	7.89	0.005
날개폭	1	0.02723	0.02723	0.29	0.605
날개길이	1	1.82250	1.82250	19.10	0.001
꼬리길이	1	0.40960	0.40960	4.29	0.065
2차 교호작용	2	0.71050	0.35525	3.72	0.062
날개폭*날개길이	1	0.39690	0.39690	4.16	0.069
날개폭*꼬리길이	1	0.31360	0.31360	3.29	0.100
오차	10	0.95395	0.09540		
적합성 결여	2	0.44225	0.22113	3.46	0.083
순수 오차	8	0.51170	0.06396		
총계	15	3.92378			

이어 '실험 계획' 내에서 이루어지는 '회귀 분석'에 대해 알아보자.

1.3.5. [통계 분석] 회귀 분석(Regression Analysis)

'회귀 분석'은 "어떤 변수(Y, 종속 변수)가 다른 변수(X, 독립 변수)에 의하여 설명된다고 보고 그 함수 관계를 조사하는 통계적인 해석 수법"이다. '실험 계획' 역시 '$Y=f(X)$'를 구성해 고객이 원하는 'Y'를 만들어주기 위해 정확한 프로세스 내 'X값(최적 조건)'들이 무엇인지 알려주는 데 있다. 따라서 지금까지의 '분산 분석' 내용을 토대로 '회귀 분석'을 수행한다.

결정 계수(Coefficient of Determination): R-제곱, R-제곱(수정)

영어로는 'R-squared(Value)'라고 부르며, "타점들이 회귀 직선에 얼마나 근접해 있는가, 또는 이론적인 회귀 직선이 실제 데이터를 얼마나 잘 설명하는가를 나타내는 척도"이다. '결정 계수'를 얻는 과정은 '분산 분석'의 결과인

[그림 Ⅱ-27] 'R-제곱'과 'R-제곱(수정)'의 계산

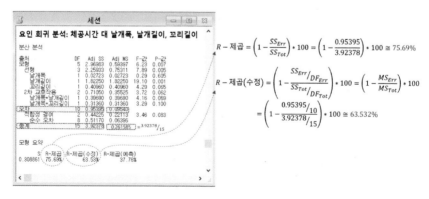

[그림 Ⅱ-26]을 통해 이루어진다. [그림 Ⅱ-27]은 'R-제곱'과 'R-제곱(수정)'의 계산 원리이다.

'날개 폭'의 'SS(변동)=0.02723'은 '날개 폭'의 '수준'이 바뀌면 'Y'를 '0.02723'만큼 흔들어준다는 뜻이다. 많이 흔들어주는 'SS'일수록 영향력이 큰 요인이다. 반면, '오차'는 똑같은 실험 조건에서 왜 차이가 나는지 모르는 양 (반복으로 인한 변동)과, 영향력이 작다고 판단해서 강제로 모형에서 뺀 양(병합)의 합이다. 결국 '총계 SS' 대비 'Y를 흔들어주는(변동을 유발시키는) 항들의 SS합'을 '비율'로 구하면 'R-제곱'을 얻는다. 다음 식과 같다.

$$R-제곱 = \frac{(SS_{선형} + SS_{이요인 상호작용})}{SS_{전체}} \times 100, \ or \ \left(1 - \frac{SS_{오차}}{SS_{전체}}\right) \times 100 \qquad (식 \ Ⅱ-11)$$
$$= \left(1 - \frac{0.95395}{3.92378}\right) \times 100 = 75.69\%$$

(식 Ⅱ-11)에 따르면 모형(회귀 방정식)은 실제 데이터를 '약 75.69%' 설명한다. 설명력을 높이려면 '병합'했던 항들을 다시 모형으로 되돌리면 되겠지만 큰 변화를 기대하긴 어렵다. 영향력이 적어서 제외시켰기 때문이다. 현재로선 이 정도 수준에서 만족해야 한다.

그런데 지금과 같이 항들이 여럿이고, '병합'이 일어나는 상황에서 'R-제곱'을 쓰는 데는 문제가 생길 수 있다. (식 Ⅱ-11)에서 '분모'인 '$SS_{전체}$'는 변하지 않고 늘 일정하나 '분자'인 '($SS_{선형} + SS_{이요인 상호작용}$)', 또는 '$SS_{오차}$'는 '병합'에 따라 변화가 생기므로 그 비율인 'R-제곱' 역시 '병합'에 따라 변화가 심하다. '분모'는 일정한데 '분자'만 변하기 때문이다. 따라서 '병합'에 따라 변화 정도가 심하지 않게 현실을 잘 반영하는 '결정 계수'가 필요한데 이것이 'R-제곱(수정)'이다. 다음 식을 보자.

$$R-\text{제곱(수정)} = \left(1-\frac{SS_{\text{오차}}/DF_{\text{오차}}}{SS_{\text{전체}}/DF_{\text{전체}}}\right)\times 100 = \left(1-\frac{MS_{\text{오차}}}{MS_{\text{전체}}}\right)\times 100 \qquad (\text{식 Ⅱ}-12)$$

(식 Ⅱ - 12)에서 '분모'인 '$SS_{\text{전체}}/DF_{\text{전체}}$'는 '병합'에 관계없이 항상 일정하나, '분자'인 '$SS_{\text{오차}}/DF_{\text{오차}}$'는 '병합'이 있을 경우 '$SS_{\text{오차}}$'와 '$DF_{\text{오차}}$'가 동시에 늘어난다. 물론 같은 비율로 증가하는 것은 아니지만 어쨌든 (식 Ⅱ - 11)의 '분자($SS_{\text{오차}}$)'만 일방적으로 늘어나는 것에 비하면 '병합'의 환경에서 현상을 훨씬 더 안정적으로 만든다. 따라서 'R-제곱'은 '항(X, 변수, 요인)'이 한 개인 경우에 유용한 반면, 'R-제곱(수정)'은 지금과 같이 '항(요인, 상호작용)'이 여럿인 경우에 유용하다.

'회귀 방정식' 개요

'실험 계획'으로부터 '$Y=f(X)$'와 같은 '회귀 방정식'을 얻기 위해서는 '회귀 계수'를 얻어야 하며, 그러기 위해 각 항들의 '효과(Effect)'가 먼저 계산되어야 한다. 설명에 들어가기에 앞서 이해를 돕기 위해 결과 화면을 옮겨놓으면 다음 [그림 Ⅱ - 28]과 같다.

[그림 Ⅱ - 28] '효과'와 '회귀 계수' 결과 예

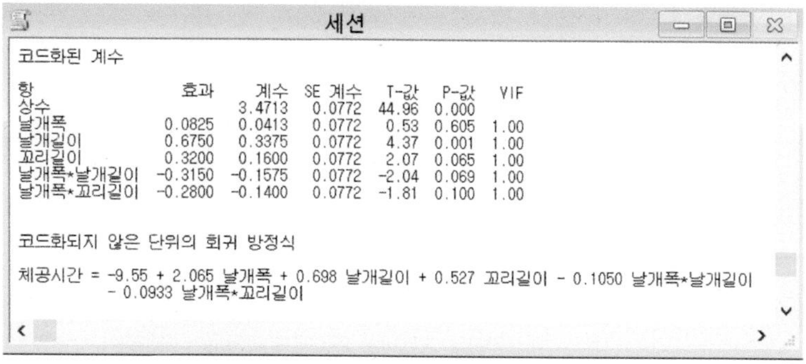
세션

코드화된 계수

항	효과	계수	SE 계수	T-값	P-값	VIF
상수		3.4713	0.0772	44.96	0.000	
날개폭	0.0825	0.0413	0.0772	0.53	0.605	1.00
날개길이	0.6750	0.3375	0.0772	4.37	0.001	1.00
꼬리길이	0.3200	0.1600	0.0772	2.07	0.065	1.00
날개폭*날개길이	-0.3150	-0.1575	0.0772	-2.04	0.069	1.00
날개폭*꼬리길이	-0.2800	-0.1400	0.0772	-1.81	0.100	1.00

코드화되지 않은 단위의 회귀 방정식

체공시간 = -9.55 + 2.065 날개폭 + 0.698 날개길이 + 0.527 꼬리길이 - 0.1050 날개폭*날개길이
- 0.0933 날개폭*꼬리길이

[그림 Ⅱ-28]에 각 항들의 '효과'와 '계수', 그리고 아래쪽에 '계수'들이 적용된 '회귀 방정식'이 마련되어 있다. 그림 위쪽 표에서의 '계수'는 '부호화'에서 나온 결과이고 그림 아래쪽의 '모형(회귀 방정식)'은 '부호화되지 않은 실제 값'으로 얻은 결과이므로 차이가 있다. [그림 Ⅱ-28]의 "코드화된 계수"의 "계수"를 적용한 모형은 다음과 같다.

$$Y = 3.4713 + 0.0413 \times 날개폭 + 0.3375 \times 날개길이 + 0.1600 \times 꼬리길이 \quad (식\ Ⅱ\text{-}13)$$
$$- 0.1575 \times 날개폭*날개길이 - 0.1400 \times 날개폭*꼬리길이$$

(식 Ⅱ-13)과 같이 '부호화'로부터 형성된 '모형'은 'X의 최적 조건'을 얻으면 '-1~1' 사이의 값으로 나와 실제 값으로 다시 전환해야 하는 번거로움이 생긴다. 따라서 처음부터 [그림 Ⅱ-28]처럼 '실제 값 모형'을 활용하는 것이 바람직하다. 반면, '부호화 모형'은 '그래프 분석'과 '유의성 검정'에 유리하다. '유의성 검정'은 이미 [그림 Ⅱ-25]에서 자세히 설명한 바 있으므로 향후 필요한 내용만 부연할 것이다.

'VIF'는 '분산 팽창 요인(Variance Inflation Factor)'의 약자이며, 항(독립 변수, Xs)들 간의 '상관관계 여부(다중 공선성, Multicolinearity)'를 진단하는 통계량이다. 항들 간 '다중 공선성(X들 간 상관관계 존재)'이 강하면 '회귀 방정식'의 'R-제곱'은 설명력이 높음에도 독립 변수의 '$p-$값'은 '유의하지 않

[표 Ⅱ-18] '다중 공선성'의 진단과 해결책

진단	○ 'R-제곱'이 높은데도 항(독립 변수)의 '$p-$값'이 높음. ○ 항(독립 변수)들 간 '상관 계수'가 높고, 유의함. ○ 'VIF' 값이 '10'을 넘음.
해결책	○ 상관관계가 있는 항(독립 변수)들 중 하나/일부를 제거. ○ 변수를 변환함. ○ 상관관계의 원인을 프로세스 환경에서 파악하여 제거함.

음'으로 관찰될 수 있다. 통상 '5<VIF<10'이면 상관성이 의심되고, 'VIF>10'이면 상관성이 존재한다고 판단한다. [표 Ⅱ-18]은 '다중 공선성의 진단'과 발생 시 '해결책'을 요약한 것이다. 참고하기 바란다.

[그림 Ⅱ-28]에서는 모두 'VIF=1.0'이므로 변수들 간 '상관관계'는 현재로선 고민할 필요가 없다.

'회귀 분석'을 위한 기본 개요가 정리됐으면 지금부터 '효과(Effect)'의 계산 방법을 학습하고 이어 '회귀 계수'에 대해 알아보자. [그림 Ⅱ-28]의 "코드화 된 계수"를 보면 '효과' 바로 옆에 '계수' 열이 위치한다. 이것은 '효과'를 구한 다음 그를 이용해 '계수'를 구한다는 의미가 내포되어 있다. '효과' 계산에 대해서는 이미 「2.1. '실험 계획'에 쓰이는 주요 용어들」 중 "효과(Effect)"의 설명에서와, 「2.6. '실험 계획'의 5대 원리」 중 "교락의 원리(Principle of Confounding)" 설명에서, 그리고 [그림 Ⅱ-9]에서의 "주 효과도(Main Effect Plot)"를 설명하는 중에 간단히 언급한 바 있다.

그러나 **다음부터 이어질 '효과'의 계산관련 본문은 '실험 계획'의 계산 원리를 전반적으로 이해하는 데 매우 중요한 정보를 제공하므로 확실하게 이해할 때까지 정독해주기 바란다.** 아울러 앞서 설명했던 '균형', '직교' 등과 연계해 함께 학습할 수 있는 더 없는 좋은 기회를 제공한다. 순서는 '주 효과'와 '상호작용 효과'를 설명하고 나서, 그들을 이용한 '회귀 계수'의 계산 원리로 이어지며 또 아주 기본적인 단계부터 시작할 것이다.[54]

'주 효과(Main Effect)'의 계산 원리

만일 요인 A, B, C가 있고, '2³-완전 요인 설계'를 생각하자. 이들을 '설계

---

54) Western Electric社, 1956, Statistical Quality Control Handbook pp.101~105를 참고해서 편집해 옮김.

표'에 나열하는 대신 아래와 같이 정리된 표를 이용할 경우, 실험이 진행되지 않은 상태에서의 '반응'은 다음 [표 Ⅱ-19]와 같이 모두 '0'이다.

[표 Ⅱ-19] 요인 '효과(Effect)'의 원리 설명을 위한 실험 전 '설계 표'

	A1		A2	
	B1	B2	B1	B2
C1	0	0	0	0
C2	0	0	0	0

이어 실험이 진행되면 '반응'은 현재의 '0'에서 요인들이 미치는 정도에 따라 변화할 것인데, 이때 '요인 A' 경우, A2가 A1보다 '반응'에 미치는 상대적 영향이 '+3'이라고 가정하자. 이 같은 상황은 'A=온도(20℃, 40℃)'로 가정할 때, 'A1=20℃'에서 '반응=10'을, 'A2=40℃'에서 '반응=13'을 얻었다는 의미로 해석될 수 있다. 그러나 '10'과 '13'을 쓰는 대신 절대 차이인 '+3'만을 이용해서 [표 Ⅱ-19]를 채우면 다음 [표 Ⅱ-20]과 같다.

[표 Ⅱ-20] '요인 A'의 영향(A2=+3)

	A1		A2	
	B1	B2	B1	B2
C1	0	0	3	3
C2	0	0	3	3

[표 Ⅱ-20]은 '요인 A' 외에는 적용된 변수가 없으므로 충분히 예견되는 상황이며, 이때의 '요인 A'의 효과는 다음 식으로 계산된다.

$$A2의 평균 - A1의 평균 = \frac{3+3+3+3}{4} - \frac{0+0+0+0}{4} \quad \text{(식 II-14)}$$
$$= 3 - (0) = 3$$

다음 '요인 A'와 독립적으로 '요인 B'의 영향을 고려할 때, '반응'에 미치는 영향이 '수준 B2'는 '수준 B1'에 비해 '-8'의 상대적 효과를 보인다고 가정하자. 이 상황을 [표 II-20]에 반영하면 다음 [표 II-21]과 같다.

[표 II-21] 추가된 '요인 B'의 영향(A2=+3, B2=-8)

	A1		A2	
	B1	B2	B1	B2
C1	0	-8	3	-5
C2	0	-8	3	-5

'요인 C'의 영향을 반영하기 전 '요인 A'의 영향을 다시 평가해보자. [표 II-21]은 '요인 A'와 '요인 B'의 영향을 반영한 결과이며, 이 시점에 '요인 A'만의 영향을 평가하려면 다음과 같이 계산한다.

$$A2의 평균 - A1의 평균 = \frac{3+3-5-5}{4} - \frac{0+0-8-8}{4} \quad \text{(식 II-15)}$$
$$= -1 - (-4) = 3$$

이것은 정확히 (식 II-14)의 결과와 같다. 당연한 귀결이다. 왜냐하면 [표 II-20]의 'A1'과 'A2'에 동등하게 '-8'이 반영됐기 때문이다. 이 내용이 시사한 바는 매우 큰데, 즉 <u>'요인 A'의 '효과(Effect)'는 '요인 B'와 무관하게 걸러낼 수 있다는 뜻이다</u>('직교의 원리'를 기억하자!).

끝으로 '요인 C'가 미치는 영향도 고려해보자. 예를 들어, '수준 C2'는 '수준 C1'에 비해 '반응'에 미치는 상대적 영향이 '+4'라고 가정하자. 이때 [표 Ⅱ-21]은 최종적으로 다음 [표 Ⅱ-22]와 같이 변경된다.

[표 Ⅱ-22] 추가된 '요인 C'의 영향(A2=+3, B2=-8, C2=+4)

	A1		A2	
	B1	B2	B1	B2
C1	0	-8	3	-5
C2	4	-4	7	-1

[표 Ⅱ-22]는 실험이 완료된 후 최종적으로 접하는 결과의 모습이며, [그림 Ⅱ-7]에 대응한다. 이때 '요인 A'의 '효과'는 여전히 '3'일까? 계산할 것도 없이 '3'이다. '요인 C'의 영향이 새롭게 포함됐지만 'A1'과 'A2'에 동일하게 '+4'를 반영했으므로 수준별 평균은 기존과 동일하다.

$$A2의\,평균 - A1의\,평균 = \frac{3+7-5-1}{4} - \frac{0+4-8-4}{4} \qquad (식\ \text{Ⅱ-16})$$
$$= 1 - (-2) = 3$$

물론 유사한 방법으로 '요인 B'와 '요인 C'의 효과도 계산할 수 있다.

$$B2의\,평균 - B1의\,평균 = \frac{-8-4-5-1}{4} - \frac{0+4+3+7}{4} \qquad (식\ \text{Ⅱ-17})$$
$$= -4.5 - 3.5 = -8$$

$$C2의\,평균 - C1의\,평균 = \frac{4-4+7-1}{4} - \frac{0-8+3-5}{4}$$
$$= 1.5 + 2.5 = 4$$

(식 Ⅱ-17)의 결과는 앞서 미리 지정했던 '요인 B'가 미치는 영향이 '-8'

이고, '요인 C'가 '+4'라고 가정한 결과와 정확히 일치한다. 구조상 일치할 수밖에 없다. 왜냐하면 「2.6. '실험 계획'의 5대 원리」에서 설명했던 '⑤ 직교화의 원리(Principle of Orthogonality)'에 따른 (규칙적인)배치 때문이다. 필요한 독자는 해당 본문으로 돌아가 다시 학습하기 바란다.

'상호작용 효과'의 계산 원리

요인별 '주 효과'의 계산처럼 '상호작용 효과' 역시 유사한 방법으로 계산한다. 이해가 쉽도록 앞서의 예에 '상호작용 효과'가 추가로 존재한다고 가정한다. 예를 들어 상호작용인 'A2B2'가 '반응(Y)'에 '+10'의 효과를 낸다. 여기서 'A2B2'란 'A=온도(20℃, 40℃)'이고, 'B=압력(1atm, 3atm)'일 경우, '실험 단위'를 먼저 '온도=40℃(A2)'로 처리한 다음 '압력=3atm(B2)'으로 처리하면(또는 두 조건이 함께 작용하는 환경에 놓으면) 상대적으로 '반응'에 '+10'의 상승효과가 생긴다는 뜻이다. 다음 [그림 Ⅱ-29]는 각 요인들의 영향을 단계적으로 정리한 결과이다.

[그림 Ⅱ-29] 'A2B2 상호작용'의 계산 원리 예

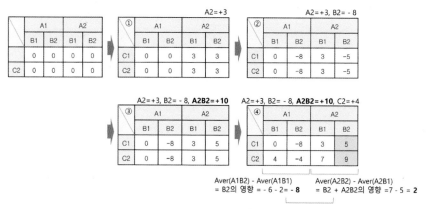

'상호작용(Interaction)의 영향'을 수치로 표현하는 것 역시 상식에서 크게 벗어나지 않는다. [그림 Ⅱ-29]의 '①(위쪽 표들 중 가운데)'은 '요인 A'의 영향(A2가 상대적으로 +3 효과)이, '②'는 '요인 B'의 영향(B2가 상대적으로 -8 효과)이 추가되었고, '③'은 '요인 A와, 요인 B의 상호작용'의 영향(A2B2만 +10의 효과)이 반영되었다. 끝으로 '④'는 '요인 C'의 영향(C2가 상대적으로 +4 효과)이 단계적으로 반영되어 나타난 결과이다. 따라서 실험이 완료된 직후의 최종 모습은 표 '④'이다.

특히 최종 결과인 '④'에서 처음 가정한 'A2B2의 영향'인 '+10'을 역으로 계산해보자. 우선 'A2' 내 'A2B1, A2B2'를 보면, '요인 C'의 영향은 동일하게 반영되어 있고, 'A2B2' 경우는 다시 'B2 효과=-8'에다가 'A2B2 효과=+10'이 더 반영되어 있어(-8+10=2) 둘의 평균 차이(A2B2 평균 - A2B1 평균) 역시 다음과 같이 '2'가 된다.

$$A2B2의\ 평균 - A2B1의\ 평균 = \frac{5+9}{2} - \frac{3+7}{2} \qquad (식\ Ⅱ-18)$$
$$= 7 - 5 = 2$$

($\because$ '2'는 'B2 + A2B2'의 영향으로 '반응'에 더 반영된 양임)

반면에, 'A1' 내 'A1B1, A1B2'를 보면, '요인 C'의 영향은 동일하게 반영되어 있으나, 'A1B2' 경우 'B2 효과=-8'만큼 더 추가됐으므로 둘의 평균 차이(A1B2 - A1B1) 역시 다음과 같이 '-8'이다.

$$A1B2의\ 평균 - A1B1의\ 평균 = \frac{-8-4}{2} - \frac{0+4}{2} \qquad (식\ Ⅱ-19)$$
$$= -6 - 2 = -8$$

($\because$ '-8'은 'B2 영향'으로 '반응'에 더 반영된 양임)

따라서 (식 Ⅱ‑18)과 (식 Ⅱ‑19)의 차를 구하면 다음과 같이 당초 가정한 'A2B2의 영향=+10'을 얻는다. 당연한 결과이다.

$$(A2B2 \text{의 평균} - A2B1 \text{의 평균}) - (A1B2 \text{의 평균} - A1B1 \text{의 평균}) \qquad (\text{식 } Ⅱ\text{-20})$$
$$= (A2B2 \text{에 } 'B2 + A2B2 \text{ 영향'만큼 더 반영된 양})$$
$$\qquad\qquad - (A1B2 \text{에 } 'B2 \text{영향'만큼 더 반영된 양})$$
$$= 'A2B2 \text{ 영향'만큼 더 반영된 양} = 2 - (-8) = 10$$

일반적으로 '요인 A'와 '요인 B'의 '상호작용(A*B) 효과'는 (식 Ⅱ‑20)을 이용해 다음과 같이 구한다.

$$2A^*B \text{효과} = (A2B2 \text{평균} - A2B1 \text{평균}) - (A1B2 \text{평균} - A1B1 \text{평균}) \qquad (\text{식 } Ⅱ\text{-21})$$
$$= (A2B2 \text{평균} + A1B1 \text{평균}) - (A2B1 \text{평균} + A1B2 \text{평균})$$

$$\therefore A^*B \text{효과} = \frac{\{(A2B2 \text{평균} + A1B1 \text{평균}) - (A2B1 \text{평균} + A1B2 \text{평균})\}}{2}$$
$$\qquad\qquad -----1)\text{식}$$

일반적으로 '요인'들의 '수준'을 '부호화'했을 때,
$A1 = -1, A2 = +1, B1 = -1, B2 = +1$ 이므로
1)식은 '[표 Ⅱ-13]'과 같은 '상호 작용 설계표'와 연결되며 '직교화의 원리'로써 '상호 작용 효과' 계산에 이용된다. 즉, 1)식을 다시 쓰면,

$$\therefore A^*B \text{효과} = ('+\text{수준'들의 평균}) - ('-\text{수준'들의 평균})$$

(식 Ⅱ‑21)에서 'A*B' 앞에 '2'가 곱해진 이유는 '‑' 전후의 괄호 안 데이터 수만큼(4개)을 반영한 결과이다(일반적인 '효과(Effect)' 계산 과정과 비교하기 바람).

헬리콥터 실험 결과 항들의 '효과' 계산 예

'효과'를 계산하는 방식은 일찍이 'Yates Algorithm(또는 Analysis)'에 의해

계산되었다('주) 50' 참조). 이 계산 방법에 대해서는 '부록(Appendix)-B'에 자세히 소개하고 있으니 관심 있는 독자는 해당 내용을 참고하기 바란다. 일반적으로 '설계 표'상에서의 '효과(Effect)' 계산은 다음과 같다.

$$부호화\,상태에서\,각\,항의 \qquad\qquad (식\ II\text{-}22)$$
$$('+1수준'의\,Y들\,평균) - ('-1수준'의\,Y들\,평균)$$

계산 예를 보이기 위해 헬리콥터 실험 결과인 [그림 II-7]을 다시 가져오자('효과' 계산이 쉽도록 다음과 같이 사전 처리를 해서 옮김 - ① '표준 순서'로 정렬, ② 부호화로 바꿈, ③ '상호작용'들의 배치 추가함).

[표 II-23] 헬리콥터 실험 결과의 '효과(Effect)' 계산을 위한 표 예

표준순서	런순서	중앙점	블록	A	B	C	체공시간	A*B	A*C	B*C	A*B*C
1	16	1	1	−1	−1	−1	2.50	1	1	1	−1
2	11	1	1	1	−1	−1	2.66	−1	−1	1	1
3	9	1	1	−1	1	−1	3.63	−1	1	−1	1
4	15	1	1	1	1	−1	3.94	1	−1	−1	−1
5	14	1	1	−1	−1	1	3.32	1	−1	−1	1
6	12	1	1	1	−1	1	3.54	−1	1	−1	−1
7	13	1	1	−1	1	1	4.14	−1	−1	1	−1
8	10	1	1	1	1	1	3.61	1	1	1	1
9	4	1	2	−1	−1	−1	2.84	1	1	1	−1
10	1	1	2	1	−1	−1	3.50	−1	−1	1	1
11	8	1	2	−1	1	−1	3.55	−1	1	−1	1
12	6	1	2	1	1	−1	3.87	1	−1	−1	−1
13	3	1	2	−1	−1	1	3.08	1	−1	−1	1
14	2	1	2	1	−1	1	3.63	−1	1	−1	−1
15	5	1	2	−1	1	1	4.38	−1	−1	1	−1
16	7	1	2	1	1	1	3.35	1	1	1	1
A=날개 폭, B=날개 길이, C=꼬리 길이 / '상호작용' 배치 추가함.											

[표 Ⅱ - 23]은 '반복'이 적용됐으나 '효과' 계산은 (식 Ⅱ - 22)를 그대로 적용한다. 예를 들어, '꼬리 길이(C)'와 '날개 폭*꼬리 길이(A*C)' 항들의 '효과'는 다음과 같이 계산된다(식 내 '-' 전후의 첫 번째 괄호는 '반복 1'의 Y값, 두 번째 괄호는 '반복 2'의 Y값을 각각 나타냄).

$$'꼬리길이' 효과 = \frac{(3.32+3.54+4.14+3.61)+(3.08+3.63+4.38+3.35)}{8}$$
$$- \frac{(2.50+2.66+3.63+3.94)+(2.84+3.50+3.55+3.87)}{8} = 0.32$$
$$'날개폭*꼬리길이' 효과 = \frac{(2.50+3.63+3.54+3.61)+(2.84+3.55+3.63+3.35)}{8}$$
$$- \frac{(2.66+3.94+3.32+4.14)+(3.50+3.87+3.08+4.38)}{8} = -0.28$$

(식 Ⅱ-23)

(식 Ⅱ - 23)은 [그림 Ⅱ - 28]의 해당 항들의 '효과'와 정확히 일치한다. 다른 항들의 '효과' 계산은 직접 수행해보기 바라고 여기서의 과정은 생략한다.

'회귀 계수(Regression Coefficient)'의 계산 원리

'회귀 계수'는 '$Y = f(X)$'의 '모형'에서 각 항들 앞에 위치한 값들이며, 통상 '기울기(Slope)'를 나타낸다. 상황에 따라 두 가지 계산 방법이 존재한다. 하나는 '부호(Coded)' 상태에서의 계산법이고, 다른 하나는 '실제 값(Uncoded)' 상태에서의 계산법이다.

(부호화된 상태에서의 '회귀 계수')

[그림 Ⅱ - 30]은 [그림 Ⅱ - 9]에서 설명한 '주 효과도'를 다시 옮겨와 일부 편집한 내용이며, 계산된 '회귀 계수'를 확인하기 위해 [그림 Ⅱ - 28]의 미니탭 분석 결과와 함께 나열하였다('X-축'은 부호화로 표기되어 있음).

[그림 Ⅱ-30] '부호화(Coding) 상태'에서의 '회귀 계수' 구하기

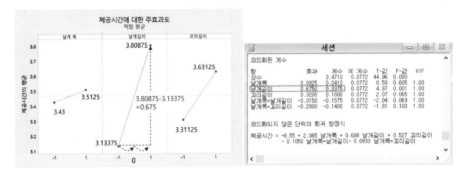

[그림 Ⅱ-30]의 '날개 길이' 경우, 'X-축'의 '-1'부터 '1'까지의 거리는 항상 '2 단위(사이에 '0'이 있음)'이며, 이때 'Y-축'의 증감은 '+0.6750(=3.80875-3.13375)' 임을 알 수 있다. '+0.6750'은 '날개 길이'의 '효과(Effect)'이기도 하다.

통상 '회귀 계수'인 '기울기'는 "X-변화분 대비 Y-변화분의 비율 값($\triangle Y/\triangle X$)" 이므로 계산된 '+0.6750'을 'X'의 증가분인 '2'로 나누면 바로 '날개 길이' 항의 '기울기'를 얻는다. 따라서 '부호화 상태에서의 항의 회귀 계수(또는 기울기)'는 다음과 같이 계산된다.

$$\text{부호화 상태에서의,} \qquad\qquad\qquad\qquad\qquad \text{(식 Ⅱ-24)}$$
$$\text{'날개길이' 계수(기울기)} = \frac{Y\text{의 변화분}}{X\text{의 변화분}} = \frac{\text{항의 효과}(Effect)}{2}$$
$$= \frac{3.80875 - 3.13375}{2} = \frac{0.6750}{2} = 0.3375$$

[그림 Ⅱ-30]에서 '날개 길이'의 '효과=0.6750'이며, 그의 '계수'는 '효과 (Effect)'를 '2'로 나눈 '0.3375'임을 확인할 수 있다. 다른 항들에 대한 계산은 숙제로 남긴다. 명심할 사항은 부호화 상태에서의 각 항들의 **'계수'는 '효과 (Effect)'를 항상 '2'로 나눈다**는 것이다.

(실제 값(Un-coded) 상태에서의 '회귀 계수')

실제 값 상태에서의 '회귀 계수' 계산은 기업에서 실무를 보는 독자들에겐 다소 낯설고 어려운 행렬, 벡터 등 사전 학습해야 할 내용이 상당수 포함되어 있고, 이들 이론을 다뤄야 할 만큼 활용도도 높지 않아 본문에 넣기보다 '부록 (Appendix-C)'에 포함시켰다. 이는 수학적 유도 과정이 어렵긴 하나 그렇다고 제외시키기엔 실제 값으로의 모형 자체가 매우 실용적이기 때문에 일부 목말 라할 학구파를 위한 조처이니 관심 있는 독자는 해당 부록을 참고하기 바란다.

헬리콥터 실험에 대한 '통계 분석'들 중 '분산 분석'과 '회귀 분석'에 대한 전체 결과 요약은 다음 [표 Ⅱ-24]와 같다. 지금까지 설명된 본문과 표 안의 결과를 대응시켜 가며 이해하기 어렵거나 미진한 부분이 있다면 철저히 복습하기 바란다.

[표 Ⅱ-24] 헬리콥터 실험 결과의 '통계 분석(분산 분석, 회귀 분석)' 전체 요약

요인 회귀 분석: 체공시간 대 날개폭, 날개길이, 꼬리길이					
[분산 분석]					
출처	DF	Adj SS	Adj MS	F-값	P-값
모형	5	2.96983	0.59397	6.23	0.007
선형	3	2.25933	0.75311	7.89	0.005
날개폭	1	0.02723	0.02723	0.29	0.605
날개길이	1	1.82250	1.82250	19.10	0.001
꼬리길이	1	0.40960	0.40960	4.29	0.065
2차 교호작용	2	0.71050	0.35525	3.72	0.062
날개폭*날개길이	1	0.39690	0.39690	4.16	0.069
날개폭*꼬리길이	1	0.31360	0.31360	3.29	0.100
오차	10	0.95395	0.09540		
적합성 결여	2	0.44225	0.22113	3.46	0.083
순수 오차	8	0.51170	0.06396		
총계	15	3.92378			

[모형 요약]

S	R-제곱	R-제곱(수정)	R-제곱(예측)
0.308861	75.69%	63.53%	37.76%

[코드화된 **계수**]

항	효과	계수	SE 계수	T-값	P-값	VIF
상수		3.4713	0.0772	44.96	0.000	
날개폭	0.0825	0.0413	0.0772	0.53	0.605	1.00
날개길이	0.6750	0.3375	0.0772	4.37	0.001	1.00
꼬리길이	0.3200	0.1600	0.0772	2.07	0.065	1.00
날개폭*날개길이	−0.3150	−0.1575	0.0772	−2.04	0.069	1.00
날개폭*꼬리길이	−0.2800	−0.1400	0.0772	−1.81	0.100	1.00

[코드화되지 않은 단위의 **회귀 방정식**]

체공시간=-9.55+2.065 날개폭+0.698 날개길이+0.527 꼬리길이-0.1050 날개폭*날개길이-0.0933 날개폭*꼬리길이

1.3.6. [통계 분석] 잔차 분석(Residual Analysis)

'잔차 분석'은 '잔차 진단(Residual Diagnostics)'으로도 불린다. '진단'이란 "의사가 환자의 병 상태를 판단하는 일"이다. 다만 '실험 계획'에서는 진단 대상이 '환자'가 아닌 '회귀 방정식'이다.

'회귀 방정식'이 아픈 데가 없어야 그것을 이용해 '최적 조건'을 찾을 수 있다. 현재까지 완성된 [표 Ⅱ-24]의 '[코드화되지 않은 단위의 회귀 방정식]'은 '분산 분석'과 '회귀 분석'을 거치면서 어느 정도 믿음이 가긴 하지만 '통계', 그러니까 "모아서 퉁 친 계산 결과"이므로 개개 데이터에 문제가 있으면 목표 달성에 약간의 손실이 있음에도 모른 채 지나칠 수 있다. '잔차 분석'은 통계를 이용하지만 개별 데이터의 부적절한 상태를 지적해낼 수 있어 좀 더

미세한 조정 가능성을 열어둔다.

'잔차 분석'을 위해서는 '잔차(Residual)'가 있어야 한다. '잔차'는 실험을 통해 얻은 '반응 값'에서 '이론 값'을 뺀 값이다.

$$r_i = y_i - \hat{y}_i, \qquad \text{여기서 } y_i = \text{반응, 측정값} \qquad \text{(식 II−25)}$$
$$\hat{y}_i = \text{적합값}(Fitted\ Value)$$

참고로 '적합 값(Fitted Value)'은 [표 II − 24]에서 얻은 '회귀 방정식'에 '처리'별 'X값(요인들 수준)'을 입력해 얻은 이론적 '반응(Y값)'이다.

'잔차 분석'을 하려면 'Do 단계'에서 실험을 막 마치고 최종 정리된 [그림 II − 7]에 새로운 '적합 값 열'과 '잔차 열'을 하나씩 만들어놓으면 해석이 편리하다. 다음 [표 II − 25]는 '잔차 분석'을 위해 [그림 II − 7]을 편집한 결과이다.

[표 II ‐ 25] '잔차 분석'을 위한 '적합 값 열'과 '잔차 열' 추가

표준순서	런순서	중앙점	블록	A	B	C	체공시간(Y)	적합값($\hat{Y}$)	잔차
10	1	1	2	5.5	12	5	3.50	3.3125	0.1773
14	2	1	2	5.5	12	8	3.63	3.3525	0.2657
13	3	1	2	3.5	12	8	3.08	3.235	−0.1671
9	4	1	2	3.5	12	5	2.84	2.635	0.1943
15	5	1	2	3.5	15	8	4.38	4.225	0.1414
12	6	1	2	5.5	15	5	3.87	3.6725	0.1858
16	7	1	2	5.5	15	8	3.35	3.7125	−0.3758
11	8	1	2	3.5	15	5	3.55	3.625	−0.0872
3	9	1	1	3.5	15	5	3.63	3.625	−0.0072
8	10	1	1	5.5	15	8	3.61	3.7125	−0.1158
2	11	1	1	5.5	12	5	2.66	3.3125	−0.6627
6	12	1	1	5.5	12	8	3.54	3.3525	0.1757
7	13	1	1	3.5	15	8	4.14	4.225	−0.0986
5	14	1	1	3.5	12	8	3.32	3.235	0.0729
4	15	1	1	5.5	15	5	3.94	3.6725	0.2558
1	16	1	1	3.5	12	5	2.50	2.635	−0.1457
A=날개 폭, B=날개 길이, C=꼬리 길이									

'표준 순서=10'인 첫 번째 실험에 대해 '적합 값'과 '잔차'를 직접 계산하면 다음과 같다.

적합 값$_{10}$ (식 Ⅱ-26)
= $-9.55+2.065 \times$ 날개폭$+0.698 \times$ 날개길이$+0.527 \times$ 꼬리길이
$-0.105 \times$ 날개폭*날개길이$-0.0933 \times$ 날개폭*꼬리길이

$=-9.55+2.065 \times 5.5+0.698 \times 12+0.527 \times 5-0.105 \times 5.5*12$
$-0.0933 \times 5.5*5 = 3.32275$

잔차 $r_{10} = y_{10} - \hat{y}_{10} = 3.50 - 3.32275 = 0.17725$

[표 Ⅱ-25]의 '잔차'들과 통계 프로그램과의 약간의 차이는 '계수'들의 소수점 사사오입 때문에 발생하므로 계산 때 참고하기 바란다. 이제 [표 Ⅱ-25]의 '적합 값'과 '잔차'들을 이용해 '잔차 분석'을 수행한다. 각각의 내용과 해석에 대해 알아보자.

잔차의 정규성 검정

다음 [표 Ⅱ-26]은 [표 Ⅱ-25]의 내용들 중 '체공 시간(Y)', '적합 값($\hat{Y}$)', '잔차' 열을 옮겨놓은 것이다.

[표 Ⅱ-26] '잔차'의 정규성 검정을 위한 자료

체공시간(Y)	3.50	3.63	3.08	2.84	⋯	4.14	3.32	3.94	2.50
적합값($\hat{Y}$)	3.3125	3.3525	3.235	2.635	⋯	4.225	3.235	3.6725	2.635
잔차	0.1773	0.2657	−0.1671	0.1943	⋯	−0.0986	0.0729	0.2558	−0.1457

'체공 시간(Y)'은 실험 중 실제 측정된 값인 반면 '적합 값($\hat{Y}$)'은 [표 Ⅱ-24]의 '[코드화되지 않은 단위의 회귀 방정식]'을 통해 얻은 이론값이다. 이때

이론값인 '적합 값($\hat{Y}$)'이 '체공 시간(Y)'과 크게 차이 난다면 어떤 일이 벌어진 것일까? 다음의 둘 중 하나다. 즉 측정이 잘못 이루어졌을 가능성, 다른 하나는 이론상 '회귀 방정식'이 실제 값을 잘 설명하지 못할 가능성이다.

만일 현재의 '적합 값'이 '체공 시간'을 잘 설명하고 있다고 가정하자. 그렇다면 둘의 차이인 "잔차는 '0'을 중심으로 조금 작은 값부터 조금 큰 값까지 좌우대칭 종 모양으로 분포"하는 정규성을 보일 가능성이 높다. 이상적으론 [표 Ⅱ-26]의 '잔차'가 모두 '0'이 되어야 하나 현실적으론 일어날 가능성이 거의 없는 희박한 사건이다. 따라서 측정이 잘못되었든, 아니면 이론값이 잘못되었든 우선 '잔차'가 '0'을 중심으로 '정규분포' 하는지가 주요 관심사다. 이를 위해 '잔차'의 '히스토그램(Histogram)' 또는 '정규 확률도(Normal Probability Plot)'를 통해 시각적으로 '정규성 여부'를 판독하거나, 또는 '잔차'를 이용해 아예 '정규성 검정'을 수행한다. 다음 [그림 Ⅱ-31]은 [표 Ⅱ-26]의 '잔차'를 이용해 '히스토그램', '정규 확률도' 및 '정규성 검정'을 수행한 결과이다.

[그림 Ⅱ-31] '잔차'의 정규성 검정을 위한 '히스토그램' 및 '정규 확률도'

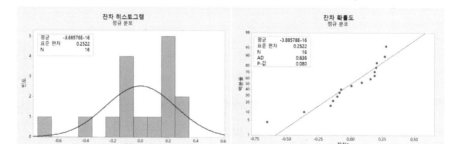

[그림 Ⅱ-31]의 '히스토그램'은 우측 꼬리 영역의 빈도가 낮아 약간 비대칭을 형성한다. 통상 '실험 계획'은 '반응(Y)' 값들이 몇 개 되지 않아 '히스

토그램'을 통한 소위 "좌우대칭 종 모양"을 기대하기란 쉽지 않다. 따라서 [그림 Ⅱ-31]의 오른쪽 그림처럼 '정규 확률도'를 작성하거나 'p-값'을 확인하는 것이 일반적이다.

'정규 확률도'의 패턴은 맨 왼쪽의 '이상점' 존재 가능성, 그를 제외한 나머지 타점들은 약한 '이봉 분포' 형태를 띤다. 다음 [그림 Ⅱ-32]는 미니탭의 '브러시' 기능으로 '이봉 분포' 가능성에 대해 추가 분석한 예이다.

[그림 Ⅱ-32] '이봉 분포' 형태를 확인하기 위한 타점들의 출처 분석 예

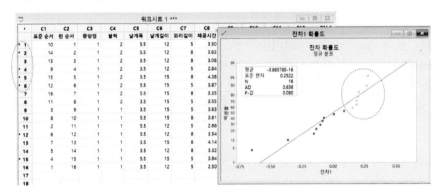

[그림 Ⅱ-32]에서 '정규 확률도'의 '잔차'가 큰 값들이 대부분 '블록 2(또는 반복2)'에 분포한다는 것을 확인할 수 있다. '잔차'가 크다는 것은 '적합값'에 비해 실측값인 '체공 시간'이 상대적으로 크다는 것을 의미하며, 실험 중 '블록 1'과 '블록 2'의 차이점에 어떤 것이 있었는지 '사실 분석'이 요구된다. 만일 둘 간의 차이를 유발하는 원인이 밝혀진다면 번거롭고 비용이 더 들겠지만 재실험을 통해 '회귀 방정식'의 완성도를 높일 수 있고, 실험 노하우도 축적할 수 있는 매우 긍정적인 기회로 삼을 수 있다.

또 '정규 확률도'상의 타점들이 직선을 따라 잘 분포하고 있진 않지만

'$p-$값$=0.080$'을 통해 '유의 수준$=0.05$' 기준해서 '정규성'을 보이는 것으로 판단한다(고 가정한다). '이상점'의 존재와 '이봉 분포' 가능성에 대해 심도 있게 '사실 분석'하는 실무적 접근이 매우 필요하다는 점만 강조하고 여기선 잘 처리된 것으로 가정한다.

잔차의 등분산성 검정

만일 '적합 값'과 '실측 값' 사이에 큰 차이가 없다면 "잔차는 '0'을 중심으로 일정한 높낮이 안에서 임의성을 보이며 분포"할 것이다. 이 같은 가정을 '잔차의 등분산성'이라고 한다. 그래프상으론 다른 타점들과 비교해 튀는 양상을 보이는 '이상점'부터 특이 패턴에 이르기까지 다양한 형태로 관찰된다. 다음 [그림 Ⅱ‐33]은 '등분산성'을 만족하지 못하는 패턴들의 예이다.[55]

[그림 Ⅱ‐33] 정상 패턴과 '등분산성'을 만족하지 못하는 다양한 패턴 예

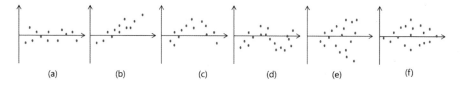

[그림 Ⅱ‐33]의 (a)는 "0을 중심으로 일정한 높낮이에서 임의성을 보이며 등락"하고 있으므로 '등분산성'을 보이는 대표적인 예이다. (b)는 '적합 값'이 증가할수록 '잔차'도 함께 증가하는 패턴이며, 실험 과정 중 오류나 문제가 없었는지 파악해야 할 '사실 분석' 대상이다. (c)와 (d)는 '2차 방정식'이나 '3차 방정식'으로 '회귀 분석'이 이루어져야 하나 '직선 방정식'으로 적합(Fitting)시킨 결과 나타나는 현상이다. 이것은 '등분산성'에 문제가 있다기보다 실제 데

---

55) '등분산성' 설명은 『Be the Solver_탐색적 자료 분석(EDA)』편 내용을 편집해 옮김.

이터를 설명할 '회귀 방정식의 차수 선택'의 문제이니 보정하면 바로 해결된다. (e)와 (f)가 '등분산성'을 보이지 않는 대표적인 패턴들이다. 그러나 실험 과정 중에 생긴 문제가 아니라 프로세스 내에 존재하는 정상적인 현상이면 변수 변환을 통해 '직선 방정식'으로 재해석할 수도 있다. 어떤 판단을 해야 하는가는 전적으로 연구원이나 엔지니어들의 기술적 분석과 해석에 따라 결정된다. 다음 [그림 Ⅱ-34]는 헬리콥터 실험 결과의 '등분산성' 검토를 위한 그래프 예이며, [표 Ⅱ-25]에서 '적합 값($\hat{Y}$)'과 '잔차'를 이용하여 작성하였다.

[그림 Ⅱ-34] '등분산성' 판단을 위한 '잔차 대 적합 값' 그래프 예

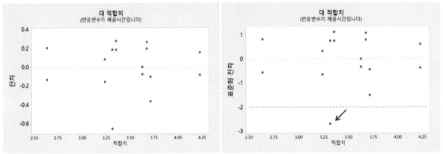

[그림 Ⅱ-34]의 왼쪽은 '적합 값'으로 정렬한 후 '적합 값(X-축) 대 잔차 (Y-축)'를 그린 그래프이다. 전체적으론 "0을 중심으로 일정한 높낮이 영역에서 임의성을 보이는" 등분산성으로 관찰되나, 'X-축=3.3' 부근의 타점 하나가 떨어져 나온 양상이다. 오른쪽은 '잔차(Y-축)'를 쓰는 대신 그의 '표준 편차'로 나눈 '표준화 잔차(Standardized residuals)'를 'Y-축'으로 재작성한 그래프이다.[56] '표준화 잔차'를 이용하면 '잔차'가 '±2'를 넘어설 경우 '이상점'으로 간

---

56) '표준화 잔차'의 정확한 산식은 미니탭 '방법 및 공식' 참조.

주한다. [그림 Ⅱ-34]의 예에서 화살표로 표시된 타점이 '-2'를 벗어나 관찰되므로 '이상점'으로 판단한다. '이상점'은 [그림 Ⅱ-31]의 '잔차'에 대한 '정규 확률도'에서도 예견됐었다.

잔차의 독립성 검정

'독립성'이란 말 그대로 '잔차'가 다른 '잔차'와 무관하게 얻어진 값인지를 묻는 용어다. 예를 들어, [표 Ⅱ-25]의 특정 '잔차'가 앞의 실험 내용과 어떤 식으로든 연결되어 있어 이전 실험이 하나의 원인 작용을 해 다음 측정값이 영향 받는다면 "독립적이지 않다"고 판단한다. 마치 주식의 일일분석에서 전날 흐름이 다음 날까지 이어지는 예 등이다. 따라서 '독립성 검정'은 '잔차'가 실험 순서대로 유지된 상태에서 수행된다. 이때 "잔차가 특이 패턴을 형성하지 않고 임의성을 보이며 분포"하면 "독립적이다"라고 판단한다. '특이 패턴' 예는 다음 [그림 Ⅱ-35]와 같다.

[그림 Ⅱ-35] '독립성'과 관련된 패턴들 예

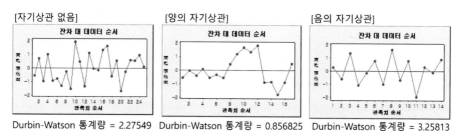

[그림 Ⅱ-35]는 '독립성 여부'를 판단하는 데 쓰이는 그래프로 '적합 값(X-축) 대 잔차(Y-축)'를 실험 순서대로 타점한 결과들이다. 왼쪽 그래프는 타점들이 임의성을 보이고 있으며, 중간 그래프는 세 타점 무리들이 '음-양-음'을

반복한다. 맨 오른쪽 그래프는 음과 양을 주기적으로 반복하는 양상을 띤다. 그러나 사실 눈으로 '독립성 여부'를 판독하기는 쉽지 않다. 이때 유용한 통계량으로 '더빈 왓슨 통계량(Durbin-Watson Statistics)'이 있다. 대체로 [그림 Ⅱ-35]의 왼쪽과 같이 '2'에 근접하면 '독립임'을, 가운데와 같이 '0'에 근접하면 '양의 자기상관'을, 오른쪽과 같이 '4'에 근접해가면 '음의 자기상관'을 의심한다. 패턴 모습과 통계량을 함께 기억해두면 그래프 해석 때 유리하다.

'독립성'은 특정 '잔차'와 이전 '잔차' 값들과의 관계를 보지만 바로 앞 '잔차'와의 관련성을 주로 따진다. 프로세스에서의 발생 빈도가 높기 때문이다. 이 같은 관계를 '시차 1'이라고 한다. 따라서 다음 [표 Ⅱ-27]과 같이 헬리콥터 실험의 경우 '잔차'를 하나씩 밀어 쌍을 이룬 뒤 '상관 분석'을 수행해도 '독립성 여부'를 판독할 수 있다.

[표 Ⅱ-27] '독립성 검정'을 위한 '시차=1'의 상관관계 분석용 자료

잔차	0.1773	0.2657	−0.1671	0.1943	⋯	−0.0986	0.0729	0.2558	−0.1457
잔차 (시차=1)	−	0.1773	0.2657	−0.1671	⋯	0.1757	−0.0986	0.0729	0.2558

[표 Ⅱ-27]의 '시차=1'에서의 상관성을 '자기 상관(Autocorrelation)'이라고 하며, [그림 Ⅱ-35]의 '패턴'이나 '더빈 왓슨 통계량' 또는 [표 Ⅱ-27]과 같이 '상관 분석'을 통해서 확인할 수 있다. [그림 Ⅱ-36]은 헬리콥터 실험의 '잔차'에 대한 '독립성 검정'이며, '패턴'과 '시차=1의 상관 분석'을 통해 얻은 진단 결과이다.

[그림 Ⅱ-36] 헬리콥터 실험의 '독립성' 판단을 위한 '패턴 분석'과 '상관 분석'

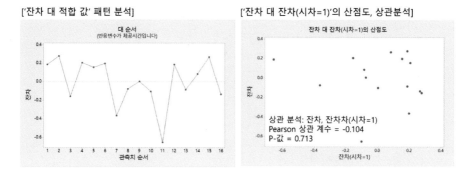

[그림 Ⅱ-36]의 왼쪽 그림과 [그림 Ⅱ-35]의 기본 패턴을 비교해보면 임의성 양상을 띤다. 또 오른쪽 '잔차 대 잔차(시차=1)'의 '산점도'로부터 둘의 관계가 없는 것으로 보이며, 실제 '상관 분석'의 '상관 계수'나 'p-값'으로부터도 '자기 상관'이 없다는 결론에 이른다.

[그림 Ⅱ-37]은 '잔차 분석'을 한눈에 볼 수 있는 미니탭 제공의 그래프이다. '정규성', '등분산성', '독립성'을 포함하며, 특히 '정규성'은 '히스토그램'과 '정규 확률도'는 물론 'p-값'까지 제공되어 해석에 매우 유리하다. 지금까지 설명한 '잔차 분석'을 총 정리하는 목적으로 활용한다.

[그림 Ⅱ-37]에서 왼쪽 두 그래프는 '정규성'을, 오른쪽 상단은 '등분산성', 그 하단은 '독립성'을 각각 확인하는 데 쓰인다. 각각에 대한 설명은 본문을 참고하기 바란다. 현재로선 '이상점'에 대한 처리와, '블록 1(반복 1)'과 '블록 2(반복 2)' 간 '이봉 분포'를 보이는 현상에 대해 '사실 분석'이 필요하다는 점 정도만 언급하고 넘어간다.

[그림 Ⅱ-37] 헬리콥터 실험의 '잔차 분석(정규성, 등분산성, 독립성)'

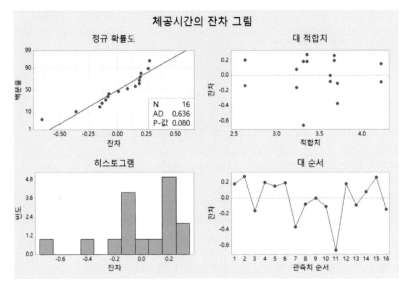

1.3.7. '최적 조건' 도출

'[그래프 분석]'과 '[통계 분석]'을 통해 '$Y = f(X)$'인 [표 Ⅱ-24]의 '[코드화되지 않은 단위의 회귀 방정식]'이 이제 막 완성되었다. 이 시점에선 분석과정 중에 드러난 문제점들이 모두 찾아져 개선됐다는 점을 전제해야 한다. 왜냐하면 문제를 안고 있는 '회귀 방정식'으로 '최적 조건'을 도출한 뒤 양산 프로세스에 적용할 순 없기 때문이다. '최적 조건'이란 "고객이 요구하는 '반응(Y)'을 얻기 위해 설정해줘야 할 'X'들의 정확한 값"이다. 앞서 확정된 [표 Ⅱ-24]의 '회귀 방정식'을 이용해 이와 같은 '최적 조건'을 찾을 수 있다. 그러나 우리의 예인 헬리콥터 실험의 '최적 조건'을 얻기 전에 반드시 알아둬야 할 주요 내용이 있어 이들에 대해 먼저 학습을 진행한 후 본론으로 들어가 보자.

'최적 조건'을 얻기 위해선 '만족도 함수(Desirability Function)'를 이용해야한다. '실험 계획'에 웬 '만족도'인가 하고 의문을 제기할 독자가 있을지 모른다. 통상 반응, 즉 'Y'가 1개이면 고민할 사항이 아니지만 만일 여러 개(Multiple Responses)라면 이들 모두를 실험에 포함시켜 결과를 얻어야 하고, 또 모두를 만족시킬 공통된 요인들의 '최적 조건'을 찾아야 한다. 예를 들어, 다음 [표 II-28]과 같은 '설계 표'를 가정해보자.

[표 II-28] '반응'이 2개인 '완전 요인 설계'의 '설계 표' 예

표준순서	런순서	중앙점	블록	A	B	C	밀도(Y_1)	인장력(Y_2)
1	1	1	1	20	1	5	15	239
2	2	1	1	40	1	5	9	187
3	3	1	1	20	3	5	22	219
4	4	1	1	40	3	5	8	178
5	5	1	1	20	1	10	17	223
6	6	1	1	40	1	10	23	238
7	7	1	1	20	3	10	22	170
8	8	1	1	40	3	10	18	187
A=온도(℃), B=압력(atm), C=농도(%)								

헬리콥터 실험의 '체공 시간'이 '반응' 1개를 대상으로 해석이 이루어진 반면, [표 II-28]은 '밀도(Y_1)'와 '인장력(Y_2)'의 두 개로 이루어져 있다. 참고로 미니탭 경우 총 25개의 'Y들'을 하나의 실험 속에서 처리할 수 있다.

[표 II-28]에 대한 '그래프 분석'과 '통계 분석'에 대해서는 「1.3. Check - 분석 수행」의 절차와 동일하므로 별도의 설명은 생략하고 다음의 코드화되지 않은 모형을 최종적으로 얻었다(고 가정하자).

$$\text{밀도}(Y_1) = 19.00 - 0.60A + 9.75B - 1.40C - 0.225A*B + 0.11A*C \qquad \text{(식 II -27)}$$
$$- 0.30B*C$$

$$\text{인장력}(Y_2) = 357.3 - 5.775A + 6.62B - 11.50C + 0.163A*B + 0.625A*C$$
$$- 3.75B*C$$

(식 II - 27)과 같이 두 개의 '반응'들 모두를 동일한 요인들의 수준 조합으로 고객의 요구 수준에 맞추려면 [그림 II - 38]과 같은 절차가 필요하다.

[그림 II - 38] '최적 조건'을 찾는 절차

① Y들의 특성, 규격, 목표 확인

'연속 자료'인 '반응(Y)'의 경우 특성은 '망대 특성', '망목 특성', '망소 특성'으로 나뉜다. 「1.1. Plan - 계획 수립」의 [표 II - 1]에 따르면, 헬리콥터 실험의 경우 '체공 시간'은 공간에 오래 머무를수록 제작이 잘된 제품이므로 '망대 특성'이다. 따라서 '규격'은 'LSL(Lower Specification Limit)'이 존재하며, 그 값은 '2.5초', '목표'는 '4.2초'였다. 설명을 위해 도입한 [표 II - 28]의 실험 경우, [그림 II - 38]에 기술된 대로 다음과 같다(고 가정한다).

[표 Ⅱ‑29] Y들의 특성, 규격, 목표

반응(Y)	특성, 규격, 목표
밀도(Y_1) [g/cm³]	▷ 특성: 망목 특성 ▷ 규격: LSL: 16, USL: 24 ▷ 목표: 20
인장력(Y_2) [kN/㎟]	▷ 특성: 망대 특성 ▷ 규격: LSL: 190 ▷ 목표: 230

② 각 '반응(Y)'별 '가중치'와 '중요도' 결정

'가중치(Weight)'와 '중요도(Importance)'는 '개별 만족도'와 '종합 만족도'를 계산하는 데 이용된다. 우선 각각에 대한 용도는 다음과 같다.

[표 Ⅱ‑30] '가중치'와 '중요도' 용도

항목	용도
가중치 (Weight)	▷ 하핸(or 상한)과 목표 사이에서 '만족도'의 분포를 결정. ▷ 0.1~10 사이의 값을 사용.
중요도 (Importance)	▷ 반응 변수들 간 상대적 중요도를 결정. ▷ 0.1~10 사이의 값을 사용.

'가중치(Weight)'는 '만족도 함수(Desirability Function)'와 관계한다. 이들을 이해하려면 먼저 여러 '반응(Y)'들을 동일한 요인들의 수준 조합으로 어떻게 한 번에 만족시킬 수 있을 것인지를 고민해야 한다. 동일한 '실험 계획'하에서 여러 '반응'들을 모두 만족시킬 '최적 조건'을 찾는 문제는 1965년에 'Harrington'[57] 이 '만족도(Desirability)' 개념을 '반응 최적화'에 처음 도입한 이후 1980년 'Derringer and Suich'[58]에 의해 대중화가 이루어졌으며, 2004년엔 Ortiz 등[59]

---

57) Harrington, J. (1965). The desirability function; Industrial Quality Control 21 (10), pp.494~498.
58) Derringer G., Suich R. (1980). Simultaneous optimization of several response variables. J Qual

이 내용을 좀 더 발전시켰다. 이 같은 문제 해법을 'MRO(Multiple Response Optimization)'[60]라고 한다.

'만족도 함수(Desirability Function)'를 이용한 접근은 여러 '반응들(Ys)'을 하나의 'Big Y'로 전환시키는 것이며, 이때 '가중치'와 '중요도'가 이용된다. 이후 'Big Y'를 이용해 그의 최댓값을 형성시켜 주는 요인들 간 '수준 조합'을 수학적 접근법을 이용해 찾게 되는데, 이것이 '최적 조건'이다.

[표 Ⅱ‐31] '가중치'의 설정에 따른 '만족도 함수'의 추이

반응(Y) 특성	'만족도 함수'	'가중치(r_i)'에 따른 추이
망소 특성	$d_i = \left(\dfrac{U_i - \hat{y}_i}{U_i - T_i} \right)^{r_i}$, $\begin{cases} d_i = 0, \ \hat{y}_i > U_i \\ T_i \le \hat{y}_i \le U_i \\ d_i = 1, \ \hat{y}_i < T_i \end{cases}$	
망목 특성	$d_i = \left(\dfrac{\hat{y}_i - L_i}{T_i - L_i} \right)^{r_i}$, $L_i \le \hat{y}_i \le T_i$ $d_i = \left(\dfrac{U_i - \hat{y}_i}{U_i - T_i} \right)^{r_i}$, $T_i \le \hat{y}_i \le U_i$ $\begin{cases} d_i = 0, \quad \hat{y}_i < L_i , \text{ 또는 } \hat{y}_i > U_i \\ d_i = 1, \quad \hat{y}_i = T_i \end{cases}$	
망대 특성	$d_i = \left(\dfrac{\hat{y}_i - L_i}{T_i - L_i} \right)^{r_i}$, $\begin{cases} d_i = 0, \ \hat{y}_i < L_i \\ L_i \le \hat{y}_i \le T_i \\ d_i = 1, \ \hat{y}_i > T_i \end{cases}$	

i: 'i'번째, d_i: '반응(y_i)'의 개별 만족도, $\hat{y}_i$: 반응(y_i)의 '적합 값', T_i: 반응(y_i)의 목표 값, U_i: 반응(y_i)의 상한, L_i: 반응(y_i)의 하한

Technol 12:214‐219.

59) Ortiz F., Simpson J. R., Pignatiello J. J., Heredia-Langner A. (2004). A genetic algorithm approach to multiple-response optimization. J Qual Technol 36:432‐450.
60) Khuri, A. I. (1996b). Multiresponse surface methodology. In: Ghosh, S., Rao, C. R. (Eds.), Handbook of Statistics, vol. 13. Elsevier, Amsterdam, pp.377~406.

'만족도 함수'에서 '가중치'는 하나의 파라미터로 작용한다. '가중치'는 '반응'의 '상·하한(일반적으로 규격)'과 '목표(Target)' 간 관계에 따라 '0.1'부터 '10' 사이 값을 설정하며, 설정된 값에 따라 '만족도 함수'는 '상·하한'과 '목표' 사이에서 [표 Ⅱ-31]의 추이를 따른다.

좀 복잡해 보인다. 보는 방법은 우선 '망대 특성'을 예로 들면, "클수록 좋은" 특성이므로 '하한(L_i)'이 존재하며, '추이' 그림에서 '만족도'인 'd_i'는 '적합 값($\hat{y}_i$)'이 '목표(T_i)'에 근접할수록 '1'이 되고, '하한(L_i)'에 근접할수록 '0'이 된다. 이때 '가중치'를 '0.1', '1', '10' 들 사이의 어느 값을 선택하느냐에 따라 '추이'의 경로가 바뀐다. 그래도 아직 정리가 안 되는 독자를 위해 [표 Ⅱ-31] 내 '망대 특성'의 '만족도 함수'에 실제 숫자를 적용해 그들의 관계를 알아보자. 다음 [표 Ⅱ-32]는 '망대 특성'인 [표 Ⅱ-29]의 '인장력(Y_2)'에 '가중치'를 바꿔가며 'd'를 얻은 결과이다(하한=190, 목표=230).

[표 Ⅱ-32] '망대 특성'의 '만족도 함수'와 '가중치'에 따른 추이

조건	$y_{인장력}$(망대 특성), 하한($L=190$), 목표($T=230$), $d = \left(\dfrac{\hat{y}-190}{230-190} \right)^{r_i}$					
$\hat{y}$	$r_1 = 0.1$	$r_2 = 0.5$	$r_3 = 1$	$r_4 = 3$	$r_5 = 8$	$r_6 = 10$
180	#NUM!	#NUM!	−0.25	−0.016	0	0
188	#NUM!	#NUM!	−0.05	0	0	0
190(하한)	0	0	0	0	0	0
194	0.794	0.316	0.1	0.001	0	0
196	0.827	0.387	0.15	0.003	0	0
198	0.851	0.447	0.2	0.008	0	0
200	0.871	0.5	0.25	0.016	0	0

208	0.923	0.671	0.45	0.091	0.002	0
210	0.933	0.707	0.5	0.125	0.004	0.001
214	0.95	0.775	0.6	0.216	0.017	0.006
216	0.958	0.806	0.65	0.275	0.032	0.013
218	0.965	0.837	0.7	0.343	0.058	0.028
222	0.978	0.894	0.8	0.512	0.168	0.107
225	0.987	0.935	0.875	0.67	0.344	0.263
228	0.995	0.975	0.95	0.857	0.663	0.599
230(목표)	1	1	1	1	1	1
235	1.012	1.061	1.125	1.424	2.566	3.247
240	1.023	1.118	1.25	1.953	5.96	9.313

[표 Ⅱ - 32]의 특징을 살펴보면, '하한(L=190)' 미만은 결과 값이 매우 작아 거의 '0'에 가깝거나, '음수'를 제곱근 하게 되어 '계산 불가(#NUM!)'로 표시되어 있다. 즉 '규격'을 벗어나면 '0'으로 처리해 의미 없음을 나타낸 것이다.

'$\hat{y} = 190$(하한)'은 '만족도 함수' 공식의 '분자'가 '0'이 되므로 '가중치 ($r_1 \sim r_6$)' 설정과 관계없이 'd=0'임을 알 수 있다. '반응(Y)'이 '망대 특성'이므로 '적합 값(예측 값)=0' 역시 의미가 없다는 뜻이다. 또 '$\hat{y} = 230$(목표)'의 경우 비록 "크면 클수록 좋은 망대 특성"이지만 목표를 만족하므로 'd'는 최곳값인 '1'이며, '목표'를 초과($\hat{y} = 231$ 이상)해도 이미 목표를 달성했으므로 '만족도(d)=1'로 설정된다. 이 모든 결과 값들은 [표 Ⅱ - 31]의 '망대 특성'에 기술된 '만족도 함수'와 관계한다. 다음 [그림 Ⅱ - 39]는 [표 Ⅱ - 32]를 적용해 [표 Ⅱ - 31]의 "가중치에 따른 추이"를 그려본 것이다.

[그림 Ⅱ-39] '가중치(r_i)'별 '적합 값($\hat{y}$)' vs. '만족도(d)'

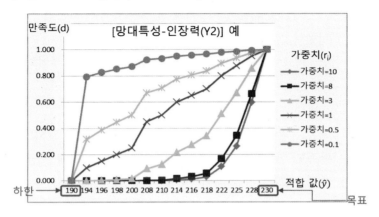

[그림 Ⅱ-39]의 '가중치=0.1, 1, 10'은 [표 Ⅱ-31] 내 '망대 특성'의 "가 중치에 따른 추이"와 정확히 일치함을 알 수 있다. '망소 특성'이나 '망목 특 성' 역시 동일한 방식으로 '만족도(d)'가 결정되므로 학습한 내용을 참고해서 비교해보기 바란다. 그럼 '가중치(r_i)'는 어떻게 결정되는 걸까? 다음 [표 Ⅱ- 33]을 참고해서 결정한다.

[표 Ⅱ-33] '가중치(r_i)'의 결정

0.1 <-------------------------------- 1 --------------------------------> 10		
'$\hat{y}_i$'는 규격 근처만 피하면 됨.	'$\hat{y}_i$'는 '목표'까지 선형적으로 평가됨.	$\hat{y}_i$'는 '목표(T)' 값 근처만 의미 있음.

만일 관리하려는 '반응(Y)'이 "30분 이내 처리해야 하며, '목표'가 20분"일

때, '목표=20'에 중요성을 덜 부여할 경우 '가중치<1'게 설정한다(최솟값: 0.1). 예를 들어, '반응(Y)=25분'같이 '목표'를 벗어났더라도 손실이 그리 크지 않은 경우에 해당한다.

'가중치=1'이면 '목표=20'과 '한계=30'에 동등한 중요성을 부여하는 것으로 '반응(Y)'이 '목표=20'으로부터 멀어질수록 만족도는 선형적으로 감소한다(망소 특성이므로). 반면, '가중치'가 1보다 크면(최댓값: 10) '목표'에 중요성을 더 부여하는 것으로, '망소 특성'의 경우 '반응'이 '목표'에 미달되면(즉, 20분을 초과하면) '만족도 함수'의 값은 떨어진다. 따라서 '목표'에 조금이라도 못 미치면(20분을 조금 초과하면) 손실이 큰 경우, 높은 '가중치'를 부여한다.

'중요도(Importance)'는 '종합 만족도(Composite Desirability, 또는 Overall Desirability)'와 관계한다. 하나의 실험에서 여러 '반응(Y_i)'들을 동시에 만족시키기 위해 각 'Y_i'별 '개별 만족도(d_i)'들이 계산되고, 다시 이들을 '가중 기하 평균(Weighted Geometric Mean)'으로 통합해 '종합 만족도'인 'D'를 얻는다. 즉 여러 'Y'들을 하나의 'D'로 통합한 후 이 'D'를 최대화하는 요인들의 '수준 조합'을 찾는 것이다. 이 '수준 조합'이 '최적 조건'이라고 설명한 바 있다. '종합 만족도'의 '가중 기하 평균'은 다음의 식으로 계산된다(이 같은 접근을 'Desirability Function Approach'라고 한다).

$$D = \left\{ \prod \left(d_i^{w_i} \right) \right\}^{1/W}, \ w_i = i번째\ 반응의\ 중요도, \ W = \sum w_i \qquad (식\ Ⅱ-28)$$

'중요도' 설정은 실험에 포함시킨 여러 '반응(Y)'들이 똑같이 중요한 게 아니라 상대적으로 더 중요한 반응들을 고려하기 위한 조치다. 값이 클수록 더 중요한 '반응 변수'의 의미이고, 중요도 값이 작을수록 덜 중요한 '반응 변수'

이며 '0.1~10' 사이의 값을 부여한다.

부여된 '중요도'에 따라 '최적 조건'의 민감도가 달라지므로 기술적 상황에 맞는 '중요도'가 선택될 수 있도록 값을 조정해가며 적정 값을 찾는 것도 한 방법이다. '반응(Y_i)'들이 4개인 실험에 (식 Ⅱ-28)을 적용하면 다음과 같다. 참고로, 적용 예는 이어질 '③'을 참고하기 바란다.

$$D = \left(d_1^5 \times d_2^2 \times d_3^{0.5} \times d_4^8 \right)^{\frac{1}{15.5}}$$ (식 Ⅱ-29)

끝으로 사례인 [표 Ⅱ-28]의 '밀도(Y_1)'와 '인장력(Y_2)'의 '가중치'와 '중요도'는 다음과 같다(고 가정한다).

[표 Ⅱ-34] Y들의 '가중치'와 '중요도' 설정

반응(Y)	가중치, 중요도
밀도(Y_1) [g/cm³]	▷ 가중치(Weight): 8 　→ '목표 값(T)'에서 멀어지면 물성에 큰 변화가 생겨 품질 특성에 치명적임. 이에 '목표'에 맞추는 것이 필요함. ▷ 중요도(Importance): 1
인장력(Y_2) [kN/㎟]	▷ 가중치(Weight): 1 ▷ 중요도(Importance): 5 　→ 고객사 승인 평가에서 중요하게 여기는 특성임.

③ '적합 값(Fitted Value)'들의 '개별 만족도' 계산

'개별 만족도(Individual Desirability)'는 '설계 표'인 [표 Ⅱ-28]과 분석을 통해 얻은 '회귀 방정식(식 Ⅱ-27)', Y들의 '특성/규격/목표'를 정한 [표 Ⅱ-29], '만족도 함수'인 [표 Ⅱ-31] 및 Y들의 '가중치/중요도'를 정한 [표 Ⅱ-34]를 적용해 얻는다.

[표 Ⅱ-35] '개별 만족도' 계산 예

표준순서	A	B	C	Y_1	Y_2	$\hat{Y}_1$	$\hat{Y}_2$	$d(\hat{Y}_1)$	$d(\hat{Y}_2)$	D
1	20	1	5	15	239	14.75	237.93	0.000000	1.000000	0.000000
2	40	1	5	9	187	9.25	188.19	0.000000	0.000000	0.000000
3	20	3	5	22	219	22.25	220.19	0.001342	0.754750	0.262708
4	40	3	5	8	178	7.75	176.97	0.000000	0.000000	0.000000
5	20	1	10	17	223	17.25	224.18	0.000091	0.854500	0.186020
6	40	1	10	23	238	22.75	236.94	0.000091	1.000000	0.212064
7	20	3	10	22	170	21.75	168.94	0.010023	0.000000	0.000000
8	40	3	10	18	187	18.25	188.22	0.010023	0.000000	0.000000

A:온도, B:압력, C:농도, Y_1, $\hat{Y}_1$: '밀도' 측정값, 적합값, Y_2, $\hat{Y}_2$: '인장력' 측정값, 적합값

$d(\hat{Y}_1)$ 및 $d(\hat{Y}_2)$: 각 반응의 '개별 만족도', D: 종합 만족도

[표 Ⅱ-35]에서 '적합 값(Fitted Value)'인 '$\hat{Y}_1$'과 '$\hat{Y}_2$'는 (식 Ⅱ-27)의 '회귀 방정식'을 통해 얻어지며, '표준 순서=1' 하나만 계산하면 다음과 같다 ('상호작용'의 곱은 구별을 위해 '*'로 표시되나 '×'와 같음).

$$\begin{aligned} 밀도(\hat{Y}_1)_{표준순서1} &= 19.00 - 0.60 \times 20 + 9.75 \times 1 - 1.40 \times 5 - 0.225 \times 20*1 \quad (식\ Ⅱ-30) \\ &\quad + 0.11 \times 20*5 - 0.30 \times 1*5 \\ &= 14.75 \end{aligned}$$

$$\begin{aligned} 인장력(\hat{Y}_2)_{표준순서1} &= 357.3 - 5.775 \times 20 + 6.62 \times 1 - 11.50 \times 5 \\ &\quad + 0.163 \times 20*1 + 0.625 \times 20*5 - 3.75 \times 1*5 \\ &= 237.93 \end{aligned}$$

[표 Ⅱ-35]에서 '개별 만족도'인 '$d(\hat{Y}_1)$'와 '$d(\hat{Y}_2)$'는 '만족도 함수'인 [표 Ⅱ-31]과, Y들의 '가중치/중요도'를 정한 [표 Ⅱ-34]를 이용해 얻어지며, '표준 순서=3'에 대해 하나만 계산하면 다음과 같다.

$$d(\widehat{Y}_1)_{표준순서3} = \left(\frac{U - \widehat{Y}_{1,표준순서3}}{U-T}\right)^8 = \left(\frac{24-22.25}{24-20}\right)^8 = 0.001342 \qquad (식 \ Ⅱ-31)$$

$$d(\widehat{Y}_2)_{표준순서3} = \left(\frac{\widehat{Y}_{2,표준순서3} - L}{T-L}\right)^1 = \left(\frac{220.19-190}{230-190}\right)^1 = 0.75475$$

[표 Ⅱ-35]에 모든 '개별 만족도'를 계산해 넣었다. 실제 '개별 만족도'는 요인들의 수준 조합들이 무한 수(?) 존재하므로 그 수도 무한 수만큼 생성될 수 있다는 점 또한 상기하자.

④ '종합 만족도(Composite/Overall Desirability)'의 계산

'종합 만족도'는 실험 내에 포함된 여러 '반응'들을 한데 묶어 통합한 'Big Y'이다. 이때 각 '반응'들의 '규격'과 '목표', '적합 값'들을 적용한 '개별 만족도'가 이용되므로 'Big Y'는 모든 '반응'들을 함축했다고 볼 수 있다. 이 값은 [표 Ⅱ-35]의 맨 끝 열인 'D'이며, (식 Ⅱ-28)을 이용한다. [표 Ⅱ-35]의 '표준 순서=6'에 대해 하나만 계산하면 다음과 같다.

$$D_{표준순서6} = \left\{d(\widehat{Y}_{1,표준순서6})^1 \times d(\widehat{Y}_{2,표준순서6})^5\right\}^{\frac{1}{6}} \qquad (식 \ Ⅱ-32)$$
$$= (0.000091^1 \times 1^5)^{\frac{1}{6}} \cong 0.212064$$

(식 Ⅱ-32)에 쓰인 '중요도=1과 5'는 [표 Ⅱ-34]에서 설정한 값을 적용한 것이다. 물론 '종합 만족도' 역시 본 실험에서처럼 단 '8개'가 얻어지기보다 각 요인들의 수준 한계 내에서 수많은 조합을 통해 무한히(?) 생성된다.

⑤ **수학적 반복 계산**

앞서 '④'에서 얻어진 'D(실험 수인 8개 아니라 수없이 많음)'가 최대가 되도록 하는 요인들의 수준 조합을 수학적 접근의 반복 수행으로 찾아주며, 그 결과가 '최적 조건(Optimal Settings, 또는 Best Solution)'이다. 이때 쓰이는 수학적 접근법으로 '최대 경사법(Method of Steepest Ascent)' 등 다양한 방식이 알려져 있다. 다음 [그림 Ⅱ-40]은 [표 Ⅱ-28]의 '실험 계획'을 미니탭으로 얻은 '최적 조건' 결과이다.

[그림 Ⅱ-40] 미니탭으로 얻은 '최적 조건' 결과(밀도, 인장력)

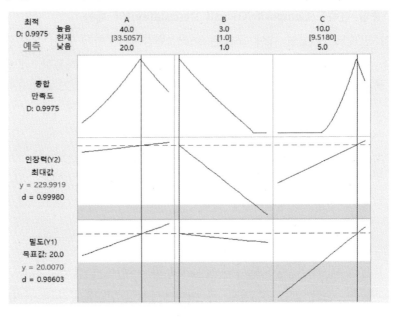

[그림 Ⅱ-40]에서 '최적 조건={33.5057, 1.0, 9.5180}'이며, 이 최적 조합은 각 반응(밀도, 인장력)의 '규격, 목표, 가중치, 중요도' 모두를 고려한 결과

이다. [그림 Ⅱ-40]의 왼쪽에서 '밀도(Y_1)=20.0070', '인장력(Y_2)=229.9919' 이다. '밀도'와 '인장력' 모두 '목표'에 근접함에 따라 각각의 '개별 만족도' 역시 '1'에 근사한다. 다음은 본 결과로부터 계산된 '종합 만족도(D)'의 계산 과정이다.

[반응의 예측값], (식 Ⅱ-30)으로부터   (식 Ⅱ-33)

$$(\hat{Y}_{밀도})_{최적조건} = 19.00 - 0.60 \times 33.5057 + 9.75 \times 1 - 1.40 \times 9.518$$
$$\qquad\qquad - 0.225 \times 33.5057 * 1 + 0.11 \times 33.5057 * 9.518$$
$$\qquad\qquad - 0.30 \times 1 * 9.518$$
$$\qquad\qquad \cong 20.007$$

$$(\hat{Y}_{인장력})_{최적조건} = 357.3 - 5.775 \times 33.5057 + 6.62 \times 1 - 11.50 \times 9.518$$
$$\qquad\qquad + 0.163 \times 33.5058 * 1 + 0.625 \times 33.5057 * 9.518 - 3.75 \times 1 * 9.518$$
$$\qquad\qquad \cong 230.054$$

[개별 만족도], [표 Ⅱ-31]로부터

$$d(\hat{Y}_{밀도,\,최적조건}) = \left(\frac{U - \hat{Y}_{밀도,\,최적조건}}{U - T} \right)^8 = \left(\frac{24 - 20.007}{24 - 20} \right)^8 \cong 0.9861$$

$$d(\hat{Y}_{인장력,\,최적조건}) = \left\{ \hat{Y}_{인장력,\,최적조건} > T \right\} = \{230.054 > 230\} = 1.0000$$

[종합 만족도], (식 Ⅱ-32)로부터

$$D = \left\{ d(\hat{Y}_{밀도,\,최적조건})^1 \times d(\hat{Y}_{인장력,\,최적조건})^5 \right\}^{\frac{1}{6}}$$
$$= \left(0.9861^1 \times 1.0000^5 \right)^{\frac{1}{6}} \cong 0.9977$$

(식 Ⅱ-33)과 [그림 Ⅱ-40] 내 값들이 일치함을 알 수 있다(단, '$(\hat{Y}_{인장력})_{최적조건}$'은 소수 이하 자릿수 차이로 계산 값이 약간 크게 나옴).

참고로 '최적 조건'을 찾는 방법엔 '만족도 함수'를 사용하는 것 외에 "중첩 등고선도(Overlaid Contour Plots)"를 이용할 수도 있다. '만족도 함수'가 나오기 이전부터 사용되고 있어 '전통적 방법'들 중 하나로 여겨진다. 각 '반응'의 한계 값을 설정하고, 2차원 평면에 두 개 요인의 등고선을 그려 중첩 상황을 통해 '최적 조건' 영역을 파악한다. 이때 2차원 평면을 이용하므로 세 번째 요인 이상은 특정 값으로 고정시켜야 한다. 다음 [그림 Ⅱ‒41]은 '등고선도'를 통한 '최적 조건' 분석 예이다.

[그림 Ⅱ‒41] Douglas C. Montgomery(2009)와 [표 Ⅱ‒28] 실험 예

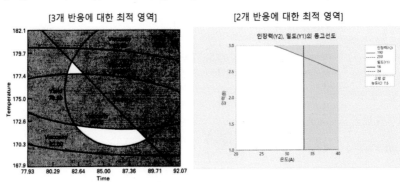

[그림 Ⅱ‒41]의 왼쪽은 Douglas C. Montgomery(2009)[61]에 실린 예이며, 오른쪽은 [표 Ⅱ‒28]의 '실험 계획' 예이다. '밀도(Y_1)'와 '인장력(Y_2)' 모두를 만족시키는 '최적 조건'은 하얗게 보이는 영역이며, '최적 조건'에 적정 공차를 부여할 수 있는 장점이 있다.

그 외에 여러 반응 변수들로부터 '최적 조건'을 찾는 방법에 'Constrained Optimization (Problem)' 등의 접근법이 알려져 있다.

이제 끝으로 헬리콥터 실험의 '최적 조건'을 구해보자. 이를 위해 [표 Ⅱ‒

---

61) Douglas C. Montgomery (2009). Design and Analysis of Experiments, 7th ed. Wiley, p.451.

24]의 통계 분석을 이용할 것이다('잔차 분석'엔 문제가 없는 것으로 가정).
다음 [그림 Ⅱ-42]는 [표 Ⅱ-24]의 '반응 최적화' 과정을 통한 '최적 조건'
결과이다([표 Ⅱ-1]에 LSL=2.5초, 목표=4.2초를 적용).

[그림 Ⅱ-42] 헬리콥터 실험의 '최적 조건' 결과(체공 시간)

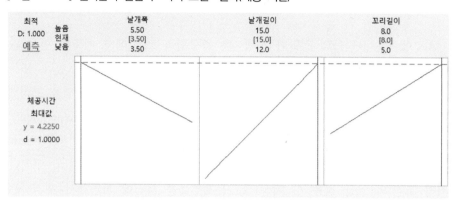

[그림 Ⅱ-42]는 '반응'이 1개이므로 '개별 만족도(d)=1.000'과 '종합 만족
도(D)=1.000'이 동일하다. '목표(Target)'를 만족시킬 '최적 조건={날개 폭=3.5,
날개 길이=15.0, 꼬리 길이=8.0}'이며, 이때 예상되는 '체공 시간=4.225'로 '목
표=4.2초'를 초과 달성하고 있다(고 가정한다).

물론 '날개 폭'과 '날개 길이'의 '비율(Rate)'이나 여타 조정 가능한 추가 실
험을 통해 좀 더 정교한 '최적 조건'들을 찾아갈 수 있으나 더 이상 본문에서
의 설명은 생략하고 [그림 Ⅱ-42]를 최종 결론으로 가정하겠다.

이상으로 '완전 요인 설계'의 'Plan-Do-Check'가 완료되었다. '최적 조
건'에 대한 기술적 문제점이나 보완의 필요성이 철저하게 뒷받침되었다면 결
론으로 얻은 '최적 조건'에서 목표로 했던 '반응'이 재현되는지 검증이 필요하

다. 이 과정을 통상 '결과 검증' 또는 'Pilot Test'라고 한다. 'P－D－C－A Cycle' 관점에선 'Act'에 해당한다.

'Act'에서는 요인들의 정확한 세팅 값, 즉 '최적 조건'에서 예측된 반응 값이 계속 관찰되는지 확인한다. 자주 쓰는 다른 말로 '재현 실험'이 있다. 또는 주로 기술적 평가에 한정하는 용어로 쓰이며, 양산으로의 중간 과정임을 고려해 '예비 실험(Pilot Test)', 그 밖에 영어권에서는 '파일럿 실험(Pilot Experiment)'이나 '파일럿 연구(Pilot Study)'로도 불린다. 그러나 '문제 해결 방법론(Problem Solving Methodology)' 관점에선 '재현 실험'을 기본 용어로 쓰면서, 여기다 '최적 조건'의 양산 적용 시 예상되는 문제점들을 사전에 파악해서 제거하는 기능과, 재무적 성과까지도 포괄하는 역할을 추가해 '결과 검증'으로 통용한다. 따라서 'Act'에서의 주요 활동은 포괄적으론 '결과 검증'의 표현을 쓰고, 그 안에서의 기술적 평가에 무게를 둔다면 '재현 실험', 또는 양산성 검증의 절차면 '예비 실험(Pilot Test)'으로 정의한다. 본문에서는 기술적 평가인 '재현 실험'에 한정한다.

'재현 실험'을 위해서는 [그림 Ⅱ－42]에서처럼 '최적 조건={날개 폭=3.5, 날개 길이=15.0, 꼬리 길이=8.0}'을 단 한 번 반영해서 '예측 반응'인 '4.225' 여부를 확인하는 것은 매우 위험스러운 발상이다. 딱 한 번 맞아떨어졌다고 해서 양산에서도 그와 같이 되리란 보장은 장밋빛 소망일 뿐이다. 따라서 좀 더 안전한 검증을 위해 통계적 접근이 필수이며, 이를 위해 '최적 조건'을 설정해서 '반응' 값들을 여러 회 얻은 뒤 다수의 '반응' 값들로 '프로세스 능력(Process Capability)'을 추정하는 활동이 요구된다. 상황이 허용된다면 '10회'

이상의 '반응' 값들을 얻도록 하고, 여의치 않아도 최소 '5회' 이상을 확보하도록 노력한다. '5회'는 연속형 변수를 통계적으로 처리하는 데 필요한 최소한의 '표본 크기(Sample Size)'이다. 다음 [표 Ⅱ-36]은 [그림 Ⅱ-42]의 '최적 조건'에서 '10회' 수행을 통해 얻은 '재현 실험' 결과이다(라고 가정한다).

[표 Ⅱ-36] 헬리콥터 실험의 '최적 조건'에서 얻은 '재현 실험' 결과

시행	날개 폭(3.5mm), 날개 길이(15mm), 꼬리 길이(8mm)			평균
	1회	2회	3회	
1	4.25	4.02	4.59	4.29
2	4.89	3.88	4.85	4.54
3	3.91	4.03	4.12	4.02
4	4.13	3.79	4.21	4.04
5	3.51	4.86	4.06	4.14
6	4.01	4.11	4.04	4.05
7	4.05	4.13	4.21	4.13
8	3.87	4.98	3.93	4.26
9	3.41	3.53	4.88	3.94
10	4.63	4.36	4.56	4.52

'시행'은 '최적 조건={날개 폭=3.5, 날개 길이=15.0, 꼬리 길이=8.0}'의 조건으로 총 10개의 헬리콥터를 제작해 이루어졌으며, 동일 헬리콥터를 연속 '3회' 반복해서 그 평균을 사용하였다(고 가정한다). 이것은 '중심 극한 정리(Central Limit Theorem)'에 의해 각 수행에서의 참값에 다가설 확률을 높인 것이다('3회'의 '평균'을 사용할 경우 '$1/\sqrt{3}$'만큼 정밀도가 향상된다).[62] 다음 [그림 Ⅱ-43]은 [표 Ⅱ-36]의 '평균' 열 데이터를 이용해 '프로세스 능력(Process Capability)'을 평가한 결과이다.

---

62) '중심 극한 정리'에 대해서는 「Be the Solver_확증적 자료 분석(CDA)」편 참조.

[그림 Ⅱ-43] 헬리콥터 실험의 '프로세스 능력' 결과(체공 시간)

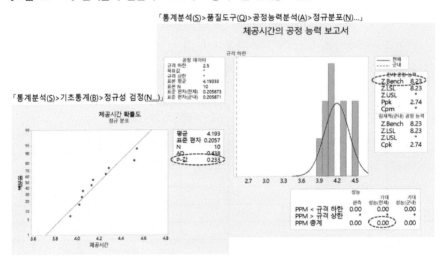

[그림 Ⅱ-43]은 '망대 특성'이므로 '하한 규격=2.5초'를 적용했으며, '정규 분포'가 예상됨에 따라 '정규성 검정(P=0.2330)'을 수행해 "유의 수준 5%에서 정규 분포를 따른다"는 것을 확인하고 '프로세스 능력'을 평가하였다.

'프로세스 능력'의 'Z.Bench = 8.23 시그마 수준'으로 양산 적용 전 통상 얻어야 할 '6시그마 수준'을 넘어섰음을 알 수 있다. 이를 근거로 향후 '불량률(체공 시간이 2.5초 미만으로 나올 가능성)'도 '0'임을 알 수 있다('기대 성능 전체' 참고). 이론적으로 실험 단계에서 '6시그마 수준'을 얻어야 양산 환경의 악조건 속에서 평균 '1.5시그마 이동'으로 '4.5시그마 수준'까지 낮아질 수 있음을 감안해야 하는데, 이 때문에 '6시그마 수준'을 넘어선 것은 매우 고무적이다. 참고로 [그림 Ⅱ-43]의 그래프 위 경로는 미니탭 내 분석 위치이다.

다음은 '체공 시간'의 예측 값인 '4.225초'가 통계적으로 달성되었는지 확인이 필요한데, 이것은 '1-표본 t-검정(1-sample t-test)'을 통해 가능하다.

다음 [그림 Ⅱ-44]는 '1-표본 t-검정' 수행 결과이다.

[그림 Ⅱ-44] 헬리콥터 실험의 예측 '체공 시간' 달성 여부 검정

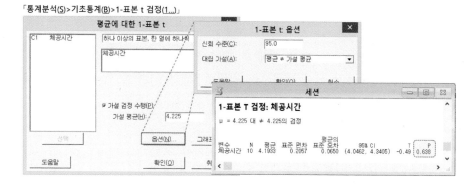

「통계분석(S)>기초통계(B)>1-표본 t 검정(1...)」

[그림 Ⅱ-44]에서 가설은 "'재현 실험'의 '체공 시간 평균=4.1933초'는 [그림 Ⅱ-42]에서의 '예측 값=4.225초'인가?"이며, 이를 검정한 결과 "'유의 수준 5%'에서 'p-값=0.681'로 귀무가설을 기각하지 못함", 즉 통계적으로 "예측 값과 일치한다"는 것을 알 수 있다. 일부 독자들은 "망대 특성이므로 예측 값을 넘어섰는지를 검정하는 게 맞지 않겠는가?" 하고 의문을 가질 수 있으나 실험을 통해 만든 '$Y = f(X)$'가 잘 작동하는지 확인하는 것이 우선이다. 그래야 향후 요인들의 변경이 필요할 때 현재 완성한 모형을 잘 활용할 수 있기 때문이다.

본문에서는 기술적 평가에 대해서만 언급하였다. 이 외의 추가로 필요한 검토 사항들에 대해서는 관련 문헌이나 서적을 참고하기 바란다.

지금까지 '실험 계획' 중 '완전 요인 설계'에 대해 '설계'부터 '재현 실험'까지 알아보았다. 다음은 '요인'과 '반응' 간의 선형 관계가 아닌 '곡률 관계'에

대해 그 확인법과, 추가로 고려해야 할 실험 방향에 대해 알아보자.

1.5. 곡률성 평가

　'곡률성 평가'란 '완전 요인 설계'의 구조상 피할 수 없는 과정이다. 예를 들어, [표 Ⅱ-24]에서 얻은 헬리콥터 실험의 '체공 시간'과 '요인들' 간 관계식 모형은 다음과 같았다.

$$\text{체공시간} = -9.55 + 2.065 \, \text{날개폭} + 0.698 \, \text{날개길이} + 0.527 \, \text{꼬리길이} \quad \text{(식 Ⅱ-34)}$$
$$-0.105 \, \text{날개폭} * \text{날개길이} - 0.0933 \, \text{날개폭} * \text{꼬리길이}$$

　(식 Ⅱ-34)에서 '날개 폭'의 '계수(Coefficient)'인 '2.065'는 "'날개 폭'이 한 단위 증가할 때 '체공 시간'은 '2.065'만큼 양의 방향으로 증가한다"는 의미다. 이 설명 속엔 만일 "'날개 폭'이 2단위 증가하면 '체공 시간'은 '2.065'의 2배만큼 양의 방향으로 증가한다"는 뜻을 내포하므로 각 항들과 '체공 시간'과는 모두 "선형(Linear) 관계에 있다"이다. 이것을 증명하는 그래프가 헬리콥터 실험에서 보여주었던 [그림 Ⅱ-9]의 '주 효과도'였다. 기억을 되살리기 위해 '주 효과도'를 다시 옮겨놓으면 [그림 Ⅱ-45]와 같다.
　[그림 Ⅱ-45]의 '주 효과도'를 보면 각 '요인'들의 '수준=-1 → 1'로 변화할 때 '반응(체공 시간)'은 그에 따라 선형적으로 증가하는(물론 감소하는 경우도 있다) 모습을 볼 수 있다. 즉 (식 Ⅱ-34)의 '선형 함수(Linear Function)'를 그대로 반영하고 있음을 알 수 있다. 이것이 지금까지 학습한 내용이다.

[그림 II-45] 헬리콥터 실험의 '주 효과도'

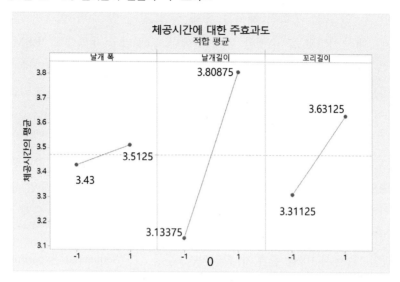

그러나 과연 모든 '요인'들과 '반응'이 (식 II-34)와 같이 '선형 관계'만을 형성할까? 당연히 그렇지 않다. 우리 주변에는 'X'와 'Y'의 관계가 '2차 함수'와 같은 '곡률(Curvature)'로 설명되는 모형(Model)들이 상당수 존재한다. 이 것은 연구원 또는 엔지니어가 '실험 계획'을 수행할 때 하나의 위험(Risk)요인으로 작용한다. 'X'와 'Y'가 '선형 관계'가 아닌 '곡률 관계'라면 특정 영역에선 선형 관계만으로 설명이 충분하지만 다른 영역에선 예측이 크게 틀어지는 상황을 경험하게 된다. 따라서 '완전 요인 설계'를 추진하는 리더 입장에선 '위험'을 미리 줄일 수 있는 노력이 필요하다. '곡률 관계'가 존재하면 (식 II-34)의 '선형 모형'은 쓸모가 없어지고, 이때 '이차 함수'를 정립하기 위한 '반응 표면법(RSM, Response Surface Methodology)'을 수행해야 한다.

그런데 문제가 있다. 어떻게 'X'와 'Y'의 관계가 선형인지 곡률 관계인지 미리 알 수 있을까? 공학적 해석을 통해 실험 전에 알 수만 있다면 '완전 요인 설계' 대신 'RSM'을 수행할 텐데 말이다. 그렇다고 무턱대고 'RSM'을 추진할 수 없는 이유가 실험 수도 많을뿐더러, 수준의 폭도 넓혀야 하는 등 자원과 비용의 고려가 만만치 않다. 물론 해법은 있다. 바로 다음의 방법을 통해 최소한의 노력으로 원하는 바를 충족시키는 실험을 계획하는 일이다.

1) 'X'와 'Y'의 관계가 선형인지 곡률 관계인지 아직 알 수 없다면 굳이 'RSM'을 수행할 필요는 없다. 이때 좀 더 수월한 '완전 요인 설계'를 진행하되, '중심점(Center Point)'을 '3~5회' 추가해서 곡률 관계 여부를 미리 살짝 엿본다.
2) 만일 '1)'에서 '곡률 관계'가 확인되면 '순차 실험(Sequential Experiment)'[63]을 할 수 있다. 이것은 이미 수행된 '완전 요인 설계'의 내용을 그대로 포함시키면서 '이차 함수'를 형성하는 데 필요한 약간의 실험 점을 추가하는 방식이다.

'순차 실험'은 본문의 범위를 벗어나므로 관심 있는 독자는 별도의 문헌을 참고하기 바란다. 여기서는 '1)'에서 언급한 '중심점(Center Point) 추가'에 대해 알아보자. 이를 위해 다음 [표 Ⅱ-37]과 같은 별도의 '설계 표'를 도입하였다.

---

63) 출처에 따라서는 '축차 실험'으로 불린다. 본문에서는 한국통계학회 통계학 용어 사전을 우선적으로 참고하고 있다.

요인 A	요인 B	Y1	Y2
−1	−1	39.3	39.3
1	−1	40.0	40.9
−1	1	40.9	40.0
1	1	41.5	41.5
0	0	40.3	42.3
0	0	40.5	42.5
0	0	40.7	42.7
0	0	40.2	42.2
0	0	40.6	42.6

온도(℃)	압력(atm)	Y1	Y2
10	1	39.3	39.3
30	1	40.0	40.9
10	3	40.9	40.0
30	3	41.5	41.5
20	2	40.3	42.3
20	2	40.5	42.5
20	2	40.7	42.7
20	2	40.2	42.2
20	2	40.6	42.6

[표 Ⅱ - 37]의 왼쪽 '설계 표'는 '부호화(Coded)'의 표현이고, 오른쪽은 '실제 값(Un-coded)'의 표현이다. '부호화'에서 처리 '0'의 설정은 '중심점'을 '5회' 추가한 예이며, 이해를 돕기 위해 도입한 '실제 값'으로의 표현(오른쪽)으로부터 수준 중간 값을 '5회' 설정했음을 쉽게 알 수 있다. 둘은 동일한 설정이다.

참고로 [표 Ⅱ - 37]의 어느 쪽을 분석해도 결과는 동일하므로 보기 쉬운 오른쪽의 '실제 값'을 활용해보자. 다음 [그림 Ⅱ - 46]은 'Y1'과 'Y2'에 대한 '주 효과도'를 작성한 결과이다.

[그림 Ⅱ - 46] 선형과 곡률 관계의 '주 효과도' 예

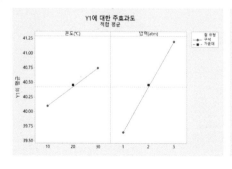
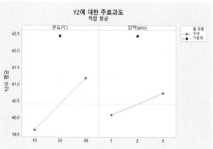

[그림 Ⅱ-46]에서 왼쪽은 '요인의 수준'이 증가할 때 '중심점(Center Point)'을 지나는 모습이며, 오른쪽은 '중심점' 근처에서 '반응'이 급격히 증가한 뒤 감소하는 모습을 보인다. 여기서 '중심점'은 [표 Ⅱ-37]에 추가된 실험 점들 '5회'의 '반응'을 '평균'한 값이다. 이 그래프로부터 얻을 수 있는 결론은 무엇일까?

'곡률 관계'가 있으면 (식 Ⅱ-34)와 같은 'X'와 'Y'의 '선형 관계'는 더 이상 중요하지 않다는 점과, '완전 요인 설계'보다 'RSM'이 적합하다는 최종 결론에 이를 수 있다. 따라서 수행된 '완전 요인 설계' 내용에 'RSM'에서 요구하는 추가 실험을 덧붙이는 '순차 실험'이 진행되어야 한다. '순차 실험'이 완료되면 '통계 분석'은 '완전 요인 설계'가 아닌 'RSM'으로 수행된다.

지금까지 '완전 요인 설계'에 대한 다양한 주제들을 학습하였다. 다음 절에서는 실험 수를 줄이는 '부분 요인 설계(Fractional Factorial Design)'에 대해 알아보고, 이어 '완전 요인 설계'와 외모는 다르지만 내용상 상호보완 관계에 있는 '다구치 방법'에 대해서도 하나하나 탐구해 나가보자.

2. 부분 요인 설계

필자가 연구원 시절 늦긴 했지만 업무에 꼭 필수 도구란 인식하에 '실험 계획' 교육을 신청하곤 했는데, 당시 강의를 들으면서 몇 가지 공통적으로 느낀 점이 있었다. 그들 중 하나는 '교락', '블록', '직교' 같은 용어의 의미를 학습 기간 중에 충분히 파악하지 못한다는 점과, 다른 하나는 교육 후 관련 문헌을 찾아 열심히 공을 들였음에도 결과는 늘 같았다는 점이다. 특히 '교락'이란 표현은 사전을 봐도 의미 파악이 안 됐고, 서적을 들춰봐도 결국은 내 세계와 맞지 않는 특별한 용어로밖에 여겨지지 않던 기억이 난다. 거기다 '별명'이니, '설계 생성기', '정의 대비' 등도 한몫한다. 늘어놓은 설명들도 어쩜 그리 하나같이 똑같을까! 마치 하나의 출처를 두고 여러 군데서 베껴놓은 듯했다.

> *"교락(Confounding) → (품질교재) 효과의 원인이 어느 '주 효과' 또는 '상호작용 효과'인지 알 수 없는 경우, 그 원인이 특정 요인 혹은 상호작용에 기인한다고 명확하게 얘기할 수 없는 효과"*
> *→ (네이버 지식사전) 두 개 이상의 요인 효과가 혼합되어 분리할 수 없는 것. 가령 원료 A1을 작업자 B1이 가공하고, 원료 A2를 작업자 B2가 가공한 경우, 그 결과에 차이가 있어도 원료의 차이에 의한 것인지 작업자의 차이에 의한 것인지 분리할 수 없다.*

'교락'에 대한 바로 위의 설명이 눈에 딱 들어오는 독자는 이 단원을 뛰어넘어도 무방하다. 그렇지 않은 독자라면 이하 본문을 찬찬히 읽어나가기 바란다.

'부분 요인 설계(Fractional Factorial Design)'는 영어 단어 'Fractional'이 'Fraction(부분, 일부)'의 형용사이듯 정해진 실험을 일부만 수행하는 설계이다.

예를 들어, 요인들이 '3개'인 '완전 요인 설계'가 '$2^3 = 8$ 회'의 실험을 수행해야 하는 반면 '부분 요인 설계'는 그보다 적은 '4회'를 수행한다. 실험 수가 줄어드니 당연히 편해지고 비용도 줄겠지만 항상 줄어든 실험을 선호하지 않는 이유가 있다. 어느 누가 '4회'면 될 실험을 '8회'씩 하겠는가 말이다. 실험수를 줄였을 때 놓칠 수 있는 손실은 바로 "요인들의 일부 정보"이다. 여기서 '정보'란 '완전 요인 설계'에서 설명된 (식 Ⅱ-23) 같은 '주 효과'나 '상호작용 효과'를 일컫는다.

'부분 요인설계'에서 학습해야 될 내용을 기술하면 '해상도(Resolution)', '분석법', '접음(Folding)'이 있다. '해상도'를 이해하는 과정에 '교락', '별명(Alias)', '설계 생성기(Design Generator)', '정의 대비(Defining Relation)' 등의 용어들이 포함된다. 하나씩 알아보도록 하자.

2.1. '해상도(Resolution)'와 '교락'의 완전 이해

'해상도'는 디스플레이 분야에서 많이 통용되는 용어이다. TV나 모니터를 돋보기로 확대해서 보면 작은 빨강(R), 녹색(G), 파랑(B)의 입자들이 관찰되는데 이들을 화면의 최소 단위인 '화소'라고 부른다. '화소'를 작게 만들수록 HD(High Definition), FHD(Full HD), UHD(Ultra HD) 등으로 불리며, 사물을 얼마나 자세히 구분하는지를 가늠하는 척도로 쓰인다. 예를 들어 디스플레이의 세대가 바뀌는 '유기 발광 다이오드(OLED, Organic Light Emitting Diode)'로 생산된 TV는 먼 거리에서 달려오는 자동차의 헤드라이트가 분리되어 보일 정도로 해상도가 좋다. 따라서 '해상도'를 '분해능'이라고도 부른다. 그런데 '해상도'가 '실험 계획'에 왜 필요한 것일까?

‘해상도’와 ‘교락’에 대해서는 이미 「2.6. ‘실험 계획’의 5대 원리」 중 “④ 교락의 원리(Principle of Confounding)”에서 요약 소개한 바 있다. 그러나 확실하게 내 것으로 만들지 못한 독자들을 위해 좀 더 자세한 사례로 하나씩 학습해가며 관련 용어들과 해석에 대해 알아보자. 이를 위해 「1.3.4. [통계 분석] 분산 분석(ANOVA, Analysis of Variance)」에 쓰였던 [그림 Ⅱ-19]의 ‘설계 표’를 다음에 다시 옮겨놓았다.

[표 Ⅱ-38] ‘해상도’ 설명을 위해 도입한 ‘2^3 설계’ 예

표준순서	A	B	C	체공시간	A*B	A*C	B*C	A*B*C
1	−1	−1	−1	2.50	1	1	1	−1
2	1	−1	−1	2.66	−1	−1	1	1
3	−1	1	−1	3.63	−1	1	−1	1
4	1	1	−1	3.94	1	−1	−1	−1
5	−1	−1	1	3.32	1	−1	−1	1
6	1	−1	1	3.54	−1	1	−1	−1
7	−1	1	1	4.14	−1	−1	1	−1
8	1	1	1	3.61	1	1	1	1

A=날개 폭(3.5mm, 5.5mm), B=날개 길이(12mm, 15mm), C=꼬리 길이(5mm, 8mm)

　[표 Ⅱ-38]은 ‘2^3=8회’의 실험 외에, 통상 ‘설계 표’상에 나타나지 않는 ‘상호작용’도 모두 포함하고 있다. 우선 해석의 초점은 어떤 항(요인, 상호작용)들이 ‘체공 시간(Y)’에 영향을 미치는지 찾아내고, 주요 항들을 ‘회귀 모형’에 포함시킨 뒤 ‘$Y=f(X)$’를 1차적으로 구성하는 데 있다. 그러기 위해 기본이 되는 ‘효과(Effect)’를 계산했으며, 다음과 같다.

$$A\text{의 효과} = \frac{2.66+3.94+3.54+3.61}{4} - \frac{2.50+3.63+3.32+4.14}{4} = 0.04 \qquad \text{(식 II-35)}$$

$$B\text{의 효과} = \frac{3.63+3.94+4.14+3.61}{4} - \frac{2.50+2.66+3.32+3.54}{4} = 0.825$$

$$C\text{의 효과} = \frac{3.32+3.54+4.14+3.61}{4} - \frac{2.50+2.66+3.63+3.94}{4} = 0.47$$

$$A*B\text{의 효과} = \frac{2.50+3.94+3.32+3.61}{4} - \frac{2.66+3.63+3.54+4.14}{4} = -0.15$$

$$A*C\text{의 효과} = \frac{2.50+3.63+3.54+3.61}{4} - \frac{2.66+3.94+3.32+4.14}{4} = -0.195$$

$$B*C\text{의 효과} = \frac{2.50+2.66+4.14+3.61}{4} - \frac{3.63+3.94+3.32+3.54}{4} = -0.38$$

$$A*B*C\text{의 효과} = \frac{2.66+3.63+3.32+3.61}{4} - \frac{2.50+3.94+3.54+4.14}{4} = -0.225$$

(식 II‑35)는 [표 II‑38]에 포함된 모든 항들의 '효과'를 계산한 것이며, 더 이상의 다른 항들은 존재하지 않는다. 따라서 추가적으로 계산할 '효과'도 존재하지 않는다. 이것은 마치 디스플레이의 화소를 매우 작게 만들어 영상에 보이는 차량의 헤드라이트를 선명하게 분리해내듯 모든 효과를 완벽하게 분리해낸 것에 비유된다. 한마디로 '완전 요인 설계' 경우, 최상의 '해상도(분해능)'를 유지하고 있음을 알 수 있다.

이제 화제를 바꾸어 피치 못할 사유로 [표 II‑38]의 '8회' 실험을 모두 수행하지 못한다고 가정하자. 즉 '부분 요인 설계'가 필요하며, "피치 못할 사정"이란 좀 과장해서 '10개의 요인'으로 '완전 요인 설계'를 한다고 했을 때,

1) 총 '$2^{10} = 1,024$회'의 실험이 필요하며, 요인 수에 따라 기하급수적으로 늘어나는 실험 수는 투입될 비용과 자원의 한계를 가져다준다.
2) '1,024회'의 실험 중 약 95%인 '968개'가 영향이 미미한 '삼요인 상호작용'이다. 다시 말해 모든 항들의 '효과'를 계산할 필요가 없을 수도 있다.
   → '해상도'를 낮추면 실험 수의 축소도 가능하다.

3) 프로세스 개선의 초기 단계에서는 영향을 미칠 잠재 요인들이 다수이고, 영향도 불확실한 상태이므로 이들 모두를 반영해 '완전 요인 설계'를 추진하는 것은 낭비다. → '선별 설계(Screening Design)' 수행.

어쨌든 [표 Ⅱ-38]의 예인 '총 8회'의 실험을 현재로선 수행하기 어렵거나, 불필요한 '상호작용'의 존재, 또는 영향력이 미미한(유의하지 않다고 과거 연구로부터 알려진) '상호작용'이 있다면 '총 4회'의 '부분 요인 설계'가 가능하다(고 가정한다). 이때 '총 4회'를 실험하기 위해서는 '균형'과 '직교'를 만족할 배치는 '$2^2 = 4$회'가 유일하다. 즉 가능한 처리 조합을 모두 나타내면 다음 [표 Ⅱ-39]와 같다.

[표 Ⅱ-39] '2^2 설계'의 '설계 표'

표준순서	요인 1	요인 2	요인1*요인2
1	−1	−1	1
2	1	−1	−1
3	−1	1	−1
4	1	1	1

[표 Ⅱ-38]의 '$2^3 = 8$회'의 설계를 [표 Ⅱ-39]에 반영하려면 요인이 '3개'이므로 '요인 1=날개 폭(A)'으로, '요인 2=날개 길이(B)'로 대체할 수 있지만 '4회' 실험을 위한 세 번째 요인 '꼬리 길이(C)'는 유일하게 남아 있는 '상호작용'인 '요인1*요인2'의 배치를 사용할 수밖에 없다. 따라서 '요인 3개'의 상황을 '4회 실험'으로 진행하기 위해서는 다음의 '설계 표'가 필요하다.

[표 Ⅱ - 40] '2^{3-1}설계의 설계 표'

부호화				실제 값			상호작용			
표준순서	A	B	C	체공시간	A	B	C	A*B	A*C	B*C	A*B*C
1	−1	−1	1	3.32	3.5	12	8	1	−1	−1	1
2	1	−1	−1	2.66	5.5	12	5	−1	−1	1	1
3	−1	1	−1	3.63	3.5	15	5	−1	1	−1	1
4	1	1	1	3.61	5.5	15	8	1	1	1	1
A=날개 폭(3.5mm, 5.5mm), B=날개 길이(12mm, 15mm), C=꼬리 길이(5mm, 8mm)										

[표 Ⅱ - 40]은 이해를 돕기 위해 '부호화'와 '실제 값' 모두로 표현하였다. '총 8회'의 실험을 '총 4회'로 실험하기 위한 준비가 완료되었으며, 결과로 표와 같은 '체공 시간'을 얻었다고 가정한다. 이제 [표 Ⅱ - 40]의 '해상도'가 [표 Ⅱ - 38]과 (식 Ⅱ - 35)에서 보여줬던 '효과(Effect)'의 '해상도'와 어떤 차이가 있는지 알아보자. 다음은 [표 Ⅱ - 40] 내 '상호작용'의 '설계 표'로 얻은 각 항별 '효과' 계산 결과이다.

$$A의 효과 = \frac{2.66+3.61}{2} - \frac{3.32+3.63}{2} = -0.34$$ (식 Ⅱ-36)

$$B의 효과 = \frac{3.63+3.61}{2} - \frac{3.32+2.66}{2} = 0.63$$

$$C의 효과 = \frac{3.32+3.61}{2} - \frac{2.66+3.63}{2} = 0.32$$

$$A*B의 효과 = \frac{3.32+3.61}{2} - \frac{2.66+3.63}{2} = 0.32$$

$$A*C의 효과 = \frac{3.63+3.61}{2} - \frac{3.32+2.66}{2} = 0.63$$

$$B*C의 효과 = \frac{2.66+3.61}{2} - \frac{3.32+3.63}{2} = -0.34$$

$$A*B*C의 효과 = \frac{3.32+2.66+3.63+3.61}{4} - ? = ?$$

'완전 요인 설계'인 '총 8회' 실험에서의 (식 Ⅱ - 35)와 '부분 요인 설계'인 '총 4회'에서의 (식 Ⅱ - 36)은 실험 수가 줄었으므로 '효과' 계산 시 분모가 '4→ 2'로 바뀌었고, '삼원 상호작용'인 'A*B*C'는 모두 '1 수준'만 존재해 계산이 불가하다. '삼원 상호작용'의 '효과'는 분해되지 않는다는 뜻이다.

또 (식 Ⅱ - 36)의 특징들 중 다른 하나는 동일한 값들이 존재하는 것인데, 'A와 B*C', 'B와 A*C', 'C와 A*B' 들이다. 이 결과를 토대로 [표 Ⅱ - 40]의 '부호화'의 '설계 표'와 '상호작용'의 '설계 표'를 비교하면 '효과'가 같게 나온 'A와 B*C', 'B와 A*C', 'C와 A*B' 들이 서로 동일한 배치를 갖고 있음을 알 수 있다. 결국 배치가 같아 '효과'도 같은 값이 나온 것이며, 각 쌍들로부터 계산된 '효과'는 누구의 것인지(즉, 어느 항의 수준 변경으로 '체공 시간'이 변동된 것인지) 혼동(Confounding)될 수밖에 없다. 예를 들어, (식 Ⅱ - 36)의 'A의 효과=-0.34'와 'B*C의 효과=-0.34'는 계산 과정과 결과 값 모두가 동일하므로 구분이 불가하다는 뜻이다. 실험을 줄였을 때 나타나는 이와 같은 '효과'의 '분해 불가 현상'은 바로 '해상도(또는 분해능)'가 떨어졌다는 의미로 해석된다. 또 앞서 'A의 효과'와 'B*C의 효과'는 모두 동일한데 표기만 다르므로 하나를 '본명(?)'으로 볼 경우 다른 하나는 '별명(Alias)'이 된다. 따라서 '교락'과의 동의어는 다음의 것들이 쓰인다.

$$교락= 항들의 \textbf{\textit{배치가 같음}}=분해되지 않음= 별명(Alias) \quad (식 Ⅱ-37)$$

따라서 지금까지 '교락'이란 표현이 어렵게 느껴졌던 독자는 '교락'이란 단어 대신 실험 수를 줄였을 때 "배치가 같다"로 의역하면 '실험 계획' 해석에 유리하다.

지금까지의 과정은 '$2^4 = 16$회 $\rightarrow 2^{4-1} = 8$회'로 줄이거나, '$2^5 = 32$회 $\rightarrow 2^{5-2} = 8$회, 또는 $2^{5-1} = 16$회' 등의 축소 실험으로 확대할 수 있다. 이들에 대한

관계는 미니탭 내 다음의 "사용 가능한 설계 표시"에 잘 나타나 있다.

[그림 Ⅱ-47] 요인 설계 생성: 사용 가능한 설계 표시

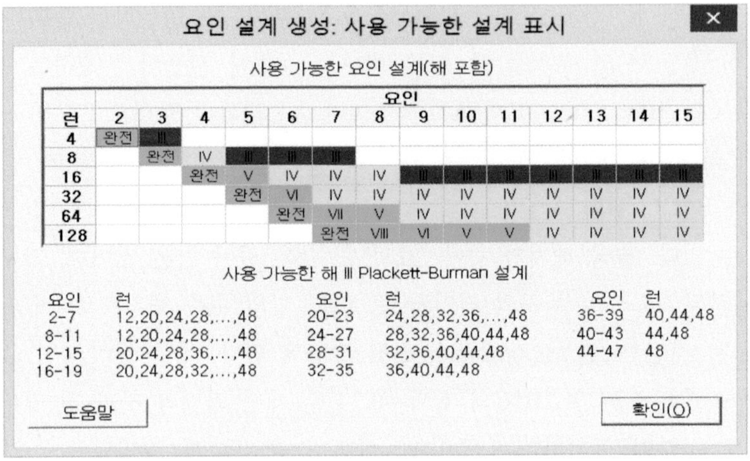

요인 설계 생성: 사용 가능한 설계 표시

사용 가능한 요인 설계(해 포함)

런	2	3	4	5	6	7	8	9	10	11	12	13	14	15
4	완전	Ⅲ												
8		완전	Ⅳ	Ⅲ	Ⅲ	Ⅲ								
16			완전	Ⅴ	Ⅳ	Ⅳ	Ⅳ	Ⅲ	Ⅲ	Ⅲ	Ⅲ	Ⅲ	Ⅲ	Ⅲ
32				완전	Ⅵ	Ⅳ	Ⅳ	Ⅳ	Ⅳ	Ⅳ	Ⅳ	Ⅳ	Ⅳ	Ⅳ
64					완전	Ⅶ	Ⅴ	Ⅳ	Ⅳ	Ⅳ	Ⅳ	Ⅳ	Ⅳ	Ⅳ
128						완전	Ⅷ	Ⅵ	Ⅴ	Ⅴ	Ⅳ	Ⅳ	Ⅳ	Ⅳ

사용 가능한 해 Ⅲ Plackett-Burman 설계

요인	런	요인	런	요인	런
2-7	12,20,24,28,…,48	20-23	24,28,32,36,…,48	36-39	40,44,48
8-11	12,20,24,28,…,48	24-27	28,32,36,40,44,48	40-43	44,48
12-15	20,24,28,36,…,48	28-31	32,36,40,44,48	44-47	48
16-19	20,24,28,32,…,48	32-35	36,40,44,48		

도움말   확인(O)

[그림 Ⅱ-47]을 보는 법은 '요인 수=3'은 '$2^3 = 8$회'가 '완전 요인 설계'이
며, 따라서 "완전"이라 쓰여 있다. 이에 대한 '부분 요인 설계'로는 최대 반
으로 줄인 '$2^{3-1} = 4$회'가 있다. 또 '요인 수=7'은 '$2^7 = 128$회'가 '완전 요인
설계'이며, '부분 요인 설계'로는 최소 반으로 줄인 '$2^{7-1} = 64$회'부터 최대
'1/16'로 줄인 '$2^{7-4} = 8$회'가 가능하다. 만일 '$2^7 = 128$회 → $2^{7-4} = 8$회'로의
설계가 필요한 상황이면, '총 8회'를 수행하기 위한 '균형'과 '직교'로 이루어
진 '$2^3 = 8$회'의 '설계 표'를 가져온다. 다음 [표 Ⅱ-39]와 [표 Ⅱ-40]에서
의 과정과 동일하게 '$2^{7-4} = 8$회'의 '설계 표'를 다음 [표 Ⅱ-41]과 같이 완
성한다.

[표 Ⅱ - 41] '$2^7 = 128$회 $\rightarrow$ $2^{7-4} = 8$회'로의 '부분 요인 설계' 예

표준순서	A	B	C	체공시간	A*B=D	A*C=E	B*C=F	A*B*C=G
1	−1	−1	−1		1	1	1	−1
2	1	−1	−1		−1	−1	1	1
3	−1	1	−1		−1	1	−1	1
4	1	1	−1		1	−1	−1	−1
5	−1	−1	1		1	−1	−1	1
6	1	−1	1		−1	1	−1	−1
7	−1	1	1		−1	−1	1	−1
8	1	1	1		1	1	1	1
A=날개 폭, B=날개 길이, C=꼬리 길이, D=꼬리 폭, E=보조 날개 각도, F=몸통 길이, G=클립 수								

[표 Ⅱ-41]은 헬리콥터 실험 예에서 기존 '요인 수=3개'가 아닌 '요인 수=7개'로 수행할 경우 '총 $2^7 = 128$회'를 '총 $2^{7-4} = 8$회'로 줄인 '부분 요인 설계'의 '설계 표' 예이다. 처음 'A*B'인 실험 배치를 네 번째 요인인 'D'로 대체했음을 'A*B=D'로 표기하고 있으며, 나머지 요인 'E, F, G'도 동일한 방식으로 나타내고 있다. 이들도 'A'부터 최고 고차항인 'A*B*C*D*E*F*G'까지 모든 항들을 표로 나타내면 '동일한 배치'의 항들이 속출할 것이다. 즉 상당한 수의 '교락'이 존재할 것으로 예견된다. 그러나 '상호작용' 모두를 일일이 작성하기에는 많은 수고가 필요하므로 미니탭을 통해 '교락 관계'를 알아볼 수 있다. 다음 [그림 Ⅱ-48]은 '$2^{7-4} = 8$회 설계'에 대한 과정과 결과 예를 보여준다.

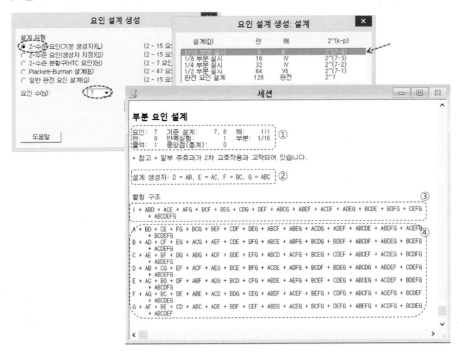

　[그림 Ⅱ - 48]에서 강조된 부분(타원과 화살표)은 '2수준', '7 요인' 및 '1/16 부분 실시'의 선택을 각각 나타낸다. '세션 창' 결과 화면에 나타난 내용들에 대해 좀 더 자세히 알아보자([그림 Ⅱ - 48]의 '원 번호'와 본문의 '원 번호'를 서로 대응시키며 학습하기 바람).

① 설계 요약 정보

　앞서 지정했던 설계 정보를 요약해서 보여준다. 해당 부분을 확대해서 옮기면 다음과 같다.

요인:	7	기준 설계:	7, 8	해:	III
런:	8	반복실험:	1	부분:	1/16
블록:	1	중앙점(총계):	0		

다음 [표 Ⅱ-42]는 위의 설계 정보대로 표시한 '설계 표' 예이다(열들 사이의 '***' 표시는 생략된 것임).

[표 Ⅱ-42] '$2^{7-4}=8$회'의 '설계 표' 예

A	B	C	D	E	F	G	Y	AB	...	FG	ABC	...	EFG	...	ABCD	...	DEFG	...	ABCDE	...	ABCDEFG
-1	-1	-1	1	1	1	-1		1	...	-1	-1	...	-1	...	-1	...	-1	...	-1	...	1
1	-1	-1	-1	-1	1	1		-1	...	1	1	...	1	...	1	...	1	...	1	...	1
-1	1	-1	-1	1	-1	1		-1	...	-1	1	...	-1	...	1	...	1	...	-1	...	1
1	1	-1	1	-1	-1	1		1	...	1	-1	...	1	...	-1	...	1	...	1	...	1
-1	-1	1	1	-1	1	1		1	...	1	1	...	1	...	1	...	-1	...	-1	...	1
1	-1	1	-1	1	-1	-1		-1	...	-1	-1	...	-1	...	-1	...	-1	...	-1	...	1
-1	1	1	-1	-1	1	-1		-1	...	-1	-1	...		...	1	...		...	-1	...	1
1	1	1	1	1	1	1		1	...	1	1	...	1	...	1	...	1	...	1	...	1

[표 Ⅱ-42]에서 '상호작용'인 'AB~ABCDEFG'는 '설계 표'상에 나타나지 않지만 이해를 돕기 위해 포함시켰다. '요인 D~G'는 [표 Ⅱ-41]에서 설명 했던 '상호작용'들의 배치를 '주요인'들로 대체한 열들이며, '처리 조합'의 순서대로 실험을 수행한 뒤 'Y열'에 '반응' 값을 입력한다.

② 설계 생성기(Design Generator)
'생성'은 "만들어낸다"의 뜻으로 이어서 설명될 '③'과 '④'를 형성하는 시작점이다. '설계 생성기'가 필요한 이유는 [표 Ⅱ-40]과 같이 '$2^3=8$회 설계'

를 줄여서 '$2^{3-1}=4$회'로 할 경우 모든 '주요인'들과 '상호작용'들의 배치를 직접 손으로 작성한 뒤 '교락(배치가 같은)' 항들을 쉽게 찾아낼 수 있는 반면, '$2^7=128$회 설계'를 줄여서 '$2^{7-4}=8$회'로 할 경우 존재하는 '상호작용' 모두를 직접 손으로 작성해 '교락 관계'를 파악하는 것은 현실적으로 매우 어렵다([표 Ⅱ-42] 참조). **'설계 생성기'는 이 같은 난제를 해결하기 위해 도입한 '교락(배치가 같은)' 항들을 찾아내는 첫 관문**이다.

예를 들어, [표 Ⅱ-41]에서 '요인 D'가 'A*B'의 배치를 사용했을 때 'A*B=D'로 표기한 바 있다. 그 외에 'A*C=E', 'B*C=F', 'A*B*C=G'가 있었으며, 이들은 모두 [그림 Ⅱ-48]의 '세션 창' 내 '설계 생성기('세션 창'엔 '설계 생성자'로 표기됨)'에 포함되어 있다. 다음 [표 Ⅱ-43]은 '2^{7-4} 부분 요인 설계'의 '설계 생성기'들이다.

[표 Ⅱ-43] '2^{7-4} 설계'의 '설계 생성기(Design Generator)'

'A*B=D', 'A*C=E', 'B*C=F', 'A*B*C=G'

이어 '설계 생성기'를 활용해서 '교락' 관계 항들을 어떻게 찾아내는지에 대해 알아보자.

③ 별칭 구조(정의 대비)

'별칭 구조'는 '정의 대비[Defining Contrast(Relation)]'를 통해 만들어진다. 처음 접하는 독자는 [그림 Ⅱ-48]에서처럼 '+'로 엮여진 알파벳 무리들이 무엇을 의미하는지 난감해한다. '부분 요인 설계'에서 나타나는 현상이므로 잘 읽을 줄 알아야 양질의 '실험 계획' 수행과 문제 해결 역량을 높일 수 있다.

'정의 대비'는 '항등원(Identity Element)'을 이용해 만들어진다. '항등원'이란 "임의의 연산에서, 어떤 수에 대해 연산을 한 결과가 처음의 수와 같도록 만들어주는 수"로서, 예를 들어 "a+0=0+a=a"가 되도록 하는 '0'은 '덧셈에 대한 항등원'이고, "a · 1 = 1 · a = a"가 되도록 하는 '1'은 '곱셈에 대한 항등원'이다. '실험 계획'에서는 같은 열을 곱하면 모두 '1'로 이루어진 새로운 열을 얻게 되며, 이 과정을 거쳐 얻어진 열을 '항등원(I)'으로 정의한다. [표 Ⅱ-42]에서 '요인 A' 경우, '항등원'은 다음과 같다.

[표 Ⅱ-44] '정의 대비' 구성에 필요한 '항등원(I)' 예

A		A		I(항등원)
−1		−1		1
1		1		1
−1		−1		1
1	X	1	=	1
−1		−1		1
1		1		1
−1		−1		1
1		1		1

[표 Ⅱ-42]의 '항등원(I)'에 'A'를 곱하면(대응하는 셀끼리의 곱임) 다시 'A' 자신이 나오므로 'I'는 '항등원'이다. [표 Ⅱ-43]과 '항등원'인 [표 Ⅱ-44]를 이용해서 '정의 대비'를 구성하면 다음과 같다.

전개의 편의를 위해 곱 $'*'$ 표시는 생략함.   (식 Ⅱ-38)

(1개씩) $AB=D,\ AC=E,\ BC=F,\ ABC=G$ 에 한쪽을 $'I'$ 로 만들기
위해 각 D,E,F,G 를 곱하면,

$-(AB)*D=D*D=I,$ $-(AC)*E=E*E=I,$
$-(BC)*F=F*F=I,$ $-(ABC)*G=G*G=I$

오른쪽이 모두 $'$항등원$(I)'$ 으로 동일하므로,
$I=ABD=ACE=BCF=ABCG$ $------ 1)$

(2개씩) $'1)'$ 의 항목 모두 $'$항등원$'$ 이므로 2개씩 곱의 과정 반복. 즉,
$ABD=ACE=BCF=ABCG$ 에 $'ABD','ACE','BCF','ABCG$ 를
각각 곱하면(결과만 아래 기술함),
$-I=BCDE=ACDF=CDG$
$-I=ABEF=BEG$
$-I=AFG --------------------- 2)$

(3개씩) $'1)'$ 의 항목들 3개씩 곱의 과정 반복. 즉,
$-I=(ABD)*(ACE)*(BCF)=DEF$
$-I=(ABD)*(ACE)*(ABCG)=ADEG$
$-I=(ABD)*(BCF)*(ABCG)=BDFG$
$-I=(ACE)*(BCF)*(ABCG)=CEFG ------3)$

(4개씩) $'1)'$ 의 항목들 4개씩 곱의 과정 반복. 즉,
$I=(ABD)*(ACE)*(BCF)*(ABCG)=ABCDEFG ---4)$

1) ~ 4)의 결과를 낮은 차수항 및 알파벳순으로 합쳐서 정리하면,

***[정의 대비]는,
$I=ABD=ACE=AFG=BCF=BEG=CDG=DEF=ABCG$
$=ABEF=ACDF=ADEG=BCDE=BDFG=CEFG$
$=ABCDEFG.$ 또는,

$I+ABD+ACE+AFG+BCF+BEG+CDG+DEF+ABCG$
$+ABEF+ACDF+ADEG+BCDE+BDFG+CEFG+ABCDE$

   좀 단순한 예(2^{4-1} 설계 등)로 설명할 수 있었지만 (식 Ⅱ-38)의 초기 항목
'1)'로부터 곱을 통해 유도할 때 2개씩, 3개씩, 또는 4개씩 짝을 짓는 계산법
을 한 번에 소개할 목적으로 번잡하지만 '2^{7-4} 설계'를 선택하였다. 내용을 찬

찬히 읽어나가기 바란다. (식 Ⅱ-38)의 맨 끝 '정의 대비'는 [그림 Ⅱ-48]의 결과와 비교하기 바라며, 항목들 간 '=' 또는 '+'로 연결해 표현한다. 미니탭 경우 [그림 Ⅱ-48]과 같이 '+' 표기를 사용한다.

④ '교락(또는 별명)' 확인

앞서 도출한 '정의 대비'를 이용하여 '교락(별명)' 관계의 항들을 찾는다. 예를 들어, '요인 A'와 '교락'하는(또는 '별명'인, 또는 배치가 같은) 항들을 찾으려면 'A'를 '정의 대비'에 곱한다.

'A'와 교락하는(또는 '별명'인) 항을 찾는 기본 식은,   (식 Ⅱ-39)

$A*[A] = A*[(\text{식 } Ⅱ-38)\text{의 '정의 대비'}].$

따라서, 좌변은 'I', 우변은 아래와 같이 '$A*(ABD) = BD$'부터 시작

$I = BD = CE = FG = ABCF = ABEG = ACDG = ADEF = BCG$
$\quad = BEF = CDF = DEG = ABCDE = ABDFG = ACEFG = BCDEFG$

작은 차수 항 및 알파벳순으로 정리하면,
$I = BD = CE = FG = BCG = BEF = CDF = DEG = ABCF = ABEG$
$\quad = ACDG = ADEF = ABCDE = ABDFG = ACEFG = BCDEFG$
또는,
$I + BD + CE + FG + BCG + BEF + CDF + DEG + ABCF + ABEG$
$\quad + ACDG + ADEF + ABCDE + ABDFG + ACEFG + BCDEFG$

(식 Ⅱ-39)의 '요인 A'와 '교락(별명, 배치가 같은)' 관계를 형성하는 항들을 [그림 Ⅱ-48]의 미니탭 결과와 비교하기 바란다. 둘이 정확히 일치함을 알 수 있다.

2.2. '해상도(Resolution)' 찾기

(식 Ⅱ - 39)의 '정의 대비'를 이용하면 수행하기로 되어 있는 '부분 요인 설계'의 '해상도'를 미리 알아낼 수 있다. 이것은 매우 중요한데, 실험을 모두 수행하고 난 다음에야 정말 알아야 할 '주 효과' 또는 '상호작용 효과'들이 서로 배치가 같아 그 '효과'가 누구 것인지 분별하지 못한다면 기회 손실은 눈덩이처럼 불어날 수밖에 없다. 이 부분에 대해 [그림 Ⅱ – 47]의 설명 당시 그냥 지나쳤던 내용 하나를 마무리해야 한다. 기억을 되살리기 위해 다음 [그림 Ⅱ – 49]에 다시 옮겨놓았다.

[그림 Ⅱ – 49] 요인 설계 생성 사용 가능한 설계 표시

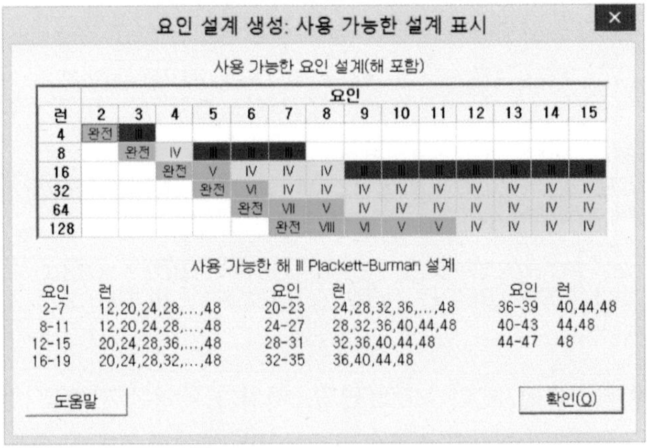

요인 설계 생성: 사용 가능한 설계 표시

사용 가능한 요인 설계(해 포함)

	요인													
런	2	3	4	5	6	7	8	9	10	11	12	13	14	15
4	완전	Ⅲ												
8		완전	Ⅳ	Ⅲ	Ⅲ	Ⅲ								
16			완전	Ⅴ	Ⅳ	Ⅳ	Ⅳ	Ⅲ	Ⅲ	Ⅲ	Ⅲ	Ⅲ	Ⅲ	Ⅲ
32				완전	Ⅵ	Ⅳ	Ⅳ	Ⅳ	Ⅳ	Ⅳ	Ⅳ	Ⅳ	Ⅳ	Ⅳ
64					완전	Ⅶ	Ⅴ	Ⅳ	Ⅳ	Ⅳ	Ⅳ	Ⅳ	Ⅳ	Ⅳ
128						완전	Ⅷ	Ⅵ	Ⅴ	Ⅴ	Ⅳ	Ⅳ	Ⅳ	Ⅳ

사용 가능한 해 Ⅲ Plackett-Burman 설계

요인	런	요인	런	요인	런
2-7	12,20,24,28,...,48	20-23	24,28,32,36,...,48	36-39	40,44,48
8-11	12,20,24,28,...,48	24-27	28,32,36,40,44,48	40-43	44,48
12-15	20,24,28,36,...,48	28-31	32,36,40,44,48	44-47	48
16-19	20,24,28,32,...,48	32-35	36,40,44,48		

도움말 확인(O)

[그림 Ⅱ – 49]를 보면 '완전 요인 설계'들은 대부분 로마 숫자 'Ⅴ' 이상의 '연두색'인 반면, 로마 숫자 'Ⅳ'는 '노란색', 'Ⅲ'은 '빨간색'임을 알 수 있다(본문이 흑백이므로 로마 숫자 활용바람). 이들은 실험을 줄였을 때 나타나는

'정보의 손실 정도(또는 해상도 수준)'를 눈으로 보기 쉽도록 '색', 또는 준 정량적 표현인 '로마 숫자'를 도입한 것이다. 예를 들면 '빨강'은 "정보 손실이 커서 좀 답답함(해상도가 좋지 않음)"을, '노랑'은 "그나마 좀 덜 답답한 분해능을 가짐(해상도가 썩 나쁘지 않음)"을, '연두색'은 "아주 좋음"을 나타낸다. '정의 대비'를 이용해 '해상도'를 찾고 그들의 수준을 가늠하기 위한 구체적 내용은 다음과 같다.

[표 Ⅱ‐45] '정의 대비'로부터 '해상도' 결정하는 방법 및 해상도 구분

<해상도 결정법>
□ '해상도'는 '정의 대비'에서 'I'를 제외한 가장 짧은 항의 알파벳 수와 같다.
 예들 들어, I+ABCE+BCDF+ADEF 경우 '해상도'는 'Ⅳ'이다.
  (식 Ⅱ-38) 경우의 '해상도'는 'Ⅲ'이다.

<해상도 구분>
□ 해상도 Ⅲ: '주 효과'가 '이요인 상호작용 효과'와 교락 관계(배치가 같음)에 있음.
□ 해상도 Ⅳ: '주 효과'가 '삼요인 상호작용 효과'와 교락, 또 '이요인 상호작용 효과'끼리 교락 관계(배치가 같음)에 있음.
□ 해상도 Ⅴ: '주 효과'가 '사요인 상호작용 효과'와 교락 관계, 또 '이요인 상호작용 효과'와 '삼요인 상호작용 효과'가 교락 관계(배치가 같음)에 있음.

만일 '정의 대비'를 얻었을 때 'I+ABD+ACE+BCDE'이었다면 'I'를 제외한 가장 짧은 항은 'ABD(또는 ACE)'이며, 알파벳 수가 '3개'이므로 이같이 정해진 '부분 요인 설계'는 '해상도 Ⅲ'이란 뜻이다.

'해상도 Ⅲ'은 [표 Ⅱ‐45]에서 '주 효과'와 '이요인 상호작용 효과'가 배치가 같은 '교락 관계'에 있으므로 색으로는 '빨강'에 해당한다. 우리가 '실험 계획'을 수행하는 주된 목적들 중 하나가 각 '요인'들이 '반응(Y)'에 미치는 영향을 알려고 하는 것과, 그에 덧붙여 '이원 상호작용 효과'의 영향도 함께 파

악하는 것이 매우 중요한데, 꼭 알고 싶은 '주 효과'와 '이원 상호작용 효과'가 서로 배치가 같아 '효과'를 계산해도 그 값이 누구 것인지 분리가 안 되면 답답한 상황임에 틀림없다. 실험 수는 줄어서 좋지만 정보의 분해에서 손해를 보는 꼴이다.

그에 반해 '해상도 Ⅳ'는 그나마 나은 편에 속하는데, [표 Ⅱ－45]에 기술된 바와 같이 '주 효과'와 '삼요인 상호작용 효과'의 교락은 통상 후자의 영향도가 미미하므로 무시할 수 있어 '효과'로 얻어진 값은 '주 효과'의 것일 가능성이 높다. 그러나 '이요인 상호작용 효과'끼리의 교락이 수반됨에 따라 다소 답답한 수준이며, 따라서 색으론 '노랑'을 적용한다.

'해상도 Ⅴ'부터는 실험 수를 줄여도 매우 'Happy'한 상황이 연출된다. '주 효과'와 '사요인 상호작용 효과'는 '주 효과'로, '이요인 상호작용 효과'와 '삼요인 상호작용 효과'는 '이요인 상호작용 효과'로 판단할 수 있어 '부분 요인 설계'의 효율성을 톡톡히 맛볼 수 있다. 예를 들어, [그림 Ⅱ－49]에서 '요인 5～7개'까지는 '완전 요인 설계'로 하기보다 실험 수를 반으로 줄여도 '해상도'가 모두 'Ⅴ 이상'임에 따라 굳이 '완전 요인 설계'를 수행할 필요가 없다. "아는 것이 힘이다!"라는 구절이 떠오르는 대목이다. 남이 '32회' 실험을 수행할 때 나는 '16회'만으로도 동일한 결론을 낼 수 있다면 문제 해결 역량에 있어 큰 차이가 있음에 틀림없다.

지금까지의 내용을 실무에 적용하기 위한 간단한 실례를 다음에 옮겨놓았다. 주로 품질 교육 때 이해를 돕기 위해 사용되는 문항들이다.

[표 Ⅱ‑46] '부분 요인 설계'의 '해상도 결정'을 통한 사전 진단 예

〈문〉 '$2^6 = 64$회 설계'를 '$2^{6-2} = 16$회 '인 '부분 요인 설계'로 수행한다고 할 때 물음에 답하시오.

1) 다음의 설정에 대한 '설계 생성기'와 '정의 대비'를 완성하시오.
　(i) E=ABC.　　　　F=ABCD
　(ii) E=ABC.　　　　F=BCD

2) '정의 대비'를 통해 어떤 '실험 계획'을 수행해야 하는가?

3) 다음 항들의 교락 관계(별명)는 무엇인가?
　A=?　　　　　　　BC=?

[표 Ⅱ‑46]의 각 소 문항들에 대한 답은 다음과 같다.

1)의 답

(i)

(식 Ⅱ‑40)

[설계 생성기] $E = ABC, \quad F = ABCD$ 에 $'E'$ 와 $'F'$ 를 각각 곱함
　　(1개씩) $E^*E = E^*(ABC) \Rightarrow I = ABCE$
　　　　　　$F^*F = F^*(ABCD) \Rightarrow I = ABCDF$ $----- 1)$
　　(2개씩) $I = (ABCE)^*(ABCDF) = DEF$ $------- 2)$

[정의 대비] $'1)'$ 과 $'2)'$ 로부터 $\Rightarrow I = DEF = ABCE = ABCDF$

(ii)

[설계 생성기] $E = ABC, \quad F = BCD$ 에 $'E'$ 와 $'F'$ 를 각각 곱함
　　(1개씩) $E^*E = E^*(ABC) \Rightarrow I = ABCE$
　　　　　　$F^*F = F^*(BCD) \Rightarrow I = BCDF$ $------ 1)$
　　(2개씩) $I = (ABCE)^*(BCDF) = ADEF$ $------ 2)$

[정의 대비] $'1)'$ 과 $'2)'$ 로부터 $\Rightarrow I = ABCE = ADEF = BCDF$

2)의 답

(i)경우, 알파벳 수가 가장 적은 'DEF'가 '3개'이므로 '해상도 Ⅲ'

(ii)경우, 알파벳 수는 모두 '4개'이므로 '해상도 Ⅳ'

따라서 같은 '실험 수'임에도 '(i)'은 '주 효과'와 '이요인 상호작용 효과'를 구분하지 못하는 반면, '(ii)'는 최소한 '주 효과'는 완전 분리가 가능하므로 '(ii)'의 실험을 선택하는 것이 효과적이다.

3)의 답['(ii)'의 결과를 적용하여]

$$A \Rightarrow A*A = A*(ABCE) = A*(ADEF) = A*(BCDF) \qquad \text{(식 II-41)}$$

따라서,
$$A = BCE = DEF = ABCDF, \quad \text{또는}$$
$$A + BCE + DEF + ABCDF$$

$$\text{———————————————}$$

$$BC \Rightarrow (BC)*(BC) = (BC)*(ABCE) = (BC)*(ADEF)$$
$$= (BC)*(BCDF)$$

따라서,
$$BC = AE = DF = ABCDEF, \quad \text{또는}$$
$$BC + AE + DF + ABCDEF$$

[표 II-46]의 문항 풀이를 통해 '부분 요인 설계'에서의 '해상도 결정'이 실험 결과에 얼마나 큰 영향을 미치는지를 가늠할 수 있다.

2.3. '부분 요인 설계' 분석 예

'부분 요인 설계' 자체가 '실험 수'가 적어 경제적인 반면, 한편으론 불완전 형태를 띠고 있어 해상도 결정 등 사전에 철저한 대비를 해놓지 않으면 실험을 다시 수행해야 하는 최악의 사태가 발생할 수도 있다. 따라서 실험 전 '1) 교락 관계 파악하기', '2) 해상도를 높여야 할 상황에 대한 대비책 마련' 등이 계획 수립 단계에서 철저히 고려되어야 한다. 특히 후자의 경우 '접음(Folding)'에 의한 '해상도 높이기'가 가능하며, 이에 대해서는 본 '실험 계획' 사례와 연결시켜 「2.4. 접음(Folding)의 이해」에서 학습이 이어질 것이다. 다

음 [표 Ⅱ-47]은 '2^{7-4} 부분 요인 설계'의 실험 결과를 나타낸다. '반응(Y)'은
'망대 특성'이다(라고 가정한다).

[표 Ⅱ-47] '$2^{7-4} = 8$회'인 '부분 요인 설계'의 실험 결과 예(망대 특성)

표준순서	A	B	C	D	E	F	G	Y
1	-1	-1	-1	1	1	1	-1	74.1
2	1	-1	-1	-1	-1	1	1	61.6
3	-1	1	-1	-1	1	-1	1	82.3
4	1	1	-1	1	-1	-1	-1	132.7
5	-1	-1	1	1	-1	-1	1	71.9
6	1	-1	1	-1	1	-1	-1	67.2
7	-1	1	1	-1	-1	-1	-1	83.6
8	1	1	1	1	1	1	1	129.8

미니탭 등 통계 패키지를 이용하면 '2^{7-4} 부분 요인 설계'의 '해상도'가 최상이
되도록 [표 Ⅱ-47]과 같이 '8개'의 실험 '처리 조합'을 결정해준다. 그러나
특정 '상호작용'에 대한 사전 정보가 있다면 '요인 D~G'를 배치할 항을 직
접 결정할 수도 있다('2^{7-3} 부분 요인 설계'부터 적용됨). [그림 Ⅱ-50]은 미
니탭에서 직접 '해상도'를 결정하기 위해 '설계 생성기'를 형성시키는 '대화
상자'이다. '실험 계획'에 좀 더 숙련되면 이 같은 기능을 다양한 용도로 활용
할 수 있다. 본문에서는 별도의 설명은 생략하고 필요한 독자는 관련 문헌을
참고하기 바란다.

[그림 Ⅱ-50] '설계 생성기'를 직접 조정할 수 있는 미니탭 '대화 상자' 예

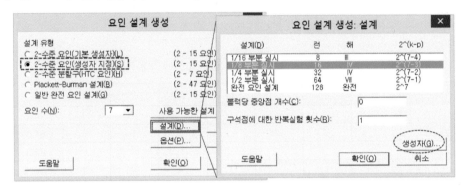

'2^{7-4} 부분 요인 설계'의 '설계 생성기'와 '별칭 구조' 및 '교락(별명)' 관계에 대해서는 [그림 Ⅱ-48]을 참조하기 바란다. 다음 [그림 Ⅱ-51]은 '주 효과도'를 나타낸다.

[그림 Ⅱ-51] '$2^{7-4}=8$회 부분 요인 설계'의 '주 효과도' 예

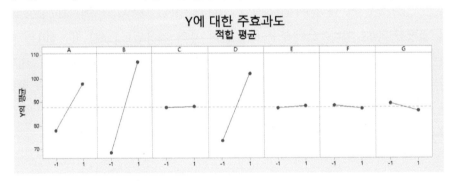

[그림 Ⅱ-51]에서 '반응(Y)'에 영향을 미치는 요인들은 'A, B, D'로 보이며, '요인 G'는 "약한 음의 관계"를 형성시키고 있으나 'A, B, D'에 비해 상

대적으로 기울기가 작아 '유의성 여부'는 판단하기 어렵다. 반면, 요인들 'C, E, F'는 기울기가 거의 없는 것으로부터 '반응(Y)'에 영향을 미치지 않는 것으로 판단된다('효과'가 없음). 이 결과로부터 '통계 분석' 시 '효과'가 거의 없는 'C, E, F'는 '병합(Pooling)' 처리한다(고 가정한다). 다음 [그림 Ⅱ-52]는 '통계 분석' 결과이다.

[그림 Ⅱ-52] '$2^{7-4}=8$회 부분 요인 설계'의 '통계 분석' 결과 예

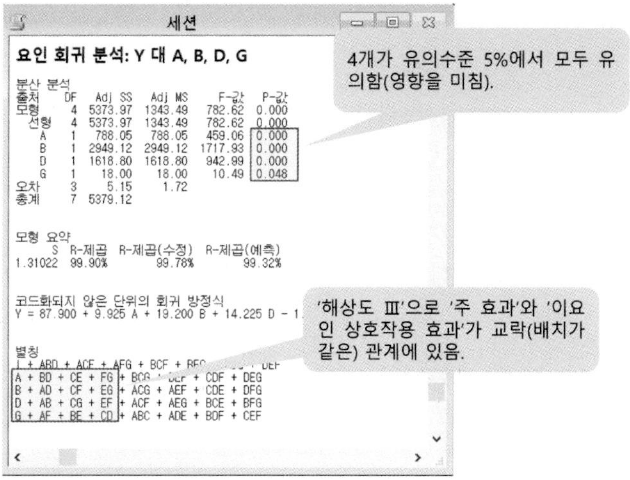

[그림 Ⅱ-52]는 예상대로 주요인들 '4개'는 "유의 수준 5%에서 모두 유의('반응'에 영향을 미침)"하고, [그림 Ⅱ-48]에서 설명했듯이 '주 효과'와 '이요인 상호작용 효과'가 '해상도 Ⅲ'으로 '교락 관계'에 있음을 보여준다.

'통계 분석' 결과에 대해 '요인 A~G'가 무엇이고 '반응(Y)'이 어떤 특성인지에 따라 공학적 해석이 뒤따를 수 있겠지만 사실 '2^{7-4} 부분 요인 설계'에서 할 수 있는 해석은 여기까지이다. 그런데 교락 관계에 있는 "A+BD+CE+FG+

(삼요인 상호작용)" 중 매우 중요한 'A'와 'BD'를 분리해서 각각의 영향 정도를 파악해야 한다면 어떻게 해야 할까? 실험을 다시 한다면 비용과 자원 등에서의 손실은 불가피하다. 다음의 '접음' 내용을 살펴보자.

2.4. '접음(Folding)'의 이해

'접음'[64]이란 우리말 표현 자체가 매우 어색하다. 영어 'Folding'을 옮겨놓은 것인데, 일단 '한국통계학회'의 '통계학 용어 대조표'를 따랐다. '실험 계획'에서의 '접음'이란 다음의 처리를 말한다.

· **접음(Folding)** (미니탭) 설계 '접음'은 교락을 감소시키는 한 방법으로 '해상도 III'인 설계를 '접음'하면 '해상도 IV' 설계를 얻을 수 있다. 두 가지 접근이 있다.
　– 요인을 개별적으로 '접음'하는 경우: 예를 들어, 요인 A에 대해 설계 '접음'을 수행하면 '정의 대비' 중에서 'A'가 포함된 모든 항들은 제거된다.
　– 모든 요인들에 대해 '접음'하는 경우: 예를 들어, 설계 '접음' 대상 문자(알파벳)가 홀수 개 들어 있는 모든 단어가 제거된다.

'**요인을 개별적으로 접음하는 경우**'에 대해, '2^{7-4} 부분 요인 설계'의 예를 들면 다음과 같다(해당 '정의 대비'는 [그림 II-48] 참조).

$[2^{7-4}$ 설계의 정의 대비]는, (식 II-42)

$$I + ABD + ACE + AFG + BCF + BEG + CDG + DEF + ABCG + ABEF + ACDF + ADEG + BCDE + BDFG + CEFG + ABCDE$$

---

64) 출처에 따라 '접기'로도 쓰인다.

만일 '요인 B'를 '접음'하면 (식 Ⅱ‑42)의 '정의 대비' 중 'B'가 들어가는 모든 항들은 탈락한다. 다음과 같다.

$$['B' 로 \text{ 접음했을 때의 } 2^{7-4} \text{ 설계의 정의 대비}]는, \qquad (식 Ⅱ‑43)$$

$$I + ACE + AFG + CDG + DEF + ACDF + ADEG + CEFG$$

(식 Ⅱ‑43)을 보면 (식 Ⅱ‑42)의 항들 중 철자 'B'가 들어간 모든 항들이 탈락했음을 알 수 있다. 안타깝게도 '해상도'는 여전히 'Ⅲ'이므로 '접음'을 통해 소기의 목적을 달성했다고 보기는 어렵다. 다른 '요인'들로 '접음'한 경우도 해당 '요인'이 들어간 항들은 모두 탈락한다. 따라서 필요하다면 '접음'을 통해 얻은 (식 Ⅱ‑43)으로부터 '교락(별명)'들을 새롭게 찾아야 한다. 다음 [표 Ⅱ‑48]은 '요인 B'로 '접음'을 실행한 '설계 표' 예이다.

[표 Ⅱ‑48] '요인 B'로 '접음'한 '2^{7-4}'인 '부분 요인 설계'의 '설계 표'

표준순서	A	B	C	D	E	F	G	반응(Y)
1	−1	−1	−1	1	1	1	−1	74.1
2	1	−1	−1	−1	−1	1	1	61.6
3	−1	1	−1	−1	1	−1	1	82.3
4	1	1	−1	1	−1	−1	−1	132.7
5	−1	−1	1	1	−1	−1	1	71.9
6	1	−1	1	−1	1	−1	−1	67.2
7	−1	1	1	−1	−1	1	−1	83.6
8	1	1	1	1	1	1	1	129.8
9	−1	1	−1	1	1	1	−1	
10	1	1	−1	−1	−1	1	1	
11	−1	−1	−1	−1	1	−1	1	
12	1	−1	−1	1	−1	−1	−1	
13	−1	1	1	1	−1	−1	1	
14	1	1	1	−1	1	−1	−1	
15	−1	−1	1	−1	−1	1	−1	
16	1	−1	1	1	1	1	1	

[표 Ⅱ-48]을 보면 '표준 순서 9~16'까지 '총 8회'의 '처리 조합'이 추가되었으며, '요인 B'로 '접음'했기 때문에 추가된 실험 값(부호 1, -1)이 'B 항'의 열만 '1 → -1'로, '-1 → 1'로 바뀌어 있고, 나머지 항들은 모두 동일하다. '반응(Y)'열의 공란은 추가 실험을 통해 입력해야 하는 셀이다.

참고로 다음 [그림 Ⅱ-53]은 미니탭에서 '접음'을 할 수 있는 '대화 상자'를 보여준다.

[그림 Ⅱ-53] 미니탭에서 '접음'용 '대화 상자'(2^{7-4} 설계에서 'B'로 '접음' 예)

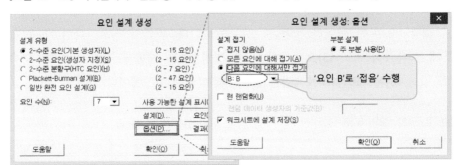

'모든 요인들에 대해 접음하는 경우'에 대해, '2^{7-4} 부분 요인 설계'의 예는 다음과 같다(해당 '정의 대비'는 [그림 Ⅱ-48] 또는 (식 Ⅱ-42) 참조).

[모든 '요인'으로 접음했을 때의 2^{7-4} 설계의 정의 대비]는,   (식 Ⅱ-44)

$$I + ABCG + ABEF + ACDF + ADEG + BCDE + BDFG + CEFG$$

'2^{7-4} 부분 요인 설계'의 '정의 대비'인 (식 Ⅱ-42)와 비교하면 설명대로 알파벳 수가 홀수인 '삼요인 상호작용(ABD~DEF)'의 '총 7개'와, '오요인 상호작용(ABCDE)'의 '1개'가 모두 탈락했음을 알 수 있다. (식 Ⅱ - 44)를 통해 '해상도'는 'Ⅳ'로 높아져 '접음'에 의한 효과가 나타났음을 알 수 있다.

일반적으로 [그림 Ⅱ - 52]의 분석 결과를 확인한 후 [표 Ⅱ - 47]을 '접음' 하는 연결 실험이 가능하다. 따라서 초기 '실험 계획'을 수립(Plan)할 때 이 같은 고려까지도 검토 대상에 포함시키는 것이 바람직하다. 다음 [그림 Ⅱ - 54]는 실험을 연결해서 진행할 때 미니탭의 '수정' 기능을 이용한 예이다.

[그림 Ⅱ - 54] '[표 Ⅱ - 47]'에 연결해서 '8회' 추가한 경우(권장 사항)

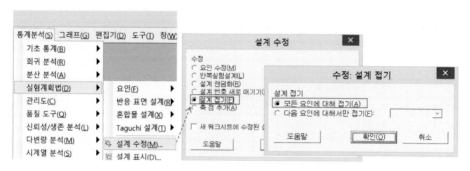

[그림 Ⅱ - 54]의 결과로 얻은 '설계 표'는 [표 Ⅱ - 49]와 같다.

[표 Ⅱ - 49]에서의 특징은 새롭게 추가된 '총 8회'의 '처리 조합' 모두 '블록 2'로 지정되어 있으며, 각 항들의 수준이 바뀌기 전과 비교해 모두 반대로 구성됐음을 알 수 있다(편의를 위해 실험이 완료된 것으로 가정하고 '반응'값들을 입력해놓음).

[표 Ⅱ-49] '모든 요인'으로 '접음'한 '2^{7-4}'인 '부분 요인 설계'의 '설계 표'

표준순서	블록	A	B	C	D	E	F	G	반응(Y)
1	1	-1	-1	-1	1	1	1	-1	74.1
2	1	1	-1	-1	-1	-1	1	1	61.6
3	1	-1	1	-1	-1	1	-1	1	82.3
4	1	1	1	-1	1	-1	-1	-1	132.7
5	1	-1	-1	1	1	-1	-1	1	71.9
6	1	1	-1	1	-1	1	-1	-1	67.2
7	1	-1	1	1	-1	-1	1	-1	83.6
8	1	1	1	1	1	1	1	1	129.8
9	2	1	1	-1	-1	-1	-1	1	81.2
10	2	-1	1	1	1	1	-1	-1	123.3
11	2	1	-1	1	1	-1	1	-1	70.9
12	2	-1	1	1	-1	1	1	1	61.7
13	2	1	1	-1	-1	1	1	-1	83.5
14	2	-1	1	-1	1	-1	1	1	130.3
15	2	1	-1	-1	1	1	-1	1	72.7
16	2	-1	-1	-1	-1	-1	-1	-1	60.5

이제 '해상도'가 향상된 [표 Ⅱ-49]로 재분석을 수행하는 일만 남았다. 실험 수가 모두 '16회'이므로 구조적으로는 '완전 요인 설계'와 동일한 형식으로 분석이 이루어진다. [그림 Ⅱ-55]는 '통계 분석' 결과이며, 실험 수가 '16회'로 두 배 증가했으므로 '이원 상호작용'도 분석에 포함시켰다.

[그림 Ⅱ-55]에서 '원 번호' 순으로 설명하면, '①'은 '접음 전'의 '통계 분석' 결과인 [그림 Ⅱ-52]에서 '요인들 A, B, D, G'가 '유의함'을 보였었는데, 당시 '요인 A'와 '상호작용 BD'가 '교락 관계'였음을 보여준다.

[그림 Ⅱ-55] '접음' 후 '통계 분석' 결과

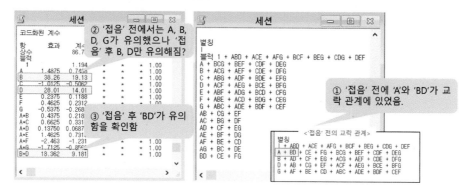

이제 '접음 후'의 결과인 '②'를 보면 '요인들 B, D'만 상대적으로 '효과'가 매우 높아 이 둘만 '유의함'을 보이고 있으며, 이때 '③'에서 '상호작용 BD'가 매우 높은 '효과' 값을 보임에 따라 '접음 전'에서의 '요인 A'가 유의하게 나타난 것은 바로 'BD'의 영향이었음을 확인할 수 있다.

물론 분석할 때마다 필요에 의해 '접음(Folding)'을 반복하며 주요 항들을 분리해가는 접근은 비효율적이고 권장 사항도 아니다. 다만 이 같은 실험의 해석 기능을 충분히 학습한 경우라면 실험 전 계획 수립 단계에서 큰 시야를 갖고 훨씬 더 정도 높은 '실험 계획(Plan)'을 수립할 수 있다. 바로 문제 해결 역량을 키웠다고 할 만한 대목이며, 우리가 본 학습을 통해 지향해야 할 방향이기도 하다.

이상으로 '요인 설계'에 대한 학습을 마무리하고 이어서 '강건 설계'에 대해 알아보도록 하자.

Ⅲ

강건 설계(Robust Design)

용어 '강건 설계'는 'Ⅱ장'에서의 '요인 설계'와 대비시키기 위해 타이틀로 도입하였다. '강건 설계'의 대표적 '실험 계획'인 '다구치 방법'은 '통계적 접근'이 아닌 '공학적 접근'으로 분류된다. 'SN 비'라고 하는 공학에서 쓰이는 특성치를 이용하여 '최적 조건'을 찾고, 그를 통해 재현 실험을 수행하여 효과를 검증한다. '다구치 방법'이 '요인 설계'와 차이가 있음에도 본문에서 함께 다루는 이유는 문제 해결에 중요한 상호 보완성 때문이다. 즉 두 가지 측면에서 독자는 본 학습을 통해 '실험 계획'을 실시하기 전 '요인 설계'가 도움이 될 것인지, 아니면 '다구치 방법'이 더 유익한지를 결정할 수 있다.

1. '다구치 방법' 개요

　　　　　　　본 장에서 학습하려는 '다구치 방법'은 앞서 설명했던 「Ⅱ. 요인 설계」와는 기본 개념이나 탄생 배경, 해석 방법 등에서 상당한 차이를 보인다. 따라서 '실험 계획'에 처음 입문하는 독자라면 혼란이 덜하겠지만 반대로 현업에서 '요인 설계'를 다뤄봤거나, 혹은 '다구치 방법'에 대해 조금이라도 학습을 경험했던 독자라면 왜 둘을 같은 공간 속에 포함시켰는지 의아해할 수 있다. 일례로 '요인 설계'를 설명했다면 다음에 이어질 최적화의 필요성 때문에 '다구치 방법'보다는 '반응 표면법(RSM)'이 더 중요할 수 있기 때문이다. 이 부분에 대해서는 책의 서두인 「본 책의 구성」에서 설명했으므로 분문에서는 '다구치 방법'의 A부터 Z까지를 충분히 학습하고, 이를 토대로 문제 직면 시 적합한 방법의 선택 능력과 활용 역량을 확보하는 데 집중할 것이다.

1.1. '다구치 방법'의 탄생

　서양에서 주류를 이루던 Fisher의 '실험 계획'과 비교해 '다구치 방법'이 또 다른 면모를 보이게 된 배경은 그것을 완성한 다구치(Genichi Taguchi) 박사의 끊임없는 탐구 정신과 연구 결과 덕분이다. 서양 제품보다 우위의 품질을 확보하려는 스스로의 노력 과정 속에 체득한 노하우와, 서양의 학문과 기술을 접하면서 얻은 새로운 지식들이 서로 절묘하게 융합되어 독특한 '실험 계획법'을 탄생시킨 것이다. '다구치 방법'을 단지 수치적인 기법(Technique)으로 이해하기보다 '요인 설계'와의 차이점을 찾아내고 현업 적용 때 좀 더 응용력을 키우기 위해서는 '다구치 방법'이 어떻게 형성된 것인지 역사적 흐름 속에서 객관적으로 파악할 필요가 있다. 다음 내용은 위키피디아의 다구치 박사 일대기를 일부 편집해 옮겨놓은 것이다. 큰 흐름을 이해하는 데 도움을 줄 것이다.

"다구치 박사는 슈와르츠가 관리도를 탄생시킨 해인 1924년도에 도카마치 시(니가타 현)에서 나고 자랐다. 당시 도카마치는 섬유 도시였으며, 그는 가업인 기모노 사업을 이어받을 목적으로 기류기술대학(Kiryu Technical College)에서 섬유 공학을 전공했다. 그러나 1942년 제2차 세계대전이 확대일로에 서자 일본 해군의 천문 항법 연구 기관에 징집되었다. 전쟁 후인 1948년에 보건복지부에 합류한 그는 '실험 계획' 분야에 불을 붙인 계기가 된 당시 유명한 통계학자 Matosaburo Masuyama를 만난다. 동시에 수리 통계 연구소에서 일하며 모리나가 제약사(Morinaga Pharmaceuticals, a Morinaga Seika company)에서 페니실린 생산과 관련한 실험 연구를 지원하였다.

1950년에 그는 '일본 전신 전화 주식회사(NTT, Nippon Telegraph and Telephone Corporation)'의 '전자 통신 연구소(ECL, the Electrical Communications Laboratory)'에 들어갔는데, 이곳은 데밍(W. Edwards Deming)과 '일본 과학자와 기술자 연맹(JUSE, Japanese Union of Scientists and Engineers)'의 진두지휘 아래 일본에서 '통계적 품질 관리(SQC)'가 막 접목되기 시작하던 곳이었다. 당시 ECL은 크로스바 전화 스위칭 시스템 개발에서 벨연구소와 경쟁 관계에 있었으며, 다구치 박사는 이후 12년간 품질과 신뢰성을 높이는 방법 연구에 매진하였다. 이 와중에도 그가 생각했던 개념을 도요다 등 일본 산업 전반에 적용하는 자문 역할을 수행하였다.

1950년대에 걸쳐 그는 폭넓은 공동 연구를 수행했는데, 그중 하나가 1954∼1955년에 '인도 통계 연구소(ISI, Indian Statistical Institute)'의 교수 방문이었다. 이곳에서 C. R. Rao, Ronald Fisher와 Walter A. Shewhart와 함께 일할 기회를 갖게 되었는데, 특히 ISI의 SQC부에서 현재 '다구치 방법'의 토대가 된 Rao가 만들어 낸 '직교 배열(Orthogonal Arrays)'을 접하게 된다. 1957년부터 1958년까지 일반 엔지니어들을 위한 「Design of Experiments(Two Volumes)」를 발간하기도 하였다.

1962년 규슈대학에서 박사 학위를 받은 뒤, 그는 ECL과의 자문 역할을 유지하면서 그곳을 떠나 같은 해 벨연구소에서 한동안 일을 해온 John Tukey의 후원하에 프린스턴대학교를 방문하였다(벨연구소의 첫 번째 방문). 공교롭게도 벨연구소는 그의 오랜 경쟁 관계에 놓여 있던 기관이었다. 1964년엔 도쿄에 위치한 아오야마가쿠인대학(Aoyama Gakuin University)의 교수가 되었고, 1966년에 Yuin Wu와 공동 연구를 시작했는데 이를 계기로 Yuin Wu는 1980년에 다구치 박사를 강의에 초빙하였다(벨연구소 두 번째 방문). 이 방문 중에 Madhav Phadke와 공동 연구를 시작했으며, 벨연구소를 포함하여 포드, 보잉, 제록스 및 ITT 등 세계적 기업과의 협력 관계를 통해 그의 방법론 확산을 위한 열정을 키워나갔다. 일례로 다구치 박사의 직접 지도로 벨연구소의 난제였던 IC 칩의 수율을 기존 33%에서 87%까지 획기적으로 올리는 성과를 거둬 '다구치 방법'이 미국에 전파되는 계기가 되었다. 또 공동 연구자였던 Phadke은 1989년 다구치 박사와의 품질 개선 활동을 책으로 엮은 『Quality Engineering Using Robust Design』을 출판하였다.[65]

1982년 이후, 다구치 박사는 일본 표준 협회의 고문이 되었으며, 국제 자문 조직 기구인 '미국 공급자 협회(American Supplier Institute)'의 상임 이사가 되었다. 그의 실험 설계, 손실 함수, 강건 설계, 그리고 변동의 축소에 대한 개념은 제품 설계를 넘어 제조, 판매 프로세스 엔지니어링 분야에 이르기까지 큰 영향을 미쳤다."

다구치 박사의 일대기를 통해 하나의 방법론이 완성되기까지 얼마나 많은 경험과 지식들이 융합되고 긴 시간이 소요됐는가를 깨달아야 한다. 예를 들어, '다구치 방법'은 다구치 박사가 ① 1948년에 '실험 계획' 분야에서 두각을 나타낸 통계학자 Matosaburo Masuyama를 만나게 된 점, ② 1950년에 '일본 전

---

65) 국내에서는 1992년 '민영사'에서 『(강건 설계를 이용한)品質工學』 번역본 출판.

신 전화 주식회사(NTT)'의 '전자 통신 연구소'에서 '통계적 품질 관리(SQC)' 를 접하게 된 점,[66] ③ 1954~1955년에 인도 통계 연구소의 교수 방문 중 C. R. Rao, Ronald Fisher와 Walter A. Shewhart와 함께 일할 기회를 갖게 된 점, ④ 특히 ISI의 SQC부에서 현재 '다구치 방법'의 토대가 된 Rao가 만들어 낸 '직교 배열(Orthogonal Arrays)'을 접하게 된 점, ⑤ 1962년과 1980년 두 번에 걸친 벨연구소 방문 중 그의 개념을 서구에 전파시키는 계기를 마련한 점 등이다.[67] 우리가 단순히 '다구치 방법'의 수리적·통계적 처리 과정에 몰입하는 것도 중요하지만, 그에 앞서 어떤 사상과 개념이 이 방법에 뒤섞여 있는지 가늠하고 그 속에서 좀 더 우리의 현실에 맞는 발전된 방식을 얻으려는 노력도 함께 병행해야 한다.

1.2. '다구치 방법'의 특징(손실 함수 관점)

「Ⅱ. 요인 설계」에서 배웠던 내용과 '강건 설계' 간 차이점에 대해 명확히 인식할 필요가 있다. 둘의 다른 점을 알아야 현업에서 주어진 상황에 맞는 설계 방식을 효과적으로 선택할 수 있다. 이에 대해 위키피디아의 다음 내용을 옮겨놓았다.[68]

"'실험 계획'에서 쓰이는 '다구치 방법' 이전의 통계적 방법은 요인의 '효과' 를 얻기 위해 Fisher가 강조한 '평균' 계산법을 이용한다.

---

66) Genichi TAGUCHI (March 1962). Studies on mathematical statistics for quality control. Doctoral thesis. Kushu University.
67) Taguchi, Genichi (June 1995). "Quality engineering (Taguchi methods) for the development of electronic circuit technology." IEEE Transactions on Reliability (IEEE Reliability Society) 44 (2).
68) Wikipedia의 "Taguchi Methods" 참조.

다구치 박사는 '실험 계획'에서의 통계적 이론이 주로 Fisher와 그의 추종자들로부터 유래했음을 알고 있었다. Fisher의 연구는 여러 처리 상태에 놓인 농작물의 생산량이 평균적으로 얼마만큼씩 차이가 나는지 비교하는 데 있었고, 수확량을 늘리기 위한 장기 계획의 일부로 실험이 진행되었다('망대 특성'에 초점을 맞춤).

그러나 다구치 박사는 산업의 다양한 생산 분야에는 '목표 값'에 딱 맞춰야 하는 일이 비일비재하다는 것을 깨달았는데, 예를 들어 정해진 직경을 만들거나 주어진 전압을 갖는 전지를 생산하는 일 등이다. 또 Walter A. Shewhart와 그의 추종자들의 관심 사항이었던 저(低)품질의 제품에는 원치 않은 초과 변동이 존재한다는 점인데, 변동은 규격을 만족하든 그렇지 않든 부품 하나하나에 작용해 역효과를 내고 있음도 잘 알고 있었다.

이에 그는 '품질 공학'은 다양한 상황에서 발생되는 '품질 비용'을 고려해야 한다고 주장했다. 대부분의 기존 산업공학에서는 '품질 비용'은 단순히 규격을 벗어난 제품 수에 재작업 비용이나 스크랩 비용을 곱해 얻어졌다. 그러나 다구치 박사는 생산자의 시야로부터 벗어나 제품의 '사회 비용'까지 고려해야 한다고 주장했다. 비록 단기간에 발생되는 비용은 불량품 때문에 생기긴 하나, '목표 값'에서 벗어나 생산된 제품은 고객이나 사회 공동체에 몇 가지 손실을 야기한다고 보았다. 예를 들어, 마모가 빨리 일어난다든가, 부품을 교체하기 어렵거나 등도 비용에 포함시킬 것을 주장했다. 그러나 이 같은 손실들은 주로 사외에서 발생하므로 기업의 이윤과 직결된 비용에 더 관심을 갖는 생산자들에 의해 무시되곤 한다. 공공 경제학(Public Economics)의 분석에 따르면 외부성 비용은 시장이 효율적으로 작동하지 못하게 되는 요인이 되곤 한다. 다구치 박사는 모든 손실들은 시작된 기업에서 찾아내 최소화시켜야 하며, 그를 통해 브랜드 이미지가 좋아지고 시장에서 살아남을 수 있으며, 이익을 실현할 수 있다고 주장했다.

Donald J. Wheeler는 규격 한계 내에서는 손실이 발생하지 않는다고 했으나, 다구치 박사는 설사 '규격 한계' 내에 있더라도 목표 값에서 벗어나 '규격 한계'에 이를 때까지 손실은 계속 증가한다고 보았다. W. Edwards Deming은 이 같은 손실을 "Unknown and Unknowable"이라고 했다. 그러나 다구치 박사는 그들을 통계적으로 묘사할 유용한 방법을 찾으려고 노력했으며, 다음의 세

가지 상황을 설정했다.

1) 클수록 좋다(예, Fisher가 연구했던 농업 생산량).
2) 작을수록 좋다(예, 이산화탄소 방출량).
3) 목표에 위치할수록 좋다. 즉 변동이 최소다(예, 조립에서의 결합 부품).

첫 두 경우들은 '단조 손실 함수(증가 또는 감소를 계속하는 함수)'로 표현이 가능하고, 세 번째는 다구치가 다음과 같은 이유를 들어 '제곱-오차 손실 함수(Squared-error Loss Function)'를 도입하였다.

1) '실수 해석 손실 함수(Real Analytic Functions)'의 테일러급수 전개에서 첫 번째 '대칭' 항에 해당한다.
2) '총 손실'은 '분산'으로 측정된다. 무상관 확률 변수에 대해, '분산'이 커지면 '총 손실'을 통해 비용이 증가되었음을 알 수 있다.
3) '제곱-오차 손실 함수'는 가우스가 최소 제곱법을 증명하는 데 사용한 이래로 통계학에서 폭넓게 사용되고 있다."

다구치 박사가 고려한 내용과 결과들은 통계학자나 경제학자들이 대부분 수용했지만 프로세스 '평균'의 크기를 '변동'과 비교한 'SN 비'의 최대화 방식에 대해서는 상당한 비평에 직면하였다. 그러나 실질적 개선이 확인되면서 '다구치 방법'의 효용성에 의문을 제기하긴 어렵게 되었다.

1.3. '다구치 방법'에서의 주요 용어와 이론

'다구치 방법'엔 독특한 방법만큼이나 '요인 설계'에서 다루던 내용에 덧붙여 새로운 용어들이 난무(?)한다. 따라서 이들을 그냥 가져다 쓰기보다 독자들로 하여금 '다구치 방법'의 특징들을 충분히 이해하고 학습 효율을 높이도록 본론 초반에 정의나 개념, 사용 배경을 충분히 그리고 자세히 설명하고자 한다. '다구치 방법'에서 쓰이는 대부분의 수치들도 모두 이 단원에서 설명되는 개념으로부터 유도된다. 관련된 주요 용어들은 서로 연결되어 이후 설명이 이전 설명을 보충하고 있으므로 가급적 순서대로 읽어나가길 권장한다.

1.3.1. 품질 공학(Quality Engineering)

'품질 공학'은 '다구치 방법'에 자주 등장하는 용어로 출처에 따라 내용에 차이를 보인다. [BusinessDictionary.com]에서는 "생산 프로세스 및 생산품의 품질을 개선하기 위해, 생산 시스템 전체를 대상으로 이루어지는 분석을 다루는 (학문)분야"로, [위키피디아]는 "'전사적 아키텍처 관리(Enterprise Architecture-management)', '소프트웨어 제품 관리', 'IT서비스 관리', '소프트웨어 공학과 시스템 공학', '소프트웨어 품질 관리' 및 '정보 보안 관리'에서 쓰이는 수단과 툴들의 통합" 개념으로 설명하며, [그림 Ⅲ-1]과 같은 개념도를 제공한다.

[그림 Ⅲ-1] '품질 공학' 개념도

[그림 Ⅲ-1]은 주로 소프트웨어를 기반으로 품질을 관리하려는 IT인프라스트럭처 성격이 강하므로 본문의 주제와는 약간 거리감이 있다.

[또 다른 출처[69]]에서는 "품질 공학은 문헌에 따라 여러 의미로 쓰이는데 일부 저자는 개선 툴들을 이용해 제품의 질을 높이는 과정으로, 또 다수는 실험 계획을 이용해 파라미터들(Xs)의 목표 값과 공차를 정하는 과정으로, 일부는 고객이 원하는 제품 특성들(Ys)을 얻는 과정으로 설명한다. 그러나 본 책에서는 좀 더 폭넓은 의미로 사용할 것인데, 설계하기, 생산하기 그리고 고객이 원하는 제품과 서비스를 제공하기 위해 필요한 기술적 수단, 관리 방식, 원가 계산 절차, 통계적 문제 해결 도구, 훈련이나 동기부여 방법, 컴퓨터 정보 시스템, 그 외에 관련된 모든 과학적 내용들을 포함하는 분야로 정의할 것이다"이다. 이 설명은 '품질 공학'을 광의의 영역으로 해석한다.

'품질 공학'과 관련한 다른 출처의 정의를 하나 더 소개하면,[70] "출시된 제품은 제품 기획, 제품 설계, 제조 공정 설계, 생산, 고객사용(서비스, 수리)의 과정을 거쳐야 한다. 이 모든 과정 동안 생산자에 의해 수행되는 품질 활동들은 'On-line QC'와 'Off-line QC'로 나뉜다. 전자는 생산 중의 품질 활동이며, 후자는 제품 설계나 생산 공정 설계에서의 품질 활동이다. 'On-line QC' 활동들은 제품 간 산포를 줄이기 위해 생산과 조립의 일관성을 유지하는 것이 최우선 과제이며, 빠른 문제 해결과 통계적 공정 관리가 매우 유용하게 쓰인다. 반면에 'Off-line QC' 활동들은 제품 품질 특성(Ys)에 미치는 '잡음 인자'들의 민감도를 줄이는 게 주목적이다. 다구치 박사는 바로 후자인 'Off-line QC'에 주목한 것으로 잘 알려져 있다. 그는 더 나아가 'Off-line QC'를 품질 공학 관점에서 세 개의 활동으로 나눴는데, 여기엔 '시스템 설계(System Design)',

---

69) K. S. Krishnamoorthi, V. Ram Krishnamoorthi, 2011, A First Course in Quality Engineering: Integrating Statistical and Management Methods of Quality, Second Edition, CRC Press, p.8.
70) Chao-Ton Su (2013). Quality Engineering: Off-Line Methods and Applications, CRC Press, p.51.

'파라미터 설계(Parameter Design)', '허용차 설계(Tolerance Design)'가 속한
다." 이 내용을 일목요연하게 좀 더 잘 표현한 것이 다음 [그림 Ⅲ - 2]이다.[71]

[그림 Ⅲ-2] '품질 공학'의 개요

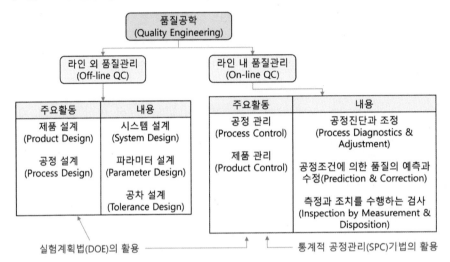

앞서 본문 내용과 그림으로부터 다구치 박사의 '품질 공학'에 대한 생각을
읽을 수 있다. 즉 제품의 질을 높이기 위한 모든 활동들이 '품질 공학'이라면
기존엔 주로 '생산 중 활동(On-line QC)'에 관심과 자원이 집중된 반면, 실질
적 문제 해결을 위해서는 'Off-line QC'인 '설계(Design)'에 집중할 것을 강조
한다.

"품질(Quality)을 높여야 한다"는 전제하에 '품질 공학'과 수많은 관련 항목
들과의 연계성을 짜임새 있게 잘 표현한 예가 다음 식이다.[72]

---

71) 박성현(1995), 『다구치 방법과 통계적 공정관리를 중심으로 한 품질공학』, 민영사, p.18.
72) 박성현(1995), 앞의 책, p.23.

$$QM = QP + QE + QA \qquad \text{(식 III-1)}$$
$$QE = QC + QI$$

여기서,
QM: $Quality\ Management$(품질경영)
QP : $Quality\ Policy$(품질방침)
QE : $Quality\ Engineering$(품질공학)
QA : $Quality\ Assurance$(품질보증)
QC : $Quality\ Control$(품질관리)
QI : $Quality\ Improvement$(품질향상)

(식 III - 1)은 큰 그림에서의 '품질 공학(QE)' 위상을 잘 드러내고 있다. 풀어 쓰면, '품질에 관한 최고 경영자의 의지와 운영 철학(QM)'을 만족시키기 위해서는 '품질 방침(QP)'에 '규격에 맞도록 하는 현장의 관리 활동(QC)+설계 및 공정 단계에서의 품질의 유효성 증가 활동(QI)'이 추가되며, 여기에 '고객 만족을 위한 서비스 위주의 관리 활동(QA)'이 덧붙여진다. 즉, "'품질 공학(QE)'은 '품질 경영(QM)'을 위한 강력한 도구"인 셈이다.

다구치 박사는 '품질 공학'을 어떻게 생각하고 있었을까? 본문의 내용을 이해하고 응용력을 키우기 위해 번거롭지만 그의 저서에서 '품질 공학'에 대해 직접 언급한 내용을 다음에 옮겨놓았다.[73]

"…(중략) 1950년대 '전자 통신 연구소(Research Institute of Electrical Communication)'에서, 전화 교환기와 전화기의 설계 수명은 당시 '벨 시스템(Bell System)'에서 요구한 40년과 15년이 각각 만족되어야 했다. 이에 따라 그들은 1950년대에 크로스바 전화 교환기를 개발했다. 그러나 그것은 20년 후에 전자 교환기로 교체되었다. 이 상황만 놓고 보면 40년이란 설계 수명은 적절하지 않다는 것을 쉽게 알 수 있다. 제품 수명은 공학적인 측면에서 논할 주

---

73) Genichi Taguchi 외. 2005. Taguchi Quality Engineering Handbook, John Wiley & Sons, Inc. pp.57~58.

제이기보다 제품 기획의 영역으로 봐야 한다. 크로스바 전화 교환기 예를 다른 관점에서 살펴보면 단순히 설계 수명을 무리하게(?) 늘리려는 시도보다 현재의 제한된 자원을 고려해서 대응하는 편이 더 적절했다. 사실 제품의 설계 수명 동안 다양한 환경하에서 적절히 기능하도록 설계해야 한다는 보편적 사고에 반대할 사람은 없다. 따라서 '적절한 기능'을 평가하는 일이 매우 중요한 관심사가 되어야 한다.

기존의 방식은 미리 정해놓은 몇몇 시험 조건하에서 제품의 기능들이 올바르게 작동하는지를 조사하는 것이었다. 1985년쯤 우리는 벨연구소 산하의 회로 연구소(Circuit Lab.)를 방문했다. 그들은 다음 절차에 따라 새로운 회로를 개발했다. 먼저, '표준 조건' 상태에서 목표 기능을 만족하는 회로를 개발한 뒤, 부하를 늘리거나 실사용 환경으로 구성된 16개의 다른 조건들에서 평가가 이루어졌다.

그런데 제품이 16개의 조건들 중 일부에서 작동하지 않으면 설계 파라미터들을 조정해서 제 기능을 유지하도록 조치하곤 했는데, 이것은 구시대적 발상의 파라미터 설계로 여겨졌다. '품질 공학(QE)'에서는 설계 파라미터를 조정해 목표 기능을 얻는 작업을 '튜닝(Tuning)'이라고 한다. '튜닝'은 '반응 분석(Response Analysis)', 즉 '평균'의 이동에 기반을 둔 개선이기 때문에, '다구치 방법'하에서는 '안정화 설계(Stability Design)', 즉 '산포'의 개선이 이루어진 상태에 한해서만 '표준 조건'에서 튜닝이 이루어진다.

'산포'를 잡은 뒤 '평균(파라미터)'을 조정(튜닝)하는 이유는 제품이 설사 앞서 언급한 16개의 조건들에서 잘 기능하더라도, 새로운 조건들에 놓였을 때 동일하게 작동할지 여부를 예측하기 어렵기 때문이다. 즉 기존의 절차로 만들어진 제품은 만일 예상하지 못한 다른 상황에 놓일 때 보증된 수명 기간 내이더라도 적절히 기능하리란 보장은 못 한다. 정리하면, '품질 공학'은 '반응'에 초점을 맞추기보다 '설계'와 '신호 또는 잡음' 사이의 상호작용에 맞춰져야 하며, '강건 설계'가 끝난 뒤의 표준 조건하에서만 튜닝이 이루어져야 한다(중략)….

'품질 공학(Quality Engineering)'은 1980년대 이후 미국에서 계속해 적용되어 왔다. 그러나 필자(다구치 박사)가 설명하려는 '품질 공학'은 그것과는 차이가 있는데, 미국과 유럽에서는 이것을 '다구치 방법(Taguchi Method)', '다구치 패러다임(Taguchi Paradigm)', 또는 '다구치 품질공학(Taguchi Quality Engineering)'으로 부른다. '품질 공학'은 다음 세 개의 절차에 기반을 둔 '강건 설계(Robust Design)'이다. 즉 (1) 직교 배열(Orthogonal Array), (2) 신호-대-잡음 비(SN Ratio), (3) 손실 함수(Loss Function)가 그것이다. 이들 세 개 절차들은 기술적 방법들을 평가하거나 제품을 평가하는 데 이용되므로 그 자체론 '강건 설계'는 아니다. '강건성'을 부여하기 위해서는 기술적이고 관리적인 방법들을 생각하기 이전에 '강건 설계'의 의미를 이해할 필요가 있다.

　'강건 설계(제품 설계와 공정 설계 둘 다를 포함)'는 일반적으로 다양한 사용 조건하에서 기능이 적절하게 작동할 수 있는 제품을 설계한다는 뜻이다. 만일 이것이 유일한 목적이라면 우리는 100% 목표 달성을 위해 신뢰성이나 소수의 무결점을 연구해야 한다. 그러나 기업은 이익을 우선시하는 집단이다. 과다한 품질 설계로 생긴 비용은 수익성을 떨어트리고 경영을 어렵게 만든다. 설계와 생산의 진짜 목적은 기업이 이윤을 얻는 데 있다(중략)…"

'품질 공학'은 기존에도 있어 왔으나 다구치 박사가 정립한 개념을 특히 '다구치 품질 공학'으로 차별해 부른다는 점, 또 '품질 공학'에 대한 다구치 박사의 소견에서 앞으로 학습할 '다구치 방법'이 기존의 파라미터 조정, 즉 튜닝의 접근에서 벗어난 **先 산포 안정화, 後 튜닝의 나름 최적화 방법론**임을 확인할 수 있다. 다구치 박사의 '품질 공학'은 그가 집필한 '(주) 73'의 '5.1. Origin of Quality Engineering'에서 추가로 상세히 소개하고 있으니 관심 있는 독자는 해당 서적을 탐독하기 바란다.

1.3.2. 품질(Quality)

다구치 박사의 '품질'에 대한 개념이 차이를 보임에 따라 기존의 '품질'은 어떻게 고려되었는지 다음 [표 Ⅲ-1]에 출처별로 모아보았다.

[표 Ⅲ-1] '품질(Quality)'의 알려진 정의

출처	품질의 정의
ISO 9000	고유 특성들이 요구 사항을 충족시켜 주는 정도. Degree to which a set of inherent characteristics fulfills requirement.
ASQ	제품과 서비스가 요구 사항들에 부합하면서 고객을 만족시키는 정도의 우수성. Excellence in goods and services, especially to the degree they conform to requirements and satisfy customers.
JIS Z 8101	제품과 서비스가 설계된 용도로 사용되고 있는지를 판단하는 데 쓰이는 특성들과 성능 전체. Totality of the characteristics and performance that can be used to determine whether or not a product or service fulfills its intended application.
옥스퍼드 사전	우수성의 정도. Degree of excellency.
주란	설계, 적합성, 효용성, 안정성과 현장 사용 시 용도의 적합성. Fitness for use in terms of design, conformance, availability, safety and field use.
크로스비	요구 사항들에의 일치성. Conformance to requirements (not a goodness).
데밍	일련의 기준에 부합하는 제품. 고객의 필요나 요구를 충족시켜 주는 제품. A product that conforms to a set of standards. A product that meets consumer wants and needs.
파이겐바움	고객이 제품이나 서비스에 대한 요구 사항과 실제 사용 경험을 비교해 내린 결정. Customer determination based upon a customer's actual experience with a product or service, measured against his or her requirement.
KS A7000	일정한 요구나 잠정적 요구를 만족시키는 제품이나 서비스의 종합적 특징
IBM	고객 만족. Happiness of customer.
다구치	제품 자체의 기능 부족으로 생긴 손실이라기보다 출하 이후 사회에 끼친 손실. Loss a product causes to society after being shipped, other than losses caused by its intrinsic functions.

[표 Ⅲ-1]의 맨 끝에 보인 다구치 박사의 '품질' 정의의 특징은 '금전적 손실'로 봤다는 점이다. 그 이전의 어느 누구도 '품질'을 '돈($)' 그 자체로 정의한 경우는 없기 때문이다. 기존의 정의와는 다른 '품질'을 주장한 다구치 박사는 '품질'을 두 개의 부류로 나누었다.[74] 다음과 같다.

"첫 번째 부류는 "고객이 원하는 것(Product Quality)"으로, 여기엔 기능 자체뿐만 아니라, 외관, 제품 다양성, 가격 등이 포함되며, 고객이 느끼는 가치나 개인 소득과 관계한다. 따라서 이 부류와 관련된 품질 문제는 엔지니어에 의해 결정되기보다 기업이 갖는 제품 전략에 따라 좌우된다. 이에 반해 두 번째 부류는 "고객이 원치 않는 것(Engineering Quality)"이며, 예를 들어 사회에 끼치는 손실이나, 고장, 결점, 공해, 기능의 산포들이 해당한다. 이 부류와 관계된 품질 문제는 엔지니어의 개선활동이 매우 중요하며, 그 결과는 시장 점유율이나 기업의 수출 경쟁력에 상당한 영향을 미친다. 다구치 박사는 두 번째 부류의 모든 품질 문제들은 '잡음 인자' 때문에 생긴다고 여겼다. '잡음 인자(Noise Factors)'에는 (1) 사용 환경 조건, (2) 제품 개개의 차(제조 산포), 그리고 (3) 노화와 마모 들이 포함된다. 엄격히 말해서 생산 담당 엔지니어들은 '(1)'과 '(3)' 때문에 생긴 문제는 해결할 수 없다. 업무 영역 밖이기 때문이다. 그러나 제품 설계 담당 엔지니어들은 전술한 세 개 '잡음 인자' 모두로부터 야기되는 문제들을 해결할 수 있다. 따라서 설계 엔지니어들에게 연구 개발 기간 동안 제품 기능의 강건성을 측정하는 방법, 또는 실험을 통해 필요한 정보를 얻는 방법들을 훈련시키는 일은 그 무엇보다 중요한 정책에 속한다."

다구치 박사의 '품질'은 "금전적 손실"이며, 이 '손실'은 '잡음 인자'의 영향으로 결정된다. 이 개념을 수식으로 표현하면 다음과 같다.[75]

$$
\text{시장품질}(Market\ Quality) = (\text{기능산포} \uparrow \text{에 의한 손실}) \\
+ (\text{폐해 항목에 의한 손실}) \\
+ (\text{사용 비용에 의한 손실})
$$

(식 Ⅲ-2)

$$
\text{생산성}(Productivity) = \text{품질} \uparrow + \text{생산 비용} \downarrow \\
= \text{품질} + (\text{재료비} + \text{가공비} \downarrow + \text{관리비} \\
+ \text{공해환경비})
$$

---

74) Chao-Ton Su (2013). Quality Engineering: Off-Line Methods and Applications, CRC Press, pp.45~46. 원 출처(다구치 저서)는 '주) 73'의 p.10 참조.

75) 박성현(1995), 『다구치 방법과 통계적 공정관리를 중심으로 한 품질공학』, 민영사, p.11. 원 출처(다구치 저서)는 '주) 69'의 pp.17~18 참조.

‘기능 산포에 의한 손실’은 진동, 소음, 환경 등의 영향에 따라 성능 특성치의 변동에 의한 손실을, ‘폐해 항목에 의한 손실’은 품질의 부작용 등으로 소비자가 받는 손실을, ‘사용 비용(Operating Cost)에 의한 손실’은 제품 사용때 발생되는 전기료, 수도료 등을 나타낸다. ‘사용 비용에 의한 손실’은 표준 사용 조건하에서 평가되며, ‘폐해 항목에 의한 손실’과 함께 거의 ‘설계’에 의해 결정된다. 또 ‘기능 산포에 의한 손실’과 ‘폐해 항목에 의한 손실’은 ‘손실함수’를 통해 계산되며, 정확히는 일일 생산 체제를 기준으로 출하 시점에서의 ‘경제적 손실(Economic Loss)’ 또는 다구치 박사가 정의한 ‘품질 수준(Quality Level)’을 이용해 얻어진다.

(식 Ⅲ - 2)에서 ‘생산성’에서의 ‘가공비’ 속엔 ‘인건비’가 포함되고, ‘관리비’는 ‘생산 관리 비용’과 ‘품질 관리 비용’으로 구성된다. ‘공해 환경비’는 공해를 없애고 환경을 관리하는 데 소요되는 경비이다. 식에서 ‘생산성’을 높이려면 ‘품질’을 높이거나 또는 ‘생산 비용’, 특히 ‘가공비’를 낮춰야 하다. 또 ‘품질’을 높이는 활동은 ‘산포’를 줄이는 활동과 직결됨을 알 수 있다. ‘다구치 방법’이 바로 ‘산포’를 줄이는 활동에 집중하는 이유가 여기에 있다. ‘산포’를 줄이면 ‘품질이 향상’됨은 물론 동시에 ‘가공비’가 늘어나지 않은 상태에서 ‘생산성 향상’을 꾀할 수 있다.

정의대로라면 최상의 품질은 사회에 끼치는 손실(금액)이 없는 상태이며, 특성치가 목표에서 벗어나는 정도(산포가 커짐)에 따라 손실(금액)은 증가한다고 보았다. 따라서 ‘특성치’가 ‘목표치’와 일치하면 고객이 기대하는 성능(Target Performance)이 되며, 이때의 품질을 ‘이상적인 품질(Ideal Quality)’로 보았다 (용어 ‘손실 함수’ 참조).

1.3.3. '다구치 품질 공학'의 3-단계 접근법

설계를 통해 원하는 제품 품질을 달성하기 위해 다구치 박사는 '3-단계 접근법(Three-stage Process)'을 제시하였다. [그림 Ⅲ-2]를 보면 설계에는 '제품 설계(Product Design)'와 '공정 설계(Process Design)'가 있으며, 이들은 각각 '시스템 설계', '파라미터 설계', '허용차 설계'의 과정이 필요하다. 내용을 간단히 요약하면 다음과 같다.

<u>시스템 설계(System Design)</u>: '제품 설계' 경우, 설계 팀은 제품에 기능성과 경제성을 부여하기 위해 재료나 부품, 프로세스 및 설계 요인들을 올바로 결정할 목적으로 과학과 기술 분야에 존재하는 새로운 아이디어나 개념, 지식들을 활용한다. 예로써 자동차 엔진에 연료를 분사하는 방식은 1990년 이전의 카뷰레터(Carburetor)에 대해 한 개의 솔레노이드식 분사 밸브에 의한 SPI(Single Point Injection)를 거쳐 여러 위치에서 분사하는 MPI(Multi Point Injection), 연료와 공기가 바로 엔진으로 들어가는 GDI(Gasoline Direct Injection)로 발전하였다. 만일 우리가 현재 1990년 이전에 살고 있고 '시스템 설계' 단계에 있다면 '카뷰레터' 구조를 SPI, MPI, GDI 중 어느 단계로 상상하느냐에 따라 제품의 혁신성은 결정된다. '시스템 설계'가 '콘셉트 설계(Concept Design)'로 불리는 이유가 여기에 있다.

이에 반해 '공정 설계'는, 규격 안에 드는 제품을 생산할 목적으로 프로세스를 결정하는 활동이다. 예를 들어, 모양을 바꾸거나 물질을 제거하는 방법, 또는 물리적 성질을 전환하는 방법 등이 포함된다. 품질을 높이기 위해 혁신이 요구되므로 늘 개선으로 연결되진 않는다.

시스템에 속한 '변수'들은 실험을 통해 다음 단계인 '파라미터 설계'에서 시스템 내 존재하는 통제 불가한 "잡음"에 제품이나 프로세스가 어떻게 반응하는지 알아볼 목적으로 분석된다. '시스템 설계'는 '제품 설계 방법론'에서의 'Analyze Phase' 중 '콘셉트 설계(Concept Design)'에 대응하며, 이 방법론을 학습하면 구체적인 세부 활동과 각 활동에서의 주요 기법(Tools, Technique)들을 쉽게 접할 수 있다.

파라미터 설계(Parameter Design): '제품 설계' 경우, 통제 불가한 '잡음 인자'들 때문에 생기는 시스템의 변동이 최소가 되도록(즉, '잡음 인자'에 둔감하도록), 설계 요인들의 최적 수준 조합을 찾는다. '잡음 인자'들에 무덤덤한 시스템을 "강건하다"라고 표현한다. 이 과정을 통해 더 저렴한 원자재나 부품을 사용해 품질을 올릴 수 있으며, 따라서 비용도 줄일 수 있다.

'공정 설계'에서는 운영 수준을 결정하는 일이 주목적인데, 운영 수준이 궤도에 오르면 제조 공정의 변동이 최소화될 수 있다.

'파라미터 설계'를 위해서는 설계 파라미터들의 수준을 조절할 만큼의 자원만 투입한다. 만일 제품의 품질 요구 사항이 '파라미터 설계'가 끝나는 시점에 규격을 만족하면 그때는 가장 낮은 비용의 설계를 이룬 것이고, 따라서 '허용차 설계'로 이어질 필요는 없다. 그러나 만일 '파라미터 설계'가 끝나는 시점에도 규격을 만족하지 못하면 품질 개선 목표를 달성하기 위해 '허용차 설계'를 해야 하며, 좀 더 나은 부품이나 장비를 사용해야 한다.

'파라미터 설계'는 '제품 설계 방법론'에서의 'Analyze Phase' 중 '상위 수준 설계(High Level Design)'에 대응하고, '실험 계획(DOE)' 과정으로 이루어지며 '다구치 방법'의 핵심 활동이기도 하다.

허용차 설계(Tolerance Design): '파라미터 설계(강건 설계)'가 완료된 뒤에도 품질의 '목표 값'을 아직 만족시키지 못했다면 변동에 가장 많은 영향을 주는 요인들의 공차를 조정한다. 이때 제품이나 프로세스의 제조 원가와 수명

주기 비용이 최소가 되도록 그들의 공차 범위를 조정해서 설계 파라미터들을 최적화한다. 엔지니어 대부분은 품질을 위해서는 공차가 빡빡할수록 좋다고 보는 경향이 있으나, 그 상태를 만들기 위해 더 좋은 재질이나 부품, 설비를 필요로 하기 때문에 제품 원가나 제조비용은 오히려 증가한다.

결국 '허용차 설계'는 원가(비용)와 품질 간 균형점을 찾는 과정이다. 예를 들어 부품이나 재료의 원가 순위를 조정해 제품의 변동을 줄이고, 공차와 관련된 요인의 선택을 통해 품질을 개선할 수 있다. 유사하게 제조 공정의 운영 조건 범위를 좁히면 프로세스 내 불균일성은 줄어드나 역으로 제조 원가는 상승한다. 따라서 주요 활동은 전체 비용을 최소화하도록 운영 조건의 최적 범위를 찾는 일이 중요하다. 도구(Tools)로는 '제어 인자'들의 변동이 각각 어느 정도 기여하는지 확인하기 위해 '품질 손실 함수'와 '분산 분석(ANOVA)'이 자주 쓰인다. 특히 전자는 '품질'과 '비용'의 타협점을 찾을 때 재무적 판단을 위한 척도로 중요하게 이용된다.

'허용차 설계'를 '제품 설계 방법론'의 '50-세부 로드맵'과 비교할 때, 'Design Phase' 중 '상세 설계(Detail Design)'에 해당한다.

1.3.4. 강건 설계(Robust Design)

'Robust'란 단어는 영어 사전에서 "원기 왕성한, (기구 등이) 튼튼한, (조직이) 탄탄한"으로 해석하며, 명사형인 'Robustness'는 "억셈, 건장함"이다. 그냥 영어 단어로는 "그렇구나!" 하고 말 일을 품질 분야의 시각에서 바라보면 낯설기도 하면서 우리말로 표현해도 어설프긴 마찬가지다. 통상 'Robust'는 '강건한'으로, 'Robustness'는 '강건성'으로 호칭하기 때문이다. 처음 '다구치 방법'에 입문하는 초보자들로선 피부에 와 닿지 않아 사전을 뒤적이곤 하지만 방금 나열한 낯섦에서 쉽사리 벗어나질 못한다. 따라서 본래 뜻은 그렇다 치고 품질 분야에서 이 단어를 끌어다 쓴 장본인이 어떤 의미와 해석을 거쳐 도입했는지가 우리가 알아야 할 핵심이며 관심사이다. 다구치 박사는 '강건성(Robustness)'을 다음과 같이 설명한다.[76]

"기술, 제품, 또는 프로세스 성능이 제조 환경이나 사용 환경 속에서 변동을 일으키는 요인들에 민감하게 반응하지 않고, 아이템(Item, 또는 Unit)당 가장 낮은 제조 원가에서 안정화 되어가는 상태. '강건한 부품(Robust Components)'이란 공정이 다구치 손실 함수의 곡선 중심에 위치한 경우이므로 손실 함수에서의 손실은 최소가 된다."

또 다구치 박사가 쓴 「Taguchi Quality Engineering Handbook」[77]에서 '강건 설계(Robust Design)'에 대해 다음과 같이 기술하고 있다.

"용어 '강건 설계'는 유럽과 미국에서 폭넓게 사용되고 있다. 이 용어는 어떤 조건하에서도 문제를 일으키지 않는 제품을 설계한다는 의미를 담고 있다. 또 '어떤 것이 좋은 품질의 제품인가?'란 질문에 답을 주는 용어이다. 보편적인 용어로서의 '품질'이나 '강건 설계'는 '목적' 외에 큰 의미를 담고 있진 않다. 어떤 조건에서도 제 기능을 다 하는 제품은 분명히 좋다고 말할 수 있지만, 이 같은 말 역시 의미가 없는 게 모든 엔지니어들은 대부분의 환경(조건) 속에서 잘 작동하는 제품을 설계하기 위해 노력한다. 핵심은 설계 그 자체에 있는 것이 아니라 알려진 조건과 그렇지 않은 조건 속에 놓인 기능들을 어떻게 평가하느냐에 있다."

---

76) Genichi Taguchi, Subir Chowdhury, and Shin Taguchi. 1999. Robust Engineering, McGraw-Hill Professional.
77) '주) 73' 참조

정리하면, '강건한 제품'이란 여러 '잡음 인자'들의 영향하에 놓이더라도 목적하는 제 기능을 꿋꿋이(?) 선보이는 제품이며, 따라서 제품의 기능 상실로 부담해야 할 비용이 전혀 없거나 최소로 발생하는 제품을 일컫는다. 또 이와 같은 제품을 만드는 설계를 '강건 설계'라 할 수 있다. '강건 설계'를 위해서는 「1.3.3. '다구치 품질 공학'의 3-단계 접근법」에서 논한 '시스템 설계 → 파라미터 설계(특히 중요) → 허용차 설계'의 과정이 필요하다.

1.3.5. 요인(Factors)들 유형

강건한 제품을 만들려는 다구치 박사의 의도대로라면 역으로 "강건하지 못하게 하는 요인"들이 무엇인지 설명할 필요가 있다. 아울러 그에 대항하는 친아군 성격의 요인들도 이참에 정리할 필요가 있다. 주로 언급되는 용어들은 '신호 인자(Signal Factor)', '제어 인자(Control Factor)', '잡음 인자(Noise Factor)', '출력'이 있으며, 이들 관계를 이해하기 위해선 다음 [그림 Ⅲ-3]과 같이 '입력 에너지'를 물리 법칙에 따라 고객이 원하는 '출력 에너지'로 바꿔주는 '공학 시스템(Engineered System)'을 연상할 수 있다.

[그림 Ⅲ-3] '공학 시스템'의 개요도

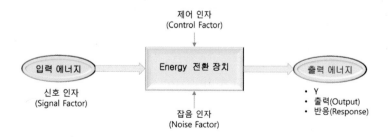

[그림 Ⅲ-3]에서 고객이 원하는 '출력 에너지'로 바꿔주는 시스템을 편의상 "Energy 전환 장치"로 묘사했으며, 관여하는 특성들을 '신호 인자', '제어 인자', '잡음 인자', '출력'으로 구분한다.

이때 설계 담당 엔지니어는 'Energy 전환 장치' 같은 시스템을 설계하는 것이며, 설계 시점엔 시스템을 중심으로 '입력'이 모두 '출력'으로 바뀌는 이상(Ideal)적인 상태를 전제한다. 만일 모든 '입력 에너지'가 계획대로 완전한 '출력 에너지'로 실제 전환된다면 '이상 기능(Ideal Function)'을 실현하는 것이나 진동, 소음, 기후와 관련한 환경 파라미터들의 변화, 숙련도 차이 등으로 'Energy 전환 장치' 내에서 '에너지 손실'과 '에너지 산포'가 발생하고, 이는 곧 '기능의 저하(목표 값 미달)'와 '기능의 산포'로 직결되며, 따라서 완전한 에너지 전환은 불가능해진다. 현실론적으로는 이들을 극복해가며 '이상 기능'에 도달하기 위한 노력이 필요한데 '강건 설계'란 바로 이와 같은 결과를 얻으려는 접근법이라 할 수 있다.

그런데 왜 '기능의 산포'를 줄이려는 노력이 중요한 것일까? '기능(Function)'은 '제품 설계 방법론'의 핵심인 '콘셉트 설계(Concept Design)' 에서 주요하게 쓰이는 용어로 처음 입문하는 연구원이나 개발자 경우 어렵고 낯설게 느껴지는 대상이기도 하다. '기능'을 '역할'로 바꿔 부르면 이해가 쉽다. 사람의 폐는 "산소를 얻고 이산화탄소를 배출하는 기능(역할)"을, 사람의 다리는 "이동하는 기능(역할)"을 담당한다. 모든 제품도 각각의 기능(역할)이 있으며, 그를 구성하는 하위 부품들도 각기 고유한 '기능'을 지닌다. 예를 들어, 텔레비전은 "영상을 나타내는 기능(역할)"이, 그의 하위 부품 중 요즘 뜨거운 이슈인 'OLED'[78])는 "빛을 내는 기능(역할)"을 갖는다. 그런데 설계 중 또는 설계 후 시험 과정에서 OLED 소자 하나가 연속적인 빛을 내기보다 자주 깜빡거리는

---

78) "Organic Light Emitting Diode"의 약자로 전기 신호를 받으면 자체 발광하는 소자이다. TFT-LCD 이후 차세대 디스플레이에 적용된다.

증상을 보이면 어떤 조치가 필요할까? 당연히 원인 규명과 설계 보완이 필요할 것이다.

기존('다구치 방법' 이전)의 설계 방식에서는 "설계 → 제작 → 시험 → 조정"의 반복 과정 중 원치 않는 증상이 발견되면 조치에 이르나, 이 경우 양산 전에 대부분의 문제들이 파악되어 해결되기보다 잠재 문제들을 안고 가는 경우가 많고, 문제 해결 이후에도 다른 문제에 봉착하는 악순환이 연속되기도 한다. 따라서 증상에 따른 문제 하나하나에 집중하기보다 시스템(또는 하위 부품)에 부여된 '기능'에 초점을 맞춰 그의 '기능의 저하'와 '기능의 산포'에 관심을 둘 필요가 있다. 또 이들의 발생은 바로 '잡음 인자'에 기인하므로 '잡음'에 내성을 키울 수 있는 '강건 설계'를 설계 단계부터 철저하게 이행하는 것이 매우 중요하다. '기능'은 그 시스템이나 하위 부품에 부여된 "고유한 역할"이기 때문이다. 다음 [그림 Ⅲ-4]는 시스템에서 에너지 변환 중 '기능'이 경험하는(?) 변화를 나타낸다.

[그림 Ⅲ-4] 에너지 전환 중 '기능'의 변화

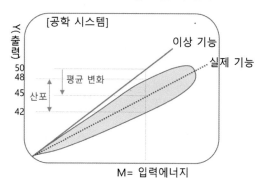

[그림 Ⅲ-4]를 보면 '공학 시스템' 내 고유한 '기능(역할)'이 존재하고, 여

기에 '입력 에너지(M)'가 유입되면 설계 시 의도한 최고의 상태인 '이상 기능'
이 작동해 'Y(출력)'가 측정된다. 그러나 실제는 각종 '잡음 인자'의 영향으로
애초 기대된 'Y'에서 값이 떨어진 '평균 변화'를 겪거나, '실제 기능'에서 평
균값이 요동치는 '산포'를 경험한다. 예를 들어, 입력 'M'이 인가되면 설계상
'이상 기능'으로 'Y=50'이 기대되지만 '실제 기능'에선 'Y=45'가 얻어지고,
'45'조차 어떨 때는 '42', 또 어떨 때는 '48' 등으로 왔다 갔다 하는 'Y(출력)'
상태가 된다. 결국 시스템에 부여된 '기능'이 무엇인지 명확하게 인지하고, 그
것이 '이상 기능'에 다가설 수 있도록 설계 과정에서 에너지 효율(출력÷입력)
의 극대화를 꾀하려는 노력이 필요하다. 다음 [그림 Ⅲ-5]는 지금까지의 '이
상 기능'에 도달하기 위한 노력을 어떻게 실현할지를 보여주는 개념도이다.[79]

[그림 Ⅲ-5] 인자들의 역할과 설계 대상

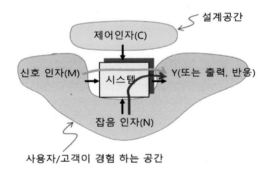

[그림 Ⅲ-5]를 보면 '신호 인자'는 '입력 에너지'에 대응하며, 100%의 효
율로 'Y(또는 출력)'를 기대하나 '잡음 인자(N)'에 의해 효율은 떨어질 수밖에
없다. 즉 'Y'에 영향을 주는 인자에는 '신호 인자'와 '잡음 인자'가 포함된다.

---

79) KMAC DFSS 교재, Optimize Design, p.31.

따라서 설계 중에 관리가 가능한 '제어 인자(C)'를 이용해 가급적 '잡음 인자'의 영향을 최소화시키고(또는 그들로부터 내성을 키우고) '이상 기능'에 접근함으로써 궁극적으로 기대하는 'Y(출력)'을 얻는 것이 '다구치 품질 공학'의 핵심이다. [그림 III - 5]를 보면 이해를 돕는 차원에서 '제어 인자'를 관장하는 '설계 공간'과, '입·출력'과 그들 사이를 흔들어대는 '사용자/고객이 경험하는 공간'을 따로 구분해놓았다. 개념 학습 때 영역을 나눠보면 용어들을 이해하는 데 많은 도움을 준다. 각 인자들의 역할을 요약하면 다음과 같다.[80]

'**신호 인자(Signal Factor)**'는 'Y'가 '목표 값'에서 벗어났을 때, 제 위치로 옮기기 위해 조정하는 인자이다. 이때 원하는 'Y값'을 얻기 위해 사용자나 담당자가 그 수준을 결정한다. 예를 들어, 환풍기(Fan) 경우 'Y'는 "공기 흐름"이고, '신호 인자'는 "속도(Speed)"이며, 사출 성형에서 'Y'는 "제품의 크기", '신호 인자'는 "압력(Pressure)"이다. 또 자동차에서 '핸들 각도'는 '신호 인자', '선회 반지름'은 'Y'에 각각 해당한다. 이와 같이 '신호 인자'와 'Y(출력, 반응)'는 '입력(Input) → 출력(Output)'의 직접적 관계에 있으며, 설계 담당자의 제품에 대한 공학적 지식을 배경으로 설정 값이 정해진다. 몇 개의 '신호 인자'가 'Y'를 얻는 데 동시에 작용할 수 있다. '신호 인자'가 일정한 '상수'이면 '정특성 문제(Static Characteristic Problems)'라 하고, 변화할 경우 '동특성 문제(Dynamic Characteristic Problems)'라 한다. 예로써, 자동차 주행 중 '페달의 누름 정도'에 따라 '차량 속도'가 결정되므로 이때 둘 간의 관계 해결은 '동특성 문제'로 접근한다.

'**제어 인자(Control Factor)**'는 설계 담당자에 의해 선택되고, 값(Level)은 'Y'의 손실이 최소가 되도록 결정된다. 예를 들어, '웨이퍼 표면의 결점 수

---

80) Chao-Ton Su (2013). Quality Engineering: Off-Line Methods and Applications, CRC Press, p.49.

(Y)'에 영향을 주는 '제어 인자'들에는 "증착 온도", "압력", "질소 흐름", "실리콘 흐름" 등이 포함된다. 설계 담당자는 이들 인자의 특정 값을 설정할 수 있다. '제어 인자'들의 설정 값(수준)이 바뀌어도 '제조 원가'는 그대로 유지되는 특징이 있다. 이것이 '다구치 방법'에서 '제어 인자'를 조정해 최적화를 구현할 경우 비용 상승 없이 원하는 목표를 달성할 수 있는 이유이다.

'**잡음 인자(Noise Factor)**'는 설계 담당자에 의해 제어될 수 없는 파라미터들이며, 통상 값의 조정이 너무 어렵거나 상당한 비용이 드는 경우가 대부분이다. 예를 들어, 잉크에 포함된 A성분의 순도가 품질에 영향을 주지만 순도를 높이려면 상당한 투자가 필요한 예 등이다. '잡음 인자'는 환경이 변화하거나 시간대별로도 값이 바뀌기 때문에 어떤 조건에 어느 값이 실존하는지 알기란 사실 어렵고, 단지 '평균'이나 '산포' 정도만 파악할 수 있다. '잡음 인자'는 반응 'Y'의 '평균'을 이동시키고(Off-target), 품질 손실을 초래하는 장본인이다.

[표 III-2] '잡음 인자'의 종류

잡음 종류	내용
외부 잡음 (External Noise)	자연환경(온도/습도/고도 등)이나 고객, 담당자, 설비의 사용 조건(사용 빈도/사용 습관)과 관련된 잡음. ▪ 생산 설비의 공급 전압 변동/원재료 보관 창고 안의 습도 /설비의 진동/전자기파 교란/사람들의 결정 사항.
내부 잡음 (Internal Noise)	누적 사용에 따른 제품의 열화 등. ▪ 제품, 부품의 노화, 부식, 피로, 마모(값이 무작위로 변하지는 않지만 Y의 변동을 유발함), 불순물 오염, 휘발.
제조 잡음 (Manufacturing Noise)	부품 간 차이를 말하며 공차를 줄여 어느 정도 관리할 수 있으나 비용 상승을 유발함(제조 공정 산포, 부품 허용차, 품질 산포 등). ▪ 플라스틱 부품의 인장력 차이(변동)/입자들 간 화학 성분의 농도 차/저항들 간 값 차이(변동).
대용 잡음 (Surrogate Noise)	직접적 영향을 주는 잡음을 대신해서 적용할 수 있는 특성 ▪ 시간 간(Time-to-Time) ▪ 위치 간(Position-to-Position) ▪ 방향 간(Direction-to-Direction)

일반적으로 '측정 오차(Measurement Error)'는 '잡음 인자'로 보지 않고 해결된 것으로 가정한 뒤 최적화에 들어간다. '잡음 인자'는 다시 [표 III-2]에 기술한 바와 같이 네 개 종류로 구분한다.

[표 III-2]에서 '외부 잡음', '내부 잡음', '제조 잡음'은 그런대로 이해할 수 있으나 '대용 잡음'은 어떤 상태의 인자인지 잘 떠오르지 않는다. 용어 '대용 잡음(Surrogate Noise)'에 대해 Fowlkes and Creveling(1995)[81]은 "(변동을 직접적으로 유발시키지 않아 그 자체가 잡음이라 할 수 없으므로) 반드시 제어할 필요가 없는 요인"이라고 하였다. '시간 간(Time-to-Time)', '위치 간(Position-to-Position)', '방향 간(Direction-to-Direction)'이 어떤 내용들인지 예를 들면 다음 [그림 III-6]과 같다.[82]

[그림 III-6] '대용 잡음(Surrogate Noise)'의 예

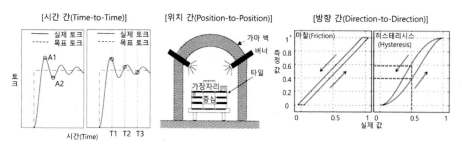

'시간 간(Time-to-Time)': [그림 III-6]의 맨 왼쪽 그림은 자동차의 '제동 토크(Brake Torque)'를 나타낸 그래프이며 '실제 토크'는 '시간(Time)'에 따라 '사인(Sine)파'로 감쇄한다. 그림에서 '토크(Y, 반응)'는 '시간(Time)'의 함수이

81) WILLIAM Y. FOWLKES AND CLYDE M. CREVELING (1995). Engineering Methods for Robust Product Design, Prentice Hall.
82) Magnus Arner (2014). Statistical Robust Design: An Industrial Perspective, John Wiley & Sons, pp.3~5.

며, '시간'에 따라 '목표 토크(점선)'를 달성하지 못하고 있으므로('실제 토크'가 '목표 토크'보다 높거나 낮음) '시간'은 하나의 '잡음 인자' 역할을 한다. '시간'은 통상의 잡음처럼 임의성(Random)을 띠지 않으며, 또 제어 대상도 아니지만 가능한 한 시간에 따라 변동이 최소가 되도록 설계가 이루어질 필요는 있다. 이때 현 토크는 얼마로 정해야 할까? 그림에서 최댓값인 'A₁', 또는 최솟값인 'A₂'로 정할 수 있으나 목표 값과의 괴리가 크므로 이를 근거로 진폭을 낮추거나 높이는 설계를 할 경우 오히려 '목표 토크'에서 자주 벗어나는 문제가 생길 수 있다. 만일 그림에서 'T₁~T₃'처럼 시점을 결정하고 그때의 토크 값을 현 수준으로 볼 경우 시점 간 진폭 차이가 생겨 역시 설계 때 난항을 겪을 수 있다. 따라서 시점을 무작위로 정해 토크를 읽어 활용하는 접근이 바람직하다.

'위치 간(Position-to-Position)': [그림 Ⅲ - 6]의 가운데 그림처럼 가마 안에 타일을 몇 겹으로 쌓아놓고 버너를 통해 열을 가하면서 목표 '타일 두께'를 얻으려는 상황을 연상할 수 있다. 그림에서 타일 더미 중 '중심'의 타일은 '가장자리' 타일에 비해 온도의 영향을 덜 받고, 따라서 더미의 '위치(Position)'에 따라 '타일 두께(Y, 반응)'에 '산포'가 생긴다. 사실 '위치(Position)'가 '타일 두께의 산포'에 직접적인 영향을 주기보다 '온도'를 대용하는 특성으로 볼 수 있으므로 개선이나 제어 대상이 아님은 분명하다.

'방향 간(Direction-to-Direction)': [그림 Ⅲ - 6]의 맨 오른쪽 그림과 같이 '마찰력'이나 '히스테리시스(Hysteresis)'를 통해 이해될 수 있다. 이들은 '속도'를 높일 때 상승하는 '마찰력' 경로와 '속도'를 낮출 때 하강하는 '마찰력 경로'에 차이가 있거나, '자계 세기'를 높일 때 상승하는 '자속 밀도 경로'와 '자계 세기'를 낮출 때 하강하는 '자속 밀도 경로' 간 차이가 생긴다. 즉 '속도'나 '자계 세기'가 증가나 감소처럼 어떤 '방향(Direction)'성을 띠느냐에 따라 '실제 값'에 차이를 유발한다(히스테리시스 그래프 중 '0.5'에 대한 두 개의 '측정 값' 참조). 측정 때마다 달라지는 상황이 발생하지 않도록 공학적 지식을 바탕으로 적합한 해법을 설계에 반영할 필요가 있다.

'잡음 인자'가 'Y(출력, 또는 반응)'에 '산포' 등을 유발한다면 적합한 대응책은 무엇일까? 일반적으로 다음의 네 가지가 거론된다.

1) 무시. 설계 후 문제가 생길 소지가 있지만 '잡음'의 영향을 최소화시키기 위해 과잉 설계가 이루어진다면 이 또한 경제성이 떨어질 수 있다. '무시'의 접근에는 신중한 사전 검토가 요구된다.

2) 제어 또는 제거. 이를 위해 투입되는 비용과, 품질 측면에서 얻게 될 수혜를 철저하게 따져 결정한다. 특히 잡음을 '제거'하는 시도는 통상 많은 자원과 투자가 필요한 만큼 철저한 조사와 연구를 통해 결정해야 한다. 주로 공차를 작게 하는 '표준화'나, 시스템적으로 발생 여지를 완전히 차단하는 '실수 방지(Fool Proofing, 또는 Poka Yoke)', 전통적인 품질 보증 활동인 '5S'[83] 등이 포함된다.

3) 잡음의 보정. 발생 가능성이 높은 잡음의 원인을 검출하여 이를 미연에 방지하기 위해 작동시키는 '피드 포워드 제어(Feed Forward Control)'와, 피드백에 의해서 제어량과 목표 값을 비교하고 그들을 일치시키도록 정정 동작을 행하는 '피드백(또는 되먹임) 제어(Feedback Control)'들을 활용한다. 물론 보정에 따른 수혜와 비용의 타협점을 파악하는 일도 잊어서는 안 될 중요한 활동이다. 차량의 급브레이크 작동 시 미끄러진다거나 한쪽으로 쏠릴 때 작동하도록 브레이크 시스템을 보정한 'ABS(Anti-lock Brake System)' 등이 잡음의 보정 예이다.

---

83) '3정 5S활동'으로 불린다. '3정'은 정량, 정품, 정위치를, '5S'는 정리, 정돈, 청소, 청결, 습관화(생활화)의 일본어 발음 세이리, 세이돈, 세이쇼우, 세이게츠, 슈칸카의 첫 음 'S'를 나타낸다.

4) 영향의 최소화. 다구치 박사가 제안한 '파라미터 설계'가 해당된다. 즉, 잡음의 존재를 인정하고 그 속에서 시스템이 에너지를 전환할 때 잡음의 영향에 가장 둔감하도록 '제어 인자'를 최적화한다. 이 과정이 적합하게 추진된 뒤 앞서 설명한 다른 잡음의 대응책을 마련하는 것이 훨씬 효과적이다.

1.3.6. 손실 함수(Loss Function)

(식 Ⅲ‐2)에서 '시장 품질'이 '손실 금액'으로 평가됨에 따라 다구치 박사가 주창한 '손실 금액을 규정짓는 방법', 즉 '현 제품의 품질 상태를 규정짓는 산식'이 도입되었으며, 이것을 '손실 함수(Loss Function)'라고 한다.

'손실 함수'의 유도는 먼저 다구치 박사가 생각한 '손실 함수'를 '$L(y)$'이라 하고, 이것을 임의의 값 'm'에 대해 '테일러급수(Taylor Series)'로 전개한다. '테일러급수'는 지금과 같이 복잡해 보이는 개념 식을 분해해 여러 항들의 미분 합으로 이루어진 근사식으로 재표현해 준다. 다음 (식 Ⅲ‐3)과 같으며, 이 것을 "$y = m$에서의 테일러급수"라고 한다.

$$L(y) = \sum_{n=0}^{\infty} \frac{f^{(n)}(m)}{n!}(y-m)^n \qquad \text{(식 Ⅲ-3)}$$
$$= f(m) + \frac{f'(m)}{1!}(y-m) + \frac{f''(m)}{2!}(y-m)^2 + \frac{f'''(m)}{3!}(y-m)^3 + ...$$

만일 'm'이 임의 특성치의 '목표 값'이라고 할 때, 다구치 박사가 주장한 내용에 따르면 '특성치(y)'가 '목표(m)'에 일치한 '$y = m$'은 손실 금액이 전혀 발생하지 않으므로 (식 Ⅲ‐3)에서 첫 항인 '$f(m)$'은 '0'이다. 또 'y'가 'm'으로부터 작은 쪽이든 큰 쪽이든 멀어질수록 '$L(y)$'는 증가한다고 했으므로 (식 Ⅲ‐3)의 두 번째 (1차 미분)항인 '$\frac{f'(m)}{1!}(y-m)$'도 '0'이다. '1차 미분'은 특정 지점에서의 '접선'이므로 '기울기=0'을 적용한 것이다(또는 'y'가 큰 쪽이든 작은 쪽이든 중심 'm'에서 멀어질수록 증가하므로 그 중심인 'm'에선 기울기, 즉 미분 값은 '0'이 됨). 끝으로 세제곱과 같은 고차 항들은 '$(y-m)$'이 그 크기가 작아 무시할 수 있으므로 (식 Ⅲ‐3)의 '손실 함수'는 다음과 같이 정리된다.

$$L(y) = \frac{f''(m)}{2!}(y-m)^2 = k(y-m)^2 \qquad (식\ Ⅲ\text{-}4)$$

여기서, $k = \dfrac{f''(m)}{2!}$ 이며, 비례상수임.

(식 Ⅲ‐4)에서 '비례상수, k'를 "품질 손실 계수(Quality Loss Coefficient)"라고 한다. 이 값을 구해보자. (식 Ⅲ‐4)는 '손실 금액(L)'과 'y'가 '이차 함수' 관계에 있으므로 '망목 특성'에 대한 '손실 함수'는 다음 [그림 Ⅲ‐7]과 같은 모습이 된다.

[그림 Ⅲ‐7] '망목 특성'의 '손실 함수' 그래프

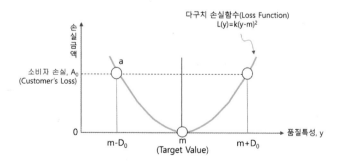

[그림 Ⅲ-7]에서 '품질 특성(y)'이 '중심(또는 목표 값)'인 'm'으로부터 '±D₀'만큼 떨어졌을 때, 그로부터 발생되는 '총 손실 금액'을 'A₀'라 하자. 이때 'D₀'를 '소비자 허용 한계'라 하며, 만일 '특성치(y)'가 이 값(D₀)에 위치하게 되면 소비자(고객)가 감당해야 할 한계 '손실 금액'은 'A₀'가 된다. (식 Ⅲ-4)를 이용해 "특성치(y)가 목표 값(m)으로부터 떨어진 정도"에 따른 '손실 금액(L)'과 '비례상수(k)'를 계산하면 다음과 같다.

$$\text{왼 쪽}: L(y=m-D_0)=k\left[(m-D_0)-m\right]^2=kD_0^2=A_0 \qquad \text{(식 Ⅲ-5)}$$
$$\text{오른쪽}: L(y=m+D_0)=k\left[(m+D_0)-m\right]^2=kD_0^2=A_0$$

$$\text{따라서}, \quad k=\frac{A_0}{D_0^2}$$

(식 Ⅲ-5)의 '비례상수(k)'를 (식 Ⅲ-4)의 '손실 함수'에 대입하면, 다음의 '손실 함수[L(y)]'를 최종적으로 얻는다.

$$L(y)=\frac{A_0}{D_0^2}(y-m)^2 \qquad\qquad \text{(식 Ⅲ-6)}$$

여기서, D_0 = 소비자 허용한계,
$A_0 = '$특성치$(y)'$가 $'$소비자 허용한계$'$에 위치할 때의 $'$손실금액$'$.
통상 $'$고객의 손실$(Customer's\ Loss)'$로 불림.

(식 Ⅲ-6)에서 'A_0'는 '특성치(y)'가 '목표 값(Target Value, m)'으로부터 '$\pm D_0$'만큼 벗어난 위치에서 수리, 교체, 사용 중 분실, 폐기 등과 관련해 제조사든, 고객이든, 공공 기관이든 관계없이 누군가가 지불한 모든 손실 금액을 포함하는 값이다. 보통 '고객의 손실(Customer's Loss)'로 불린다.

또 'L(y)'은 부품이나 제품 한 개의 '손실 금액'을 계산할 때 쓰이며(이때는 'y값'이 한 개임), 여럿을 대상으로 할 경우('y값'이 다수임) '평균 손실'을 구하는 용도로도 쓰인다. 특히 '평균 손실'은 앞으로 사용하게 될 'SN 비(Signal-to-Noise Ratio)'와 직접 관계하므로 (식 Ⅲ-6)의 '손실 함수[L(y)]'는 '평균 손실 함수'의 개념으로 전개되고 활용된다[(식 Ⅲ-7), (식 Ⅲ-13), (식 Ⅲ-17) 참조]. '평균 손실 함수'는 'L(y)' 대신 기대치를 표시하는 'E[L(y)]', 또는 평균인 '$\overline{L(y)}$'로 쓰여야 하나 대부분의 문헌에선 기존의 'L(y)'과 혼용해 쓰기도 한다. 참고로 '기댓값'은 무한의 'y'를 얻었을 때의 예상되는 '평균 손실'이며 "기대 손실(E[L(y)])"이라 하고, 현실적으로 굉장히 많은 데이터로 기대되는 값을 얻을 수 없으므로 '표본'을 이용해 평균을 계산하게 되며, 이것을 "기대 손실의 추정 값($\overline{L(y)}$)"이라고 한다.

'y'의 목적에 따라 '망목 특성', '망대 특성', '망소 특성'이 있으며, (식 Ⅲ-6)을 각 특성별로 재정리하면 다음과 같다.

망목 특성(NTB, Nominal-the-Best Case)

'망목 특성'에서 '손실 함수'는 (식 Ⅲ-6)을 이용해 'y'를 무한히 얻었을 때의 '기대 손실(E[L(y)])'과, '표본'으로부터의 '기대 손실의 추정 값($\overline{L(y)}$)'으로 구분해 표현할 수 있다. 현업에서는 '표본'이 주류를 이루므로 후자의 '손실 함수'가 당연히 활용성이 더 높다.

**[망목특성의 기대 손실, $E[L(y)]$] (식 Ⅲ-7-1)

$$E[L(y)] = E\left[\frac{A_0}{D_0^2}(y-m)^2\right], \; where \; '\mu - \mu' \; 삽입$$

$$= \frac{A_0}{D_0^2} E\{[(y-\mu)+(\mu-m)]^2\}$$

$$= \frac{A_0}{D_0^2} E[(y-\mu)^2 + 2(y-\mu)(\mu-m) + (\mu-m)^2]$$

$$\because \left(\begin{array}{l} '\mu'와\,'m'은\,상수이고,\,E(y)=\mu, \\ 따라서,\,'E[(y-\mu)(\mu-m)]'에서\;\;[(E(y)-\mu)(\mu-m)]=0. \end{array}\right)$$

$$= \frac{A_0}{D_0^2} E[(y-\mu)^2 + (\mu-m)^2]$$

$$= \frac{A_0}{D_0^2}\{E[(y-\mu)^2] + E[(\mu-m)^2]\}$$

$$\because (첫\,항 = Var(y) = \sigma^2 이고,\,둘째\,항 = 상수이므로)$$

$$= \frac{A_0}{D_0^2}[\sigma^2 + (\mu-m)^2]$$

 (식 Ⅲ - 7-1)로부터 'y'가 무한히 존재할 경우, '모 분산'이 커질수록, 또 '모 평균'이 '목표 값'으로부터 멀어질수록 '망목 특성의 손실 금액'은 증가한다. (식 Ⅲ - 7-1)의 풀이 과정 중 '$E[(y-\mu)^2]$'이 왜 'Var(y) 또는 σ^2'이 되는지는 '분산의 기댓값' 성질을 찾아 학습하면 쉽게 또 잘 이해할 수 있으므로 자세한 설명은 생략한다.

 다음은 'y'가 '표본'으로 이루어졌을 때의 '기대 손실의 추정 값($\overline{L(y)}$)'을 구해보자. 전개 과정은 (식 Ⅲ - 7-1)과 거의 유사하다.

** [망목특성의 기대손실의 추정값, $\overline{L(y)}$]   (식 Ⅲ-7-2)

$$\overline{L(y)} = \frac{A_0}{D_0^2}\left[\frac{1}{n}\sum_{i=1}^{n}(y_i - m)^2\right] = \frac{A_0}{D_0^2}[MSD]$$

$$\left(\begin{array}{l}MSD는\,'Mean\,Squared\,Deviation',\,즉\,'평균제곱편차'로\\목표,m으로부터\,떨어진\,거리를\,제곱해서\,평균낸\,값이다.)\end{array}\right)$$

$$= \frac{A_0}{D_0^2}\left\{\frac{1}{n}\sum_{i=1}^{n}\left[(y_i - \overline{y}) + (\overline{y} - m)\right]^2\right\},\,where\,'\overline{y} - \overline{y}'\,삽입$$

$$= \frac{A_0}{D_0^2}\left\{\frac{1}{n}\sum_{i=1}^{n}\left[(y_i - \overline{y})^2 + 2(y_i - \overline{y})(\overline{y} - m) + (\overline{y} - m)^2\right]\right\}$$

$$\left(\begin{array}{l}\because 2\sum_{i=1}^{n}\left[(y_i - \overline{y})(\overline{y} - m)\right]에서,\,\sum_{i=1}^{n}(y_i - \overline{y})(\overline{y} - m)\\= \left[\sum_{i=1}^{n}n\frac{y_i}{n} - n\overline{y}\right](\overline{y} - m) = (n\overline{y} - n\overline{y})(\overline{y} - m) = 0\end{array}\right)$$

$$= \frac{A_0}{D_0^2}\left\{\frac{1}{n}\sum_{i=1}^{n}\left[(y_i - \overline{y})^2 + (\overline{y} - m)^2\right]\right\}$$

$$= \frac{A_0}{D_0^2}\left[\frac{1}{n}\sum_{i=1}^{n}(y_i - \overline{y})^2 + \frac{1}{n}n(\overline{y} - m)^2\right]$$

$$= \frac{A_0}{D_0^2}\left[s^2 + (\overline{y} - m)^2\right]$$

(식 Ⅲ-7-2)는 '$\pm\overline{y}$'를 추가해 두 개의 항목, 즉 '특성치의 표본 분산(s^2)'
과, '특성치의 평균이 목표로부터 벗어난 값[$(\overline{y} - m)^2$]'으로 층별한 예이며, 이
둘을 합쳐 '평균 제곱 편차(MSD, Mean Square Deviation)'라고 한다. 프로세
스 관리에서는 특성치의 '평균'이 목표로부터 벗어났을 때 제 위치로 옮기는
개선은 '산포'를 줄이는 활동보다 훨씬 용이하며, 따라서 '평균 손실, $\overline{L(y)}$'는
주로 '분산(Variance)'의 정도에 따라 등락을 거듭한다. 즉, (식 Ⅲ-7)을 통해
'다구치 방법'이 '분산'을 줄이는 쪽에 큰 비중을 두고 있는 이유를 수리적으

로 설명한다.

  이제 완성된 (식 Ⅲ‑6)과 (식 Ⅲ‑7)의 '망목 특성'을 위한 '손실 함수'가
실제 어떻게 쓰이는지 발생 사례를 통해 알아보자. 사례는 1979년 4월 17일자
일본 아사이 신문에 게재된 자국 내 소니-동경 공장에서 생산된 컬러텔레비전
과 미국 내 소니-샌디에이고 공장에서 생산된 컬러텔레비전과의 선호도 조사
내용에 관한 기사이다. 다구치 박사의 주장을 객관적으로 검증할 때 가장 많
이 인용되는 예이기도 하다. 당시 상황은 동일한 기업에서 동일한 규격으로
제품을 생산함에도 미국 소비자들은 일본에서 생산된 텔레비전을 훨씬 더 선
호하는 경향을 탐색 보도한 내용이다. 다음 [그림 Ⅲ‑8]은 두 공장 간 관리
상황을 반영한 개요도이다.

[그림 Ⅲ‑8] 소니 동경 공장과 샌디에이고 공장의 생산 관리 비교

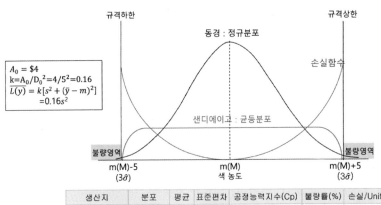

생산지	분포	평균	표준편차	공정능력지수(Cp)	불량률(%)	손실/Unit
동경공장	정규분포	m	1.67	1.00	0.27	$0.44
샌디에이고 공장	균등분포	M	2.89	0.58	0.00	$1.22

  [그림 Ⅲ‑8]에서 소니의 동경 공장은 '정규 분포'의 관리를, 샌디에이고 공
장은 '균등 분포' 관리를 나타내며, [그림 Ⅲ‑7]의 '손실 함수'를 함께 겹쳐

놓았다. 분포로부터 동경 공장은 '중심 집중화 관리'가 이루어지고 있는 반면, 샌디에이고 공장은 상·하한 규격을 벗어났는지 여부를 따지는 '합부 관리'가 이루어지고 있음을 알 수 있다. 그래프 하단 표에는 두 공장의 각종 '통계 지표(표준 편차, 불량률, 공정 능력)'와 '제품당 손실 금액(Loss)'을 계산해 비교하고 있다. 샌디에이고 공장의 '표준 편차'가 동경 공장에 비해 '약 1.73배'나 크고 '공정 능력 지수(Cp)'도 '0.58'로 작지만, '불량률'은 오히려 '0%'로 제품을 잘 만들어내는 것으로 보인다. '균등 분포' 특성상 '규격 안'에만 들어오면 모두 양품처리 하기 때문에 생긴 현상이다. 그러나 이 같은 불일치는 다구치 박사의 '손실 함수'를 통해 명확히 구분되는데, 표에 계산된 '제품당 손실(Loss/Unit)'을 보면 샌디에이고 공장의 경우가 '약 2.77배'나 높은 비용을 지불하는 것으로 나타났다. 규격 안에 들어온다고 모두 '양품'이 아니라 규격 안에서도 위치에 따라 손실의 차이가 있음을 반영하고 있기 때문이다. 다음은 각 지표들의 계산 과정과 결과이며, 먼저 '표준 편차'는 (식 III‒8)과 같다.

[표준편차] (식 III‒8)

○ 동경공장 :
'정규 분포'에 대해 중심에서 규격까지의 거리가 $m-(m-5)=5$ 이고, 이 거리는 '표준 편차'의 '3배'되는 위치와 같으므로,

$$3s=5 . \quad \therefore s=\frac{5}{3} \cong 1.67$$

○ 샌디에이고공장 :
'균등 분포'에 대해

$$s=\sqrt{\frac{1}{12}[최대-최소]^2}=\sqrt{\frac{1}{12}[(M+5)-(M-5)]^2} \cong 2.89$$

(식 III‒8)에서의 '표준 편차' 계산은 각 분포별 '표준 편차' 산정 식을 이용한 것이다. 샌디에이고 공장이 동경 공장보다 '약 1.73배(2.89/1.67)' 높다는

것을 알 수 있다. 다음은 '공정 능력 지수(Cp)'와 '불량률' 계산이다.

['공정능력지수(Cp)'와 '불량률']   (식 Ⅲ-9)

○동경 공장 :
$$Cp = \frac{USL - LSL}{6s} = \frac{(m+5)-(m-5)}{6 \times 1.67} \cong 1.00$$
불량률 $= 2 \times P(z < 3) = 2 \times 0.00135 \cong 0.0027$ (약 0.27%)

○샌디에이고 공장 :
$$Cp = \frac{USL - LSL}{6s} = \frac{(M+5)-(M-5)}{6 \times 2.89} \cong 0.58$$
불량률 $= 0\%$. 규격을 벗어난 제품이 없음.

(식 Ⅲ - 9)에서 '불량률'의 차이에 집중할 필요가 있다. 분명 '균등 분포'의 '합부 관리' 방식이 '정규 분포'의 '중심 집중화 관리' 방식에 비해 '불량률'이 낮아 표면적으론 관리가 잘 이루어지고 있다고 판단되며, (식 Ⅲ - 8)의 '표준 편차'와 (식 Ⅲ - 9)에서의 '공정 능력 지수'가 안 좋은 것과는 대조적이다. 이어 (식 Ⅲ - 7)을 적용해 '손실 금액'을 계산해보자.

[제품당손실액]   (식 Ⅲ-10)

수리/교체 등에 들어가는 제품당 총 비용(고객의 손실)인
$A_0 = \$4$ 라고 할 때,
$$k = \frac{A_0}{D_0^2} = \frac{4}{5^2} = 0.16$$

○동경공장 : 분포의 중심($\bar{y}$)이 'm'과 일치하므로 '$\bar{y} - m = 0$',
$$\overline{L(y)} = 0.16 \times 1.67^2 \cong 0.45$$

○샌디에이고공장 :
$$\overline{L(y)} = 0.16 \times 2.89^2 \cong 1.34$$

(식 Ⅲ‒10)으로부터 샌디에이고의 '균등 분포' 관리가 동경의 '정규 분포' 관리보다 '약 0.89달러(=1.34-0.45)' 비용이 더 드는 것을 알 수 있다.

'손실 금액'을 통해 유리한 운영이 어느 쪽인지 쉽게 비교할 수 있으며, 품질이 '금액'으로 환산되므로 경영자가 현상을 이해하고 의사결정을 내리는 데 있어서도 매우 유리하다.

['망목 특성' 사례]

제품에 포함된 스프링의 '스프링 상수, m=0.5 oz/in'이고, '기능 한계(Functional Limit)=±0.3 oz/in'이다. 또 '기능 한계'에서의 '고객의 손실(Customer's Loss)'인 $A_0 = \$20$라 할 때, '평균 품질 손실 함수'와 수집된 표본 데이터 및 계산 결과는 각각 다음과 같다(고 가정한다).[84]

$$k = \$20/0.3^2 \cong 222.22$$
$$\overline{L(y)} = \$222.22[s^2 + (\overline{y} - m)^2]$$

(식 Ⅲ-11)

[표 Ⅲ‒3] 스프링 문제에 대한 개당 '평균 품질 손실(망목 특성)'의 산정

기계	Data	s^2	$\overline{y}$	$(\overline{y}-m)^2$	$\overline{L(y)}$,$
신형	0.37, 0.41, 0.37, 0.43, 0.39, 0.35, 0.40, 0.36	0.00074	0.3850	0.01323	3.1044
구형	0.55, 0.67, 0.70, 0.54, 0.41, 0.32, 0.46, 0.66	0.01838	0.5388	0.0015	4.4177

---

84) William Y. Fowlkes, Clyde M. Creveling (2000). Engineering Methods for Robust Product Design, Addison-Wesley. p.39, 41, 44.

[표 III‑3]에서 '신형'의 '분산'이 '구형'보다 약 25배 이상 작기 때문에 '평균 품질 손실'이 '약 1.31달러(=4.4177 - 3.1044)'만큼 적다. 또 '목표 (0.5)'에서 벗어난 정도가 '신형'은 '약 0.115(= |0.5-0.385|)'로 '구형'의 '약 0.039(= |0.5-0.5387|)'보다 '약 0.076' 크다는 것을 알 수 있으며, '평균'의 이동이 '산포'를 줄이는 개선보다 수월하기 때문에 '신형' 경우 '평균'을 '목표'에 가깝도록 추가 개선한다면 '구형'과의 '평균 품질 손실'의 차이는 더 벌릴 수 있다.

망소 특성(STB, Smaller-the-Better Case)

'망소 특성'에서의 '반응(y)'은 음수가 될 수 없으며, 그 '목표 값(또는 최솟값)'은 '0'이다. 즉 (식 III‑6)에 'm=0'을 대입하면 다음과 같다.

$$L(y) = \frac{A_0}{D_0^2} y^2 \qquad\qquad (\text{식 III-12})$$

여기서, D_0 = 소비자 허용한계,
A_0 = '특성치(y)'가 '소비자 허용한계'에 위치할 때의 '손실금액'
또는, '고객의 손실($Customer's\ Loss$).'

(식 III‑12)는 'y값' 하나에 대한 평가인 반면, 여러 데이터에 대한 '평균 손실 함수'는 무한히 수집됐을 때의 '기댓값'과, '표본'으로 수집됐을 때의 '기대 손실 추정 값'이 있으며, 다음 (식 III‑13)을 통해 각각 계산된다. 이들은 모두 앞서 (식 III‑7-1)과 (식 III‑7-2)에 'm=0'을 입력해 얻는다.

[망소특성의 기대손실, $E[L(y)]$] (식 Ⅲ-13-1)

$$E[L(y)] = E\left[\frac{A_0}{D_0^{\,2}} y^2\right]$$

$$= \frac{A_0}{D_0^{\,2}} E\{[(y-\mu)+\mu]^2\}, \; where \; '\mu - \mu' \; 삽입.$$

$$= \frac{A_0}{D_0^{\,2}} E[(y-\mu)^2 + 2(y-\mu)\mu + \mu^2]$$

$$\because \left(\begin{array}{l} E(y) = \mu 이고, \; E[(y-\mu)\mu] = [E(y)-\mu]\mu \\ \qquad\qquad\qquad\qquad\qquad = (\mu-\mu)\mu = 0 \end{array}\right)$$

$$= \frac{A_0}{D_0^{\,2}} E[(y-\mu)^2 + \mu^2], \; where \; E[(y-\mu)^2] = \sigma^2$$

$$= \frac{A_0}{D_0^{\,2}} (\sigma^2 + \mu^2)$$

‘망소 특성의 기대 손실’은 ‘모 분산’이 클수록, 또 ‘모 평균의 제곱’이 클수록 ‘손실 금액’도 증가한다. 이어 ‘망소 특성의 기대 손실의 추정 값($\overline{L(y)}$)’을 구하면 다음과 같다.

[망소특성의 기대손실의 추정 값, $\overline{L(y)}$] (식 Ⅲ-13-2)

$$\overline{L(y)} = \frac{A_0}{D_0^{\,2}} \left(\frac{1}{n}\sum_{i=1}^{n} y_i^{\,2}\right) = \frac{A_0}{D_0^{\,2}} [MSD]$$

$$= \frac{A_0}{D_0^{\,2}} \left\{\frac{1}{n}\sum_{i=1}^{n} [(y_i - \overline{y}) + \overline{y}]^2\right\}$$

$$= \frac{A_0}{D_0^{\,2}} \left\{\frac{1}{n}\sum_{i=1}^{n} [(y_i - \overline{y})^2 + 2(y_i - \overline{y})\overline{y} + \overline{y}^2]\right\}$$

$$\because \left(\begin{array}{l} 2\sum_{i=1}^{n} [(y_i - \overline{y})\overline{y}] 에서, \\ \sum_{i=1}^{n} (y_i - \overline{y})\overline{y} = \left(\sum_{i=1}^{n} n\frac{y_i}{n} - n\overline{y}\right)\overline{y} = (n\overline{y} - n\overline{y})\overline{y} = 0 \end{array}\right)$$

$$= \frac{A_0}{D_0{}^2}\left[\sum_{i=1}^{n}\left[\frac{1}{n}\left(y_i - \bar{y}\right)^2\right] + \bar{y}^2\right]$$

$$= \frac{A_0}{D_0{}^2}(s^2 + \bar{y}^2)$$

또는 $(III-7-2)$에 $'m=0'$을 입력해도 동일. 즉,

$$\overline{L(y)} = \frac{A_0}{D_0{}^2}\left[s^2 + (\bar{y}-0)^2\right] = \frac{A_0}{D_0{}^2}(s^2 + \bar{y}^2)$$

다음 [그림 Ⅲ-9]는 '망소 특성'의 '손실 함수' 그래프를 나타낸다.

[그림 Ⅲ-9] '망소 특성'의 '손실 함수' 그래프

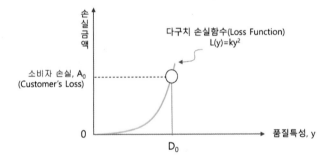

['망소 특성' 사례]

복사기로 복사할 때 용지 내 흰색 영역에 토너가 묻어 나와선 안 되며, 관리상 최소가 되도록 유지해야 하는 '망소 특성'에 해당한다. 이 특성에 대해 고객의 대략 반 정도는 단위 면적당 1.2mg을 초과할 경우 수리 요청을 해오며, 평균 200달러가 소요된다. 또 복사기 비가동으로 시간당 150달러의 비용이 추가 발생한다. 통상 수리로 인한 평균 비가동은 2.5시간으로 알려져 있을 때, '평균 품질 손실 함수'는 다음과 같다(고 가정한다)['주) 84' 참조].

$$\text{고객의 손실}(Customer's\ Loss) \qquad \text{(식 III-14)}$$
$$A_0 = \$200 + \$150 \times 2.5hrs = \$575$$

$$k = A_0/D_0^2 = \$575/1.2^2 \cong 399.31$$
$$\overline{L(y)} = \$399.31[s^2 + \overline{y}^2]$$

[표 III-4] 복사기 문제에 대한 '평균 품질 손실(망소 특성)'의 산정

복사기	Data	s^2	$\overline{y}$	$s^2 + \overline{y}^2$	$\overline{L(y)}$
#1	0.64, 0.56, 0.71, 0.55, 0.59, 0.75, 0.64, 0.76	0.0068	0.6500	0.4293	**$171.42**
#2	0.55, 0.67, 0.70, 0.94, 0.71, 0.82, 0.86, 0.96	0.0203	0.7763	0.6229	**$248.73**

'분산'과 '평균' 모두가 작은 '#1 복사기'가 '약 $77.31'만큼 손실이 덜 발생한다는 것을 확인할 수 있다. 만일 두 복사기 모두를 운영 중에 있다면 '#2 복사기'의 '산포'를 줄이는 개선에 먼저 매진할 필요가 있다.

망대 특성(LTB, Larger-the-Better Case)

'망대 특성' 경우 '특성치(y)'는 '0'이 아니면서, 크면 클수록 좋은 상태를 말한다. 따라서 이상적인 '손실 함수'는 특성치(y)'가 무한대에 이를 때 '0'이 되며, (식 III-12)의 '망소 특성'의 '손실 함수'를 역수로 취해 '망대 특성'의 '손실 함수'로 삼는다. 다음 [그림 III-10]은 '망대 특성'의 '손실 함수' 그래프를 나타낸다.

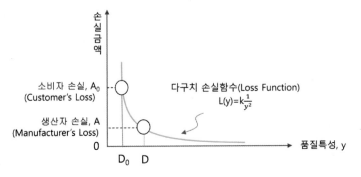

[그림 Ⅲ-10] '망대 특성'의 '손실 함수' 그래프

[그림 Ⅲ-10]으로부터,

$$L(y) = k \left[\frac{1}{y^2} \right]_{y=D_0} = k \left[\frac{1}{D_0^2} \right] = A_0 \qquad \text{(식 Ⅲ-15)}$$

따라서, $k = A_0 D_0^2$

(식 Ⅲ-15)를 '손실 함수'에 적용하면 다음과 같다.

$$L(y) = A_0 D_0^2 \left[\frac{1}{y^2} \right] \qquad \text{(식 Ⅲ-16)}$$

여기서, D_0 = 소비자 허용한계,
A_0 = '특성치(y)'가 '소비자 허용한계'에 위치할 때의 '손실금액'
또는, '고객의 손실$(Customer's\ Loss)$'.

(식 Ⅲ-15)는 'y값' 하나에 대한 평가이며, 여럿일 경우의 '평균 품질 손실'은 앞서와 같이 '망대 특성의 기대 손실, $E[L(y)]$'와 '망대 특성의 기대 손

실의 추정 값, $\overline{L(y)}$'를 다음과 같이 각각 구한다.

$$**[\text{망대 특성의 기대손실}, E[L(y)]] \qquad (\text{식 III-17})$$
$$E[L(y)] = A_0 D_0^2 E\left[\frac{1}{y^2}\right]$$

$$**[\text{망대 특성의 기대손실의 추정 값}, \overline{L(y)}]$$
$$\overline{L(y)} = A_0 D_0^2 [MSD]$$
$$= A_0 D_0^2 \left[\frac{1}{n}\sum_{i=1}^{n}\left(\frac{1}{y_i^2}\right)\right]$$

앞서 '망목 특성'이나 '망소 특성'처럼 (식 III‑17)의 '망대 특성'도 'σ^2(또는 s^2)'과 'μ(또는 $\overline{y}$)'로 표현할 수 있을까? 이에 대한 설명을 옮기면 다음과 같다.[85]

$$\overline{L(y)} = A_0 D_0^2 \frac{1}{n}\sum_{i=1}^{n}\left[\frac{1}{y_i^2}\right] = A_0 D_0^2 \frac{1}{n}\left[\frac{1}{y_1^2}+\frac{1}{y_2^2}\cdots\frac{1}{y_n^2}\right], \text{대수처리 후} \qquad (\text{식 III-18})$$
$$\cong A_0 D_0^2 \frac{1}{\overline{y}^2}\left[1+\frac{3s^2}{\overline{y}^2}+\frac{4\widehat{\mu_3}}{\overline{y}^3}+\frac{5\widehat{\mu_4}}{\overline{y}^4}\right]$$

$$where, \ \widehat{\mu_3} = \frac{1}{n}\sum_{i=1}^{n}\left(y_i-\overline{y}\right)^3, \ \widehat{\mu_4} = \frac{1}{n}\sum_{i=1}^{n}\left(y_i-\overline{y}\right)^4$$
단, 기대 손실의 경우 $s^2 \rightarrow \sigma^2$으로, $\overline{y} \rightarrow \mu$ 로 바꿈.

(식 III‑18)에서 두 번째 줄 식에 대한 '대수 처리'는 Maghsoodloo, S.(1991)에 근거한다.[86] 이 식은 다음의 조건이 만족되면 '고차 항(세제곱, 네 제곱)'들은 무시될 수 있다.

---

85) Clyde M. Creveling (1997). Tolerance Design, Addison-Wesley. p.216.
86) Maghsoodloo, S. "The Exact Relationship of Taguchi's Signal-to-Noise Ratio to His Quality Loss Function." Journal of Quality Technology 22(1), 57-67(1991).

조건 1) 분포가 정규성을 띠면 '대칭성 변수(Symmetry Arguments)'에 의해
'$\hat{\mu}_3 = 0$'이다. 이는 '세제곱'이고, '$\bar{y}$'를 중심으로 'y_i'가 '+'와 '-'를
반복하기 때문이다.
조건 2) 분포 폭이 너무 크지 않은 경우, 즉 '$\bar{y} \gg \hat{\mu}_4$'

그런데 '망대 특성'은 한쪽으로 증가하는 곡선을 띠므로 설명된 '조건'들을
만족하기는 어렵다. 따라서 '망대 특성'의 '손실 함수'는 (식 Ⅲ‑17)을 적용
함으로써 계산에 필요한 목적을 달성한다.

['망대 특성' 사례]
진공을 유지시키는 두 부품 간 접촉면 사이의 강도(Seal Strength)는 '망대
특성'이다('psi'로 측정). 진공 밀폐는 진동이나 습기, 온도 등의 시간에 따른
영향으로 접착력이 약화되며, 이 상태가 점점 악화되어 고객의 50%가 인지하
는 수준에 이르렀을 때(20psi) 밀폐가 안 되면 대체할 부품 가격이 20달러, 작
업 공수가 20달러 들어가고, 수리 중 휴지시간당 340달러의 추가 비용이 소요
된다. 통상 교체 소요 시간은 0.5시간으로 알려져 있다. 이때 반품된 제품의
'밀폐 강도'가 '13psi'이었다면, 손실 금액은 얼마인지 계산해보자.

$$\text{고객의 손실}(Customer's\ Loss) \qquad \text{(식 Ⅲ-19)}$$
$$A_0 = \$20 + \$20 + \$340 \times 0.5 hrs = \$210$$

$$k = A_0 D_0^2 = \$210 \times 20^2 \cong \$84{,}000$$

$$\therefore L(y) = \$84{,}000 \left[\frac{1}{y^2}\right]$$

$$\Rightarrow L(y) = \$84{,}000 \left[\frac{1}{13^2}\right] \cong \$497.04$$

'손실 함수'를 이해했으면 이어서 다구치 박사가 주장하는 '한계(Limit)'의
정의와 개념에 대해 알아보자.

1.3.7. '한계(Limit)'의 정의와 설정

　공정 라인에서 제품을 조립하거나 생산할 때 꼭 필요한 요소가 바로 '규격'
이다. '규격' 안에 들어가는 생산품이 전체의 몇 %를 차지하느냐가 생산성과
관리 능력을 평가하는 주요 잣대이므로 '규격'의 입지는 절대적이다. 보통 '규
격'은 영어로 '(Engineering) Specification Limit'처럼 '기술(Engineering)'과
그 맥을 같이한다. 그러나 다구치 박사의 손실 함수 개념으로부터 유도된 '한
계(Limit)'는 금전적 개념을 포함하고 있어 색다른 느낌마저 든다. 왜냐하면
공학관점의 '규격'이 경제 개념과 결부되어 연구자나 의사결정권자가 현 상황
의 심각성을 파악하는 용도로써 매우 유용하기 때문이다.
　우선 '다구치 방법' 학습 중에 자주 마주치는 '공차', '허용차'와 '규격' 등
관련 용어들의 정의에 대해 알아보자. 사실 영어 단어로는 '공차'와 '허용차'
모두 'Tolerance'이다. 그러나 '한국 산업 규격(KS)'에서는 다음 [그림 Ⅲ -
11]과 같이 구분한다[주) 75, p.297].

[그림 Ⅲ-11] 용어 정의(규격, 공차, 허용차)

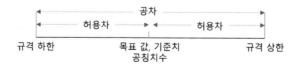

다구치 박사는 특히 "소비자 허용 한계(Customer Tolerance Limit)"[87]로 설명하는데, 이에 대한 개념은 '미국공급자협회(ASI, American Supplier Institute), 다구치방법센터(Center for Taguchi Methods)'의 Peter T. Jessup(1985)이 발표한 다구치의 '손실 함수' 개념을 품질 관리 기법과 연계시킨 논문을 통해 이해될 수 있다.[88] 다음 [그림 Ⅲ‑12]는 논문의 '소비자 허용 한계' 설정 과정을 쉽게 설명한 예이다.

[그림 Ⅲ‑12] '소비자 허용 한계' 설정 예

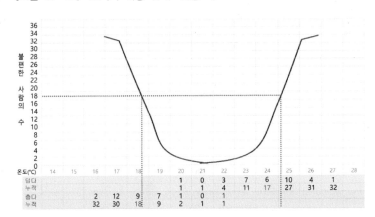

[그림 Ⅲ‑12]에서 '총 36명'의 피실험자가 온도가 조정되는 방에 모여 있다고 가정한다. 이때 온도를 조금씩 높여나갈 때 "덥다"라고 느끼는 사람의 온도별 수를 누적해나간다. 반대로 온도를 조금씩 낮추어가면서 "춥다"라고

---

87) 'Customer Tolerance Limit, D0'의 우리말은 '고객 공차 한계', '고객 허용(차) 한계', '소비자 허용(공차) 한계' 등 출처에 따라 다양한 명칭이 존재한다. 본문에서는 '생산자 허용 한계'인 'D'를 'D0'와 함께 사용하고 있어 '생산자'에 대응하는 '소비자'를 붙여 '소비자 허용 한계'로 통일하였다.
88) Jessup, Peter T. "The Value of Continuing Improvement", Proceedings of the International Communications Conference, "ICC 15", IEEE, June, 1985.

느끼는 사람의 수를 동일한 방식으로 누적해나간다. 이때 '총 36명'의 '50%'인 '18명'이 "덥다"로 여겨지는 시점의 온도를 '상한'으로, 반대로 '18명'이 "춥다"로 여겨지는 시점의 온도를 '하한'으로 설정한다. 이 개념은 제품을 출하한 후 사용자의 50%가 "문제 있다"라고 여겨지는 특성치의 품질 변화시점을 '소비자 허용 한계의 상·하한'으로 보고 이 시점의 '단위당 손실 금액'을 산정하여 '손실 함수'에 반영한다. 이와 같은 접근은 의학이나 식품학 등에서 바이러스, 또는 동물에 독성의 양을 늘려가며 시험체의 '50%'가 사망하는 시점의 물질의 양을 정할 때도 쓰인다. 이를 '반수 치사량', 또는 'LD$_{50}$(Lethal Dose 50)'이라고 한다.[89]

다음 [그림 Ⅲ-13]은 다구치 박사가 주장한 '손실 함수'와, 'a' 및 'b' 위치에서의 두 개 '허용 한계(Tolerance Limit)'를 설명하기 위한 그래프이다.

[그림 Ⅲ-13] '손실 함수'와 '한계(Limit)'의 관계

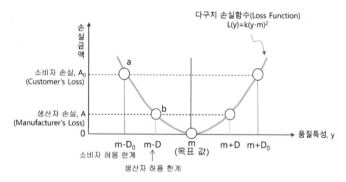

[그림 Ⅲ-13]에서 '품질 특성치(y)'가 '목표 값(Target Value), m'에 근접할수록 품질은 향상되며, 손실은 '0'이 되고, 'm'에서 멀어질수록 품질은 떨어

---

89) Chao-Ton Su (2013). Quality Engineering: Off-Line Methods and Applications, CRC Press, p.81.

지며, 손실은 2차함수적으로 증가한다. 이때 '특성치(y)'가 '중심(m)'에서 '±D' 만큼 떨어진 위치가 '생산자 허용 한계(Producer's Tolerance Limit)≡제조 규격(Manufacturing Specification)'이 되고, '±D$_0$'만큼 떨어진 위치는 '소비자 허용 한계(Customer's Tolerance Limit)'가 되며, 특히 후자의 위치는 [그림 Ⅲ - 12]에서 설명한 바와 같이 고객의 '50%'가 '특성치'에 문제가 있다고 판단하는 시점에 해당한다. 또 각각에서의 '손실 금액'은 다음과 같이 정의한다.

$$A = 품질특성치(y)가 \ '생산자 허용한계'에 \ 위치할 \ 때의 \ 생산자 \ 손실 \quad (식 \ Ⅲ\text{-}20)$$
$$A_0 = 품질특성치(y)가 \ '소비자 허용한계'에 \ 위치할 \ 때의 \ 소비자 \ 손실$$

[그림 Ⅲ - 13]과 (식 Ⅲ - 20)을 이용하면 현재의 '소비자 허용 한계'에 준한 '생산자 허용 한계'를 유도해서 설정할 수 있다. 설계 단계에서 결정한 규격이 '소비자 허용 한계'에 가깝다면 제품 생산 과정에 원치 않는 원인들의 영향으로 '허용 한계'를 넘길 수 있기 때문에 둘의 관계를 정립하는 것은 매우 중요하다. 따라서 안전한 생산을 위해 '소비자 손실'을 감안한 적정하고 합리적인 '생산자 허용 한계'를 결정해야 하며 다음은 그 예이다.[90]

['망목 특성' 사례]
'망목 특성'의 '손실 함수'인 (식 Ⅲ - 6)에 [그림 Ⅲ - 13]에 표기한 '특성치' 중 하나인 'y=m±D'를 입력해보자. 편의를 위해 'm+D'와 'm-D'를 한 번에 적용하였다. 이때 결과 값은 [그림 Ⅲ - 13]처럼 'A'가 된다. 즉,

---

90) Sung H. Park, Jiju Antony (2008). "Robust Design for Quality Engineering and Six Sigma", pp.270~272.

$$[\text{망목특성손실함수}] : L(y) = \frac{A_0}{D_0^2}(y-m)^2 \qquad (\text{식 III-21})$$

$$L(m \pm D) = \frac{A_0}{D_0^2}[(m \pm D) - m]^2, \quad Where \ 'y = m \pm D' \text{대입함.}$$

$$= \frac{A_0}{D_0^2}D^2 = A$$

따라서, '생산자 허용 한계'는 $D = \sqrt{\dfrac{A}{A_0}} D_0 = \dfrac{D_0}{\phi}$

(식 III‑21)에서, 'Φ'는 다음과 같이 풀어 쓸 수 있으며, 이 값을 '안전 계수(Safety Coefficient)'라고 한다.

$$\phi = \sqrt{\frac{A_0}{A}} = \sqrt{\frac{\text{품질특성치가 기능한계를 넘었을 때의 '소비자 손실'}}{\text{품질특성치가 규격한계를 넘었을 때의 '생산자 손실'}}} \quad (\text{식 III-22})$$

예를 들어보자. 한 전자 제품 회로의 출력 전압에 대한 '소비자 허용 한계'는 '120±24V'이며, 한계를 벗어날 경우 부품 교환과 소비자 불편으로 인한 비용이 '$A_0 = \$45$'이다. 한편, 생산 중에 회로 전압이 제한 규격 안에 들어오지 않을 경우 저항을 조절할 수 있으며, 비용 'A=$5'이 소요된다고 할 때, '안전 계수'와 '생산자 허용 한계(규격)'를 구해보자.

$$\phi = \sqrt{\frac{A_0}{A}} = \sqrt{\frac{45}{5}} = 3. \qquad (\text{식 III‑23})$$

$$D = \frac{D_0}{\phi} = \frac{24}{3} = 8 \ \Rightarrow \text{생산자 허용 한계} = 120 \pm 8\,V$$

기능 관점에서 고객의 50% 이상이 문제가 있다고 판단하는 한계는 '120±24V'

인 반면, 그 수준을 만족시키기 위한 생산 중의 한계, 즉 규격은 '120±8V'로 매우 **빠듯하다는** 것을 알 수 있다. 이 수준으로 생산 중 관리가 이루어져야 고객 만족을 유지할 수 있다고 판단한다.

'망소 특성'은 'm=0'을 대입하면 되므로 바로 앞 예의 설명과 큰 차이점이 없어 생략하고, '망대 특성'에 대해 '생산자 허용 한계'를 구해보자.

['망대 특성' 사례]
'망대 특성' 그래프인 [그림 Ⅲ‑10]과 (식 Ⅲ‑16)을 이용해 '생산자 허용 한계'를 계산해보자. 이를 위해 '망대 특성'의 '손실 함수' 내 'y=D'를 입력하면 다음과 같다.

$$L(y) = A_0 D_0^2 \frac{1}{D^2} = A \qquad \text{(식 Ⅲ-24)}$$
$$\text{따라서, } D = \sqrt{\frac{A_0}{A}}\, D_0 = \phi D_0$$

(식 Ⅲ‑24)에서 'ϕ'를 '안전 계수(Safety Coefficient)'라고 한다. 예를 들어 보자. 파이프 강도(Strength)의 '소비자 허용 한계'는 '5,000kg/cm²'이고, 만일 이 한계 이하일 경우 파이프의 미터당 150달러의 비용이 든다. 또 가공 공정 내에서 부적합품이 나오면 스크랩 처리에 미터당 20달러가 소요된다고 할 때, '안전 계수'와 '생산자 허용 한계(규격)'를 계산해보자.

$$\phi = \sqrt{\frac{A_0}{A}} = \sqrt{\frac{150}{20}} \cong 2.74 \qquad \text{(식 Ⅲ-25)}$$
$$D = \phi D_0 = 2.74 \times 5,000 = 13,700$$

$$\therefore \text{생산자 허용 한계(규격)} = 13,700 kg/cm^2$$

(식 Ⅲ‑25)의 결과로부터 해당 파이프는 공정 내에서 '13,700kg/cm²' 이상 으로 생산되어야 한다는 것을 알 수 있다. 상당히 높은 내부 관리 규격에 해 당한다.

1.3.8. S/N 비(Signal ‑ to ‑ Noise Ratio)

'다구치 방법'을 학습하면서 항상 마주치는 용어가 'SN 비(Signal-to-Noise Ratio)'이다. 그러나 정확한 의미를 파악하지 못하면 전체를 이해하는 데 애로 사항이 많다. 영문의 축약 표현으로 "SNR", 또는 "S/N"이 쓰인다.

'실험 계획(DOE)'은 '산업공학'에서 주로 다루는 반면, 'SN 비'는 전자공학 이나 물리학 등에서 자주 거론되기 때문에 관심 분야가 다르면 'SN 비'를 마 주칠 일도 별로 없다. 그런데 전자공학에나 나올 법한 이 용어가 '실험 계획' 에 등장하는 이유는 무엇일까? 그것은 'SN 비'를 쓰기 시작한 다구치 박사의 경력과 무관하지 않다. 그의 경력에 대해서는 이미 「1.1. 다구치 방법의 탄생」 에서 그가 1950년도에 일본 전신 전화 주식회사의 전자 통신 연구소에 들어 가 12년간 연구원으로서 미국 벨연구소와 경쟁관계를 가졌다는 점만 알아도 충분하다. 다구치 박사의 머릿속에서 산업공학과 전자공학이 조화롭게 융합되 어 그로부터 아주 유용한 지표를 창조해낸 것이다. 최근 큰 이슈가 되었던 주 제인 '통섭(統攝, Consilience)'쯤 되지 않을까?

[그림 Ⅲ‑3]과 [그림 Ⅲ‑5]를 살펴보면 왜 'SN 비' 같은 측정 수단이 절 실했는지 이해할 수 있다. 다음 [그림 Ⅲ‑14]는 'SN 비'의 역할을 설명하기 위해 '출력' 부분에 내용을 추가한 개요도이다.

[그림 Ⅲ-14] 'SN 비'의 역할

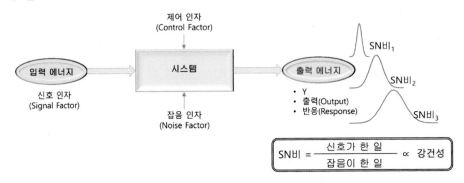

[그림 Ⅲ-14]를 보면 입력의 '신호'가 '출력'을 직접적으로 조정하기 위해
유입됐음에도 과정 중의 '잡음' 영향으로 그 정도에 따라 다양한 산포를 만들
어낸다(그림의 맨 오른쪽 '정규 분포'들). 이때 현재 상태가 어느 수준인지, 또
는 '제어 인자'를 움직여 어느 정도 개선이 되었는지 확인하기 위해선 [그림
Ⅲ-14] 전체를 아우르는 측정 수단이 꼭 필요하다. 다구치 박사는 이 시점에
전자통신 분야에서 쓰이는 회로 효율 평가의 잣대인 '신호 대 잡음 비'를 끌
어들였다. 즉, 'SN 비'가 클수록 검출하고 싶은 좋은 'Y(출력)'에 다가서는 것
이고, 반대로 갈수록 시스템의 기능은 떨어진다고 판단한다. 'SN 비'가 낮다
는 것은 [그림 Ⅲ-14]의 오른쪽 '정규 분포'들 중 산포가 큰 'Y(출력)'가 얻
어졌다는 뜻이며, '잡음'이 크게 작용하고 있음을 나타낸다. 이 같은 관계를
고려할 때 'SN 비'는 「1.3.4. 강건 설계(Robust Design)」에서 설명했던 '강건
성'의 직접적인 척도가 된다는 점도 알 수 있다([그림 Ⅲ-14] 참조). 'SN 비'
를 나타내는 다양한 표현 식을 옮기면 다음과 같다.

$$SN \text{비} \propto \frac{\text{신호의 영향력}}{\text{잡음의 영향력}} \qquad \text{(식 III-26)}$$

$$= \frac{\text{의도된 출력으로 전환된 에너지 (또는 동력)}}{\text{의도되지 않은 출력으로 전환된 에너지 (또는 동력)}}$$

$$= \frac{\text{유용한 출력 에너지}}{\text{유해한 출력 에너지}}$$

$$= \frac{\text{신호가 한 일}}{\text{잡음이 한 일}}$$

$$= \frac{\text{모평균 제곱}(\mu^2)\text{의 추정값}}{\text{분산}(\sigma^2)\text{의 추정 값}} = \frac{\hat{\mu}^2}{\hat{\sigma}^2} \cong \frac{\bar{y}^2}{s^2}$$

'전류량(신호)'에 따라 '소리 크기(Y, 출력)'가 결정되는 시스템에서 원하는 소리가 안 나오고 '지지직~' 하는 소리가 들린다면 에너지 전환 과정 중에 '잡음'이 개입한 것이다. '잡음'의 크기가 크면 클수록 (식 III‐26)의 분모가 커져 전체적인 'SN 비'는 작아진다. 따라서 조정이 가능한 '제어 인자(저항 크기, 콘덴서 용량 등)'를 찾아 '잡음'의 영향력을 낮추면 (식 III‐26)의 분모가 작아져 'SN 비'는 증가한다. 다구치 박사는 이 같은 관계를 (식 III‐26)의 맨 끝에 기술한 "'평균의 제곱'과 '분산'의 비율"로써 설명하였다.

'SN 비'를 좀 더 확실하게 이해하기 위해 그의 탄생 배경을 추적해보자.[91]

"1923년 이전엔 전화기 회로의 '이득'과 '손실'은 표준 전선의 길이(MSC, Miles of Standard Cable)로 나타냈다. 여기서 '표준 전선'은 물성이 '저항 88 Ω/mi'과 '정전 용량 0.054μF/mi'인 '나선-19(제품명)'를 뜻하며, 정상적인 대화 수준의 소리가 입력됐을 때 표준 탄소 송화기의 전기적 출력 수준을 '0 수준 (0.006W)'으로 정하였다. 표준 전선 1마일에서 발생하는 (전기적)손실은 벨 전

---

91) Don Davis, Eugene Patronis (2014). Sound System Engineering, CRC Press, p.33.

화 연구소의 Harvey Fletcher가 정상적인 청자가 쉽사리 들을 수 있는 가장 최소한의 이득을 측정한 것과 거의 같은 양이었는데, 그는 이 단위를 'SU(Sensation Unit, 감성 단위)'로 나타내었다.

1923년에 W. H. Martin은 한 저널(Bell System Technical Journal)에 기존의 MSC와 SU 둘 다를 대체하기 위해 고안된 단위 'TU(Transmission Unit)'를 소개하는 논문을 발표하고 전화시스템 전체에서 함께 사용할 것을 제안하였다(1.0TU=0.947MSC). 당시 유럽에 있는 장거리 전화 국제 자문 위원회의 회원들 중 일부가 새 단위에 긍정적인 반응을 보이면서 적용되었고, 새 단위 'TU'는 다음으로 정의하였다.

$$N(TU) = 10\log\frac{P_1}{P_2}$$ (식 III-27)

여기서,
TU : 전송 단위
P_1 : 측정된 전력, P_2 : 기준으로 사용되는 전력
N : 단위 'TU'가 붙게 될 수치 값

1929년에 이르러 W. H. Martin은 동일한 저널에 'TU'를 '데시벨(Decibel)'로 바꿔 부르는 논문을 또 발표하였다. 참가자들 중의 장거리 전화 국제 자문 위원회는 유럽 내 여러 전화 통신 관리 조직에 'Decibel' 또는 'Naperian' 단위를 적용하도록 제안하였다. 그리고 그들을 'Bel'과 'Neper'로 각각 호칭하였다. 특히 'Decibel'은 'Bel'의 '1/10'이며 측정값들을 더 잘 분해할 목적으로 도입했는데, 'Deci'는 '1/10'을, 'Bel'은 전기 통신학의 창시자인 Alexander Graham Bell의 이름에서 따왔다. 이로써 MSC를 사용해온 지 20여 년이 지나서야 0.1마일 수준까지 파악하는 경지에 이른 것이다. '1dB'과 'NdB'은 다음으로 정의된다.

$$[1 dB 정의] \qquad\qquad [NdB\ 정의] \qquad\qquad\qquad (식\ III\text{-}28)$$

$$\frac{P_1}{P_2} = 10^{0.1} \qquad\qquad \frac{P_1}{P_2} = 10^{N(0.1)}$$

$$\log_{10}\left(\frac{P_1}{P_2}\right) = 0.1 \qquad\qquad \log_{10}\left(\frac{P_1}{P_2}\right) = N(0.1)$$

$$10\log_{10}\left(\frac{P_1}{P_2}\right) = 1\,dB \qquad\qquad 10\log_{10}\left(\frac{P_1}{P_2}\right) = NdB$$

(식 III‐28)의 [1dB 정의]에서 두 전력의 비율이 '$10^{0.1}$'의 값을 보일 때 두 전력량은 '1dB'만큼 차이가 있다고 판단하며 양변에 '$\log_{10}$'을 적용해 '1dB'을 확인한다." ('N dB'에 대해서는 [N dB의 정의]를 참고하기 바란다.)

결국 (식 III‐28)의 '[NdB 정의]'를 참고해서 (식 III‐26)의 'SN비 $\propto \bar{y}^2/s^2$'을 'dB'로 표현하면, 다음과 같다.

$$SN비 = 10\log_{10}\left(\frac{\bar{y}^2}{s^2}\right)dB \qquad\qquad (식\ III\text{-}29)$$

(식 III‐29)를 바탕으로 데이터 유형별 'SN 비' 산식이 만들어진다. '연속 자료'인 '망목 특성', '망소 특성', '망대 특성' 외에, 3장에서는 '이진수 자료/순서 자료'의 'SN 비'를 각각 유도할 것이다. 우선 'Y(반응)'가 '연속 자료'인 '품질 특성치'에 대해 알아보자.

[망목 특성]

'분산'으로 이루어진 식을 얻기 위해 (식 III‐29)에서 '$\bar{y}^2$'을 '표본 분산'인 's^2'의 식으로 나타내보자. 이를 위해 '분산'과 '평균'의 관계를 나타내는 '기댓값(Expected value)' 표현 식을 이용하기 위해 다음에 관계식을 옮겨놓았다 (식의 유도 과정은 출처 참조).[92]

$$V(X) = E[X^2] - (E[X])^2 \qquad \text{(식 Ⅲ-30)}$$

(식 Ⅲ-30)의 '$X = \sum_i y_i$'를 대입하면, 다음과 같은 전개가 가능하다.

$$Var([\sum_i y_i]) = E\Big[[\sum_i y_i]^2\Big] - (E[\sum_i y_i])^2, \qquad \text{(식 Ⅲ-31)}$$

$$\because \left(\begin{array}{l} \text{기댓값 성질에 의해,} \\ - E[\sum_i y_i] = \sum_i E[y_i] = n\mu \\ - Var([\sum_i y_i]) = \sum_i Var[y_i] = n\sigma^2 \end{array} \right)$$

이항해서 정리하고, 해당 값들을 대입하면,

$$E\Big[[\sum_i y_i]^2\Big] = Var([\sum_i y_i]) + (E[\sum_i y_i])^2$$
$$= n\sigma^2 + (n\mu)^2. \qquad \text{양변을 } 'n'\text{으로 나누고 정리,}$$

$$\therefore E\left[\frac{[\sum_i y_i]^2}{n}\right] = \sigma^2 + n\mu^2. \text{ 따라서, (근사) } \frac{[\sum_i y_i]^2}{n} \cong s^2 + n\overline{y}^2 \; -\!-(1)$$

(식 Ⅲ-31)의 (1)식을 '$\overline{y}^2$'에 대해 풀어 정리하면, 다음과 같다. 이 과정은 '망목 특성'의 'SN 비(dB)'를 얻기 위해 (식 Ⅲ-29)의 분자인 '$\overline{y}^2$'를 's^2' 식 으로 표현하기 위함이다.

---

92) 영문 WIKIPEDIA에서 "Variance"로 검색.

(1)을 '$\bar{y}^2$'에 대해 풀어 정리하면, 근사관계식을 얻음.   (식 Ⅲ-32)

$$\bar{y}^2 \cong \frac{1}{n}\left(\frac{[\sum_i y_i]^2}{n} - s^2\right)$$

(식 Ⅲ-32)를 (식 Ⅲ-29)에 대입하면, 다음과 같다.

$$SN비 = 10\log_{10}\left(\frac{\bar{y}^2}{s^2}\right)dB \qquad\qquad\qquad (식\ Ⅲ\text{-}33)$$

$$= 10\log_{10}\left(\frac{\dfrac{1}{n}\left[\dfrac{[\sum_i y_i]^2}{n} - s^2\right]}{s^2}\right)$$

$$\left(\because \frac{[\sum_i y_i]^2}{n} = \frac{1}{n}\left[n\frac{\sum_i y_i}{n}\right]^2, \ where \ '\frac{n}{n}'을 곱해줌\right.$$
$$= \frac{1}{n}\left[n\bar{y}\right]^2$$
$$\left.= n\bar{y}^2 \right)$$

$$= 10\log_{10}\left(\frac{\dfrac{1}{n}\left[n\bar{y}^2 - s^2\right]}{s^2}\right)$$

$$= 10\log_{10}\left(\frac{\bar{y}^2 - s^2/n}{s^2}\right) \ ---(2)$$

만일 (식 Ⅲ-33)의 '(2)'에서 'n'이 충분히 크면 's^2/n'은 무시할 수 있으므로 원래의 식인 다음으로 요약된다.

$$SN\text{비} = 10\log_{10}\left(\frac{\bar{y}^2}{s^2}\right)$$

(식 III-34)

$$= 10\log_{10}\left(\frac{\bar{y}}{s}\right)^2$$

$$= 20\log_{10}\left(\frac{\bar{y}}{s}\right), \; or \; \text{'목표 값'에 일치할 경우} = 20\log_{10}\left(\frac{1}{s}\right)$$

(식 III‐34)를 통해 '신호의 세기($\bar{y}$)'가 크거나 '잡음의 세기(s)'가 작을수록 'SN 비'는 증가하는 것을 알 수 있다. 즉, '강건 설계(또는 파라미터 설계)' 단계 중 '제어 인자'를 조절해 최적화에 이를수록 (식 III‐34)는 최대화에 근접하게 된다.

[망소 특성]

'손실 함수'를 얻을 때와 유사하게 '망목 특성'의 'SN 비' 식인 (식 III‐33)의 '(2)'를 이용할 수 있는데, '망소 특성'은 '목표 값, m=0'이고, 따라서 '망목 특성' 상한 규격만 도입하면 되기 때문이다. 그런데 품질 특성치인 'y=m=0'이 되면 (식 III‐32)는 다음의 결과를 초래할 가능성이 있다.

$$\bar{y}^2 = \frac{1}{n}\left(0 - s^2\right) < 0$$

(식 III-35)

(식 III‐35)의 상황이 발생하면 '망목 특성'의 'SN 비' 식인 (식 III‐33)의 '(2)'식이나 (식 III‐34)식은 활용할 수 없다. '$\log_{10}$(음수)'는 "계산 불가"이기 때문이다. 따라서 '망소 특성'의 'SN 비'는 '망목 특성'의 개념을 적용하는 대신 다른 방도를 고민해야 하는데, 이때 (식 III‐13-2)의 '망소 특성'의 '기대 손실의 추정 값' 식을 이용해 '품질 특성치(Y)'가 작아질수록 반대로 증가

하는 'SN 비' 식을 다음과 같이 도입했다.

[식 $III-13-2$]의 '망소 특성'의 '기대손실의 추정값' 식은,   (식 III-36)

$$\overline{L(y)} = \frac{A_0}{D_0^2}[MSD]$$
$$= \frac{A_0}{D_0^2}\left[\frac{1}{n}\sum_{i=1}^{n} y_i^2\right]$$

$where$ $'MSD'$는 $'0'$으로부터의
            '평균제곱편차($Mean\ Squared\ Deviation$)'
이며,
————————————————————————————
이때, '망소 특성'의 'SN비(dB)'는,

$$SN비 = -10\log_{10}[MSD] = -10\log_{10}\left[\frac{1}{n}\sum_{i=1}^{n}y_i^2\right]dB$$

(식 III - 36)의 위쪽은 '손실 금액'이며, '품질 특성치'인 'y'가 작아질수록 '손실 금액'도 감소하는, 즉 긍정 상태가 된다. 만일 'SN 비'에 'MSD'를 적용할 경우, 긍정 상태가 되기 위해서는 'y'가 작아질수록 거꾸로 'SN 비(dB)'는 증가하는 구조가 되어야 한다. 따라서 '망목 특성'의 'SN 비' 식과 달리 'Log' 앞에 '음수(-)'를 도입해 원하는 상태가 되도록 조정하였다[(식 III - 36) 아래쪽 식 참조].

[망대 특성]

'망대 특성'의 'SN 비(dB)'도 '망소 특성'과 동일한 과정을 밟아 정립된다. 즉 (식 III - 17)의 '망대 특성'의 '손실 함수'를 이용해 다음과 같이 'SN 비'를 유도한다.

[식 $III-17$]의 '망대특성'의 '기대 손실의 추정값' 식은,　　　　　　　(식 $III-37$)

$$\overline{L(y)} = A_0 D_0^2[MSD]$$
$$= A_0 D_0^2 \left[\frac{1}{n} \sum_{i=1}^{n} \frac{1}{y_i^2} \right]$$

$where$　'MSD'는 '0'으로부터의
　　　　'평균제곱편차($Mean\ Squared\ Deviation$)'
이며,

────────────────────────────

이때, '망대 특성'의 'SN비(dB)'는,

$$SN\text{비} = -10\log_{10}[MSD] = -10\log_{10}\left[\frac{1}{n} \sum_{i=1}^{n} \frac{1}{y_i^2} \right] dB$$

　(식 III - 37)은 '품질 특성치(y)'가 증가할수록 'log' 값은 "음의 절대치가 증가"하게 되고, 식 앞의 '-'에 의해 전체적인 'dB'도 따라서 증가하게 되어, '망대 특성'의 면모가 갖춰졌음을 알 수 있다.

[표 $III-5$] 특성별 '손실 함수'와 'SN 비'

특성	손실 함수[L(y)]	기대손실/기대손실의 추정 값	SN 비(dB)
망목	$L(y) = \dfrac{A_0}{D_0^2}(y-m)^2$	$E[L(y)] = \dfrac{A_0}{D_0^2}[\sigma^2 + (\mu - m)^2]/$ $\overline{L(y)} = \dfrac{A_0}{D_0^2}[s^2 + (\overline{y} - m)^2]$	$10\log_{10}\left(\dfrac{\overline{y}^2 - s^2/n}{s^2} \right)$, or $10\log_{10}\left(\dfrac{\overline{y}}{s} \right)^2$
망소	$L(y) = \dfrac{A_0}{D_0^2}[y^2]$	$E[L(y)] = \dfrac{A_0}{D_0^2}[\sigma^2 + \mu^2]/$ $\overline{L(y)} = \dfrac{A_0}{D_0^2}[s^2 + \overline{y}^2]$	$-10\log_{10}\left[\dfrac{1}{n} \sum_{i=1}^{n} y_i^2 \right]$
망대	$L(y) = A_0 D_0^2 \left[\dfrac{1}{y^2} \right]$	$E[L(y)] = A_0 D_0^2 E\left[\dfrac{1}{y^2} \right]/$ $\overline{L(y)} = A_0 D_0^2 \left[\dfrac{1}{n} \sum_{i=1}^{n} \left(\dfrac{1}{y_i^2} \right) \right]$	$-10\log_{10}\left[\dfrac{1}{n} \sum_{i=1}^{n} \left(\dfrac{1}{y_i^2} \right) \right]$
○ 망대특성의 '기대손실(추정 값)'에 대한 분산, 평균으로의 표현은 (식 III-18) 참조.			
○ '기대 손실'은 n개의 데이터가 모집단에 이를 때까지 수집된 경우의 단위(Unit)당 '평균 손실 함수'를, '기대 손실의 추정 값'은 '표본'으로 '기대 손실'을 추정한 값임.			
● 망목 특성의 'SN 비'에서 '목표 값=0'인 경우, '$\overline{y}/s \to 1/s$'로 대체.			

지금까지 설명한 특성별 '손실 함수'와 'SN 비'를 한 곳에 정리하면 [표 Ⅲ
- 5]와 같다.

1.3.9. 직교 배열(Orthogonal Array)

'다구치 박사'의 '직교 배열(표)'는 '다구치 방법'의 근간을 이룬다. 이 도구
는 「1.1. '다구치 방법'의 탄생」에서 설명한 바와 같이 그가 1954~1955년에
'인도 통계 연구소(ISI, Indian Statistical Institute)'의 교수 방문 중 만난 C.
R. Rao와의 인연이 계기가 되었으며, 당시 Rao는 기존의 '라틴 방격(Latin
Squares)'[93]과 관련된 개념들을 현재의 '직교 배열(Orthogonal Arrays)'로 일
반화시켰는데,[94] 다구치 박사는 이를 본인의 '실험 계획'에 반영하였다. 그러
나 상당 기간 '다구치 방법'은 비평의 대상이 되기도 했는데, '실험 계획'의
창시자인 Fisher[95]조차 "'손실 함수'에 대해 실험 통계학자들을 위한다기보다
미국의 비즈니스맨과 구소련 군대의 물자 배급소에서나 더 잘 어울리는 개념"
으로 혹평한 바 있다. 비평 항목들엔 '주 효과' 위주의 설계, 'SN 비'의 사용,
유의한 효과의 판정 방법뿐만 아니라 '상호작용' 파악 때 모호한 직교표의 사
용 등도 포함된다. 물론 비평에 대응할 만한 근거는 있지만 완전한 이론적 배
경을 갖추지 못한 부분이 있는 것도 사실이다.[96] 부족한 부분을 메운 것은 여

---

93) "Square"는, 예로써 '3×3=9개'의 행렬로 이루어진 사각형을, "Latin"은 그 안의 각 셀에 알파벳 등을 입
력해놓은 표를 말한다. 중복되지 않게 배치되어 있으며, 이를 일반화시킨 모습이 현재 쓰고 있는 '실험 계
획'에서의 직교 배열(표)이다. 관심 있는 독자는 WIKIPEDIA에서 "Latin Square"로 검색해서 참조 바람.
94) Raghavarao, Damaraju (1988). Constructions and Combinatorial Problems in Design of
Experiments, p.10.
95) WIKIPEDIA(Taguchi Method): Fisher's 1956 attack on Wald in the 1956 JRSS.
96) '다구치 방법'의 지지자와 비판자의 의견을 모은 다음 논문 참조:
Nair, V. N. (Ed.) (1992). Taguchi's Parameter Design: A Panel Discussion, Technometrics, 34(2),
127-161.

러 산업 현장에서 '다구치 방법'이 매우 큰 성과를 거뒀다는 움직일 수 없는 사실이 크게 작용했다.

'다구치 방법'에서의 '직교 배열(표)'를 학습하기 전에「Ⅰ. 실험 계획 개요」내「2.6. '실험 계획'의 5대 원리」에서 설명한 "직교화의 원리(Principle of Orthogonality)"와,「Ⅱ. 요인 설계」내「1.3.5. [통계 분석] 회귀 분석(Regression Analysis)」에서 설명한 "'주 효과(Main Effect)'의 계산 원리", 그리고 "'상호 작용 효과'의 계산 원리"를 먼저 복습하고 들어오기 바란다. 특히 '주 효과와 상호작용 효과의 계산 원리'는 '직교'의 성질을 경험적으로 이해할 수 있는 초보자에겐 매우 중요한 과정이므로 확실하게 마스터하고 다음 본문을 이어나가 길 권장한다.

'요인 설계'와의 비교

「Ⅱ. 요인 설계」와 '다구치 방법' 용법의 가장 큰 차이점은 무엇일까? 조목 조목 따지면 여러 가지가 있겠지만 두드러진 사항들은 첫째가 '실험 수'이고,

[표 Ⅲ-6] '다구치 방법'과 '완전 요인 설계'의 '실험 수' 비교

설계	단일 수준(다구치 방법)				실험 수(왼쪽 표 중 최대 요인 수 기준)	
	2 수준	3 수준	4 수준	5 수준	완전 요인 설계	다구치 방법
L4	2~3				$2^3=8$	4
L8	2~7				$2^7=128$	8
L9		2~4			$3^4=81$	9
L12	2~11				$2^{11}=2,048$	12
L16	2~15				$2^{15}=32,768$	16
L16			2~5		$4^5=1,024$	16
L25				2~6	$5^6=15,625$	25
L27		2~13			$3^{13}=1,594,323$	27
L32	2~31				$2^{31}=2,147,483,648$	32
○ '설계'열 내의 'L4', 'L8' 등은 '다구치 방법'에서의 '4회, 8회 실험 수'를 지칭. ○ 셀 내의 "~" 전후 수치는 실험에 포함될 '요인 수'임.						

둘째가 '필요한 정보만의 획득'으로 대변된다. '실험 수'는 [표 III‑6]과 같이 '완전 요인 설계'와 '다구치 방법'의 가능한 설계와의 비교를 통해 쉽게 이해할 수 있다.

[표 III‑6]에서 두 실험 방법들 간 '실험 수'는 극명하게 차이 남을 알 수 있다. 예를 들어 비교가 쉽도록 'L12'의 '2 수준'만 보면 '다구치 방법'은 '요인 수=2~11개'까지를 실험 수 '12회'로 수행하지만 '완전 요인 설계' 경우 최대 '$2^{11} = 2048$ 회' 수행한다. 만일 두 실험법이 동일한 결과를 낳는다면 당연히 '다구치 방법'을 선호할 수밖에 없다. 그러나 앞으로 알게 되겠지만 '잡음 인자'를 반영할 때 '다구치 방법'의 실험 수 역시 상당수 늘어난다. 두 번째 '필요 정보만의 획득'은 다음 [표 III‑7]을 통해 이해될 수 있다.

[표 III‑7] '완전 요인 설계'와 '다구치 방법'의 '필요 정보 획득' 비교

상황	○ 2수준, 5인자의 설계
완전요인설계 (2^5 설계) 실험 수=32회	○ 주 효과: A, B, C, D, E ○ 이요인 상호작용 효과: AB, AC, AD, AE,BC, BD, BE, CD, CE, DE ○ 삼요인 상호작용 효과: ABC, ABD, ABE, ACD, ACE, ADE, BCD, BCE, BDE, CDE ○ 사요인 상호작용 효과: ABCD, ABCE, ABDE, ACDE, BCDE ○ 오요인 상호작용 효과: ABCDE
다구치 방법 ($L_8 2^7$ 설계) 실험 수=8회	○ 주 효과: A, B, C, D, E ○ 이요인 상호작용 효과: 요인 할당을 통해 선택적으로 얻음.

[표 III‑7]에서 '완전 요인 설계'는 모든 요인들의 '효과(주 효과+상호작용 효과)'를 '총 32회'의 실험을 통해 걸러내지만, '다구치 방법'은 '총 8회'의 실험을 통해 중요한 '주 효과'만 추출한다. 이때 '이요인 상호작용 효과'는 알고 싶은 항목만 선택적으로 얻는다. 결국 '주 효과'에 비해 상대적으로 영향력이 적은 '상호작용 효과'는 대부분 포기하고 최소한의 실험 수로 핵심 효과만 찾

기 때문에 '다구치 방법'이 더 효율적임을 알 수 있다.

'직교 배열(표)' 표기법

다음 [그림 Ⅲ‐15]는 실험 설계에서 쓰이는 다양한 '직교 배열' 표기 방법을 모아놓은 것이다.

[그림 Ⅲ‐15] '직교 배열' 표현 방법 예

요인 A	요인 B	요인 C	요인 A	요인 B	요인 C	요인 A	요인 B	요인 C	요인 A	요인 B	요인 C
0	0	0	1	1	1	-1	-1	-1	-	-	-
0	1	1	1	2	2	-1	+1	+1	-	+	+
1	0	1	2	1	2	+1	-1	+1	+	-	+
1	1	0	2	2	1	+1	+1	-1	+	+	-

[그림 Ⅲ‐15]는 '2수준 3인자'에 대한 총 '4회' 실험의 예이며, '(0. 1), (1, 2), (-1, +1), (-, +)'로 각각 표현하고 있다. 각 요인의 'Y(반응)'에 대한 영향력은 '효과' 계산을 통해 결정되므로 어떤 표현법을 적용하든 상관없다. 또 '다구치 방법'의 현 '설계'를 기호로 표기하는 방법은 다음 [표 Ⅲ‐8]과 같다.

[표 Ⅲ‐8] '다구치 방법'의 실험 설계 표기법

실험 설계 표기법	
$L_N(p^k)$, [예] $L_8(2^7)$, $L_{27}(3^{13})$, $L_{18}(2^1 \times 3^7)$ 등	
L	직교 배열(표)임을 나타냄. 실험 자체에 미치는 영향은 없음. "Latin Squares(라틴 방격)"의 첫 자 'L'에서 유래함.
N	실험 수. 예를 들어, 'N=8'은 '총 8회'의 실험이 진행됨
p	수준 수. 2 또는 3수준이 일반적임. 2수준이 적용 빈도가 높음.
k	열의 수. '직교 배열(표)'는 열이 정해져 있으며, 요인들을 정해진 열에 할당함. '직교 배열(표)'를 지칭할 때는 [표 Ⅲ-6]에서 '2수준'의 'L₄'가 수용 요인 수가 '2~3'이므로 설계는 최댓값인 '3개'를 적용 '$L_4 2^3$'으로, 'L₁₆'은 수용 요인 수가 '2~15'이므로 설계는 최댓값인 '15개'를 적용해 '$L_{16} 2^{15}$' 등으로 표현함.

[표 Ⅲ-8]을 이용해 [그림 Ⅲ-15]의 표 구조로 나타내면, '$L_4(2^3)$'에 대한 '직교 배열(표)'는 다음 [표 Ⅲ-9]와 같다.

[표 Ⅲ-9] '$L_4(2^3)$'형 직교 배열(표)

구분	내측 배열			외측 배열				
실험 번호	열 번호			잡음1	잡음2	잡음3	…	SN 비
	1	2	3					
1	1	1	1	y_{11}	y_{12}	y_{13}	…	
2	1	2	2	y_{21}	y_{22}	y_{23}	…	
3	2	1	2	y_{31}	y_{32}	y_{33}	…	
4	2	2	1	y_{41}	y_{42}	y_{43}	…	
기본 표시	a	b	ab					

[표 Ⅲ-9]는 '$L_4(2^3)$형 직교 배열(표)'로 총 실험 수는 '4회', '수준'은 모두 '2개(1, 2)'씩이며, 열의 수는 '3개'로 이루어졌음을 미리 알 수 있다. '열 번호'의 '1', '2'에는 두 개의 요인이 들어갈 수 있고, '3'은 그들의 '상호작용'을 나타낸다(표 아래의 '기본 표시' 행 참조). '상호작용'의 영향력이 무시된다면 최대 3개의 요인을 각 열에 배치할 수 있다. 이때는 '주 효과'만 얻을 수 있다. 이와 같이 '요인'들을 해당 위치에 갖다 놓는 작업을 '할당'이라 하고, 해당 공간을 '내측 배열(Inner Array)', 또는 '설계 변수 행렬(Matrix of Design Variables)'이라고 한다.

반면에 '외측 배열(Outer Array)', 또는 '잡음 인자 행렬(Matrix of Noise Factors)'이 있으며, 각 '실험 번호'별로 설정된 조건에서 'Y(반응)'를 측정해 입력하는 난이다. '요인 설계'의 경우와 차이가 많이 나는 공간인데, '다구치 방법'은 '잡음'에 대한 'Y'의 반응(주로 산포)에 관심이 집중된 만큼 여러 '잡음 환경'을 만들어놓고 그 속에서 실험을 진행한 뒤 'Y(반응)'를 얻는다. 만일

'잡음 인자'가 '작업자 숙련도(숙련, 미숙련)'와 '주변 온도(여름 35℃, 겨울 -20℃)'를 정했다면 '총 4개'의 '잡음 인자 환경'이 고려될 수 있다. 이때 '외측 배열'의 '잡음 1=숙련/35℃'를, '잡음 2=미숙련/-20℃' 등으로 환경을 설정해 그 안에서 요인 실험을 수행한다.

[표 Ⅲ - 9]의 오른쪽 끝 열은 'SN 비'이다. 이 열에는 각 행의 'Y'들이 여럿이므로 이들을 통합한 하나의 'Y$_{종합}$'로 만드는 개념이며, 이때 [표 Ⅲ - 5]의 'SN 비' 공식을 이용해 계산된 결과를 입력한다. 다음 [표 Ⅲ - 10]은 사용 빈도가 높은 혼합형의 '$L_{18}(2^1 \times 3^7)$ 직교 배열(표)(2수준 1인자, 3수준 7인자)'를 나타낸다.

[표 Ⅲ - 10] '$L_{18}(2^1 \times 3^7)$'형 직교 배열(표)

실험번호	내측 배열								외측 배열			
	A	B	C	D	E	F	G	H	잡음1	잡음2	…	SN 비
1	1	1	1	1	1	1	1	1				
2	1	1	2	2	2	2	2	2				
3	1	1	3	3	3	3	3	3				
4	1	2	1	1	2	2	3	3				
5	1	2	2	2	3	3	1	1				
6	1	2	3	3	1	1	2	2				
7	1	3	1	2	1	3	2	3				
8	1	3	2	3	2	1	3	1				
9	1	3	3	1	3	2	1	2				
10	2	1	1	3	3	2	2	1				
11	2	1	2	1	1	3	3	2				
12	2	1	3	2	2	1	1	3				
13	2	2	1	2	3	1	3	2				
14	2	2	2	3	1	2	1	3				
15	2	2	3	1	2	3	2	1				
16	2	3	1	3	2	3	1	2				
17	2	3	2	1	3	1	2	3				
18	2	3	3	2	1	2	3	1				

‘혼합형’은 동일 수준으로 이루어진 ‘직교 배열(표)’와 달리 요인들의 ‘수준 (Level) 수’가 서로 혼합되어 있을 때 사용한다. [표 Ⅲ‒10]의 ‘직교 배열 (표)’ 경우 ‘요인 A’가 두 개 수준(1, 2)이고, 다른 요인들(B~H)은 세 개 수준(1, 2, 3)들로 구성되어 있다. 세 개 수준의 활용은 ‘현재 수준’, ‘현 수준보다 작은 값’, ‘현 수준보다 높은 값’으로 구성함으로써, 분석이 완료된 뒤 ‘개선 후 상태(SN 비$_{개선 후}$)’를 ‘개선 전 상태(SN 비$_{개선 전}$)’와 비교할 수 있어 향상 정도를 가늠하는 데 매우 유용하다.

　실험 조건, 즉 ‘요인(Factors)’과 ‘수준(Level)’이 결정되면 이미 만들어진 ‘직교 배열(표)’를 사용하므로 ‘직교 배열(표)’를 일일이 기억하거나 찾아 나설 필요는 없다. 미니탭처럼 통계 프로그램을 이용할 경우 ‘수준’과 ‘요인 수’만 정해주면 다음 [그림 Ⅲ‒16]과 같이 ‘ 사용 가능한 설계 표시(Y)... ’에서 미리 정해놓은 ‘직교 배열(표)’를 찾거나, ‘ 설계(D)... ’에서 그림과 같이 선택하도록 지원하므로 편리하다.

[그림 Ⅲ‒16] 설계 중 ‘직교 배열(표)’의 선택 예

미니탭 『통계분석(S)>실험계획법(D)>Taguchi 설계(T)>Taguchi 설계 생성(C)...』

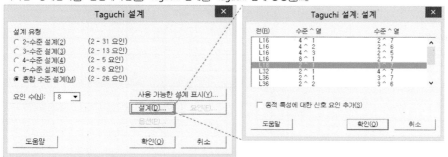

　[그림 Ⅲ‒16]은 [표 Ⅲ‒10]을 얻기 위해 지정한 내용이다.

'요인(Factors)'들의 할당

'직교 배열(표)'에 요인들을 할당하는 방법은 '주 효과만 고려할 때'와 '이요인 상호작용 효과를 고려할 때'로 나누어볼 수 있고, 특히 후자의 경우 할당의 효율을 높이기 위해 '선점도(Linear Graphs)'라는 도구를 이용한다. '선점도'는 "다수의 요인들과 알고 싶은 특정 이요인 상호작용을 교락(배치가 동일함) 없이 할당 가능하도록 만든 그림"이다. 말이 좀 어려운데 이후 본문에서 간단히 알아볼 것이다.

'2수준 5인자(A, B, C, D, E)'의 상황을 가정하자. 일반적으로 '직교 배열(표)'의 선택은 상황에 맞는 '직교 배열(표)'들 중 '실험 수'가 가장 적은 설계를 선택한다. 예를 들어, '직교 배열(표)' 중 '2수준 5인자'에 적용이 가능한 설계는 '$L_8 2^7$, $L_{12} 2^{11}$, $L_{16} 2^{15}$, $L_{32} 2^{31}$'와 같이 네 개가 있으며([표 Ⅲ - 6]의 '2수준' 설계들 중 다섯 개의 요인 수를 수용하는 것들임), 이때 '실험 수=8'인 '$L_8 2^7$'을 선택한다(고 가정한다). 다음 [표 Ⅲ - 11]은 '$L_8 2^7$ 설계'[97])의

[표 Ⅲ - 11] '$L_8 2^7$'형 직교 배열(표)

실험번호	내측 배열							외측 배열			
	열1	열2	열3	열4	열5	열6	열7	잡음1	잡음2	…	SN 비
1	1	1	1	1	1	1	1				
2	1	1	2	2	2	2	2				
3	1	1	3	3	3	3	3				
4	1	2	1	1	2	2	3				
5	1	2	2	2	3	3	1				
6	1	2	3	3	1	1	2				
7	1	3	1	2	1	3	2				
8	1	3	2	3	2	1	3				
기본 표시	a	b	ab	c	ac	bc	abc				

---

97) '$L_8 2^5$' 대신 '$L_8 2^7$'을 쓴 이유는 설계의 일반적 표기법 [표 Ⅲ - 8]의 'k' 설명 참조. 즉, 요인 5개를 수용하면서 8회 실험이 가능한 직교 배열(표) 명칭은 '$L_8 2^7$'임.

'직교 배열(표)'를 나타낸다.

이제 "상호작용이 없는 상황"을 가정할 때, 5개 요인들을 [표 Ⅲ-11]에 할당해보자. 가장 쉬운 방법은 '열1~5'에 요인 'A, B, C, D, E'를 다음 [표 Ⅲ-12]와 같이 차례로 할당한다. 따라서 맨 끝 두 개열은 실험 중 고려하지 않는다(옅은 회색으로 처리).

[표 Ⅲ-12] '$L_8 2^7$'형 '직교 배열(표)'에 5개 요인 할당하기(상호작용 없음)

실험번호	내측 배열							외측 배열			
	A	B	C	D	E	열6	열7	잡음1	잡음2	…	SN 비
1	1	1	1	1	1	1	1				
2	1	1	2	2	2	2	2				
3	1	1	3	3	3	3	3				
4	1	2	1	1	2	2	3				
5	1	2	2	2	3	3	1				
6	1	2	3	3	1	1	2				
7	1	3	1	2	1	3	2				
8	1	3	2	3	2	1	3				
기본 표시	a	b	ab	c	ac	bc	abc				

그러나 '상호작용이 존재할 때'는 할당에 대해 고려가 필요하다. 이를 위해 [표 Ⅲ-11]인 '$L_8 2^7$ 설계'의 '직교 배열(표)'에 다음 [표 Ⅲ-13]과 같이 여러 방식의 할당이 가능하다(상호작용 'AC'가 존재한다고 가정).[98]

---

98) 이하 참조: 노형진, 경기대학교 교수, "Excel을 이용한 실험 계획법, 제12부 직교배열표에 의한 실험의 계획", 중소기업청·대한상공회의소 싱글PPM 품질혁신추진본부, pp.3~11.

[표 Ⅲ-13] '$L_8 2^7$'형 '직교 배열(표)'에 5개 요인 할당하기(상호작용 AC존재)

실험번호	내측 배열							외측 배열			
	열1	열2	열3	열4	열5	열6	열7	잡음1	잡음2	…	SN 비
1	1	1	1	1	1	1	1				
2	1	1	2	2	2	2	2				
3	1	1	3	3	3	3	3				
4	1	2	1	1	2	2	3				
5	1	2	2	2	3	3	1				
6	1	2	3	3	1	1	2				
7	1	3	1	2	1	3	2				
8	1	3	2	3	2	1	3				
기본 표시	a	b	ab	c	ac	bc	abc				
할당 예-1	A	C	AC					남는 열에 B, D, E 할당			
할당 예-2	A			C	AC			남는 열에 B, D, E 할당			
할당 예-3			AC		A	C		남는 열에 B, D, E 할당			
할당 예-4			A	C			AC	남는 열에 B, D, E 할당			

[표 Ⅲ-13]의 아래쪽 네 개 행들에 '상호작용, AC'의 '효과'를 얻기 위한 할당 예들을 기술하였다. 예를 들어, '할당 예-1'은 '열1=A', '열2=C'를 할당하면, 그들의 '상호작용, AC'는 '기본 표시'에 따라 '열3'에 'AC'가 자동 할당된다. '상호작용'도 하나의 '요인'으로 간주하는 것이다. 이때 남은 '열4~7'에 '요인 B, D, E'를 임의로 할당한다.

만일 '할당 예-3'과 같이 '열5=A', '열6=C'를 할당하면, '기본 표시'에 따라 "$ac \times bc = abc^2 = ab$"가 되어, '기본 표시=ab(열3)' 자리에 '상호작용, AC'가 자동 할당되며, 동일하게 남은 '열1, 열2, 열4, 열7'에 '요인 B, D, E'를 임의로 할당한다.

지금과 같이 '상호작용'이 한 개이면 할당에 큰 무리가 없으나 고려해야 할

'상호작용'이 여럿인 경우 할당하는 일이 매우 번거로워진다. 따라서 이런 어려움을 해소시키기 위해 '선점도(Linear Graphs)'를 개발해 활용하고 있다. 참고로 '선점도'는 'L₈', 'L₁₆' 등 설계별로 이미 고안되어 있으므로 적정하게 선택하는 방법이 핵심이다.

예를 들어, '2수준 4인자(A, B, C, D)'의 상황을 고려할 때, '상호작용'이 'AB'와 'BC'가 존재한다고 가정하자. 설계는 'L₈'을 고려한다(고 가정한다). 이때 'L₈'에 대한 '선점도'는 다음 [그림 Ⅲ-17]과 같다('점=주 효과', '선분=상호작용'에 각각 대응함).

[그림 Ⅲ-17] 'L8 설계'에 해당하는 '선점도'

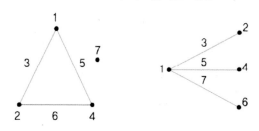

[그림 Ⅲ-17]을 활용하기 위해 우선 주어진 '상호작용'인 'AB'와 'BC'에 대해 직감적으로 '선점도'를 작성한다. 다음 [그림 Ⅲ-18]은 작성 예이다.

[그림 Ⅲ-18] 직접 작성한 예

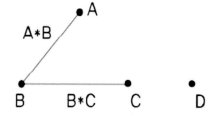

[그림 Ⅲ-18]은 [그림 Ⅲ-17]들 중 '삼각형' 유형과 비슷하므로 요인들을
'삼각형'에 쓰인 번호 열('직교 배열(표)'의 해당 열 번호)에 할당한다. 다음
[표 Ⅲ-14]는 할당한 결과이다.

[표 Ⅲ-14] '4개 요인'들의 'L₈'설계에서 'AB, BC'를 고려한 할당

직감적 선점도		표준 선점도		할당	
				요인	직교표
				A	열1
				B	열2
				C	열4
				D	열7
				AB	열3
				BC	열6
				—	—
				—	—
				—	—

　　다른 예로써, 요인이 5개(A, B, C, D, E)이고, 2수준이며, 고려해야 할 '상
호작용'이 'AB, AC, AD, DE'가 있다고 가정하자. 이때 'L₁₆ 직교 배열(표)'
를 이용하여 요인들을 할당해야 한다(고 가정한다). 다시 'L₁₆'에 대한 '선점
도'를 가져오면 다음 [그림 Ⅲ-19]와 같다.

[그림 Ⅲ-19] 'L16'을 위한 '선점도'

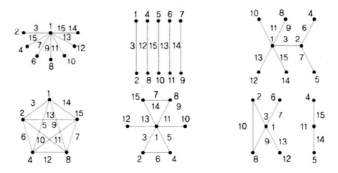

이제 '상호작용, AB, AC, AD, DE'를 고려한 직감적 '선점도'를 다음 [그림 Ⅲ-20]과 같이 작성했다(고 가정한다).

[그림 Ⅲ-20] 직접 작성한 예

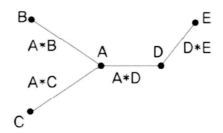

[그림 Ⅲ-20]은 [그림 Ⅲ-19]들 중 '첫 줄 3번째' 유형과 비슷하므로 요인들을 해당 열 번호에 할당한다. 다음 [표 Ⅲ-15]는 할당한 결과이다.

[표 Ⅲ-15] '5개 요인'의 'L₁₆'설계에서 'AB, AC, AD, DE'를 고려한 할당

직감적 선점도	표준 선점도	할당	
		요인	직교표
		A	열1
		B	열10
		C	열12
		D	열2
		E	열4
		AB	열11
		AC	열13
		AD	열3
		DE	열6

'다구치 방법'을 잘 이용할 수 있도록 '선점도'까지 고민해놓은 걸 보면 사람의 사고가 어디까지 미치는 것인지 경이롭기까지 하다. 하나의 문제 해결 방법론을 만든 것도 대단하지만 마무리까지 깔끔하게 처리해놓은 듯한 느낌마저 든다.

1.4. 2-단계 최적화 방법(Two-Step Optimization Procedure)

연구 개발 과정에서 연구원들이 수행하는 통상적인 활동들을 가만히 관찰해 보자. 수명을 늘리거나 강도를 높이려는 시도, 마모율을 줄이거나 접촉 강도 늘리기, 휘도 개선, 회전율 최적화, 수축률 개선 등등 수많은 특성들의 표현은 모두 '평균'에 맞춰져 있다. 이들을 크게 세 가지로 묶어내면 "평균을 낮추거나(망소)", "평균을 맞추거나(망목)", "평균을 높이는(망대)" 시도들이다. 따라서 목표가 분명하고 기본적인 인적자원이나 연구 활동을 지원하기 위한 인프

라가 충분히 갖춰져 있다면 대부분의 연구 활동은 '목표 값(Target Value)'에 근접한 결과를 얻으면서 마무리된다.

반면, 고객 입장을 보면 불만을 토로하는 대상은 '평균'보다 '산포'인 경우가 더 많다. 벗어난 예기이긴 하지만 놀이동산에서 많은 사람들이 선호하는 놀이기구를 타기 위해 푯말에 "여기서부터 대기시간 30분"이란 글귀를 봤음에도 실제는 '65분'을 기다렸다면 어떤 반응을 보일까? '30분'을 참고 기다렸던 대부분의 고객들은 '40분'을 지나 '50분'에 이르러 짜증이 나기 시작할 것이고 시계를 보는 빈도도 늘어나면서 '1분'의 기다림도 점점 못 참아하는 지경에 이를 것이다. 급기야 '60분'이 넘어서면 주변 안내원들에게 한마디, 더 나아가 큰소리가 불거지는 상황까지도 염두에 둬야 한다. 정해놓은 '30분'은 일종의 '평균' 개념이며 고객과의 약속이고, 지켜지는 것에 대해선 당연시되지만 '산포'의 발생은 고려하지 않은 것에 대한 반발심이나 배신감까지 덧붙어 불만족의 강도는 훨씬 거세진다.

우리가 「Ⅱ. 요인 설계」에서 학습했던 '완전 요인 설계', 또는 '부분 요인 설계'는 모두 '평균'의 변화만을 다룬다. 그러나 개발에서 잘 맞춰진 '평균'은 생산 수가 늘어남에 따라 환경의 여러 '잡음' 영향을 받아 애초의 설정 값으로부터 점점 벗어나거나, 목표 값 주변에서 왔다 갔다 하는 경향을 띠게 된다. '중심치 이탈(Off-Target)'이나 '산포'가 발생한 것이다. 다구치 박사는 바로 이 부분에 문제의 핵심이 있다고 본 것이고, 생산 수를 늘리기 전인 연구 개발 단계에서 아예 '중심치 이탈(Off-Target)'이나 '산포'의 문제를 해결하려는 노력을 기울인 것이다. 즉 다양한 '잡음 인자'의 환경을 설정해놓고 그 안에서 '중심치 이탈(Off-Target)'이나 '산포' 모두를 맞추면 향후 양산에 들어가서도 잡음에 둔감(Robust)한 상황을 연출할 것이란 계산에서다. 다행히 실제 이와 같은 사고와 접근은 매우 긍정적 결과를 낳아왔다. 따라서 '다구치 방법'을 수행하기 위한 구체적 접근은 다음의 두 단계로 요약할 수 있으며, 다구치 박사는 이를 "2-단계 최적화 방법(Two-Step Optimization Procedure)"이라고 불렀다. 다음과 같다.

1단계, 고객의 불만족 강도가 높고, 연구 개발 단계에서 크게 고려치 않았던, 또 생산 수가 늘어나면서 제어가 더더욱 어려워지는 '산포'의 개선을 먼저 이룬 후이다(즉, 분산을 줄임, 또는 민감도를 최소화함).
2단계, 벗어난 '평균'을 가능한 한 '목표 값'으로 이동시키는 전략이다. 이때의 '제어 인자'를 '조정 인자'라고도 한다.

그런데 실험의 결과는 각 요인(정확히는 수준)들의 최적 조합을 얻는 문제이며, 이로부터 과연 어떤 방식으로 두 개의 파라미터(평균, 산포)를 각각 원하는 상태로 맞춰놓을지가 초미의 관심사이다. 이에 다구치 박사는 '제어 인자'의 성격을 다음 [표 Ⅲ-16]과 같이 분류해 최적화 과정에 이용할 것을 제안하였다.

[표 Ⅲ-16] '제어 인자'의 성향

'제어 인자' 성향	산포에 영향을 줌	평균에 영향을 줌
성향 1	○	○
성향 2	×	○
성향 3	○	×
성향 4	×	×

예를 들어, 실험에 포함된 요인들 중 '품질 특성치(Y)'의 '산포'에 영향을 미치는 '성향 1'이나 '성향 3' 경우, 'SN 비'가 최대가 되도록 수준들을 정하고, 나머지 '성향 2'를 보이는 '제어 인자'들은 현재의 '평균'을 '목표 값'에

가장 근접해질 수 있도록 조정한다. 이때 '성향 2'는 '평균' 변화에만 관여하므로 앞서 맞춰놓은 'SN 비(산포의 측도로 보면 됨)'에는 별다른 영향을 미치지 않는다. 다음 [그림 Ⅲ－21]은 "2-단계 최적화 방법(Two-Step Optimization Procedure)"의 단계별 활동을 분포도로 표현한 것이다.

[그림 Ⅲ－21] "2-단계 최적화 방법"을 적용한 최적화 과정

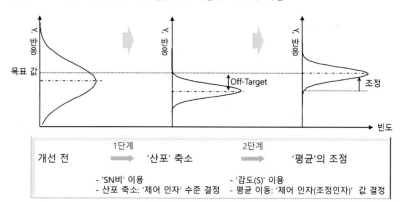

[그림 Ⅲ－21]은 '망목 특성'의 예로써, '개선 전'의 '산포'가 크고, '평균'도 '목표 값'에서 벗어난 상태에서, '1단계'의 'SN 비'를 이용한 '산포 축소'와 '2단계'의 '감도(S)'를 이용한 '평균 목표 값으로의 이동'을 수행한 개요도이다. 분포가 '1단계'에서 '표준 편차'가 줄었고, '2단계'에서 '평균'이 '목표 값'에 근접해 있음을 알 수 있다. 참고로 '감도(S)'는 '망목 특성'의 'S/N 비'인 (식 Ⅲ－34)에서 '분자'를 나타내며, 'SN 비'가 '산포'의 영향력을 평가하는 대신 '평균'에 영향을 주는 요인들을 찾기 위해 사용된다. 다음과 같이 '감도(Sensitivity)'를 정의한다.

'망목특성'의 SN비인 [식 $III-34$]로부터, 즉   (식 $III-38$)

$$SN\text{비} = 10\log_{10}\left(\frac{\bar{y}^2}{s^2}\right) \text{에서}$$

○ 감도$(S) = 10\log_{10}\left(n\bar{y}^2\right)$, [또는 출처에 따라 $10\log_{10}(\bar{y}^2)$]
$$= 20\log_{10}\left(\sqrt{n}\,\bar{y}\right)$$

$\therefore\,'\bar{y}\,'$는 각 '처리조합$(Treatment)$' 별 '평균'임.

    'SN 비'와 '감도'에 대해 '분산 분석(ANOVA, Analysis of Variance)'을 수행해서 '산포'는 'SN 비'가 최대가 되도록 '제어 인자의 수준'을 정하고, '목표 값'에 분포의 평균이 근접하도록 '조정 인자'를 조정하여 최적화를 이룬다. 사례를 통한 자세한 내용은 다음 절에서 논할 것이다.

2. 정특성 강건 설계(연속 자료)

　　　　　　　　　　　　'다구치 방법'의 핵심인 '강건 설계'를 실행하기 위해서는 앞서 언급했던 여러 용어들, 예를 들어 '외측 배열', '내측 배열', '잡음 인자', '강건성', '에너지 이동' 등등에 익숙해야 하고 수치적인 이해도 따라야 한다. 적은 양도 아니거니와 실제 교육을 하다 보면 이론의 낯섦 때문에 처음 입문하는 초보자들이 질려 하거나 "내 분야가 아닌가 보다!" 하고 포기하기 일쑤다. 이런 현상은 비단 초보자들에만 한정되는 얘기는 아니다. '요인 설계'를 업무에 적용하고 있어 어느 정도 실험 계획에 일가견이 있던 연구원들도 한참 동안 이루어지는 사전 학습에 혼란을 겪긴 마찬가지다. 그래서 학습 방법을 바꿔보았다. 사례를 통해 분석으로 바로 들어간 뒤 수치적인 이해를 구해가면서 중간중간 용어나 원리를 병행하는 방식이다. 효과는 기대 이상이었다. 거부감을 상당히 줄이는 데 성공한 것이다. 그래서 '다구치 방법'의 교육을 시작할 땐 늘 다음과 같이 토를 달고 본론으로 들어가는 게 일상이 되었다. "다구치 방법은 본론에 들어가기 전 용어나 원리의 이해 장벽이 너무 높아 마치 아무나 근접하지 못하도록 막아놓은 듯합니다. 소수만 그 효과를 즐기려는 의도인 것 같습니다(웃음). 그런데 실제 상황을 주고 분석을 해보면 그 과정과 결과에 한마디로 'Simple!'이란 느낌을 받게 됩니다. 그래서 일단 '백문이 불여일견'입니다. 한번 보고 이후 생기는 의문들에 대해 논해보겠습니다" 하고 말이다.

　얼마나 'Simple'한 걸까? '요인 설계'에 익숙한 독자라면 해왔던 그대로 하되 '분산 분석' 등의 복잡한 통계 분석 대신 단순히 'SN 비'가 높은 것들만 골라내면 그만이다. 물론 '다구치 방법'의 사례 분석으로 손쉽게 입문했어도 이후 다양한 응용과 고급 정보들에 대한 학습을 게을리해서는 안 된다. 그렇지 않으면 항상 'Simple'의 우물에 갇혀 초보 수준에 머물러 있을 것이기 때문이다.

2.1. 실험 절차

모든 '실험 계획'에 '절차'가 있어야 처음 입문하는 연구원 또는 엔지니어들이 큰 장애 없이 손쉽게 실험에 임할 수 있다. '다구치 방법'의 '강건 설계'도 일반적인 활동 순서가 있으며 다음 [표 Ⅲ-17]과 같다.

[표 Ⅲ-17] '강건 설계'의 실험 절차

절차	활동 내용
Plan	○ 범위 정의 ○ Y(출력, 반응) 선정 ○ '잡음 인자'의 결정 ○ '제어 인자'의 선정과 인자별 '수준' 결정
Do	○ 실험 실시 및 데이터 수집
Check	○ 데이터 분석
Act	○ 재현 실험 실시, 결과 적용 및 보고서 작성

출처에 따라 'Plan' 활동을 세분화하기도 하는데 현업에선 연구나 관리를 계속해오던 상태라 '요인'들의 선정에 대해서는 빠르게 이루어지는 게 일반적이다. 굳이 'Plan'의 세부 항목들에 특별한 고려가 필요하다면 각각을 나눠 조사된 정보나 특이 사항들을 기록해주기 바란다. 본문에서는 쉽게 정해질 수 있다는 가정하에 설명을 진행한다.

2.2. 실험 진행

실험이 '망목 특성'과 '망소/망대 특성'별로 상황이나 풀이 과정에 차이가 있으므로 분리해서 '강건 설계'를 소개한다. 특히 '망소 특성'과 '망대 특성'은 방향만 반대고 'SN 비' 해석이 동일하므로 본문에서는 '망대 특성'만 다루었다. 「1.3.3. '다구치 품질 공학'의 3-단계 접근법」에서 기술한 '시스템 설계 → 파라미터 설계 → 허용차 설계' 중에서 본 단원의 내용은 모두 '파라미터 설계(Parameter)'에 국한한다.

2.2.1. '망목 특성'의 강건 설계

'다구치 방법'을 적용한 '망목 특성'에 대해서는 다구치 박사가 수행했던 초창기(1953년) 때의 대표적 최적화 사례로 "타일 두께의 균일화 과제"가 잘 알려져 있다.[99] 당시 상황을 요약하면 다음과 같다.

[문제 상황]
1953년에 타일 제조사 Ina Seito[100]社는 생산 중인 타일들의 약 1/3이 상위 등급에 미달되는 심각한 문제에 직면하였다. 생산 과정은 다섯 단계로 나뉘었는데, 첫 단계는 점토를 만들기 위해 원료를 나눈 뒤 분쇄해서 뒤섞는 과정이, 두 번째 단계는 점토로 모양을 뜨는 과정, 세 번째 단계는 터널식 가마에서 예열을 하고, 네 번째 단계는 유약 칠, 그리고 최종 단계는 마무리 굽기 과정으로 이루어져 있다. 품질 문제는 바로 세 번째 단계인 예열 과정에서 발생했는데, 80m 가마로 안에서 타일을 적재한 대차가 36시간 동안 이동할 때 적재 타일 위치별 온도 차이가 문제였다. 타일에 온도 차가 생기면 수축률이 달라 일부 제품은 공차를 벗어난다.

---

99) [최초 언급] Taguchi, G.; Wu, Y. (1979). Introduction To Off Line Quality Control; Central Japan Quality Association: Meieki Nakamura-Ku Nagaya, Japan.
　　[보충] Taguchi, G. (1986). Introduction to Quality Engineering - Designing Quality into Products and Processes, Asian Productivity Organization, Tokyo.
　　[추가] Taguchi, G. (1987). System of Experimental Design; UNIPUB Kraus International Publications: White Plains, New York, Vol. 1, 75 - 78.

거론된 해결책은 1) 가마로 전체에 균일한 온도가 유지되도록 약 500,000달러를 추가 투자하는 방안이 있으나 너무 많은 비용이 들었고(당시 전후 사정으로 일본의 외환 사정은 매우 안좋아 이 같은 규모는 엄두도 못 낼 일이었다), 이에 2) 다구치 박사의 제안을 받아들여 점토 혼합이나 제어 조건들을 조정해 불량률을 줄이는 큰 효과를 보았다. 내용은 점토의 수축을 막기보다 일관된 크기로 축소되도록 유도한 것이며, 따라서 애초 타일의 크기를 좀 더 크게 하면 대응할 수 있는 상황이었다. Ina Seito社는 배합을 변경할 8개의 요인을 선정하였다(이하 실험 과정 참조). 실험 결과 새로운 가마를 구입할 필요가 없어졌고, 최적화 과정에서 가장 저렴한 재료를 선택함에 따라 비용 절감도 이루었다. 그러나 비용 절감과 결점률 감소에도 불구하고 생산성 증가로는 연결시키지 못했다. 이 실험에서 '온도'는 '잡음 인자'에 해당한다.

'Plan-Do-Check-Act'의 순서로 '타일 두께' 산포 문제에 대한 '강건 설계'를 다음과 같이 한 단계씩 학습해보자.

[Plan]

이 단계에서는 [표 Ⅲ-17]에 기술된 'Plan'의 세부 항목들에 대해 원활한 실험이 진행될 수 있도록 다음 [표 Ⅲ-18]과 같이 정확하게 정의한다.

[표 Ⅲ-18] '타일 두께' 산포 문제 해결을 위한 'Plan'

항목	내 용
범위 정의	○ 프로세스 범위: 산포 문제를 야기하는 예열 공정
Y(출력)	○ Y(출력): 타일 두께(mm) ○ 규격: 10±0.15mm(망목 특성)

---

100) '이나 세이토 주식회사(Ina Seito, Inc.)'는 1924년 위생기기 및 타일 제조업체로 출발하였고, 1985년 사명을 '이낙스사(INAX Corporation)'로 바꿈. 사업 분야는 크게 타일(내장재 및 외장재 등)과 욕실·세면기구며, 리모델링과 문화산업으로 확장 중.

잡음 인자	○ 실질적 잡음 요인은 '온도'이나 타일 더미 내 위치별로 차이가 나므로 [표 Ⅲ-2]의 '대용 인자' 유형들 중 '위치 간'에 해당.
제어 인자 / 수준	○ A: 석회석양 　　　　　　[5.0%(현행), 1.0%] ○ B: Agalmatolite양 　　　[43%, 53%(현행), 63%] ○ C: Agalmatolite형태 　　[첨가제 넣은 혼합, 현행, 첨가제 안 넣은 혼합] ○ D: Chamotte양 　　　　 [0.0%, 1.0%(현행), 3.0%] ○ E: 첨가제 입자 크기 　　[미세, 현행, 굵음] ○ F: 굽기 차례 　　　　　[첫 번째, 두 번째(현행), 세 번째] ○ G: Feldspar양 　　　　　[7%, 4%(현행), 0%] ○ H: 점토 Type 　　　　　[K-Type, K와 G 반싹(현행), G-Type]
실험 설계	○ 1톤 생산 능력 가마는 실험이 어려워 2kg 능력의 소규모 가마 사용. ○ 개선 후와 비교토록 '수준(Level)'에 '현행' 포함. ○ '상호작용'은 고려하지 않음.

[표 Ⅲ-18]의 '실험 환경'에 기술한 내용은, 실제 가마는 길이 '80m'의 큰 규모이기 때문에 실험에 이용하기 어렵다. 통상 구조와 환경이 동일하면 규모나 크기를 작게 해서 얻은 결과는 그대로 큰 규모의 환경에서도 같은 효과를 낸다는 것이 경험적으로 알려져 있다. 실제 시장에서의 다양한 환경을 실험실 안에서 재현해내는 연구 활동을 연상하면 될 것이다.

항목들 중 '제어 인자/수준'에서 8개 요인들 중 "A: 석회석양"은 수준이 '2개'이며, 나머지 요인들은 모두 '3수준'인 혼합형 실험임을 알 수 있다. 또 각 요인의 '수준'들 중 "현행"으로 적힌 조합은 현재 생산 중 적용하고 있는 조합이며, 실험에 '현 수준'을 포함시키면 최적화 조합을 얻었을 때 개선 정도를 수치로 직접 비교할 수 있는 기회가 주어져 선호된다.

[Do]

본 실험은 '$2^1 \times 3^7$ 혼합형'이며, 해당되는 설계는 다음의 것들이 존재한다. 미니탭 경우 'Taguchi 설계(<u>T</u>)'로 들어가 '인자 수'와 '혼합 수준 설계(M)'를 지정하면 관련된 '직교 배열(표)'가 나타나며, 그들 중 현 실험 환경에 맞는 것을 고른다.

1) $L_{18}2^1 \times 3^7$,

2) $L_{36}2^{11} \times 3^{12}$,

3) $L_{54}2^1 \times 3^{25}$.

기술된 설계들 중 일반적으로 실험 수가 가장 적은 설계를 선택한다. 따라서 '타일 두께' 산포 문제를 해결하기 위해 적합한 설계는 '1) $L_{18}2^1 \times 3^7$'를 적용한다(고 가정한다). 다음 [표 Ⅲ – 19]는 '$L_{18}2^1 \times 3^7$ 직교 배열(표)'이다.

[표 Ⅲ –19] '$L_{18}2^1 \times 3^7$' 직교 배열(표)

No	A 1	B 2	C 3	D 4	E 5	F 6	G 7	H 8	P1	P2	P3	P4	P5	P6	P7	SN 비	평균
1	1	1	1	1	1	1	1	1									
2	1	1	2	2	2	2	2	2									
3	1	1	3	3	3	3	3	3									
4	1	2	1	1	2	2	3	3									
5	1	2	2	2	3	3	1	1									
6	1	2	3	3	1	1	2	2									
7	1	3	1	2	1	3	2	3									
8	1	3	2	3	2	1	3	1									
9	1	3	3	1	3	2	1	2									
10	2	1	1	3	3	2	2	1									
11	2	1	2	1	1	3	3	2									
12	2	1	3	2	2	1	1	3									

13	2	2	1	2	3	1	3	2						
14	2	2	2	3	1	2	1	3						
15	2	2	3	1	2	3	2	1						
16	2	3	1	3	2	3	1	2						
17	2	3	2	1	3	1	2	3						
18	2	3	3	2	1	2	3	1						
내측 배열(Inner Array)									외측 배열(Outer Array)					

[표 Ⅲ-19]를 보면 '총 18회' 실험을 나타내는데, '완전 요인 설계'라면 '4,374회($=2^1 \times 3^7$)'의 실험 수가 필요하다. 그러나 '실험 수'가 '18회'로 착각하는 것도 경계해야 한다. '외측 배열'을 보면 '잡음 인자'의 수준이 'P1~P7' 까지 '7개'이므로 총 얻어야 할 'Y(출력)'는 '126회(=7×18)'에 이른다.

[표 Ⅲ-19]의 맨 끝 열은 'SN 비'와 '평균'이며, 예를 들어, '실험 No. 1' 의 실험에서 얻은 'P1~P7'은 '위치'별 '온도'의 영향으로 '두께' 간 산포가 생기며, 이들을 '망목 특성'의 'SN 비' 식인 '(식 Ⅲ-34)' 또는 [표 Ⅲ-5]' 에 따라 '7개'의 'Y'를 '1개'의 새로운 '$Y_{SN비}$'와 '산술 평균'으로 각각 통합 한다. 다음에 할 일은 '18개의 SN 비'와 '평균'을 이용하여 '최적 조건'을 찾 는 과정으로 연결된다. 실제 실험 과정은 본문에서 보여줄 수 없으므로 수행 됐다고 가정하고 다음 [표 Ⅲ-20]에 그 결과를 옮겨놓았다.

[표 Ⅲ-20] '$L_{18}2^1 \times 3^7$' 설계의 실험 수행 결과

No	A 1	B 2	C 3	D 4	E 5	F 6	G 7	H 8	P1	P2	P3	P4	P5	P6	P7	SN 비	평균
1	1	1	1	1	1	1	1	1	10.18	10.18	10.12	10.06	10.02	9.98	10.20		
2	1	1	2	2	2	2	2	2	10.03	10.01	9.98	9.96	9.91	9.89	10.12		
3	1	1	3	3	3	3	3	3	9.81	9.78	9.74	9.74	9.71	9.68	9.87		
4	1	2	1	1	2	2	3	3	10.09	10.08	10.07	9.99	9.92	9.88	10.14		
5	1	2	2	2	3	3	1	1	10.06	10.05	10.05	9.89	9.85	9.78	10.12		
6	1	2	3	3	1	1	2	2	10.20	10.19	10.18	10.17	10.14	10.13	10.22		

7	1	3	1	2	1	3	2	3	9.91	9.88	9.88	9.84	9.82	9.80	9.93		
8	1	3	2	3	2	1	3	1	10.32	10.28	10.25	10.20	10.18	10.18	10.36		
9	1	3	3	1	3	2	1	2	10.04	10.02	10.01	9.98	9.95	9.89	10.11		
10	2	1	1	3	3	2	2	1	10.00	9.98	9.93	9.80	9.77	9.70	10.15		
11	2	1	2	1	1	3	3	2	9.97	9.97	9.91	9.88	9.87	9.85	10.05		
12	2	1	3	2	2	1	1	3	10.06	9.94	9.90	9.99	9.80	9.72	10.12		
13	2	2	1	2	3	1	3	2	10.15	10.08	10.04	9.98	9.91	9.90	10.22		
14	2	2	2	3	1	2	1	3	9.91	9.87	9.86	9.87	9.85	9.80	10.02		
15	2	2	3	1	2	3	2	1	10.02	10.00	9.95	9.92	9.78	9.71	10.06		
16	2	3	1	3	2	3	1	2	10.08	10.00	9.99	9.95	9.92	9.85	10.14		
17	2	3	2	1	3	1	2	3	10.07	10.02	9.89	9.89	9.85	9.76	10.19		
18	2	3	3	2	1	2	3	1	10.10	10.08	10.05	9.99	9.97	9.95	10.12		

[표 Ⅲ-20]에서, 'No.10 실험'을 예로 들면, '[표 Ⅲ-18]'의 '제어 인자', 총 8개를 '$A_2B_1C_1D_3E_3F_2G_2H_1$'의 수준 조합에서 수행된 것이며, 잡음 환경 '$P_1 \sim P_7$' 속에서 '타일 두께(Y)'는 규격에 맞을 수도, 맞지 않고 크게 벗어날 수도 있는 굴곡 있는 '산포'를 보이게 된다. 이들 '7개'의 'Y'들을 이용해 하나의 'SN 비$_{10}$'으로 통합하면 'No 10 실험'의 '산포'를 대변하는 대푯값이 된다. 따라서 이어지는 작업은 각 실험별 'SN 비'를 계산하는 단계로 자연스럽게 넘어간다.

[Check]

실험 결과에 대한 '분석'이 이루어지는 단계이다. 'P-D-C-A Cycle' 중 분량이 가장 많은 단계이기도 하다. 세부 활동은 「1.4. 2-단계 최적화 방법 (Two-Step Optimization Procedure)」에서 논한 두 개 단계로 진행되며, 각 단계에서 필요한 계산이 이루어진다. 그러나 본문 설명을 항목 하나씩 계산하며 전개해나가면 어디를 향해 가는지 알 수 없으므로 미니탭으로 전체 결과를 먼저 본 뒤 그 안의 값들을 순차적으로 얻어나갈 것이다. 다음 [그림 Ⅲ-22]는 미니탭 계산 과정과 결과를 각각 나타낸다.

미니탭『통계분석(S)>실험계획법(D)>Taguchi 설계(T)>Taguchi 설계 생성(C)...』

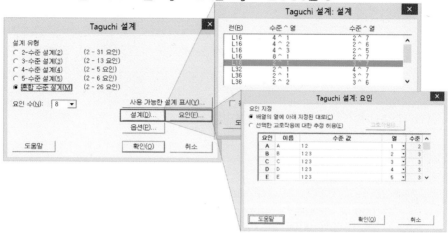

[그림 Ⅲ-22]에서 "설계 유형=혼합 수준 결정", "요인 수=8"을 정한 뒤 ' 설계(D)... '는 '$L_{18}2^1 \times 3^7$'을 선택한 예이다. 해당 조건에서 가장 최소의 실험 수가 '18회'이기 때문이다. 또 ' 요인(F)... '에서 "이름"과 "수준 값"에는 [표 Ⅲ-18]에 기술된 '요인명'과 '수준 값'들을 직접 입력한다. 그러나 편의상 '대화 상자'에 주어진 값 그대로를 이용할 것이다. 이 과정의 결과는 [표 Ⅲ-20]이다.

이어서 [표 Ⅲ-20]의 'SN 비'와 '평균'을 계산해 해당란에 값을 입력한다. 예를 들어, 'No.1 실험'의 '평균'과 'SN 비'는 각각 다음과 같이 얻는다(이후 계산 편의상 '$\bar{y}^2$'을 얻음. '평균($\bar{y}$)'은 괄호 안 산식 참조).

'평균^2'은,   (식 Ⅲ-39)

$$\overline{y}^{\,2}_{No.1} = \left[\frac{(10.18+10.18+10.12+10.06+10.02+9.98+10.20)}{7}\right]^2$$
$$\cong 10.106^2$$
$$\cong 102.1312$$

$where,\ 'No.1'$은 실험의 첫 '처리 조합'.

'SN비'는,   (식 Ⅲ-40)
(식 $Ⅲ-34$), 또는 [표 $Ⅲ-5$]의 '망목특성' SN비 식으로부터,

$$SN비_{No.1} = 10\log_{10}\left(\frac{\overline{y}^{\,2}}{s^2}\right)_{No.1}.$$

$$= 10\log_{10}\left(\frac{10.106^2}{\begin{bmatrix}(10.18-10.106)^2+(10.18-10.106)^2+(10.12-10.106)^2\\+(10.06-10.106)^2+(10.02-10.106)^2+(9.98-10.106)^2\\+(10.20-10.106)^2\end{bmatrix}/6}\right)$$
$$\cong 10\log_{10}(102.1312/0.007562)$$
$$\cong 41.305dB$$

‘No.2~N0.18’도 동일한 과정으로 ‘SN 비’와 ‘평균’을 얻는다. 모두 계산해 [표 Ⅲ-20]의 ‘SN 비’와 ‘평균’의 공란을 채우면 다음 [표 Ⅲ-21]과 같다 (미니탭에선 [그림 Ⅲ-23]의 ‘대화 상자’에서 ‘ 저장(S)... ’으로 들어가 설정해서 얻음).

[표 Ⅲ-21] ‘타일 두께’ ‘산포 문제’ 해결을 위한 실험 결과(SN 비, 평균 계산)

No.	A 1	B 2	C 3	D 4	E 5	F 6	G 7	H 8	P1	P2	P3	P4	P5	P6	P7	SN 비	평균
1	1	1	1	1	1	1	1	1	10.18	10.18	10.12	10.06	10.02	9.98	10.20	41.31	10.11
2	1	1	2	2	2	2	2	2	10.03	10.01	9.98	9.96	9.91	9.89	10.12	42.19	9.99
3	1	1	3	3	3	3	3	3	9.81	9.78	9.74	9.74	9.71	9.68	9.87	43.65	9.76
4	1	2	1	1	2	2	3	3	10.09	10.08	10.07	9.99	9.92	9.88	10.14	40.34	10.02

5	1	2	2	2	3	3	1	1	10.06	10.05	10.05	9.89	9.85	9.78	10.12	37.74	9.97
6	1	2	3	3	1	1	2	2	10.20	10.19	10.18	10.17	10.14	10.13	10.22	50.03	10.18
7	1	3	1	2	1	3	2	3	9.91	9.88	9.88	9.84	9.82	9.80	9.93	46.34	9.87
8	1	3	2	3	2	1	3	1	10.32	10.28	10.25	10.20	10.18	10.18	10.36	43.21	10.25
9	1	3	3	1	3	2	1	2	10.04	10.02	10.01	9.98	9.95	9.89	10.11	43.13	10.00
10	2	1	1	3	3	2	2	1	10.00	9.98	9.93	9.80	9.77	9.70	10.15	36.04	9.90
11	2	1	2	1	1	3	3	2	9.97	9.97	9.91	9.88	9.87	9.85	10.05	42.88	9.93
12	2	1	3	2	2	1	1	3	10.06	9.94	9.90	9.99	9.80	9.72	10.12	36.98	9.93
13	2	2	1	2	3	1	3	2	10.15	10.08	10.04	9.98	9.91	9.90	10.22	38.46	10.04
14	2	2	2	3	1	2	1	3	9.91	9.87	9.86	9.87	9.85	9.80	10.02	43.15	9.88
15	2	2	3	1	2	3	2	1	10.02	10.00	9.95	9.92	9.78	9.71	10.06	37.69	9.92
16	2	3	1	3	2	3	1	2	10.08	10.00	9.99	9.95	9.92	9.85	10.14	40.23	9.99
17	2	3	2	1	3	1	2	3	10.07	10.02	9.89	9.89	9.85	9.76	10.19	36.60	9.95
18	2	3	3	2	1	2	3	1	10.10	10.08	10.05	9.99	9.97	9.95	10.12	43.48	10.04

　　모든 수치는 소수점 셋째 자리에서 반올림했으므로 실제 통계 프로그램의 결과와 약간 차이가 날 수 있다. 다음 [그림 III-23]은 미니탭의 분석 과정에 대한 '대화 상자'이다.

[그림 III-23] 미니탭 분석 과정(타일 두께)

미니탭 『통계분석(S)>실험계획법(D)>Taguchi 설계(T)>Taguchi 설계 분석(A)...』

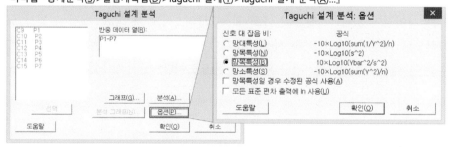

[그림 Ⅲ–23]에서 '망목 특성'은 두 개이며, 그들 중 'Ybar'가 포함된 산식을 선택한다. 'Ybar'가 들어 있지 않은 식은 '목표 값=0'인 경우에 사용한다 ([표 Ⅲ–5] '비고' 참조). 다음 [그림 Ⅲ–24]는 분석 결과이다.

[그림 Ⅲ–24] '타일 두께'의 최적화를 위한 '$L_{18}2^1 \times 3^7$ 설계'의 분석 결과

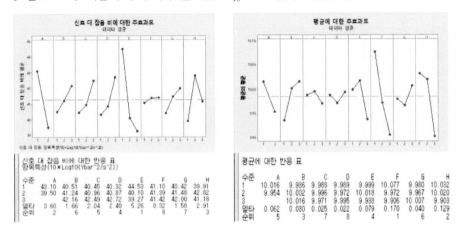

최적화로 들어가기 전에 [그림 Ⅲ–24]의 수준별 'SN 비'와 '평균'들을 계산해보자. [표 Ⅲ–21]과는 'SN 비'와 '평균'을 '요인별'과 '수준별'로 나눠놨다는 차이점이 있다. 계산 예는 [표 Ⅲ–21]의 '직교 배열(표)'에서 편의상 규칙적으로 배열된 '요인 B'를 사용하겠다. 다음 [그림 Ⅲ–25]는 '요인 B'의 '3 수준'에 대한 'SN 비'와 '평균'의 계산 개요도이다.

No	A	B	C	D	E	F	G	H	P1	P2	P3	P4	P5	P6	P7	SN비	평균
	1	2	3	4	5	6	7	8									
1	1	1	1	1	1	1	1	1	10.18	10.18	10.12	10.06	10.02	9.98	10.2	41.31	10.11
2	1	1	2	2	2	2	2	2	10.03	10.01	9.98	9.9					
3	1	1	3	3	3	3	3	3	9.81	9.78	9.74	9.					
4	1	2	1	1	2	2	3	3	10.09	10.08	10.07	9.					
5	1	2	2	2	3	3	1	1	10.06	10.05	10.05	9.89	9.78	10.12		37.74	9.97
6	1	2	3	3	1	1	2	2	10.2	10.19	10.18	10.17	10.14	10.13	10.22	50.03	10.18
7	1	3	1	2	1	3	2	3	9.91	9.88	9.88	9.84	9.82	9.8	9.93	46.34	9.87
8	1	3	2	3	2	1	3	1	10.92	10.28	10.29	10.2	10.18	10.13		43.21	10.25
9	1	3	3	1	3	2	1	2	10.04	10.02	10.01	9.98	9.95	9.89	10.11	43.13	10.00
10	2	1	1	3	3	2	2	1	10	9.98	9.93	9.8	9.77	9.7	10.15	36.04	9.90
11	2	1	2	1	1	3	3							9.05		42.88	9.93
12	2	1	3	2	2	1								2		36.98	9.93
13	2	2	1													38.46	10.04
14	2	2	2	3	1	2	1	3	9.91	9.87	9.86	9.87	9.85	9.8	10.02	43.15	9.88
15	2	2	3	1	2	3	2	1	10.02	10	9.95	9.92	9.78	9.71	10.06	37.89	9.92
16	2	3	1	3	2	3	1	2	10.08	10	9.99	9.95	9.92	9.85	10.14	40.23	9.99
17	2	3	2	1	3	1	2	3	10.07	10.02	9.89	9.89	9.85	9.76	10.13	36.60	9.95
18	2	3	3	2	1	2	3	1	10.1	10.08	10.05	9.99	9.97	9.95	10.12	43.48	10.04

'요인 B'의 '3수준'에 대한 'SN비'들을 평균 냄.
$$\overline{SN}_{B.3} = \frac{46.34 + 43.21 + 43.13 + 40.23 + 36.60 + 43.48}{6} \cong 42.16$$

'요인 B'의 '3수준'에 대한 '평균'들을 평균 냄.
$$\overline{평균}_{B.3} = \frac{9.87 + 10.25 + 10.00 + 9.99 + 9.95 + 10.04}{6} \cong 10.016$$

[그림 Ⅲ-25]는 '요인 B'의 '수준(1, 2, 3)'들 중 설명이 쉽도록 '3수준'에 대해서만 'SN 비'와 '평균'을 계산한 결과이다. '3수준'에 대응하는 'SN 비'와 '평균'들을 평균한 값이며, [그림 Ⅲ-24]의 '요인 B, 3수준'의 'SN 비' 및 '평균'과 값이 일치함을 알 수 있다. 다른 요인들의 각 수준별 'SN 비'와 '평균'도 동일한 과정으로 계산한다. 다음은 [그림 Ⅲ-25]의 두 계산 과정을 식으로 다시 옮겨놓은 것이다.

'요인 B'의 3수준, 'SN비'와 '평균'   (식 Ⅲ-41)

$$\overline{SN비}_{B.3수준} = \frac{46.34 + 43.21 + 43.13 + 40.23 + 36.60 + 43.48}{6} = 42.16$$

$$\overline{평균}_{B.3수준} = \frac{9.87 + 10.25 + 10.00 + 9.99 + 9.95 + 10.04}{6} = 10.016$$

[그림 Ⅲ-24]에서 해석해야 할 내용들 중 남은 것은 '델타(Delta)'와 '순위'이다. 해당 부위만 다음 [그림 Ⅲ-26]에 다시 옮겨놓았다.

[그림 Ⅲ-26] 요인별 '델타'와 '순위' 구하기('요인 B'의 예)

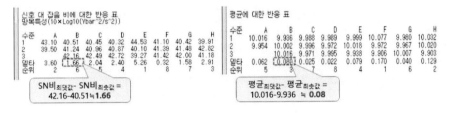

[그림 Ⅲ-26]의 '요인 B'에 대한 '델타'는 다음의 식으로 얻어진다.

$$'요인\ B'의\ 'SN비'와\ '평균'의\ 각\ '델타(\Delta)'는, \qquad (식\ Ⅲ-42)$$

$$수준의\ SN비_{최댓값} - 최솟값 = 42.16 - 40.51 \cong 1.66$$
$$수준의\ 평균_{최댓값} - 최솟값 = 10.016 - 9.936 \cong 0.08$$

다른 요인들의 '델타'도 동일 과정으로 얻는다(계산은 생략). '델타'의 크기는 요인의 '수준'이 바뀔 때 'Y'가 얼마나 흔들리나(변동하는가)의 척도가 되므로 큰 값일수록 '순위'는 높게 설정된다. 즉 '순위'는 'Y'에 영향력이 큰 요인들의 순위이며 [그림 Ⅲ-26]에서 '델타'의 크기를 통해 확인할 수 있다. 본 실험에서는 다음과 같이 영향의 정도(순위)를 정리할 수 있다.

$$'산포'에\ 영향력\ 있는\ 요인들\ 순위, \qquad (식\ Ⅲ-43)$$
$$E > A > H > D > C > B > G > F$$
$$'평균'에\ 영향력\ 있는\ 요인들\ 순위,$$
$$F > H > B > E > A > G > C > D$$

(식 Ⅲ‒43)에서 관심 둬야 할 뚜렷한 대상은 'F'와 'B'인데, 둘은 '산포'에는 별다른 영향을 미치지 않으나 '평균'엔 큰 영향을 미치고 있다. 이런 성향을 이용하면 「1.4. 2-단계 최적화 방법(Two-Step Optimization Procedure)」에서 논한 '1단계'와 '2단계'의 최적화의 접근이 가능하다. 이 과정을 진행해보자.

(1단계-산포의 개선) 'SN 비'를 이용해야 하므로 [그림 Ⅲ‒24]의 결과들 중 "신호 대 잡음 비에 대한 주 효과도"와 "신호 대 잡음 비에 대한 반응 표"를 다음 [그림 Ⅲ‒27]에 다시 가져다 놓았다.

[그림 Ⅲ‒27] 'SN 비'를 이용한 '산포' 개선

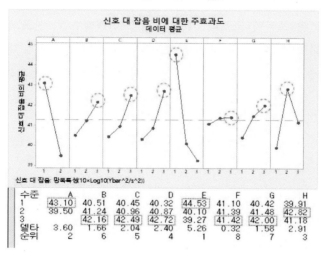

「1.3.8. SN 비(Signal‒to‒Noise Ratio)」에서 '망목/망소/망대' 모두 긍정적 방향으로 갈수록 'SN 비'는 '증가'하게 만들어졌었다. 따라서 [그림 Ⅲ‒27]의 "신호 대 잡음 비에 대한 주 효과도"를 통해 각 요인별로 수준의 'SN

비'가 큰 것들을 선택하면 그 조합이 '산포'가 최소가 되는 조건이 된다. 따라서 '산포'를 최소화시킬 요인별 수준들의 조합은 다음과 같다.

'산포'의 최소화 조건 　　　　　　　　　　　　　　　　　　　(식 Ⅲ-44)

$$A_1 - B_3 - C_3 - D_3 - E_1 - F_3 - G_3 - H_2$$

(2단계-평균의 개선) (식 Ⅲ-43)에서 설명한 바와 같이 '요인 F와 B'들은 '산포'에 미치는 영향은 크지 않은 데 반해 '평균'에는 매우 큰 영향력을 미친다. 반면에 '요인 H'는 '산포'와 '평균' 모두에 큰 영향을 미치며, 이 경우 '산포'를 줄이는 쪽에 우선순위를 둔다. 따라서 '요인 F와 B'의 '수준'들 중 '목표 값'인 '10'에 조금이라도 더 가까운 값을 선택해주면 '산포'와 '중심 값' 모두를 최적화할 수 있다. 이를 위해 [그림 Ⅲ-24]의 "평균에 대한 주 효과도"와 "평균에 대한 반응 표"를 다음 [그림 Ⅲ-28]에 다시 옮겨놓았다.

[그림 Ⅲ-28] '조정 인자'를 이용한 '평균' 개선

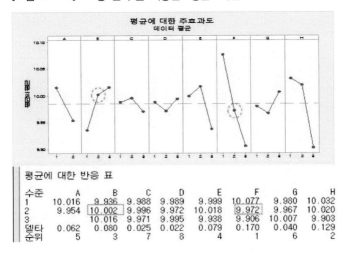

평균에 대한 반응 표

수준	A	B	C	D	E	F	G	H
1	10.016	9.936	9.988	9.989	9.999	10.077	9.980	10.032
2	9.954	10.002	9.996	9.972	10.018	9.972	9.967	10.020
3		10.016	9.971	9.995	9.938	9.906	10.007	9.903
델타	0.062	0.080	0.025	0.022	0.079	0.170	0.040	0.129
순위	5	3	7	8	4	1	6	2

[그림 Ⅲ-28]에서 '평균'에 영향을 크게 미치는 'F, B'의 수준들 중 '목표 값=10'에 근접한 'F=2수준', 'B=2수준'을 각각 선택한다. 기술적 판단과 비용 등을 고려해 'F' 하나만 '조정 인자'로 활용할 수 있다. 본문에서는 'F, B' 두 개 요인들을 활용하였다(고 가정한다).

따라서 '1단계'와 '2단계'를 거친 뒤 결정된 '최적 조건'은 다음과 같다.

'최적 조건' (식 Ⅲ-45)

$$A_1 - B_2 - C_3 - D_3 - E_1 - F_2 - G_3 - H_2$$

'최적 조건'을 얻었으면 'Act'로 넘어가 '예측 값'을 이론적으로 계산한 뒤, 실제 '재현 실험'을 통해 '예측 값'과 '실험 값'들 간의 일치도를 확인한다.

[Act]

'예측 값'은 '최적 조건'으로 양산하게 될 때 얻게 될 'SN 비'와 '평균'의 추정 값이다. '예측 값'은 '요인들의 영향도를 덧셈'해서 얻는데, 이를 '가법성(加法性)' 또는 '가성성(加成性)'이라고 한다. '가법성'은 "어떤 효과들의 합이 전체의 효과가 되는 성질이다."

요인들의 영향도를 더한다는 의미는 각 요인들이 전체 'SN 비의 평균'에 견주어 얼마만큼 'SN 비'를 높여주었는지에 대한 평가다. 수치로 표현하면 다음과 같다.

$$SN비_{최적} = \overline{SN} + (SN_{A1} - \overline{SN}) + (SN_{B2} - \overline{SN}) + (SN_{C3} - \overline{SN}) \qquad \text{(식 III-46)}$$
$$+ (SN_{D3} - \overline{SN}) + (SN_{E1} - \overline{SN}) + (SN_{F2} - \overline{SN})$$
$$+ (SN_{G3} - \overline{SN}) + (SN_{H2} - \overline{SN})$$
$$= 41.3 + (43.1 - 41.3) + (41.24 - 41.3) + (42.49 - 41.3)$$
$$+ (42.72 - 41.3) + (44.53 - 41.3) + (41.39 - 41.3)$$
$$+ (42.00 - 41.3) + (42.82 - 41.3)$$
$$\cong 51.17 dB$$

(식 III‐46)을 보면 "요인별 최적 조건에서의 SN 비"와 "SN 비 전체 평균"과의 '차'를 모두 더하고 있다. 이것은 **"각 요인이 SN 비 전체 평균 대비 영향을 미친 정도를 모두 합"**한 결과이다. 이들의 합을 다시 '$\overline{SN}_{tot}$'에 더하면 전체 상승효과가 얻어진다. '평균$_{최적}$'도 유사한 방법으로 얻는다. 다음과 같다.

$$평균_{최적} = \overline{평균} + (평균_{A1} - \overline{평균}) + (평균_{B2} - \overline{평균}) + (평균_{C3} - \overline{평균}) \qquad \text{(식 III-47)}$$
$$+ (평균_{D3} - \overline{평균}) + (평균_{E1} - \overline{평균}) + (평균_{F2} - \overline{평균})$$
$$+ (평균_{G3} - \overline{평균}) + (평균_{H2} - \overline{평균})$$
$$= 9.985 + (10.016 - 9.985) + (10.002 - 9.985) + (9.971 - 9.985)$$
$$+ (9.995 - 9.985) + (9.999 - 9.985) + (9.972 - 9.985)$$
$$+ (10.007 - 9.985) + (10.02 - 9.985)$$
$$\cong 10.087$$

'최적 조건'에서 예상되는 결과인 (식 III‐46)을 '현 수준'과 비교하면 개선 정도를 예측할 수 있다. '현 수준'은 이미 'Plan'의 [표 III‐18]에서 각 요인의 두 번째 수준을 지정해둔 바 있다('요인 A'만 '1수준'). 따라서 (식 III‐46)과 동일한 방법으로 '현 수준'의 'SN 비'를 구하면 다음과 같다.

$$SN\text{비}_{\text{현 수준}} = \overline{SN} + (SN_{A1} - \overline{SN}) + (SN_{B2} - \overline{SN}) + (SN_{C2} - \overline{SN}) \quad \text{(식 III-48)}$$
$$+ (SN_{D2} - \overline{SN}) + (SN_{E2} - \overline{SN}) + (SN_{F2} - \overline{SN})$$
$$+ (SN_{G2} - \overline{SN}) + (SN_{H2} - \overline{SN})$$
$$= 41.3 + (43.1 - 41.3) + (41.24 - 41.3) + (40.96 - 41.3)$$
$$+ (40.87 - 41.3) + (40.1 - 41.3) + (41.39 - 41.3)$$
$$+ (41.48 - 41.3) + (42.82 - 41.3)$$
$$\cong 42.84 dB$$

최적 수준의 'SN 비(식 III‐46)'와 현 수준의 'SN 비(식 III‐48)' 간 차이를 '이득(Gain)'이라고 한다. 전자공학 등에서 쓰이는 용어 그대로가 사용된다. 따라서 '타일 두께'의 최적화로 인한 '이득'은 다음으로 결정된다.

$$\text{이득}(Gain) = SN\text{비}_{\text{최적}} - SN\text{비}_{\text{현수준}} \quad \text{(식 III-49)}$$
$$= 51.17 dB - 42.84 dB$$
$$\cong 8.33 dB$$

(식 III‐49)의 '이득(Gain)'을 이용해 다음과 같은 두 개의 개선 성과를 가늠할 수 있으며, 세 번째 항목은 처음과 두 번째를 실제 확인하는 '재현 실험'이다.

1) '표준 편차(또는, Variability)'의 개선 정도
2) '손실 금액'의 개선 정도
3) 재현 실험

1) '표준 편차'의 개선 정도

다음 관계식을 통해 '현 수준' 대비 '개선 수준'에서 '표준 편차'가 어느 정도 개선되었는지 평가한다.

이득$(Gain) = SN$비$_{최적} - SN$비$_{현수준}$ (식 Ⅲ-50)

$$= 10\log_{10}(\bar{y}/s)^2_{최적} - 10\log_{10}(\bar{y}/s)^2_{현수준}$$

$$\frac{Gain}{10} = \log_{10}(\bar{y})^2_{최적} - \log_{10}(s)^2_{최적} - \log_{10}(\bar{y})^2_{현수준} + \log_{10}(s)^2_{현수준}$$

$$\left[\begin{array}{l} \because \text{만일, '평균'이 '목표값'에 맞춰져 있다면} \\ \bar{y}_{현수준} = \bar{y}_{최적} \end{array}\right]$$

$$= \log_{10}(s)^2_{현수준} - \log_{10}(s)^2_{최적}$$

$$= \log_{10}\left(\frac{s_{현수준}}{s_{최적}}\right)^2 \quad ----- 1) \quad (\text{지수로 바꾸면})$$

$$10^{\frac{Gain}{10}} = \left(\frac{s_{현수준}}{s_{최적}}\right)^2$$

$$\frac{s_{현수준}}{s_{최적}} = \left(10^{\frac{Gain}{10}}\right)^{1/2} = 10^{\frac{Gain}{20}} \quad --2)$$

$$\left[\begin{array}{l} \because \text{'1)' 식에서, '}s_{최적}\text{'이 50\% 줄면, '}s_{현수준}/s_{최적} = 2\text{'이며, 이때} \\ \text{이득}(Gain) \cong 6dB\text{' 이됨. 따라서, }6dB\text{를 기준으로} \\ \text{식 '2)'를 조정하면 개선 폭 파악이 수월해짐. 즉,} \end{array}\right]$$

$$\frac{s_{현수준}}{s_{최적}} = 10^{\frac{Gain}{20}} = 10^{\frac{Gain}{6 \times (10/3)}}$$

$$= \left[10^{\frac{1}{(10/3)}}\right]^{\frac{Gain}{6}}$$

$$\cong 2^{\frac{Gain}{6}}$$

$$\rightarrow s_{최적} = 2^{-\left(\frac{Gain}{6}\right)} \times s_{현수준} \quad \text{이므로}$$

$$\therefore s_{최적} = \left(\frac{1}{2}\right)^{\frac{Gain}{6}} \times s_{현수준} \quad ----- 3)$$

(식 Ⅲ‑50)의 '식 3)'[101]을 이용해 (식 Ⅲ‑49)의 '이득'으로 '표준 편차(또는 변동성)'가 얼마나 개선되었는지 알아보면 다음과 같다.

$$s_{최적} = \left(\frac{1}{2}\right)^{\frac{8.33}{6}} \times s_{현수준} \qquad \text{(식 Ⅲ‑51)}$$
$$\cong 0.382 \times s_{현수준} \quad (즉, 약 61.8\% 개선)$$

(식 Ⅲ‑51)은 개선 후 '표준 편차'가 '약 61.8%(=100 ‑ 38.2)' 줄어들었음을 알려준다. 현업에서 일어날 상황이라면 엄청난 개선을 이룬 것이다.

2) '손실 금액'의 개선 정도

'SN 비'의 개선으로 기존 '손실 금액'이 어느 정도 감소되는지 추정할 수 있는데, 관련 식은 '망대 특성(또는 '망소 특성')'의 'SN 비' 식과 '손실 함수' 식을 결합해 유도된다. 이 식은 '망목 특성'에도 그대로 적용된다.[102] 관련 식은 다음과 같으며, 식의 유도 과정은 이어질 '망대 특성'의 「Act 단계」를 참고하기 바란다[(식 Ⅲ‑59)~(식 Ⅲ‑61) 참조].

$$이득(Gain) = SN비_{최적} - SN비_{현수준} = TRIANGLE SN비 = 8.33dB \qquad \text{(식 Ⅲ‑52)}$$

$$개선후 손실금액[\overline{L(y)}_{최적}] = 10^{-\frac{Gain}{10}} \times 개선 전 손실금액[\overline{L(y)}_{현수준}]$$
$$\cong 10^{-\frac{8.33}{10}} \times 개선 전 손실금액[\overline{L(y)}_{현수준}]$$
$$\cong 0.147 \times 개선 전 손실금액[\overline{L(y)}_{현수준}]$$

$$\therefore 약 85.3\% 만큼 손실금액이 감소.$$

---

101) (식 Ⅲ‑50)의 유도 과정 중 "평균이 목표 값에 맞춰져 있다면"의 가정은 W. Y. Fowlkes, C. M. Creveling (2000). Engineering Methods for Robust Product Design Using Taguchi Methods in Technology and Product Development, Addison-Wesley, p.85 참조.
102) 이상복(2001), 『미니탭을 이용한 다구치 기법 활용』, 이레테크, p.83.

(식 Ⅲ‑52)의 금전적 효과가 어느 정도 되는지 가늠하기 위해 사전 정보는 없지만 타일의 품질 문제가 생겨 '타일 개당 평균 품질 손실 금액(즉, $\overline{L(y)}_{현수준}$=1달러'라고 가정하자('개당 손실 금액'의 계산은 '[표 Ⅲ‑3]' 참조).

개선 후 타일 개당 평균   (식 Ⅲ‑53)
○ 손실 금액 $\left[L(y)_{최적}\right] = 0.147 \times \$1 \cong \$0.147.$

따라서,
○ 타일 개당 효과 금액 $= \$1 - \$0.147 \cong \$0.853$

연간 10만 개를 생산한다면,
○ 100,000개 $\times \$0.853 \cong \$85,300$ 만큼 절감 예상.

(식 Ⅲ‑53)에서 얻을 수 있는 긍정적 정보는 개선된 실제 '손실 금액'의 규모보다 '다구치 방법'의 진행으로 금전적 효과를 예측할 수 있다는 것과, 경영자들로 하여금 활동의 추진 당위성을 설득하는 데 강력한 자료로 이용될 수 있다는 점이다.

3) 재현 실험

'재현 실험'은 'Act 단계'에서 얻어진 'SN 비$_{최적}$(식 Ⅲ‑46)'과 '이득(식 Ⅲ‑49)'이 실제 '최적 조건'에서 예측대로 나오는지 확인하는 활동이다. 방법은 예상되는 여섯 가지의 시나리오를 전제로 적절하게 후속 조치를 취하는 게 핵심이다. '재현 실험'을 통해 얻어지는 가능한 시나리오는 다음 [표 Ⅲ‑22]와 같으며, '망목 특성'뿐만 아니라 '망소/망대 특성'에도 그대로 적용된다.

[표 Ⅲ-22] 'Act단계'에서 '재현 실험' 후 예상되는 시나리오와 대응책

		예상 시나리오 예		대응책
		예측	확인	
상황 1	개선 전	43.40	42.90	재현성('예측'과 '확인'의 일치도)과 '이득' 모두 우수함. 예측보다 좋으므로 수용함.
	개선 후	51.67	51.57	
	이득	8.27	8.67	
상황 2	개선 전	8.40	8.20	재현성과 '이득'이 양호하진 않으나 수용 가능함. 통상 75% 수준 이상이면 수용함.
	개선 후	51.67	48.67	
	이득	8.27	5.77	
상황 3	개선 전	43.40	42.90	'이득'이 절반만 재현되었고 값도 크지 않음. [예상 원인]1.요인들 간 상호작용, 2. 잡음인자 선정 문제, 3. 실험 중 오차 발생 가능성
	개선 후	51.67	45.57	
	이득	8.27	4.67	
상황 4	개선 전	43.40	42.90	효과들의 재현성과 '이득'이 거의 없음. 실험 전체에 대한 점검.
	개선 후	51.67	42.77	
	이득	8.27	-1.87	
상황 5	개선 전	43.40	37.80	이득은 유사하지만 재현 실험의 SN 비가 모두 낮음. → 파악하지 못한 '잡음 인자'의 존재 가능성.
	개선 후	51.67	45.77	
	이득	8.27	7.97	
상황 6	개선 전	43.40	43.50	'예측'과 '확인'이 거의 일치. 초기 조건이 최적화되어 있거나 '제어 인자/수준'이 잘못 선정됨. 1) 다른 제어인자/수준의 선정 후 재실험 고려 2) 또는, 시스템 설계로 돌아가 콘셉트 설계 고려
	개선 후	43.67	43.80	
	이득	0.27	0.30	

수행한 '재현 실험' 결과 '예측'과 '재현' 결과가 '약 75% 이상'이 되지 못하면 [표 Ⅲ-22]를 통해 적절한 조치를 취하도록 한다. 다음은 '망목 특성의 강건 설계' 수행 시 주요 사항들로 분석 시 꼭 참고하기 바란다.

['망목 특성'의 '강건 설계' 시 참고 사항]

○ 만약 하나의 '제어 인자'가 'SN 비'와 '평균'에 동시에 영향을 준다면 'SN 비'에 영향을 주는 요인으로 분류한다.

○ '망목 특성' 설계 시 '평균'에 유의한 요인들을 찾기 위해 '감도 분석(분산 분석)'을 수행하는데, 이것은 요인을 조정하는 것이 목적이 아니라 '조정 인자'를 찾는 것이 주목적이다.

○ '망목 특성'의 '강건 설계'는 '평균'의 조정을 빼고 'SN 비'만 최적화한 후 개선효과를 평가하는 경우가 많다(이때, 기술적 판단이 중요).

○ [표 Ⅲ – 21]에서 'SN 비'와 (식 Ⅲ – 38)의 '감도'를 얻었으면, '분산 분석(ANOVA)'을 이용해 'SN 비'와 '평균' 각각에 영향을 미치는 요인들을 선별해내고, '최적 조건'을 얻을 수 있다. '분산 분석'에 대해서는 「1.3.4. [통계 분석] 분산 분석(ANOVA, Analysis of Variance)」을 참고하기 바란다(분석 예는 「2.2.2. '망대(망소) 특성'의 강건 설계」 내 [그림 Ⅲ – 31] 참조).

○ 실험 후 요인들의 '이득'을 단순히 모두 합하는 것(식 Ⅲ – 46)을 '가법성'이라고 한다. 이때 과대평가를 피하기 위해 '산포'에 영향력이 적은 요인들, 즉 타일 사례에서 '요인 B, G, F(식 Ⅲ – 43)' 들은 예측치 계산식에서 제외될 수 있다. 제외되는 요인들이 많을수록 'SN 비예측'이 작아지므로 보수적 접근이 된다.

○ 분석이 끝난 뒤 'SN 비'를 역으로 계산하여 'Y'를 추정하기보다 '최적 조건'에서 재현 실험을 통해 'Y값'과 'SN 비'를 확인하는 것이 바람직하다.

○ '재현 실험'에서 '예측'에 대한 '신뢰 구간'을 얻어놓고, 재현 실험에서 확인된 'SN 비'가 '신뢰 구간' 안에 들어가는지 여부로 재현성 여부를 판독할 수 있다['SN 비'의 '신뢰 구간'은 부록(Appendix-D) 참조].

○ 여러 'Y'들에 대한 최적화가 필요한 상황에서, 특정 'Y'가 '망목 특성'이지만 '평균'을 크게 이동시켜야 하는 문제는 초기에 '망대 특성'으로 접근하여 'Y'를 큰 폭으로 이동시킨 뒤, '다른 Y'들의 최적화를 고려할 수 있다.

2.2.2. '망대(망소) 특성'의 강건 설계

'망소 특성'은 '망대 특성'과 목표 방향만 반대이고 해석은 동일하므로 여기서는 '망대 특성'의 설계에 대해서만 논하고, '망소 특성' 예는 생략한다. 설계가 필요한 문제 상황은 다음과 같다.

[문제 상황]

두 개의 부품이 조립되는데 하나는 '금속 튜브'이고, 다른 하나는 '금속 튜브'에 끼워 넣는 '플라스틱 막대'로 이루어져 있다. 두 부품은 특수 '접착제'로 접합한다. 이때 '플라스틱 막대'는 시스템 동작 중에 빠져서는 안 되며, 특정 힘을 가해서 분리시켰을 때 분리되는지를 평가하는 '접합 강도(MPa)'가 '품질 특성치(Y)'이다. '접합 강도'는 주변 자연환경에 노출될 경우 접착력이 떨어져 분리되는 문제를 안고 있다. 엔지니어들은 문제를 해결하기 위해 '특성 요인도(이시가와 다이어그램, 또는 생선뼈도)'를 통해 '제어 인자'인 'A, B, C, D' 네 개와, '잡음 인자'인 노출 시간, 주변 온도, 상대 습도를 찾아냈다.

'망목 특성'의 풀이와 마찬가지로 'Plan-Do-Check-Act'의 순서로 '접합 강도'의 최적화 문제에 대한 '강건 설계'를 다음과 같이 한 단계씩 수행해보자.

[Plan]

이 단계에서는 [표 Ⅲ‒17]에 기술된 'Plan'의 세부 항목들에 대해 다음 [표 Ⅲ‒23]과 같이 정확하게 정의한다.

항목	내 용
범위 정의	○ 프로세스 범위: 두 부품의 조립에 대한 설계 및 연구.
Y(출력)	○ Y(출력): 접합 강도(MPa) ○ 규격(LSL): 30MPa (망대 특성)
잡음 인자 / 수준	현행 시험은 실사용 조건보다 15% 가혹한 수준을 적용했으나 수출 다변화로 사용 환경이 열악해져 문제가 다발하고 있으며, 수출 지역 환경을 조사한 결과를 토대로 다음의 최솟값 ~최댓값을 정함. ○ a: 주변 온도 −25℃~60℃ ○ b: 노출 시간 10hrs~20hrs ○ c: 상대 습도 25%~75%
제어 인자 / 수준	○ 요인 A: [1.2(현행),3] ○ 요인 B: [1.2(현행),3] ○ 요인 C: [1.2(현행),3] ○ 요인 D: [1.2(현행),3]
실험 설계	○ '잡음 인자'는 최소와 최대 각 두 개 수준으로 정하고, '$L_8 2^7$ 직교 배열(표)'을 '외측 배 열'로 사용. ○ 개선 후와 비교토록 '수준(Level)'에 '현행(모두 2수준에 할당)' 포함. ○ '상호작용'은 고려하지 않음.

[표 Ⅲ-23]의 '실험 설계'에서 '잡음 인자'들이 3개이고 각 수준이 2개이므로 '총 8개'의 조합이 가능하다. '잡음 인자'들의 '수준'을 조합하는 방법은 'SN 비'가 '산포'를 대용하므로 가능한 한 측정값들 간 큰 차이가 발생할 수 있게 '잡음 인자'의 '최악 상황'과 '최적 상황'들이 실험 환경에 포함되도록 정한다. '잡음 인자'는 '외측 배열'을 사용하고, 중복된 조합 없이 '잡음 인자'들의 '수준'이 모두 조합되어야 하므로 '직교 배열(표)'을 사용한다. 본 예에서는 '8개 조합'이 가능하도록 '$L_8 2^7$ 직교 배열(표)'을 사용하였다.

[Do]

본 실험은 요인들의 수준이 '3개'로 모두 동일함에 따라 다음의 두 개 '직교 배열(표)'가 존재한다.

1) $L_9 3^4$

2) $L_{27} 3^4$

기술된 설계들 중 일반적으로 실험 수가 가장 적은 '1) $L_9 3^4$'를 선택한다(고 가정한다). 다음 [표 Ⅲ-24]는 '내측 배열'의 '$L_9 3^4$ 직교 배열(표)'와 '외측 배열'의 '$L_8 2^7$ 직교 배열(표)'을 각각 나타낸다.

[표 Ⅲ-24] '내측 배열'의 '$L_9 3^4$'와 '외측 배열'의 '$L_8 2^7$ 직교 배열(표)'

No.	1	2	3	4	5	6	7	8
온도	1	1	1	1	2	2	2	2
시간	1	1	2	2	1	1	2	2
	1	1	2	2	2	2	1	1
습도	1	2	1	2	1	2	1	2
	1	2	1	2	2	1	2	1
	1	2	2	1	1	2	2	1
	1	2	2	1	2	1	1	2

No.	A	B	C	D	N1	N2	N3	N4	N5	N6	N7	N8	SN 비
1	1	1	1	1									
2	1	2	2	2									
3	1	3	3	3									
4	2	1	2	3									
5	2	2	3	1									
6	2	3	1	2									
7	3	1	3	2									
8	3	2	1	3									
9	3	3	2	1									
내측 배열(Inner Array)					외측 배열(Outer Array)								

[표 Ⅲ-24]의 '외측 배열'에 있는 '직교 배열(표)'는 설명을 위해 포함시킨 것이고 실제는 눈에 보이지 않는다. '잡음 인자'들의 조합인 'N1~N8'은 바로 위의 '직교 배열(표)'에 정한 요인들의 '수준'들을 조합으로 환경을 구성한 뒤 실험에 임한다. 예를 들어, '외측 배열'의 'No.1'은 '온도(1)=-25℃', '시간 (1)=10hrs', '습도(1)=25%'의 인공 환경을 만들어놓고 그 안에서 '내측 배열' 의 '제어 인자'들 간 수준 조합별로 실험에 들어간다. 이때 측정된 'Y(접합 강 도)'는 '외측 배열'의 해당 빈 공란에 입력한다. 다음 [표 Ⅲ-25]는 실험이 완료된 후 결과표이다(라고 가정한다).

[표 Ⅲ-25] '$L_9\,3^4$' 설계의 실험 수행 결과

No	A 1	B 2	C 3	D 4	N1	N2	N3	N4	N5	N6	N7	N8	SN 비
1	1	1	1	1	39.00	23.75	42.25	49.00	49.75	49.00	50.00	47.75	
2	1	2	2	2	37.50	40.50	48.50	48.00	49.25	49.50	60.50	54.75	
3	1	3	3	3	40.75	41.75	47.75	39.00	56.50	45.50	58.25	51.00	
4	2	1	2	3	45.75	43.50	47.25	46.50	52.50	47.25	58.00	61.75	
5	2	2	3	1	49.25	46.50	48.50	62.75	64.00	53.50	68.75	63.25	
6	2	3	1	2	40.50	40.75	50.00	49.50	36.75	49.00	56.25	61.75	
7	3	1	3	2	41.00	47.75	46.00	59.00	42.00	46.50	60.75	54.00	
8	3	2	1	3	35.50	39.00	37.75	42.00	44.50	49.00	58.00	60.50	
9	3	3	2	1	40.25	49.75	48.25	43.25	57.75	56.75	56.50	71.50	

[표 Ⅲ-25]에서 'No.1 실험'은 '[표 Ⅲ-23]'의 '제어 인자' 총 4개를 '$A_1B_1C_1D_1$'의 수준 조합에서 수행된 것이며, 잡음 환경 '$N_1 \sim N_8$' 속에서 '접 합 강도(Y)'는 큰 '산포'를 보이고 있다. 이들 '8개'의 'Y'들로부터 하나의 'SN 비'를 얻는다. '9개'의 'SN 비' 모두를 얻으면 '최적 조건'을 찾는 분석 영역, 즉 'Check'로 넘어간다.

[Check]

실험 결과에 대한 '분석'이 이루어지는 단계이다. [표 Ⅲ - 25]의 'SN 비'를 계산해 해당란을 채워보자. 예를 들어, 'No.1 실험'의 'SN 비'는 '망대 특성'이므로 다음과 같이 계산된다.

$$No.1\ \text{실험의}\ 'SN\text{비}'\text{는}, \qquad\qquad (\text{식 Ⅲ}-54)$$
$$(\text{식}\ III-37),\ \text{또는}\ [\text{표}\ III-5]\text{의}\ '\text{망대 특성}'\ SN\text{비 식으로부터},$$

$$SN\text{비}]_{No.1} = -10\log_{10}\left(\frac{1}{n}\sum_{i=1}^{n}\frac{1}{y_i^2}\right)dB,$$

$$SN\text{비}]_{No.1} = -10\log_{10}\left[\frac{1}{8}\left(\frac{1}{39^2}+\frac{1}{23.75^2}+\frac{1}{42.25^2}+\frac{1}{49^2}+\frac{1}{49.75^2}\right.\right.$$
$$\left.\left.+\frac{1}{49^2}+\frac{1}{50^2}+\frac{1}{47.75^2}\right)\right]$$
$$= 31.9841dB$$

'No.2 ~ N0.9'도 동일한 과정으로 'SN 비'와 '평균'을 얻는다. 모두 계산해 [표 Ⅲ - 25]의 'SN 비'의 공란을 채우면 다음 [표 Ⅲ - 26]과 같다.

[표 Ⅲ - 26] '접합 강도(망대 특성)'를 높이기 위한 실험 결과(SN 비)

No	A 1	B 2	C 3	D 4	N1	N2	N3	N4	N5	N6	N7	N8	SN 비
1	1	1	1	1	39.00	23.75	42.25	49.00	49.75	49.00	50.00	47.75	31.98
2	1	2	2	2	37.50	40.50	48.50	48.00	49.25	49.50	60.50	54.75	33.46
3	1	3	3	3	40.75	41.75	47.75	39.00	56.50	45.50	58.25	51.00	33.29
4	2	1	2	3	45.75	43.50	47.25	46.50	52.50	47.25	58.00	61.75	33.86
5	2	2	3	1	49.25	46.50	48.50	62.75	64.00	53.50	68.75	63.25	34.87
6	2	3	1	2	40.50	40.75	50.00	49.50	36.75	49.00	56.25	61.75	33.29
7	3	1	3	2	41.00	47.75	46.00	59.00	42.00	46.50	60.75	54.00	33.67
8	3	2	1	3	35.50	39.00	37.75	42.00	44.50	49.00	58.00	60.50	32.79
9	3	3	2	1	40.25	49.75	48.25	43.25	57.75	56.75	56.50	71.50	34.11

모든 수치는 소수점 셋째 자리에서 반올림했으므로 실제 통계 프로그램의 결과와 약간 차이가 날 수 있다. 다음 [그림 Ⅲ-29]는 미니탭에서의 분석 과정에 대한 '대화 상자'이다.

[그림 Ⅲ-29] 미니탭 분석 과정('접합 강도')

미니탭 『통계분석(S)>실험계획법(D)>Taguchi 설계(T)>Taguchi 설계 분석(A)...』

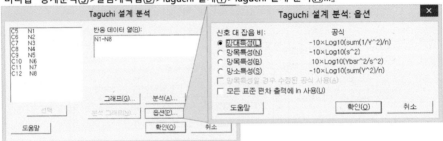

[그림 Ⅲ-29]에서 '망대 특성'을 선택한다. 다음 [그림 Ⅲ-30]은 분석 결과이다.

[그림 Ⅲ-30] '접합 강도'의 최적화를 위한 '$L_9 3^4$ 설계'의 분석 결과

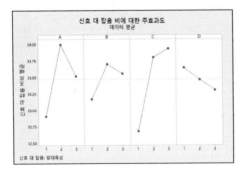

신호 대 잡음 비에 대한 반응 표 망대특성				
수준	A	B	C	D
1	32.91	33.17	32.69	33.65
2	34.00	33.70	33.81	33.47
3	33.52	33.56	33.94	33.31
델타	1.09	0.53	1.26	0.34
순위	2	3	1	4

[그림 Ⅲ-30]의 왼쪽은 '망대 특성'의 'SN 비'를 요인들의 수준별로 나타낸 그래프이고, 오른쪽은 그래프의 각 타점을 표시한 값들이다. 수준별 'SN 비'들과 '델타', '순위'에 관한 내용들은 [그림 Ⅲ-25]와 (식 Ⅲ-41)을 참고하고 여기서의 계산 예와 설명은 생략한다.

(식 Ⅲ-43)에서 언급했던 바와 같이 '델타'가 가장 크거나 '순위'가 빠른 요인이 '접합 강도'에 미치는 영향이 크다. 따라서 영향이 있는 순서로 나열하면 다음과 같다.

$$'접합 강도'에 영향력 있는 요인들 순위, \qquad (식 Ⅲ-55)$$
$$C > A > B > D$$

참고로 (식 Ⅲ-55)는 'Y(반응)'에 영향력이 큰 요인들의 순서이며, 이 결과를 유도하기 위해 '요인 설계'처럼 '분산 분석'을 이용하지 않기 때문에 '다구치 방법'은 '통계적 접근'보다 '공학적 접근'의 표현을 쓴다. 그러나 유의한 '요인'이 분명히 있고 '델타'의 방식으로 'Y(반응)'에 영향력 있는 요인들의 '순위'를 매기고 있어 준 통계적 방식을 차용한다. 결론적으로 이 '순위'는 '가설 검정(분산 분석)'에서의 영향력 있는 요인들 순위와도 일치해야 한다. 실제 [표 Ⅲ-26]의 '직교 배열(표)'와 'SN 비'를 이용해 '분산 분석'을 수행하면 동일한 결론에 이른다. '분산 분석'에 대한 자세한 사항은 「1.3.4. [통계 분석] 분산 분석(ANOVA, Analysis of Variance)」을 참고하기 바란다. [표 Ⅲ-26]을 '분산 분석'하면 다음 [그림 Ⅲ-31]과 같다(미니탭 분석).

[그림 Ⅲ-31] '접합 강도'에 영향력 있는 요인들 순위(분산 분석)

미니탭 『통계분석(S)>분산분석(A)>일반선형모형(G)>일반 선형모형적합(F)...』

[그림 Ⅲ-31]에 미니탭의 분석 과정과 결과가 나타나 있다. '세션 창'의 요인별 'SS(Sum of Squares, 변동)'를 보면 어느 요인이 'Y(반응)'를 크게 흔들어대는지 알 수 있다. 'SS'가 클수록 영향력도 큰 요인이란 뜻이며, 정확히 (식 Ⅲ-55)의 순서와 일치한다. 결국 '통계 분석'을 통해 '최적 조건'을 찾아도 동일한 결론에 이른다는 것을 알 수 있다.

'다구치 방법'에서는 '망대 특성'과 '망소 특성'의 '목표 값'이 정해져 있지 않고 무한대로 크거나, 반대로 작기를 희망하는 성향을 띠므로 'SN 비'가 큰 '(요인의) 수준'만 찾아 조합하면 '최적 조건'이 된다. 애초에 'SN 비' 수식이 그렇게 정립되었기 때문이다. 따라서 [그림 Ⅲ-30]의 결과에 '최적 조건'을 표시하면 다음 [그림 Ⅲ-32]와 같다.

[그림 Ⅲ-32] '접합 강도'의 '최적 조건'

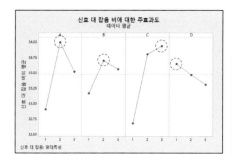

최적 조건 : $A_2B_2C_3D_1$

신호 대 잡음 비에 대한 반응 표
망대특성

수준	A	B	C	D
1	32.91	33.17	32.69	33.65
2	34.00	33.70	33.81	33.47
3	33.52	33.56	33.94	33.31
델타	1.09	0.53	1.26	0.34
순위	2	3	1	4

[그림 Ⅲ-32]를 통해 '접합 강도'를 최대화하기 위한 최적의 수준 조합은 다음과 같다.

$$'접합 강도'의 최적 조건 \qquad (식\ Ⅲ\text{-}56)$$

$$A_2 - B_2 - C_3 - D_1$$

'최적 조건'을 얻었으면 'Act'로 넘어가 '예측 값'을 이론적으로 계산한 뒤, 실제 '재현 실험'을 통해 '예측 값'과 '실험 값'들 간의 일치도를 확인한다.

[Act]

(식 Ⅲ-56)의 '최적 조건'에서 양산 시 예상되는 실적을 '예측 값'으로 추정한다. 계산 과정은 '망목 특성'에서의 (식 Ⅲ-46)과 동일하며, 동시에 현재 운영 중인 상태에서의 'SN 비$_{현\ 수준}$'도 산정해 'SN 비$_{최적}$'과 비교한다. 참고로 '현 수준'은 [표 Ⅲ-23]의 'Plan 단계'에서 정한 대로 모두 '2수준'으로 이루어진 '처리 조합'이다. '최적 조건'과 '현 수준'의 'SN 비' 결과는 다음과 같다.

$$SN비_{최적} = \overline{SN}_{tot} + (SN_{A2} - \overline{SN}_{tot}) + (SN_{B2} - \overline{SN}_{tot}) + (SN_{C3} - \overline{SN}_{tot}) \quad \text{(식 III-57)}$$
$$+ (SN_{D1} - \overline{SN}_{tot})$$
$$= 33.48 + (34.00 - 33.48) + (33.70 - 33.48) + (33.94 - 33.48)$$
$$+ (33.65 - 33.48)$$
$$\cong 34.85 dB$$

$$SN비_{현수준} = \overline{SN}_{tot} + (SN_{A2} - \overline{SN}_{tot}) + (SN_{B2} - \overline{SN}_{tot}) + (SN_{C2} - \overline{SN}_{tot})$$
$$+ (SN_{D2} - \overline{SN}_{tot})$$
$$= 33.48 + (34.00 - 33.48) + (33.70 - 33.48) + (33.81 - 33.48)$$
$$+ (33.47 - 33.48)$$
$$\cong 34.54 dB$$

(식 III‐57)로부터 '접합 강도' 최적화로 인한 '이득'은 다음과 같다.

$$이득(Gain) = SN비_{최적} - SN비_{현수준} \quad \text{(식 III-58)}$$
$$= 34.85 dB - 34.54 dB$$
$$\cong 0.31 dB$$

(식 III‐58)의 '이득(Gain)'을 이용해 '손실 금액의 개선 정도'를 가늠할 수 있으며, 이후 '재현 실험'을 통해 예측대로 나오는지를 확인한다.

1) '손실 금액'의 개선 정도
2) 재현 실험

1) '손실 금액'의 개선 정도
'망대/망소 특성'은 '손실 함수'와 'SN 비' 식을 이용해 '손실 금액의 개선 정도'를 유도할 수 있다. 유도 과정은 다음과 같으며, '망대 특성' 경우 '기대 손실의 추정 값'인 '(식 III‐17)'과 'SN 비' 식인 '(식 III‐37)'을 이용한다.

[식 III−37]의 망대특성 'SN비' 식으로부터 (식 III-59)

이득$(Gain) = SN$비$_{최적} - SN$비$_{현수준}$

$$= -10\log_{10}\left(\frac{1}{n}\sum_{i=1}^{n}\frac{1}{y_i^2}\right)_{최적} + 10\log_{10}\left(\frac{1}{n}\sum_{i=1}^{n}\frac{1}{y_i^2}\right)_{현수준}, 또는$$

$$= -10\log_{10}(MSD_{최적}) + 10\log_{10}(MSD_{현수준})$$

$$= -10\log_{10}\left(\frac{MSD_{최적}}{MSD_{현수준}}\right)$$

$$= 10\log_{10}\left(\frac{MSD_{현수준}}{MSD_{최적}}\right)$$

$$\therefore 10^{\frac{Gain}{10}} = \frac{MSD_{현수준}}{MSD_{최적}} \quad --------- 1)$$

이어서 '최적 조건'과 '현 수준'의 '망대 특성'에 대한 '손실 함수 비'를 구하면 다음과 같다[(식 III - 17) 참조].

(식 III−17) 망대 특성의 기대손실 추정값, $\overline{L(y)}$로부터 (식 III-60)

$$\frac{\overline{L(y)}_{현수준}}{\overline{L(y)}_{최적}} = \frac{A_0 D_0^2\left[\frac{1}{n}\sum_{i=1}^{n}\left(\frac{1}{y_i^2}\right)\right]_{현수준}}{A_0 D_0^2\left[\frac{1}{n}\sum_{i=1}^{n}\left(\frac{1}{y_i^2}\right)\right]_{최적}}$$

$$= \frac{[MSD]_{현수준}}{[MSD]_{최적}} \quad --------------- 2)$$

(식 III - 59)의 '1)'과 (식 III - 60)의 '2)'를 연결하면 다음의 관계식을 얻는다.

$$\frac{\overline{L(y)}_{현수준}}{\overline{L(y)}_{최적}} = 10^{\frac{Gain}{10}}, \ 또는 \quad\quad (식 III-61)$$

$$\therefore \overline{L(y)}_{최적} = 10^{-\frac{Gain}{10}}\overline{L(y)}_{현수준}$$

(식 Ⅲ‑61)을 이용해 (식 Ⅲ‑58)의 '접합 강도' 개선에 대한 '이득'을 '손실 금액 개선 효과'로 표현하면 다음과 같다.

$$(식 III-61) 로부터, \qquad\qquad\qquad (식 \text{Ⅲ-62})$$

$$\overline{L(y)}_{최적} = 10^{-\frac{0.31}{10}} \times \overline{L(y)}_{현수준}$$
$$\cong 0.9311 \times \overline{L(y)}_{현수준}$$

$$\therefore '약\ 7\%'\ 의\ 손실금액의\ 개선효과를\ 기대$$

이해를 돕기 위해 'Plan 단계'에 기술했던 '접합 강도'의 'LSL=30MPa(즉, 소비자 허용 한계, D_0)'이었으며, '접합 강도'가 이 값에 이르렀을 때 '개당 손실 금액(A_0)=2,500원'이라고 가정하자. 이때 (식 Ⅲ‑57)의 개선 전후의 'SN비'를 이용해 효과 금액을 산정해보자. 이를 위해 (식 Ⅲ‑37)에서 논한 '망대특성'의 '기대 손실의 추정 값' 식을 다음에 옮겨놓았다.

$$'망대특성'의\ '기대\ 손실의\ 추정값'\ 식은, \qquad\qquad (식\ \text{Ⅲ-63})$$

$$\overline{L(y)} = A_0 D_0^2 [MSD] = A_0 D_0^2 \left[\frac{1}{n}\sum_{i=1}^{n}\frac{1}{y_i^2}\right] \ -----1)$$

$$where\ \ 'MSD'\text{는}\ '0'\text{으로부터의}$$
$$'평균제곱편차(Mean\ Squared\ Deviation)'$$
이며,
$$------------------------------------$$
이때, '망대특성'의 'SN비(dB)'는,

$$SN비 = -10Log_{10}[MSD] = -10Log_{10}\left[\frac{1}{n}\sum_{i=1}^{n}\frac{1}{y_i^2}\right]dB\ ---2)$$

(식 Ⅲ‑63)의 '2)'로부터,

$$MSD = 10^{-\frac{SN\text{비}}{10}}, \text{따라서} \qquad\qquad (식\ \text{III-64})$$

$$\bigcirc MSD_{\text{현수준}} = 10^{-\frac{34.54}{10}} = 0.000352$$

$$\bigcirc MSD_{\text{최적}} = 10^{-\frac{34.85}{10}} = 0.000327$$

(식 III - 63)의 '1)'과 (식 III - 64)를 이용해 개선 전후의 "개당 평균 손실 금액[$\overline{L(y)}$]"을 다음과 같이 계산할 수 있다.

$$\overline{L(y)} = A_0 D_0^2 (MSD), \text{따라서} \qquad\qquad (식\ \text{III-65})$$

$$\bigcirc \overline{L(y)}_{\text{현수준}} = 2{,}500 \times 30^2 \times 0.000352 \cong 791.01\text{원}$$
$$\bigcirc \overline{L(y)}_{\text{최적}} = 2{,}500 \times 30^2 \times 0.000327 \cong 736.52\text{원}$$

$$\therefore \overline{L(y)}_{\text{현수준}} - \overline{L(y)}_{\text{최적}} \cong 54.49\text{원}$$

따라서 연간 100만 개의 조립품을 생산한다면 '약 5,500만 원(=54.49원 ×100만 개)'의 절감 효과를 기대할 수 있다. 참고로 (식 III - 65)의 '$\overline{L(y)}_{\text{현수준}}$ (개선 前 개당 평균 손실 금액)'인 '791.01원'의 '약 7%' 줄어든 금액이 '$\overline{L(y)}_{\text{최적}}$'인 '736.52원'임을 알 수 있으며, (식 III - 62)의 결과와 정확히 일치한다(소수점 이하 반올림 처리로 약간의 차이 존재함).

'재현 실험'에 대한 가이드는 [표 III - 22]를 참고하고 여기서의 별도 설명은 생략한다.

3. 정특성 강건 설계(이진수 자료/순서 척도)

'이진수 자료(Binary Data)'는 '양품, 불량품'
이나 'Pass, Fail'처럼 '0, 1'로 분류되는 특성치를, '순서 척도'는 '상품, 중품,
하품'이나 '1급, 2급, 3급'처럼 순서가 있는 특성치를 말한다.[103] 일반적으로
'다구치 방법'의 서적들에는 '계수 분류치'로 통일해 쓰고 있으며, 분류가 두
개면 '이진수 자료'를, 세 개 이상이면 '순서 척도'로 구분한다.

이들은 데이터 속성이 '연속 자료'와 다르므로 상황에 맞는 'SN 비'의 정립
이 별도로 요구된다. 기본 원칙은 이전과 동일하게 긍정의 강도가 세어질수록
'SN 비'도 따라서 증가하도록 구성한다. 기억을 되살리기 위해 'SN 비' 구성
의 바탕 식인 (식 III - 29)로부터 유도된 (식 III - 33)의 '2)식'을 다음에 다시
옮겨놓았다.

$$SN\text{비} = 10\log_{10}\left(\frac{\overline{y}^2}{s^2}\right)dB \qquad (\text{식 } III-29) \qquad (\text{식 } III-66)$$

$$= 10\log_{10}\left(\frac{\overline{y}^2 - s^2/n}{s^2}\right) \qquad (\text{식 } III-33-2\text{식})$$

일단 (식 III - 66)을 이용해 상황에 맞는 'SN 비'가 구성되면 모든 '강건 설
계'의 진행은 이전의 '연속 자료' 때와 동일하다. 이제 '이진수 자료'와 '순서
척도'의 '품질 특성치'들에 대한 'SN 비'에 대해 알아보자.

---

103) '이진수 자료'와 '순서 척도'는 「Be the Solver_프로세스 개선 방법론」편의 '데이터 유형 분류'를 따랐
다.

3.1. '이진수 자료'의 '손실 함수'와 'SN 비'

'이진수 자료'는 자료가 두 개로만 분류되는 '품질 특성치'로, 예를 들면 다음과 같은 경우에 해당한다.

n개의 제품에 대해 품질검사 결과, i번째가 다음과 같이 분류되는 경우, (식 Ⅲ-67)

$$y_i = \begin{cases} 0 : 불합격 \\ 1 : 합격 \end{cases} \quad 또는, \quad y_i = \begin{cases} 0 : 합격 \\ 1 : 불합격 \end{cases}$$

'1'을 '합격'으로 표현하는 경우와 '불합격'으로 표현하는 경우 중 어느 방식을 취하느냐에 따라 'SN 비'의 산식에 차이가 있다. 예를 들어, 'p'가 '합격률'일 때 '1'이 '합격'이면 '망대 특성'이므로 'p'가 증가할수록 'SN 비'도 커져야 하는 반면, '1'이 '불합격'이면 '망소 특성'이기 때문에 'p'가 작을수록 'SN 비'가 커져야 한다. 우선 '손실 함수'는 다음과 같이 유도한다.

[이진수 자료의 손실함수] (식 Ⅲ-68)
○ 불량률 $= p$ 로 놓음.
○ 이때, 양품 1개를 얻기 위해 필요한 제품 수(n)를 구하면,
   $- x$개 제품을 생산했을 때, 양품수 $= x(1-p)$이고,
   $- n =$ 양품 1개를 생산하는데 필요한 제품 수 라면

$$x : x(1-p) = n : 1$$

$$\therefore n = \frac{1}{1-p} 개 \qquad ----1)$$

'1)에서 1개를 빼면 나머진 '양품이 없는' 제품 수가 되므로

$'\left(\dfrac{1}{1-p} - 1\right)개'$에 비례해서 '손실 비용' 발생. 따라서,

$$\therefore 손실함수 \quad L(p) = k_o\left(\frac{1}{1-p} - 1\right) = k_o\left(\frac{p}{1-p}\right) \quad ---2)$$
$$'k_o'는 제품 한 개를 생산하는 데 드는 비용(Cost)$$

'이진수 자료'의 'SN 비'는 (식 Ⅲ‐66)을 이용해서 다음과 같이 유도한다 ('1'이 '합격(또는 양품)'인 경우).

$$SN\text{비} = 10\log_{10}\left(\frac{\bar{y}^2}{s^2}\right) dB \qquad\qquad (\text{식 Ⅲ-69})$$

$$= 10\log_{10}\left\{\frac{\left(\dfrac{\sum_{i=1}^{n} y_i}{n}\right)^2}{s^2}\right\} dB, \quad \left(where, \frac{\sum_{i=1}^{n} y_i}{n} = p\right)$$

$$= 10\log_{10}\left\{\frac{p^2}{\sum_{i=1}^{n}\left(y_i - \bar{y}\right)^2/(n-1)}\right\} dB$$

$$\left[\begin{array}{l} \because \sum_{i=1}^{n}\left(y_i - \bar{y}\right)^2 = \sum_{i=1}^{n}\left(y_i^2 - 2y_i\bar{y} + \bar{y}^2\right) \\[2mm] \qquad\qquad = \sum_{i=1}^{n} y_i^2 - 2\bar{y}\sum_{i=1}^{n} y_i + n\bar{y}^2 \\[2mm] \left(0^2 = 0, 1^2 = 1 \text{이므로}, \sum_{i=1}^{n} y_i^2 = \sum_{i=1}^{n} y_i = np\right) \\[2mm] \qquad\qquad = np - 2np^2 + np^2 \\[1mm] \qquad\qquad = np(1-p) \end{array}\right]$$

$$= 10\log_{10}\left\{\frac{(n-1)p^2}{np(1-p)}\right\} dB, \ Where \ n \cong (n-1).$$

$$\cong 10\log_{10}\left[\frac{p}{(1-p)}\right] dB, \ \text{또는}$$

$$= -10\log_{10}\left[\frac{1}{p} - 1\right] dB$$

(식 Ⅲ‐69)에서 '1'이 '합격'이면 '양품(또는 합격)률(p)'이 증가할수록 'SN 비'도 커지므로 '연속 자료'일 때의 'SN 비'와 동일한 해석이 가능하다.

만일 (식 Ⅲ‐67)에서 '1'이 '불합격'을 나타낼 경우, '$\sum y_i$'가 커질수록 원치 않는 결과이며, 따라서 'SN 비'는 작을수록 커지는 (식 Ⅲ‑36)의 '망소 특성'의 수식을 활용한다. 다음과 같다('1'이 '불합격(또는 불량품)'인 경우).

$$SN비 = -10\log_{10}\left[\frac{1}{n}\sum_{i=1}^{n}{y_i}^2\right]dB \qquad \text{(식 Ⅲ-70)}$$

$$= -10\log\left[\frac{1}{n}\sum_{i=1}^{n}y_i\right]dB$$

$$= -10\log[p]dB, \text{ 또는}$$

$$= 10\log\left[\frac{1}{p}\right]dB$$

(식 Ⅲ‑70)으로부터 '불량률(p)'이 작을수록 'SN 비'는 증가한다.

[사례 분석]

코팅 표면의 단위면적당 결점 수를 세어서 '3개'를 초과하면 '불량품', 그 이하면 '양품'으로 구분하고 있다(고 가정하자). 만일 결점 발생에 영향을 주 는 요인(제어 인자)들로 'A-온도(℃)', 'B-점도(P)', 'C-시간(s)', 'D-불순물 농도 (mg/l)'가 있다고 할 때, 수준 조합별 '100개'씩의 표본들로부터 'SN 비'를 계산 하고, 이들을 이용해 '파라미터 설계'를 수행해보자(각 요인별 수준은 3개임).

['$SN비$' 계산 예] $A_1B_1C_1D_1$인 경우 (식 Ⅲ-71)

'100개' 표본들 중 '91개'가 '양품'이라고 할 때, 식 $(III-69)$에 의해

$$SN비 = -10\log_{10}\left[\frac{1}{p}-1\right]dB$$

$$= -10\log_{10}\left[\frac{1}{0.91}-1\right]dB$$

$$\cong 10.05\,dB$$

'요인 수=4개'이고 각 요인별 '수준 수=3개'이므로 '$L_9 3^4$ 직교 배열(표)'을 활용한다. 각 요인들의 '2수준'은 '현재 조건'으로 가정한다.

[표 Ⅲ-27] '코팅 표면 양품률(이진수 자료)'에 대한 '파라미터 설계'

No	A	B	C	D	표본 100개당 양품 수	SN 비
	1	2	3	4		
1	1	1	1	1	91	10.05
2	1	2	2	2	87	8.26
3	1	3	3	3	78	5.50
4	2	1	2	3	65	2.69
5	2	2	3	1	81	6.30
6	2	3	1	2	52	0.35
7	3	1	3	2	96	13.80
8	3	2	1	3	93	11.23
9	3	3	2	1	84	7.20

분석 방법은 다음의 순서를 따른다.

1) 유의한 요인들을 찾기 위해 'SN 비를 Y로 보고 분산 분석(ANOVA)' 수행
2) 수준별 'SN 비'를 요약한 'SN 비에 대한 반응 표'를 작성해 '최적 조건' 계산
3) 개선 수준인 '이득(Gain)'과 '양품률'을 계산

'1)'의 '분산 분석(ANOVA)'은 미니탭을 이용해 다음과 같이 얻는다('대화 상자의 입력'은 [그림 Ⅲ-31] 참조).[104]

---

104) '분산 분석'은 『Be the Solver_확증적 자료 분석(CDA)』편 참조.

미니탭 『통계분석(S)>분산분석(A)>일반선형모형(G)>일반 선형모형적합(F)...』

일반 선형 모형: SN비 대 A, B, C, D   일반 선형 모형: SN비 대 A, B, C, D

분산 분석   분산 분석

출처	DF	Adj SS	Adj MS	F-값	P-값
A	2	89.454	44.727	*	*
B	2	38.328	19.164	*	*
C	2	9.264	4.632	*	*
D	2	3.029	1.515	*	*
오차	0	*	*		
총계	8	140.074			

출처	DF	Adj SS	Adj MS	F-값	P-값
A	2	89.454	44.727	29.53	0.033
B	2	38.328	19.164	12.65	0.073
C	2	9.264	4.632	3.06	0.246
오차	2	3.029	1.515		
총계	8	140.074			

[그림 Ⅲ-33]의 왼쪽은 '오차의 자유도, DF=0'임에 따라 'F-값'과 'P-값'은 나타나 있지 않다. '변동(SS)'은 '요인 A(온도)'와 '요인 B(점도)'가 상대적으로 크다는 것을 알 수 있으며, 이것은 'A'와 'B'의 '수준'이 바뀔 때 'Y의 변동 폭'도 커진다는 뜻이므로 매우 중요한 요인들임을 시사한다. 특히 [그림 Ⅲ-33]의 오른쪽은 '변동(SS)'이 가장 작은 '요인 D'를 '병합(Pooling)'했을 때이며, 예상대로 'A'와 'B'가 '유의 수준=10%'에서 주요 요인임을 확인할 수 있다.

이어 '2)'에서 언급한 바와 같이 'SN 비의 반응 표'를 얻어 '요인 A'와 '요인 B'의 최적 수준 조합을 찾는다. 결과 이미지는 [그림 Ⅲ-32]와 동일하며,

[그림 Ⅲ-34] '이진수 자료'의 '수준별 SN 비' 및 '주 효과도'

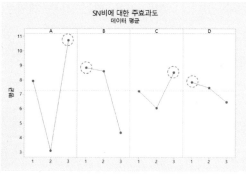

수준별 SN비

	A	B	C	D
수준 1	7.933	**8.846**	7.210	**7.849**
수준 2	3.111	8.596	6.049	7.468
수준 3	**10.746**	4.349	**8.532**	6.473

[표 Ⅲ - 27]의 결과는 [그림 Ⅲ - 34]와 같다.

　[그림 Ⅲ - 34]에서 '최적 조건'은 'SN 비'가 큰 '$A_3B_1C_3D_1$'이며, 특히 '요인 A'와 '요인 B'가 유의(의미가 있음)하므로 그들은 'A_3B_1'을 유지하되, '요인 C'와 '요인 D'는 비용 또는 공정에서의 제어 용이성을 고려해 적정 수준 값을 정한다. 이들이 'SN 비'에 영향력이 적으므로 가능한 일이다.

　'3)'의 '이득(Gain)'을 구하려면 '현 수준'인 '$A_2B_2C_2D_2$'와 '최적 조건'인 '$A_3B_1C_3D_1$'의 'SN 비'를 얻어 차이를 구한다. 다음과 같다.

$$SN비_{현수준} = \overline{A_2} + \overline{B_2} + \overline{C_2} + \overline{D_2} - 3\,\overline{T} \qquad\qquad (\text{식 Ⅲ-72})$$
$$= 3.111 + 8.596 + 6.049 + 7.468 - 3 \times 7.264$$
$$\cong 3.43\,dB$$

$$SN비_{최적} = \overline{A_3} + \overline{B_1} + \overline{C_3} + \overline{D_1} - 3\,\overline{T}$$
$$= 10.746 + 8.846 + 8.532 + 7.849 - 3 \times 7.264$$
$$\cong 14.18\,dB$$

$$\therefore 이득(Gain) = 14.18dB - 3.43dB$$
$$\cong 10.75dB$$

　(식 Ⅲ - 72)로부터 '파라미터 설계'를 통해 '약 10.75dB'만큼 개선된 것을 알 수 있다. '$SN비_{최적}$'을 얻는 기본 개념은 (식 Ⅲ - 46)을 참고하기 바란다. 사실 'dB'로는 개선의 감이 안 잡히므로 '양품률'로 전환하면 다음과 같다.

(식 $III-69$)로부터

(식 Ⅲ-73)

$$SN \text{비} = -10\log_{10}\left(\frac{1}{p}-1\right)$$

$$\Rightarrow 10^{-\frac{SN\text{비}}{10}} = \frac{1}{p}-1. \qquad \therefore p = \frac{1}{10^{-\frac{SN\text{비}}{10}}+1}$$

$$1)\, p_{\text{현수준}} = \frac{1}{10^{-\frac{3.43}{10}}+1} \cong 0.688\,(\text{약}\,68.8\%)$$

$$2)\, p_{\text{최적}} = \frac{1}{10^{-\frac{14.18}{10}}+1} \cong 0.963\,(\text{약}\,96.3\%)$$

따라서, 약 27.5% 향상됨.

(식 Ⅲ‐73)을 통해 '양품률'은 기존 '68.8%'에서 '96.3%'로 '약 27.5%' 향상되었음을 예견할 수 있다. 상당한 개선 수준이다.

3.2. '순서 척도'의 'SN 비'

공정에서 자주 이루어지는 검사 중 하나가 눈으로 제품의 상태를 파악해 적정성 여부를 판독하는 '외관 검사(外觀 檢查)'다. '외관 검사'는 '목시 검사(目視 檢查)'로도 불리며, 영어로는 'Visual Inspection'이다. 얇은 금속판이 고속으로 자동 감기는 공정에서 표면에 결점이 있는지 담당자가 선 채 눈으로 검사하는 광경을 본 적이 있다. A담당자가 검사하면 불량률이 타 담당자보다 월등히 높았던 문제를 해결하기 위해서인데 워낙 고속으로 휘감기는 금속판이라 담당자의 성격이나 습성, 그날의 컨디션에 따라 결과가 영향을 받고 있었다. 물론 이후 자동 검사기로 대체하는 개선이 있었으나 그 전까지는 평가 결과에

Ⅲ. 강건 설계(Robust Design)　337

불량이 높아지면 후 공정에서 뒤처리와 보고서 작성에 많은 고생이 있었던 것은 어쩔 수 없었던 일상이었다. 당시 평가 분류는 '상급/중급/하급'으로 이루어진 '순서 척도'에 해당하였다.

'순서 척도'는 '다구치 방법'에선 '계수 분류치'로 불리며, '양/불'과 같이 이원 분류가 아닌 적어도 '3개 이상'의 분류로 이루어진 척도이며, 좋은 쪽부터 안 좋은 쪽까지 순서를 갖는 것이 특징이다. 이때 'SN 비'는 다음의 방법으로 결정된다.

1) 3개 이상의 분류가 존재할 때, 망소/망대/망목에 관계없이 가장 좋은 분류에 '0'을 공통적으로 부여하고, 그에서 멀어질수록 큰 양의 값을 할당한다(예: 0, 1, 3 등). '망목 특성'이면 '0'을 중심으로 '-'와 '+' 방향으로 적절하게 값을 부여한다(-2, -1, 0, 1, 2 등).

2) 다음의 식으로 'SN 비'를 산정한다.

$$SN비 = -10\log_{10}\left(\frac{\sum_{i=1}^{k} w_i^2 n_i}{n}\right) dB \qquad \text{(식 III-74)}$$

$where$
$\begin{cases} 'w_i'는\ 가중치 \\ 'n_i'의\ 경우,\ n = n_1 + n_2 + n_3 .... n_k \end{cases}$

예를 들어, 앞서 금속판 검사의 경우 '상급/중급/하급'에 대해 가장 좋은 '상급=0'을 설정하고, 안 좋은 쪽으로 갈수록 큰 양의 값을 할당하므로 '중급=1', '하급=2'를 부여한다. 이때 제품 하나가 한 개 롤(Roll)이고, 모두 100롤을 검사한 결과 "상급=91롤, 중급=7롤, 하급=2롤"을 얻었다면 이때의 'SN 비'는 (식 III - 74)를 통해 다음과 같이 계산된다.

$$SN \text{비} = -10\log_{10}\left(\frac{\sum_{i=1}^{k} w_i^2 n_i}{n}\right) \qquad \text{(식 III-75)}$$

$$= -10\log_{10}\left(\frac{0^2 \times 91 + 1^2 \times 7 + 2^2 \times 2}{100}\right)$$

$$= -10\log_{10}(0.15)$$

$$\cong 8.24\,dB$$

(식 III - 74) 외에도 가장 좋은 분류에 '0'을 부여하고 안 좋을수록 큰 값을 부여하는 방식은 자체가 이미 '망소 특성'이므로 (식 III - 36)에 소개했던 '망소 특성'에 대한 'SN 비' 계산식을 이용할 수 있다.

또 '망목 특성'의 분류 예는 다음 [표 III - 28]과 같으며, 이때 [표 III - 5]에서 언급된 "망목 특성의 'SN 비'에서 '목표 값=0'인 경우, '$\bar{y}/s \rightarrow 1/s$'로 대체된 식"을 적용한다.

[표 III - 28] '망목 특성'으로 설명될 수 있는 분류 예 및 'SN 비' 계산

분류	I	II (Best)	III	IV	'SN 비' 계산
부여된 값	-1	0	1	2	$SN\text{비} = 10\log_{10}(1/s)^2$
빈도	2	5	4	0	$= -10\log_{10}(s^2),\ or\ -10\log_{10}(V)$
변환 데이터	-1,-1,0,0,0,0,0,1,1,1,1 s(표준 편차)≒0.751				$\cong -10\log_{10}(0.751^2)$ $\cong 2.49\,dB$ $where,\,'s'$는 변환 데이터의 '표준편차' $'V'$는 분산

'순서 척도'이면서 '상호작용'을 포함하는 '직교 배열(표)' 사례는 시중에서 판매되는 「품질 공학」 서적에 좋은 내용이 포함되어 있으나 좀 오래된 책이라 찾아보기 어려운 게 안타깝다.[105] 혹 주변에서 찾아볼 수 있으면 꼭 참고하기 바란다. 본문에서는 일반적으로 접할 수 있는 간단한 예를 다음에 소개한다.

---

105) 박성현(1995), 『다구치 방법과 통계적 공정관리를 중심으로 한 품질 공학』, 민영사, pp.251~255.

[사례 분석]

종이컵을 생산하는 공정에서 포장 전 육안 검사 시 표면에 붙은 이물질 또는 손상의 정도에 따라 '1~3등급'으로 구분하고 있다. 손상시키는 원인들은 압착기의 '오염도' 등 총 4개 요인과 각 요인별 2개 수준을 고려하고 있다. 예를 들어, '압착기 오염도'는 '관리'와 '미관리'의 두 개 수준을 가질 수 있으며 표준 준수 여부에 따라 두 상태의 오염도 정도가 영향 받는다(고 가정한다). 이때 적용 가능한 '직교 배열(표)'는 '$L_8 2^4$'이며, 매 처리 조합에 30개의 컵을 검사해 얻은 결과는 다음 [표 Ⅲ-29]와 같다.

[표 Ⅲ-29] 종이컵 표면 검사(순서 척도 자료)에 대한 '파라미터 설계'

No	A 1	B 2	C 3	D 4	표본 30개당 1급	2급	3급	SN 비 [(식 Ⅲ-74) 적용]
1	1	1	1	1	24	3	3	3.010
2	1	1	2	2	27	2	1	6.990
3	1	2	1	2	28	0	2	5.740
4	1	2	2	1	23	3	4	1.984
5	2	1	1	2	25	5	0	7.782
6	2	1	2	1	24	4	2	3.979
7	2	2	1	1	25	3	2	4.357
8	2	2	2	2	24	6	0	6.990

○ '현 수준'은 A, B, C, D 모두 '1수준'으로 이루어진 조합임.

'No.1'의 실험에 대한 'SN 비' 계산은 다음과 같다.

$$
\begin{aligned}
SN비 &= -10\log_{10}\left(\frac{\sum_{i=1}^{k} w_i^2 n_i}{n}\right) \\
&= -10\log_{10}\left(\frac{0^2 \times 24 + 1^2 \times 3 + 2^2 \times 3}{30}\right) \\
&= -10\log_{10}(0.5) \\
&\cong 3.010 \; dB
\end{aligned}
$$

(식 Ⅲ-76)

'이진수 자료'와 동일하게 'SN 비 분산 분석'과 'SN 비 반응 표'를 작성해 다음 [그림 Ⅲ-35]와 같이 '최적 조건'을 찾는다.

[그림 Ⅲ-35] '순서 척도'의 '수준별 SN 비' 및 '주 효과도'

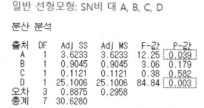

일반 선형모형: SN비 대 A, B, C, D

분산 분석

출처	DF	Adj SS	Adj MS	F-값	P-값
A	1	3.6233	3.6233	12.25	0.039
B	1	0.9045	0.9045	3.06	0.179
C	1	0.1121	0.1121	0.38	0.582
D	1	25.1006	25.1006	84.84	0.003
오차	3	0.8875	0.2958		
총계	7	30.6280			

[SN비 반응 표]

	A	B	C	D
수준 1	4.431	**5.440**	**5.222**	3.333
수준 2	**5.777**	4.768	4.986	**6.875**

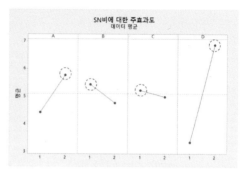

[그림 Ⅲ-35]로부터 '최적 조건'은 '$A_2 B_1 C_1 D_2$'이며, '분산 분석'으로부터 '요인 A'와 '요인 D'가 유의하다. 유의하지 않은(또는 영향이 적은) 'B'와 'C', 특히 '요인 C'는 비용과 관리 효율성을 고려해 적정 수준에 맞춘다. '최적 조건'에서의 'SN 비'를 구하면 다음과 같다.

$$SN비_{현수준} = \overline{A_1} + \overline{B_1} + \overline{C_1} + \overline{D_1} - 3\overline{T}$$
$$= 4.431 + 5.440 + 5.222 + 3.333 - 3 \times 5.104$$
$$\cong 3.114\,dB$$

(식 Ⅲ-77)

$$SN비_{최적} = \overline{A_2} + \overline{B_1} + \overline{C_1} + \overline{D_2} - 3\overline{T}$$
$$= 5.777 + 5.440 + 5.222 + 6.875 - 3 \times 5.104$$
$$\cong 8.002\,dB$$

$$\therefore 이득(Gain) = 8.002\,dB - 3.114\,dB$$
$$\cong 4.89\,dB$$

'이진수 자료'에서는 '최적 조건'으로부터 얻은 'SN 비'로 개선 상태에서의 '양품률'을 예측할 수 있었으나 '순서 척도'에서는 분류가 '2개'가 아닌 '3개 이상'이므로 예측 과정이 좀 더 번거롭다. (식 Ⅲ‑77)에서의 '최적 조건'과 (식 Ⅲ‑74)를 이용해 분류별 예측치를 계산하면 다음과 같다.

$$SN비_{최적} = -10\log_{10}\left(\frac{\sum_{i=1}^{k} w_i^2 n_i}{n}\right) \cong 8.0\,dB \qquad (식 \text{ Ⅲ-78})$$

$$\Rightarrow -10\log_{10}\left(\frac{0^2 \times n_1 + 1^2 \times n_2 + 2^2 \times n_3}{30}\right) \cong 8.0$$

$$\Rightarrow 10^{-\frac{8.0}{10}} = \frac{0^2 \times n_1 + 1^2 \times n_2 + 2^2 \times n_3}{30}$$

$$\Rightarrow 0^2 \times n_1 + 1^2 \times n_2 + 2^2 \times n_3 = 30 \times 10^{-\frac{8.0}{10}} \cong 4.76$$

$$\therefore n_2 + 4n_3 \cong 5$$

(식 Ⅲ‑78)의 '$n_2 + 4n_3 = 5$'에서 'n_2, n_3'는 모두 정수이므로 다음의 값들이 가능하다.

$$n_3 = 1 \qquad\qquad\qquad (식 \text{ Ⅲ-79})$$
$$n_2 = 1 \text{ 이고}, n = 30 \text{ 이므로}$$
$$n_1 = 28$$

'(식 Ⅲ‑77)~(식 Ⅲ‑79)'에 따라 '최적 조건'이 만족될 경우 '1급=28개', '2급=1개', '3급=1개'가 된다는 것을 알 수 있다. '현 수준(각 요인의 수준이 1인 경우)'에 있어서도 '(식 Ⅲ‑77)~(식 Ⅲ‑79)'를 반복해 비교해보자.

$$SN\text{비}\big|_{\text{현수준}} = -10\log_{10}\left(\frac{\sum\limits_{i=1}^{k} w_i^2 n_i}{n}\right) = 3.114\,dB \qquad \text{(식 III-80)}$$

$$\Rightarrow -10\log_{10}\left(\frac{0^2 \times n_1 + 1^2 \times n_2 + 2^2 \times n_3}{30}\right) = 3.114$$

$$\Rightarrow 10^{-\frac{3.114}{10}} = \frac{0^2 \times n_1 + 1^2 \times n_2 + 2^2 \times n_3}{30}$$

$$\Rightarrow 0^2 \times n_1 + 1^2 \times n_2 + 2^2 \times n_3 = 30 \times 10^{-\frac{3.114}{10}} \cong 14.65$$

$$\therefore n_2 + 4n_3 \cong 15$$

(식 III - 80)으로부터 각 등급별 '현 수준'에서 예상되는 개수는 다음과 같다.

$$n_3 = 3 \qquad\qquad\qquad\qquad \text{(식 III-81)}$$
$$n_2 = 3 \text{ 이고, } n = 30 \text{이므로}$$
$$n_1 = 24$$

따라서 각 등급별 개선 정도는 다음과 같이 정리된다.

$$\begin{array}{cc}
[\text{현 수준}] & [\text{최적 조건}] \qquad \text{(식 III-82)} \\
n_1 = 24 & n_1 = 28 \\
n_2 = 3 \quad \Rightarrow & n_2 = 1 \\
n_3 = 3 & n_3 = 1
\end{array}$$

과정이 번거롭긴 하나 현재 관리가 어떻게 이루어지고 있는지에 관계없이 모두 '다구치 방법'에 의한 최적화 설계가 가능하다는 데 후한 점수를 줘야 할 것 같다. 물론 '상호작용 효과'를 고려하거나 상황의 복잡도가 증가하면 고려할 변수도 많아지겠지만 엔지니어나 연구원들의 관심과 노력 여하에 따라 프로세스를 안정화시키고 제품의 성능을 높일 수 있는 분명한 해법이 존재한다는 점은 꼭 명심하자.

4. 정특성 허용차 설계

'허용차 설계(Tolerance Design)'는 흐름상 '동특성 설계' 이후에 와야 하나 '파라미터 설계'와 '허용차 설계'의 직접적 연계성을 고려해 '파라미터 설계(강건 설계)' 바로 다음에 위치시켰다. '강건 설계'의 범위를 '시스템 설계 - 파라미터 설계 - 허용차 설계' 전체로 보는 시각도 있다. 그러나 다구치 박사의 "변동의 원인을 제거하지 않고, 원인의 영향을 최소화하여 제품의 품질을 향상시키는 것"에 대한 직접적 활동은 '파라미터 설계'에서 대부분 이루어지므로 "파라미터 설계=강건 설계"의 시각도 만만치 않다. 본문은 후자에 약간 더 무게중심을 둔다.

'허용차(또는 공차)'란 제품을 생산하든 설계하든 관련 특성(실험 계획에선 '요인')들의 정확한 '목표 값'을 맞출 목적으로 일정한 여유를 부여한 값이며, 통상 '목표 값'에 '± 숫자'의 형태를 취한다. 자세한 내용은 「1.3.7. '한계(Limit)'의 정의와 설정」을 참고하기 바란다.

'허용차 설계'는 앞서 '강건 설계(파라미터 설계)'에서 이루어진 요인들의 '최적 조건'을 갖고 시작한다. 이때 '최적 조건'으로 재현 실험한 결과(분산)가 만족스럽지 못한 경우 각 요인들의 현 '허용차'가 변동에 미치는 '기여율'을 통계적(분산 분석)으로 해석한 뒤 이로부터 기여 우선순위가 높은 '요인'들의 '허용차'를 조정하는 활동이 주를 이룬다. 즉 '변동(또는 분산)'에 크게 기여하는 요인들을 찾아내면 그들의 '허용차'를 줄여줌으로써 실질적인 '최적화'에 이를 수 있다.

산포를 줄이려는 노력이 단지 사양이 훨씬 뛰어난('허용차'가 작은, 또는 정밀한) 부품으로 대체시켜 효과를 볼 수도 있겠으나 비용의 상승으로 이어지기 때문에 유일한 해결책은 될 수 없다. 따라서 '허용차 설계'에선 바로 '비용'과의 타협점을 찾기 위해 산포를 줄이기 위한 부품의 전략적 선택도 하나의 지침으로 고려된다. 다음은 '허용차 설계'를 위한 세부 단계를 나타낸다.

1) '강건(파라미터) 설계'에서 얻은 '최적 조건'에서 재현 실험.
2) 실험 내용을 가지고 '분산 분석' 실시 → 요인별 변동의 '기여율' 계산.
3) 변동에 기여도가 높은 요인들 선정.
4) '손실 함수'를 이용한 총 손실액 산정(소비자 허용 한계 D_o, 고객 손실 A_o가 알려져 있을 때).
5) '손실 함수'를 이용한 각 요인별 손실액 산정.
6) 기여도 높은 '3)'의 요인들을 대상으로 '허용차(또는 공차)' 조정(예, 기존의 1/3 등).
7) 이때 조정에 드는 비용과, 품질을 개선해서 얻은 비용 효과를 서로 비교해서 최종 방향 결정.

본 단원에서는 '망목 특성'과 '망대 특성'에 대한 '허용차 설계'의 간단한 예를 소개한다.

4.1. '망목 특성'의 '허용차 설계'

'망목 특성'의 '허용차 설계'는 전자 회로나 기계 작동 등의 분야에서 '비용'과 '품질 특성' 모두를 만족할 만한 수준에 이르게 할 목적으로 수행된다. 우선 '파라미터 설계' 이후 진행되어야 하므로 가정된 간단한 '강건 설계(파라미터 설계)' 사례를 소개한 뒤 '허용차 설계'로 들어갈 것이다.

먼저 일반적 상황으로 '제어 인자'가 '4개(A, B, C, D)'이고, '잡음 인자'가 '3개(E, F, G)'인 상황을 고려하자. 이때 모든 요인들의 수준은 '2수준'으로 제한하며, '직교 배열(표)'는 '내측 배열'에 '$L_8 2^4$(또는 $L_8 2^7$)', '외측 배열'은 '$L_4 2^3$'을 적용한다(고 가정한다). 이때 '소비자 허용 한계(D_o)=±2mm'이며, 이 한계에서의 '고객 손실(A_o)=450원'이다(라고 가정한다). 다음 [표 Ⅲ-30]은 해당 '직교 배열(표)'와 실험 결과를 나타낸다.

[표 Ⅲ-30] '망목 특성'의 '허용차 설계'를 위한 '파라미터 설계'

| No | A | B | C | D | 1 | 2 | 3 | 4 | E F G | SN 비 | 감도 |
	1	2	3	4	1 1 1	1 1 2	2 2 1	2 2 2			
1	1	1	1	1	25. 1	23. 0	22. 8	26. 7		22. 39	33. 77
2	1	1	2	2	20. 2	18. 9	21. 1	17. 6		22. 09	31. 80
3	1	2	1	2	15. 4	14. 0	13. 7	12. 9		22. 56	28. 94
4	1	2	2	1	15. 0	16. 7	15. 2	15. 1		25. 70	29. 83
5	2	1	1	2	26. 1	25. 9	22. 5	23. 6		22. 87	33. 81
6	2	1	2	1	26. 3	24. 5	25. 3	24. 3		28. 82	34. 01
7	2	2	1	1	17. 5	17. 4	17. 9	15. 6		24. 46	30. 68
8	2	2	2	2	22. 6	21. 0	19. 9	20. 4		25. 05	32. 45

○ 목표 값(축 이동 거리)=17mm.
○ '감도'는 '(식 Ⅲ-38)' 참조.

[표 Ⅲ-30]에서 우선 '산포'에 영향을 주는 '제어 인자'와 '평균'에 영향을 주는 '조정 인자'를 찾기 위해 '분산 분석'을 각각 수행한다. 결과는 다음 [그림 Ⅲ-36]과 같으며, 편의를 위해 유의하지 않은 요인은 '병합(Pooling)'까지 마무리하였다.

[그림 Ⅲ-36] '망목 특성'의 '허용차 설계'를 위한 '파라미터 설계' 결과

일반 선형 모형: SN비 대 A, C, D
분산 분석

출처	DF	Adj SS	Adj MS	F-값	P-값
A	1	8.929	8.929	5.15	0.086
C	1	11.000	11.000	6.35	0.065
D	1	9.690	9.690	5.59	0.077
오차	4	6.931	1.733		
총계	7	36.550			

일반 선형 모형: 감도 대 A, B
분산 분석

출처	DF	Adj SS	Adj MS	F-값	P-값
A	1	5.4851	5.4851	6.12	0.056
B	1	16.4987	16.4987	18.42	0.008
오차	5	4.4781	0.8956		
적합성 결여	1	0.5540	0.5540	0.56	0.494
순수 오차	4	3.9241	0.9810		
총계	7	26.4619			

신호 대 잡음 비에 대한 반응 표
망목특성($10 \times Log10(Ybar^2/s^2)$)

수준	A	B	C	D
1	23.19	24.04	23.07	25.34
2	25.30	24.44	25.42	23.14
델타	2.11	0.40	2.35	2.20
순위	3	4	1	2

평균에 대한 반응 표

수준	A	B	C	D
1	18.34	23.37	20.01	20.52
2	21.92	16.89	20.26	19.74
델타	3.59	6.48	0.25	0.79
순위	2	1	4	3

[최적조건] $A_2B_2C_2D_1$

[그림 Ⅲ-36]에서 'SN 비(산포)'에 영향을 주는 요인은 'A, C, D'이며, '평균'에 영향을 주는 요인은 'A, B'이나 '요인 A'가 '산포'에 유의한 요인이므로 '요인 B'만 '목표 값(축 이동 거리)=17mm'를 위해 조정한다. 이에 '목표 값'에 근접한 'B_2'를 정하고, 따라서 '최적 조건=$A_2B_2C_2D_1$'임을 알 수 있다.

현 상황에서 '최적 조건'의 적용 시, 주변 잡음에 둔감한 'Y'를 얻을 수는 있으나 만족할 만한 수준인지는 아직까진 알 수 없다. 만일 현 '최적 조건'에서 형성된 'Y의 산포'가 특정 요인의 '허용차' 때문에 큰 값을 보인다면 이역시 조정의 대상으로 삼는다. 따라서 '재현 실험' 동안 어느 요인에서 가장 큰 변동(분산)이 발생하는지 파악하고 전체 변동에 악영향을 주는 주요 요인의 '허용차'를 조정하는 노력도 기울여야 한다(고 가정한다). 이때 고려할 사항으로 다음의 것들이 있다.

1) '허용차 설계'는 '최적 조건'에 속한 요인들의 '허용차'를 대상으로 함.

2) 또는, 각 '최적 조건'에 다음과 같은 임의의 변동을 주어 그들을 '재현 실험'에 반영함.[106]

   - '2 수준' 경우: (m-s), (m+s)

   - '3 수준' 경우: (m- $\sqrt{3/2}$ s), m, (m + $\sqrt{3/2}$ s)

      여기서, 'm'은 '최적 조건'의 '중심 값', 's'는 '표준 편차'

3) '잡음 인자'가 포함될 경우 '내측 배열'에 배치해서 실험 진행.

내용만으로는 이해가 잘 안 될 것이므로 [그림 Ⅲ-36]의 '최적 조건'을 이용해 '재현 실험'을 포함한 '허용차 설계'를 수행해보자. 다음 [표 Ⅲ-31]은 '수준'이 '최적 조건(m)±s'로 설정된 '재현 실험' 계획표이다.

[표 Ⅲ-31] '망목 특성'의 '허용차 설계'를 위한 수준 설정 예

요인 및 수준		A_2	B_2	C_2	D_1
최적 조건		20	8	25	2
표준 편차		0.6	0.24	0.75	0.15
오차인자 수준	1수준	19.4	7.76	24.25	1.94
	2수준	20.6	8.24	25.75	2.06

○ 요인 및 수준: A(튜브 직경, mm) 16/**20**/24, B(유입 속도, mm/s) 6/**8**/10, C(내부 온도, ℃) 18/**25**/32, D(바인더 농도, %) **2**/5/7.
○ [그림 Ⅲ-36]의 '최적 조건' 참조.
○ '오차 인자 수준'은 2수준으로 '최적 조건±표준 편차'로 계산하였음.
○ '파라미터 설계'의 '잡음 인자' E, F, G는 '허용차 설계'에도 그대로 반영.

[표 Ⅲ-31]의 '수준'들을 다음 [표 Ⅲ-32]의 '$L_8 2^7$'의 '내측 배열'에 배치한 후 '반응(Y)'을 얻어 변동에 대한 개선 방향을 설정한다. 이해를 돕기 위해

---

106) '$\sqrt{3/2}$'의 적용은: 박성현(1995), 『다구치 방법과 통계적 공정 관리를 중심으로 한 품질 공학』 민영사, p.302 참조.

실제 값으로의 '설계 표'도 포함시켰다.

[표 Ⅲ-32] '망목 특성'의 '허용차 설계'를 위한 '$L_8 2^7$ 설계'

No	A′ 1	B′ 2	C′ 3	D′ 4	E 5	F 6	G 7		No	A′ 1	B′ 2	C′ 3	D′ 4	E 5	F 6	G 7	Y
1	1	1	1	1	1	1	1		1	19.4	7.76	24.25	1.94	1	1	1	18.2
2	1	1	1	2	2	2	2		2	19.4	7.76	24.25	2.06	2	2	2	19.0
3	1	2	2	1	1	2	2	⇒	3	19.4	8.24	25.75	1.94	1	2	2	20.3
4	1	2	2	2	2	1	1	실제값	4	19.4	8.24	25.75	2.06	2	1	1	18.8
5	2	1	2	1	2	1	2		5	20.6	7.76	25.75	1.94	2	1	2	17.7
6	2	1	2	2	1	2	1		6	20.6	7.76	25.75	2.06	1	2	1	19.2
7	2	2	1	1	2	2	1		7	20.6	8.24	24.25	1.94	2	2	1	18.3
8	2	2	1	2	1	1	2		8	20.6	8.24	24.25	2.06	1	1	2	16.5

[표 Ⅲ-32]에 보인 바와 같이 '허용차 설계'를 위해 [표 Ⅲ-31]처럼 '최적 조건'의 실 공정 운영 조건(설정 값들이 '표준 편차'만큼씩 변동한다고 가정)으로, 또는 값의 세팅이 아닌 경우 저렴한 부품의 '표준 편차'를 반영(안 좋은 조건을 설정)해 설계 표를 작성한다. a) '허용차 설계'에서는 '내측 배열'에 '잡음 인자(예로써 E, F, G)'를 반영할 수 있으며, b) 'SN 비'가 아닌 '반응(Y)'을 측정해서 해석한다. 이것은 요인들이 '전체 변동(분산)'에 미치는 영향을 파악하기 위함이다.

[표 Ⅲ-32]의 결과를 이용해 '분산 분석'을 실시하고 각 요인별 '변동의 기여율'을 계산한다. 필요 시 '병합(Pooling)'도 수행한다. 다음 [그림 Ⅲ-37]은 '분산 분석' 및 '변동의 기여율'을 계산한 결과이다.

[그림 Ⅲ-37] '망목 특성'에 대한 '분산 기여율'의 해석(병합 포함)

분산 분석

출처	DF	Adj SS	Adj MS	F-값	P-값	기여율(%)	
A '	1	2.64500	2.64500	*	*	29.92	O
B '	1	0.00500	0.00500	*	*	0.06	
C '	1	2.00000	2.00000	*	*	22.62	O
D '	1	0.12500	0.12500	*	*	1.41	
E	1	0.02000	0.02000	*	*	0.23	
F	1	3.92000	3.92000	*	*	44.34	
G	1	0.12500	0.12500	*	*	1.41	
오차	0	*	*				
총계	7	8.84000					

분산 분석

출처	DF	Adj SS	Adj MS	F-값	P-값
A '	1	2.64500	2.64500	132.25	0.055
B '	1	0.00500	0.00500	0.25	0.705
C '	1	2.00000	2.00000	100.00	0.063
D '	1	0.12500	0.12500	6.25	0.242
F	1	3.92000	3.92000	196.00	0.045
G	1	0.12500	0.12500	6.25	0.242
오차	1	0.02000	0.02000		
총계	7	8.84000			

[그림 Ⅲ-37]을 통해 요인 A'과, 요인 C'이 유의하고, 전체 변동에의 '기여율'도 가장 크다는 것을 확인할 수 있다. 예를 들어, A' 경우 '최적 조건=20'을 중심으로 '19.4~20.6'의 범위에서 움직일 때 'Y'를 관찰한 결과 그 변동 폭이 다른 '최적 조건'이 미친 변동 폭과 비교해 '약 29.92%'의 점유율로 영향을 준다는 뜻이다. 따라서 [그림 Ⅲ-37]의 A'과 C'의 '기여율'을 줄이기 위해 좀 더 정밀한 조절기를 설치해 '표준 편차(s)'를 '1/3'로 줄인다면 개선 후 'Y의 분산'은 다음으로 예측된다.

$$V_{최적} = V_{현재} \times a \qquad\qquad\qquad \text{(식 Ⅲ-83)}$$
$$= V_{현재} \times [0.2992(1/3)^2 + 0.0006 + 0.2262(1/3)^2 + 0.0141$$
$$+ 0.0023 + 0.4434 + 0.0141]$$
$$\cong 1.263 \times 0.533$$
$$\cong 0.673$$

$$\therefore V_{현재} / V_{최적} = 1.263/0.673$$
$$\cong 1.88(Y\text{의 분산이 약 }1.88\text{배 개선됨})$$

(식 Ⅲ-83)을 통해 요인 A'과, C'이 만드는 '표준 편차'를 '1/3'만큼씩 줄이면 '약 1.88배'의 산포 개선이 이루어짐을 알 수 있다.

지금까지의 내용을 토대로 (식 Ⅲ‑7-2)의 '망목 특성의 기대 손실 추정 값 $(\overline{L(y)})$'으로부터 '비용'과의 관계를 따져보면 다음과 같다.

$$\overline{L(y)}_{\text{현수준}} = \frac{A_o}{D_o^2}[s^2 + (\bar{y}-m)^2],\; where\; '\bar{y}=m'\; \text{가정.} \qquad \text{(식 Ⅲ-84)}$$
$$= \frac{450}{2^2}\times 1.263$$
$$\cong 142.09\text{원}/\text{부품}$$

(식 Ⅲ‑83)에 따라 '분산'이 '약 1.88배' 개선되었으므로 (식 Ⅲ‑84)에서의 '부품당 손실 금액'도 그에 비례해서 감소한다. 결과는 다음과 같다.

$$\overline{L(y)}_{\text{최적}} = \frac{\overline{L(y)}_{\text{현수준}}}{\text{분산의 개선수준}} \qquad \text{(식 Ⅲ-85)}$$
$$= \frac{142.09\text{원}/\text{부품}}{1.88}$$
$$\cong 75.58\text{원}/\text{부품}$$

결국 '총 순 이득'은 (식 Ⅲ‑84)와 (식 Ⅲ‑85)의 차이로 계산될 수 있다. 다음과 같이 정리된다.

$$\text{총 순 이득} = 142.09\text{원} - 75.58\text{원} \qquad \text{(식 Ⅲ-86)}$$
$$\cong 66.51\text{원}/\text{부품}$$

(식 Ⅲ‑86)의 '총 순 이득'은 '요인 A', C''의 '표준 편차'를 정밀하게 제어했을 때 얻어지는 효과이므로 실현 시 '부품당 약 66.51원'을 초과한 비용이 발생하지 않도록 철저한 관리 감독하에 추진하는 것이 바람직하다.

4.2. '망대 특성'의 '허용차 설계'

'망대 특성'과 '망소 특성'의 '허용차 설계'도 앞서 진행된 '망목 특성'의 과정과 최종 산출물들이 모두 동일하다. 본 예의 상황은 4개 요인들과 각 요인별로 3개 수준을 가정한다. 차이점이 있다면 '잡음 인자'의 영향을 각 요인의 변동 폭으로 대체한다(고 가정한다). 예를 들어, '파라미터 설계' 경우 지금까지는 '외측 배열'에 '잡음 인자'들의 조합된 환경을 설정했으나 이번 경우는 '잡음 인자' 때문에 '제어 인자' 값이 변동한다고 보고, 그 변동 값들을 '외측 배열'에 배치하는 방식이다. 글로 쓰니 좀 복잡한데 예를 들면 다음 [표 Ⅲ - 33]과 같이 '제어 인자'와 '잡음 인자'를 정의한다.

[표 Ⅲ -33] '망대 특성'의 '허용차 설계'를 위한 '제어 인자'와 '잡음 인자'

제어 인자	수준(Level)		
	1	2	3
A(Pa)	100	130	160
B(N)	250	450	650
C(℃)	20	40	60
D(min)	15	40	60
잡음 인자	'제어 인자'의 수준 변동을 반영(수치는 '%')		
A'	−10	0	+10
B'	−10	0	+10
C'	−15	0	+15
D'	−15	0	+15
○ 각 '제어 인자'에 대응하는 '잡음 인자'가 존재하며, 프로세스 조사로부터 '잡음 인자'의 영향 때문에 '제어 인자'가 변동하는 범위를 위와 같이 '%'로 나타냄.			

[표 Ⅲ - 33]을 통해 '직교 배열(표)'의 '내측 배열'엔 '제어 인자'가, '외측

배열'엔 '잡음 인자'가 온다. 각 배열은 3수준 4개 요인이므로 '$L_9 3^4$'을 사용한다. 또 '소비자 허용 한계(D_o)=95kgf/mm^2'이며, 이 한계에서의 '고객 손실(A_o)=900원'이다(라고 가정한다).배치된 최종 모습은 다음 [표 Ⅲ‒34]와 같다.

[표 Ⅲ‒34] '망대 특성'의 '허용차 설계'를 위한 '$L_9 3^4$'의 직교 배열(표)

No.	1	2	3	4	5	6	7	8	9
A'	1	1	1	2	2	2	3	3	3
B'	1	2	3	1	2	3	1	2	3
C'	1	2	3	2	3	1	3	1	2
D'	1	2	3	3	1	2	2	3	1

No	A	B	C	D	N1	N2	N3	N4	N5	N6	N7	N8	N9	SN 비	평균
1	1	1	1	1	95.3	81.1	109.7	43.5	148.0	123.9	88.0	120.5	137.0	38.62	105.22
2	1	2	2	2	49.3	99.8	39.2	104.5	140.0	125.3	99.8	84.7	76.0	37.03	90.96
3	1	3	3	3	18.1	51.8	8.6	48.5	178.0	44.3	43.4	99.0	35.0	26.67	58.52
4	2	1	2	3	17.7	126.0	15.1	109.7	43.5	148.0	20.7	92.1	63.0	29.13	70.64
5	2	2	3	1	83.3	107.0	53.6	39.2	104.5	140.0	42.3	63.0	150.0	36.06	86.99
6	2	3	1	2	39.0	84.6	30.7	8.6	48.5	178.0	127.5	105.8	291.0	27.50	101.52
7	3	1	3	2	45.1	91.0	57.9	15.1	8.6	39.0	4.1	92.0	212.0	20.56	62.76
8	3	2	1	3	153.7	154.6	151.8	52.8	15.1	45.1	28.7	52.8	65.0	30.99	79.96
9	3	3	2	1	9.4	118.7	11.9	25.4	136.3	153.7	113.1	64.4	24.0	26.09	72.99
												전체평균		30.30	81.06

[표 Ⅲ‒34]의 실험 값 설정을 하나만 예로 들면, 'No.4' 경우 '내측 배열'의 '제어 인자'는 '$A_2 B_1 C_2 D_3$'으로 맞춰야 하나 '외측 배열'의 '잡음 인자'가 [표 Ⅲ‒33]으로 이루어져 있어 실험 환경은 다음과 같이 구성된다.

$$\text{내측 배열의 } 'No.4'\text{의 '제어 인자' 조건} \rightarrow A_2 B_1 C_2 D_3 \qquad \text{(식 Ⅲ-87)}$$
$$\text{외측배열의 } 'No.3'\text{의 '잡음인자' 조건} \rightarrow A'_1 B'_3 C'_3 D'_3 \text{에 대해,}$$
$$-A_2 : 130 \times (1-0.1) = 117 Pa$$
$$-B_1 : 250 \times (1+0.1) = 275 N$$
$$-C_2 : 40 \times (1+0.15) = 46\,°C$$
$$-D_3 : 60 \times (1+0.15) = 69\min$$

(식 Ⅲ-87)에서 괄호 안이 '잡음 인자' 조건을 반영한 것이며, 'No.4'의 실험은 결과 값인 (117Pa, 275N, 46℃, 69min)에서 진행된다. [표 Ⅲ-34]의 결과로 '분산 분석'과 '반응 표'를 얻으면 다음 [그림 Ⅲ-38]과 같다.

[그림 Ⅲ-38] '망대 특성'의 '허용차 설계'를 위한 '파라미터 설계'

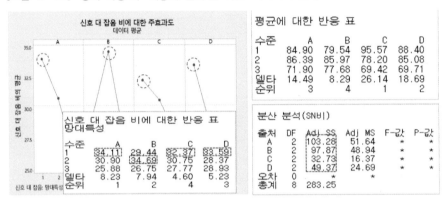

[그림 Ⅲ-38]로부터 '최적 조건'은 'SN 비'가 가장 큰 조합인 '$A_1B_2C_1D_1$'이다. '분산 분석'으로부터 '변동(SS)'이 모두 크므로(또는 극히 작은 값이 없으므로) 모두 유의한 것으로 판단한다. '최적 조건'에 대한 'SN 비'와 '평균'의 추정치는 다음과 같다.

(식 Ⅲ-88)의 'SN 비'와 '평균'의 추정은 [그림 Ⅲ-38]의 '수준별 값'들과 [표 Ⅲ-34]의 '전체 평균'을 이용해서 계산된다. '망대 특성'이므로 'SN 비'가 큰 값들의 조합이 '최적 조건'이며, 이때 평균은 '105.22 → 111.65'로 증가한다.

$$SN\text{비}_{\text{현수준}} = \overline{A_1} + \overline{B_1} + \overline{C_1} + \overline{D_1} - 3\overline{T} \qquad\qquad (\text{식 } \mathrm{III}\text{-}88)$$
$$= 34.11 + 29.44 + 32.37 + 33.59 - 3 \times 30.30$$
$$\cong 38.62\,dB$$
$$\text{평균}_{\text{현수준}} = \overline{A_1} + \overline{B_1} + \overline{C_1} + \overline{D_1} - 3\overline{T}$$
$$= 84.90 + 79.54 + 95.57 + 88.40 - 3 \times 81.06$$
$$\cong 105.22$$

$$\overline{\phantom{SN\text{비}_{\text{최적}} = A_1 + B_2 + C_1 + D_1 - 3T = 34.11}}$$

$$SN\text{비}_{\text{최적}} = \overline{A_1} + \overline{B_2} + \overline{C_1} + \overline{D_1} - 3\overline{T}$$
$$= 34.11 + 34.69 + 32.37 + 33.59 - 3 \times 30.30$$
$$\cong 43.88\,dB$$
$$\text{평균}_{\text{최적}} = \overline{A_1} + \overline{B_2} + \overline{C_1} + \overline{D_1} - 3\overline{T}$$
$$= 84.90 + 85.97 + 95.57 + 88.40 - 3 \times 81.06$$
$$\cong 111.65$$

$$\therefore \text{이득}(Gain) = 43.88\,dB - 38.62\,dB$$
$$\cong 5.26\,dB$$

이어 (식 Ⅲ‐88)의 '최적 조건'에서 실제 추정된 값이 나오는지 '재현 실험'을 수행한다. 이때 [표 Ⅲ‐33]의 '잡음 인자' 조건이 마련되어 있으므로 '재현 실험'에서도 이 기준을 그대로 적용한다. '직교 배열(표)'는 동일하게 '$L_9 3^4$'를 사용하며 결과까지 포함한 '설계 표'는 다음 [표 Ⅲ‐35]와 같다.

[표 Ⅲ‐35] '망대 특성'의 '허용차 설계'를 위한 '재현 실험' 결과

No.	A ´	B ´	C ´	D ´	Y	
1	1	1	1	1	118.4	
2	1	2	2	2	109.4	
3	1	3	3	3	112.1	
4	2	1	2	3	127.6	SN 비
5	2	2	3	1	103.9	41.2
6	2	3	1	2	115.7	평균
7	3	1	3	2	110.3	115.38
8	3	2	1	3	122.5	분산
9	3	3	2	1	118.5	52.89

[표 Ⅲ-35]에서 'No.6'의 실험 조건은 다음과 같다.

$$\text{최적 조건} \rightarrow A_1 B_2 C_1 D_1, \text{즉} \qquad\qquad \text{(식 Ⅲ-89)}$$
$$'A_1 = 100, B_2 = 450, C_1 = 20, D_1 = 15' \text{에 대해,}$$

$'No.6'$의 실험 조건 $\rightarrow A'_2 B'_3 C'_1 D'_2$ 은,
- $A'_2 : 100 \times (1+0) = 100 Pa$
- $B'_3 : 450 \times (1+0.1) = 495 N$
- $C'_1 : 20 \times (1-0.15) = 17\,^\circ C$
- $D'_2 : 15 \times (1+0) = 15 \min$

좀 복잡해 보이지만 한번 적응하면 일상화가 되므로 처음의 노력이 중요하다. 계산된 'SN 비'와 '평균' 및 '분산'은 [표 Ⅲ-35]에 기입해놓았으며, 별도의 계산 과정은 생략한다. 다만 '분산=52.89'는 제품 관리상 너무 크다는 의견이 있어 '허용차 설계'를 수행하기로 결정하였다(고 가정한다). 이를 위해 [표 Ⅲ-35]의 결과로부터 각 요인별 '기여율(%)'을 알아보기 위해 '분산 분석'을 수행하면 다음 [그림 Ⅲ-39]와 같다.

[그림 Ⅲ-39] '망대 특성'의 '기여율' 해석

[분산 분석]

출처	DF	Adj SS	Adj MS	F-값	P-값	기여율(%)	
A'	2	22.23	11.11	*	*	5.25	
B'	2	70.06	35.03	*	*	16.56	
C'	2	196.88	98.44	*	*	46.53	O
D'	2	133.93	66.96	*	*	31.65	O
오차	0	*	*				
총계	8	423.10				100.00	

"기여율이 크다"는 의미는 현재 각 요인들의 '허용차(또는 규격)' 조건에서

'Y의 변동'에 가장 큰 영향을 미치는 요인이 C ′와 D ′이라는 뜻이다. 따라서 만일 이들의 '허용차'를 현재의 '1/3' 수준으로 좁힐 경우(또는 고품질 부품을 사용할 경우) 예상되는 분산은 다음과 같이 추정된다.

$$
\begin{aligned}
V_{최적} &= V_{현재} \times a \qquad\qquad\qquad\qquad\qquad\qquad\text{(식 III-90)}\\
&= V_{현재} \times [0.0525 + 0.1656 + 0.4653(1/3)^2 + 0.3165(1/3)^2]\\
&\cong 52.89 \times 0.305\\
&\cong 16.13
\end{aligned}
$$

$$
\begin{aligned}
\therefore V_{현재} / V_{최적} &= 52.89/16.13\\
&\cong 3.28(약 3.3배의 개선이 이루어짐)
\end{aligned}
$$

새로운 '허용차'를 적용해 (식 III‐90)의 '분산'이 재현되는지 최종 확인 실험을 실시하는 일도 결코 잊어서는 안 된다.

다음은 '손실 함수'를 이용한 비용 분석에 대해 알아보자. '망대 특성의 기대 손실의 추정 값($\overline{L(y)}$)'인 (식 III‐17)을 이용해 현재의 '손실 금액'을 계산하면 다음과 같다.

$$
\begin{aligned}
\overline{L(y)}_{현수준} &= A_0 D_0^2 [MSD] \qquad\qquad\qquad\qquad\qquad\text{(식 III-91)}\\
&= 900 \times 95^2 \left[\frac{1}{9}\left(\frac{1}{118.4^2} + \frac{1}{109.4^2} + \frac{1}{112.1^2} + \frac{1}{127.6^2} + \frac{1}{103.9^2}\right.\right.\\
&\qquad\qquad\qquad\left.\left. + \frac{1}{115.7^2} + \frac{1}{110.3^2} + \frac{1}{122.5^2} + \frac{1}{118.5^2}\right)\right]\\
&\cong 900 \times 95^2 \times (7.592 \times 10^{-5})\\
&\cong 616.65원/개
\end{aligned}
$$

(식 III‐90)에 따라 '분산'이 '약 3.28배' 개선되었으므로 (식 III‐91)에서의 '제품당 손실 금액'도 그에 비례해서 감소한다. 결과는 다음과 같다.

$$\overline{L(y)}_{최적} = \frac{\overline{L(y)}_{현수준}}{분산의\ 개선수준}$$
$$= \frac{616.65원/제품}{3.28}$$
$$\cong 188원/제품 \qquad \text{(식 III-92)}$$

결국 '총 순 이득'은 (식 III - 91)과 (식 III - 92)의 차이로 계산될 수 있다. 다음과 같이 정리된다.

$$총\ 순\ 이득 = 616.65원 - 188원$$
$$\cong 428.65원/제품 \qquad \text{(식 III-93)}$$

(식 III - 93)의 '총 순 이득'은 '요인 C, D'의 변동을 제어하거나 고품질 부품을 적용해 얻어지는 효과이므로 개선 시 '부품당 428.65원'을 초과한 비용이 발생하지 않도록 철저한 관리 감독하에 추진하는 것이 바람직하다.

5. 동특성 강건 설계

　　　　　　　'파라미터 설계' 중 '동특성'에 대한 '강건 설계'를 학습한다. '동특성'을 이해하기 위해서는 '정특성'과의 차이점을 이해하는 것이 도움 된다. 다음 [그림 Ⅲ-40]은 둘의 관계를 설명하는 일반적인 개요도이다.

[그림 Ⅲ-40] '정특성'과 '동특성'의 비교 개요도

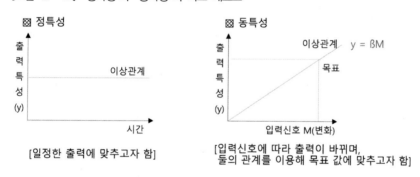

　　[그림 Ⅲ-40]을 보면 '정특성' 경우 시간에 관계없이 항상 정해진 값을 출력하도록 모든 '제어 인자'를 '최적 조건'에 맞추려고 노력하는 반면, '동특성'은 '입력(신호 인자)'의 정도에 따라 시시각각 출력 값이 변하되 입력 신호에 비례하는 특징을 갖는다. 본문에서 사용되는 요인들의 유형 및 정의와 개요도를 포함한 입출력 관계에 대해서는 『1.3.5. 요인(Factors)들 유형』의 [그림 Ⅲ-3]~[그림 Ⅲ-5]를 참고하기 바란다. 주변에서 쉽게 접하는 '동특성'의 예로 다음의 것들이 있다.

○ 운전 중 액셀러레이터를 밟는 정도에 따라 속력이 가변한다.

○ 조향 휠(핸들)에 가한 회전력에 따라 차량의 조향각이 가변한다.

○ 운전자의 조작력(페달 밟는 힘)에 따라 바퀴 제동력이 가변한다.

○ 수도꼭지 손잡이의 회전각에 따라 토출되는 물의 양이 가변한다.

○ 전압 크기에 따라 전구의 밝기가 가변한다.

○ …

[그림 Ⅲ-40]의 '정특성'과 '동특성'은 모두 입력 신호가 들어오면 설계대로 출력이 정확히 나오는 '이상 관계'에 놓여 있다. 그러나 작동 중 주변에 존재하는 다양한 잡음의 영향으로 예측되지 못한 출력을 만들어내기도 한다. 다음 [그림 Ⅲ-41]은 '잡음 인자'들 때문에 더 이상 '이상 관계'를 유지하지 못하는 상황을 나타낸 개요도이다.

[그림 Ⅲ-41] '이상 관계'에 '잡음 인자'가 작용한 개요도

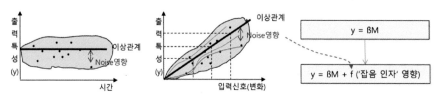

[그림 Ⅲ-41]에서 알 수 있는 바와 같이 입력에 대한 설계 출력이 잡음들로 인해 산포가 발생하며 결국 제 기능을 발휘하지 못한다. 따라서 '동특성의 강건 설계'는 최초 설계 의도대로 입력에 비례한 출력이 나올 수 있도록 주변 잡음에 둔감한 환경을 최대한 조성하는 데 그 목적을 둔다.

학습 때 가장 많이 거론되는 사례가 자동차의 브레이크 시스템이다. 우리 내 일상과 밀착되어 있기도 하거니와 부품들 간 공학적 관계도 명확해 내용

전달이 쉽기 때문이다. 다음 [그림 Ⅲ-42]는 자동차 '제동 장치'와 제동력이 발생되는 과정을 설명한 개요도이다.107)

[그림 Ⅲ-42] 자동차 제동 장치와 제동력 발생과정 개요도

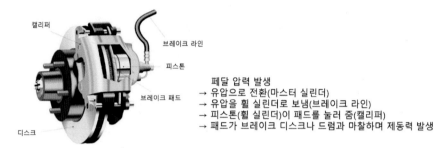

현업에서 제동 장치 전체를 범위로 둔다면 페달에 가해지는 압력이 어떻게 유압으로 바뀌는지부터 최종 제동에 이르기까지 전체를 대상으로 삼아야 하나 불필요한 자원의 낭비를 미연에 방지하기 위해 실험에 들어가기 전 핵심 범위를 정하는 일은 매우 중요하다. 이때 'Boundary Diagram'을 통해 'System → Sub-system → Assembly → Component'의 구조하에서 해석 영역을 명확하게 정의한다. 이 같은 접근은 '강건 설계' 중 필요하면 언제든 수행한다. 또 'P(Parameter)-Diagram'을 통해 '신호 인자', '제어 인자', '잡음 인자'와 출력인 '반응(Y)'들을 명확하게 정의한다. 다음 [그림 Ⅲ-43]은 '제동 장치'에 대한 'Boundary Diagram'을 나타내며, 최적화 대상이 [그림 Ⅲ-42]의 영역임을 표시하고 있다.108)

---

107) 그림 출처: http://blog.hani.co.kr/colorado/14763
108) 그림 출처: http://bluemembers.hyundai.com/

[그림 Ⅲ-43] 실험을 위한 'Boundary Diagram'

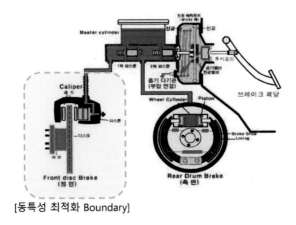

[동특성 최적화 Boundary]

다음 [그림 Ⅲ-44]는 'P-Diagram'을 나타낸다.

[그림 Ⅲ-44] 실험 설계를 위한 'P-Diagram'

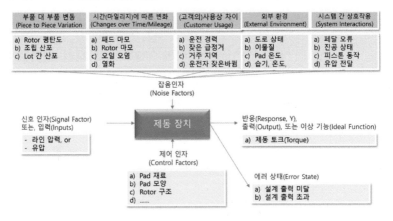

[그림 Ⅲ-44]의 'P-Diagram'을 통해 실험에 포함시킬 '신호 인자', '제어

인자', '잡음 인자', '반응(Y)'의 윤곽을 명확하게 잡는다. 특히 '잡음 인자'는 개별적으로 실험에 반영할 경우 그 조합이 너무 많아 감당하기 어려우므로 그들을 조합시켜 "가장 안 좋은 상황"과 "가장 좋은 상황"으로 구분하여 그 변동의 폭이 최대화되게 설계할 수 있다. 이 같은 조합을 '조합 오차 인자'라고 한다.

실험 진행에 대한 기본 개요가 정립됐으면 '동특성'에서 논하게 될 'SN 비'와 '감도'에 대해 알아보자. 'SN 비'와 '감도'는 (식 III‑26)에서 논했던 기본 개념을 그대로 차용하되 '입력과 출력'의 '비례 관계'를 고려해 다음과 같이 표현한다.

$$SN\text{비} \propto \frac{\text{신호의 영향력}}{\text{잡음의 영향력}} \qquad\qquad (\text{식 III-94})$$

$$= \frac{\text{유효출력}}{\text{유해출력}}$$

$$= \frac{M \text{과} \, y \, \text{간 직선관계}}{\text{직선 주위의 산포}} \quad \because \, 'M' \text{은 '신호인자' 수준}$$

$$= \frac{\hat{\beta}^2}{\hat{\sigma_e}^2} \quad \because \, '\hat{\beta}' \text{는 적합선의 기울기로 '감도'를 나타냄.}$$

(식 III‑94)로부터 'SN 비'는 기존의 개념을 유지하면서 '동특성'의 상황에 맞도록 조정되어 있다. 즉 다음 [그림 III‑45]에 설명된 것처럼 '신호 인자(M)' 대 '반응(Y)'이 직선 관계를 형성하며, 동시에 산포도 동반한다. 이때 직선의 '기울기(β)'가 클수록, 또는 변동이 작을수록 '신호(Signal)'의 강도가 세진다는 것을 알 수 있다.

[그림 Ⅲ-45] '신호/잡음/기울기/반응' 간 관계

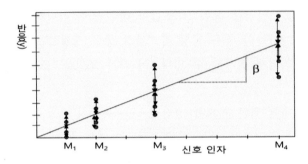

(식 Ⅲ-94)와 [그림 Ⅲ-45]를 함께 보면 왜 '잡음 인자'에 기인한 산포를 줄여야 하는지 이해할 수 있다. '산포'가 발생하면 설계된 직선상의 값이 나오지 않고 '산포 정도'에 따라 그 벗어난 폭이 결정되기 때문이다. 특히 차량처럼 안전에 중요한 제품은 더더욱 설계 목표의 요구에 집중해야 한다.

[그림 Ⅲ-45]에 대해 직선은 현재 원점인 (0, 0)을 지나고 있어 '절편=0'에 해당한다. 수식으로는 "$y = \beta M$"의 관계에 있다. 그러나 '절편'이 존재하더라도 예로써 최초의 'M_1'을 '기준점(Reference)'으로 설정해 나머지 'M_i'들을

[그림 Ⅲ-46] '원점 비례식'과 '기준점 비례식'

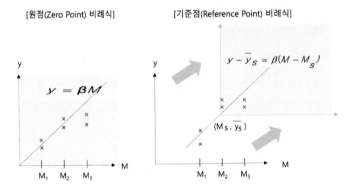

'$M_i - M_1$'의 형태로 재구성하면 직선 방정식 '$y = \beta M$'을 그대로 사용할 수 있다. 이들을 각각 '원점(Zero Point) 비례식'과 '기준점(Reference Point) 비례식'이라고 한다. [그림 Ⅲ-46]은 둘의 개요도를 나타낸다.

[그림 Ⅲ-46]은 '원점'을 지나는 비례식과 그렇지 않을 경우의 좌표 축 이동을 통한 '원점 비례식'화의 개념을 설명한다. 실제 활용 예는 관련 서적을 참고하기 바란다.[109]

'동특성'에서의 'SN 비'는 그 유도 과정이 다소 복잡하다. '회귀 직선'이 포함되기 때문에 반복적인 실험 속에서 'β'와 '오차의 분산, $\hat{\sigma}_e^2$'을 파악해야 하기 때문이다. 따라서 이론 전개보다는 실제 실험 데이터를 이용해 유도하는 과정과 그로부터 나온 결과를 통계 프로그램 결과와 비교하는 방식을 취하고자 한다. 다음 [표 Ⅲ-36]은 브레이크 페달을 밟았을 때 제동 토크를 잡음에 최대한 둔감하도록 최적화하기 위한 실험 계획이다. '제어 인자'는 '2수준 1개'와 '3수준 7개'이고, '잡음 인자'는 마찰열과 패드 마모를 고려해 그들의 조합인 '최적의 상황-N1'과 '최악의 상황-N2'로 설정하였다(고 가정한다).

[표 Ⅲ-36] 동특성 '강건 설계'를 위한 설계 표($L_{18}2^1 \times 3^7$)

요인	A	B	C	D	E	F	G	H	M1=1.0		M2=2.0		M3=3.0		기울기	$\hat{\sigma}_e^2$	SN 비
No.	1	2	3	4	5	6	7	8	N1	N2	N1	N2	N1	N2	(β)		
1	1	1	1	1	1	1	1	1	28.80	5.46	35.34	4.86	51.36	39.36			
2	1	1	2	2	2	2	2	2	27.30	15.24	34.38	19.62	75.06	58.02			
3	1	1	3	3	3	3	3	3	35.88	31.50	41.22	18.06	64.02	56.16			
4	1	2	1	1	2	2	3	3	27.42	12.96	34.56	18.42	73.14	53.58			
5	1	2	2	2	3	3	1	1	39.48	13.08	47.16	19.62	74.16	41.82			
6	1	2	3	3	1	1	2	2	30.24	25.50	35.04	26.16	69.36	56.94			
7	1	3	1	2	1	3	2	3	31.32	24.42	33.84	27.42	71.34	54.96			
8	1	3	2	3	2	1	3	1	14.58	0.54	26.10	16.86	40.74	24.54			

109) 박성현(1995), 『다구치 방법과 통계적 공정관리를 중심으로 한 품질 공학』, 민영사, p.284 참조.

9	1	3	3	1	3	2	1	2	38.22	29.10	47.22	36.78	72.96	56.04			
10	2	1	1	3	3	2	2	1	12.96	0.48	11.76	1.80	27.48	2.28			
11	2	1	2	1	1	3	3	2	29.58	7.56	45.90	11.22	68.16	39.48			
12	2	1	3	2	2	1	1	3	31.02	26.58	38.94	26.88	60.72	47.16			
13	2	2	1	2	3	1	3	2	13.02	1.26	32.58	3.90	40.50	7.50			
14	2	2	2	3	1	2	1	3	35.88	30.48	41.34	31.38	79.92	72.24			
15	2	2	3	1	2	3	2	1	19.44	2.88	23.76	11.04	52.56	19.50			
16	2	3	1	3	2	3	1	2	24.90	16.68	35.82	26.52	74.22	52.56			
17	2	3	2	1	3	1	2	3	14.10	5.22	19.38	12.96	61.44	48.36			
18	2	3	3	2	1	2	3	1	7.50	1.08	30.96	7.44	47.16	14.16			

[표 Ⅲ-36]에서 'SN 비'를 얻기 위해서는 기본적으로 (식 Ⅲ-94)의 '$\hat{\beta}^2/\hat{\sigma_e}^2$'처럼 '분자', '분모'를 유도해야 한다. 'SN 비'는 그 값에 '$10Log_{10}()$'을 취하면 되기 때문이다.

5.1. '기울기(β_1)'와 '절편(β_0)' 구하기

대부분의 '다구치 방법' 관련 서적이나 문헌에는 'β'를 유도할 때 '변동'을 이용한다. 이것은 'SN 비'에 포함된 '오차 변동'을 유도할 때도 '변동'을 활용해야 하므로 어쩔 수 없는 과정이다. 그러나 과정 자체가 복잡해 우선 좀 쉬운 방법으로 'β'를 구해보고 '오차 분산'에 대해서만 '변동'의 식을 활용하자.

만일 'X'와 'Y'가 다음 [표 Ⅲ-37]과 같을 때 둘 간의 관계식이 정립되면 '단순 회귀 모형'이라고 한다.

[표 Ⅲ-37] '단순 회귀 모형'을 위한 데이터 예

X	2.1	3.6	1.8	6.3	2.9	…
Y	16.8	13.2	19.3	21.8	14.6	…

[표 Ⅲ-37]의 관계식은 '$\hat{Y}=\hat{\beta_1}x+\hat{\beta_o}$'의 구조이며, 따라서 원 데이터로부터 '기울기, $\hat{\beta_1}$'과 '절편, $\hat{\beta_o}$'를 추정하면 식은 완성된다. 이 과정은 '최소 제곱법'이란 추정 방법을 이용한다. 그러나 본문에서 이를 전체 유도하는 것은 범위에서 벗어나므로 자세한 내용은 「Be the Solver_확증적 자료 분석(CDA)」편을 참고하기 바란다. 여기선 그 결과인 다음 식을 옮겨놓았다.

$$\hat{\beta}_o = \frac{\sum y_i - \hat{\beta}_1 \sum x_i}{n}, \text{ or } \quad \overline{y} - \hat{\beta}_1 \overline{x} \qquad \text{(식 Ⅲ-95)}$$

$$\hat{\beta}_1 = \frac{n\sum x_i y_i - \left(\sum x_i\right)\left(\sum y_i\right)}{n\sum x_i^2 - \left(\sum x_i\right)^2}, \text{ or } \quad \frac{\sum x_i y_i - \left(\sum x_i\right)\left(\sum y_i\right)/n}{\sum x_i^2 - \left(\sum x_i\right)^2/n}$$

$$\left(\begin{array}{l} \because \text{단, } y = \hat{\beta}_1 x, \text{ 즉 } \hat{\beta}_o = 0, \text{ 또는 직선이 원점을 지나는 경우면,} \\ \overline{x}, \overline{y} = 0 \text{ 대입. 따라서 } \hat{\beta}_1 = \dfrac{\sum x_i y_i}{\sum x_i^2} \text{ 로 계산됨.} \end{array} \right)$$

(식 Ⅲ-95)를 이용할 경우 [표 Ⅲ-37]의 데이터만 존재하면 바로 '기울기'와 '절편'을 유도할 수 있다. 따라서 본 식을 그대로 [표 Ⅲ-36]의 'No.1' 실험에 대한 '$\hat{\beta_1}$'을 얻는 데 적용할 수 있다. 'No.1'의 결과를 [표 Ⅲ-37]의 형태로 정리하면 다음 [표 Ⅲ-38]과 같다.

[표 Ⅲ-38] '[표 Ⅲ-36]'의 'No.1' 실험 결과의 데이터

잡음 인자	N1			N2		
X: 신호인자(M)	1.0	2.0	3.0	1.0	2.0	3.0
Y: 반응	28.8	35.34	51.36	5.46	4.86	39.36

[표 Ⅲ-38]은 '신호 인자'의 수준인 '1.0, 2.0, 3.0'이 [표 Ⅲ-37]의 'X'에

대응하므로 결국 [표 Ⅲ-37]과 구조가 동일하다. [표 Ⅲ-38]을 '산점도'로 나타내면 다음 [그림 Ⅲ-47]과 같다.

[그림 Ⅲ-47] '신호 인자(M)'와 '반응'의 산점도

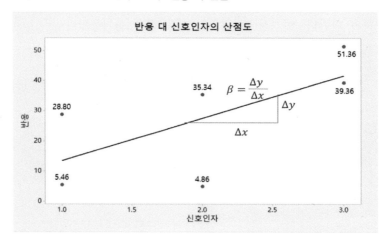

[그림 Ⅲ-47]에서 '신호 인자'의 '수준'이 커질수록 '반응(제동 토크)'은 비례해서 증가하나 '잡음 인자'들의 영향으로 타점들이 직선 위에 위치하지 않고 선 주변에 산포한다. 직선의 '기울기'는 (식 Ⅲ-95)의 '$\hat{\beta}_1$'에 해당한다.

물론 각 '처리 조합(실험 No.1~18)'별로 이 같은 구조는 계속 반복되며, 이하 설명될 '기울기'와 '절편' 및 'SN 비' 계산도 각 'No.'별로 이루어진다.

먼저 '단순 회귀 모형의 계수'인 '기울기($\hat{\beta}_1$)'를 구해보자. 이를 위해 (식 Ⅲ-95)가 그대로 적용된다. '기울기($\hat{\beta}_1$)'를 얻으면, 이 값의 '제곱'이 'SN 비' 계산 때 '분자'가 된다[(식 Ⅲ-94) 참조]. 계산 과정은 다음과 같다.

(식 III − 95), [표 III − 38]에서,　　　　　　　　　　　　　　　　　　　　(식 III-96)

$$\hat{\beta}_1 = \left[\frac{\sum x_i y_i - \left(\sum x_i\right)\left(\sum y_i\right)/n}{\sum x_i^2 - \left(\sum x_i\right)^2/n} \right]$$

$$= \left(\frac{\begin{array}{l}(1.0 \times 28.8 + 2.0 \times 35.34 + 3.0 \times 51.36 + 1.0 \times 5.46 + 2.0 \times 4.86 \\ + 3.0 \times 39.36) - 2 \times (1.0 + 2.0 + 3.0) \times (28.8 + 35.34 + 51.36 \\ + 5.46 + 4.86 + 39.36)/6\end{array}}{2 \times (1.0^2 + 2.0^2 + 3.0^2) - [2 \times (1.0 + 2.0 + 3.0)]^2/6} \right)$$

$$= 14.115$$

(식 III − 96)에서 대괄호 안은 기본 식인 (식 III − 95)를 그대로 적용했다. 식 속의 '2'는 두 개씩 존재해서 쓰인 값이다. '절편($\hat{\beta}_o$)'도 동일한 과정으로 (식 III − 95)와 [표 III − 38]을 활용해 다음과 같이 계산한다.

(식 III − 95), [표 III − 38]에서,　　　　　　　　　　　　　　　　　　　　(식 III-97)

$$\hat{\beta}_o = \frac{\left(\sum y_i\right) - \hat{\beta}_1 \left(\sum x_i\right)}{n}$$

$$= \left(\frac{\begin{array}{l}(28.8 + 35.34 + 51.36 + 5.46 + 4.86 + 39.36) \\ -14.115 \times [2 \times (1.0 + 2.0 + 3.0)]\end{array}}{6} \right)$$

$$= -0.70$$

'절편'은 [그림 III − 46]처럼 '기준점 비례식'을 통해 '$y = \hat{\beta}x$' 형태로 변환시켜 고려 대상에서 제외할 수도 있다. 기준점 설정에 대해서는 통계 프로그램인 미니탭의 '대화 상자'에 다음 [그림 III − 48]과 같이 지정하도록 지원한다 (초기 설계 '대화 상자'에서 '동특성'이 지정되어야 함).

[그림 Ⅲ-48] 미니탭 내 기준점 설정 옵션

미니탭『통계분석(S)>실험계획법(D)>Taguchi 설계(T)> Taguchi 설계분석(A)... 내 '옵션(P)'』

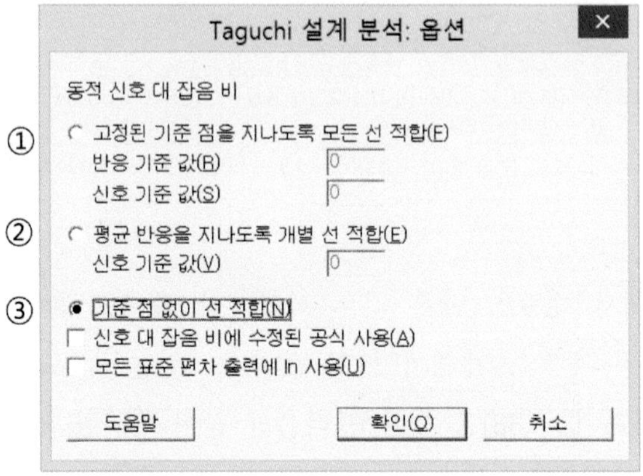

단순한 좌표 이동으로 생각할 때, '①'은 원점을 지나는 직선인 경우 (반응 기준, 신호 기준)=(0, 0)을 설정하는데, 이때 '기울기'와 '오차 분산' 계산은 (식 Ⅲ-95)와 (식 Ⅲ-103)에서 '$\hat{\beta}_o = 0$'일 때의 식을 이용한다. 그 외에 '반응 기준(Y에 대응)'과 '신호 기준(M, 또는 X에 대응)'을 별도로 정해줄 수 있다. '②'는 '신호 인자'의 특정 '수준'을 정해주는 방법이고, 끝으로 '③'은 (식 Ⅲ-96), (식 Ⅲ-97)과 같이 '기울기(계수)'와 '절편'이 존재하는 그대로를 적용하는 방법이다. '입력 신호'와 '출력(반응)' 사이의 이상적인 함수 관계는 원점을 지나는 직선인 경우이나, 결과가 '원점'에서 많이 벗어나는 경우 결과 범위에 기준 점을 지정함으로써 분석의 민감도를 향상시킬 수 있다. 기준점을 적용한 분석 사례에 대해서는 박성현(1995)[110]을 참고하기 바란다.

---

110) 박성현(1995), 앞의 책, pp.283~286 참조.

5.2. '오차 분산($\widehat{\sigma_e^2}$)' 구하기

'오차 분산'이 필요한 이유는 (식 Ⅲ‑94)에서 'SN 비'를 계산할 때 '분모'에 해당하는 '$\widehat{\sigma_e^2}$'를 얻기 위해서다. 이 양은 '잡음 인자'들이 [그림 Ⅲ‑45]에서처럼 '신호 인자'가 입력될 때 산포를 야기함으로써 설계 목표 값을 달성하지 못하게 하는 원인으로 작용한다. 따라서 이 양이 작을수록 'SN 비'가 증가하므로 신호 대비 출력의 강도는 커지는 것으로 해석할 수 있다.

'분산'은 수치적으론 '변동÷자유도'로 얻어지므로 우선 '변동'을 알아야 한다. 현재 '신호 인자'와 '반응'의 관계가 선형이므로 '변동'의 관계식은 '단순 회귀 모형'을 참고한다. 이에 대해서는 '기울기'와 '절편' 계산 때와 마찬가지로 '단순 선형 회귀 모형'에서의 변동 관계식이 요구되며 「Be the Solver_확증적 자료 분석(CDA), (식 1.17)」편에 이론과 원리설명이 있으니 필요한 독자는 참고하기 바란다. 여기선 해당 식을 다음에 옮겨놓고부터 시작할 것이다.

$$\sum_i (y_i - \overline{y})^2 = \sum_i (\hat{y}_i - \overline{y})^2 + \sum_i (y_i - \hat{y}_i)^2 \qquad \text{(식 Ⅲ‑98)}$$
$$\underset{\text{총 변동}(SST)}{} \quad \underset{\text{회귀변동}(SSR)}{} \quad \underset{\text{오차변동}(SSE)}{}$$

(식 Ⅲ‑98)에서 '총 변동'과 '회귀 변동'을 알면 둘의 차를 이용해 '오차 변동'을 구할 수 있다.

[총 변동(SST, Total Sum of Squares)]

[표 Ⅲ‑38]의 예에서 'y_i'는 '총 6개'이며, 이들의 값들은 동일하지 않다. 즉, '변동'하고 있으며, 그 양을 측정하는 방법은 '전체 평균($\overline{y}$)'과의 차를 제곱해서 모두 합하는 것이다. 다음과 같다.

총 변동(SST) :　　　　　　　　　　　　　　　　　　　　　　　(식 Ⅲ-99)

$$\sum_i (y_i - \overline{y})^2 = (28.8 - 27.53)^2 + (35.34 - 27.53)^2 + (51.36 - 27.53)^2$$
$$+ (5.46 - 27.53)^2 + (4.86 - 27.53)^2 + (39.36 - 27.53)^2$$
$$\cong 1771.4406$$

참고로 '총 변동'의 '자유도'는 'n－1=6－1=5'이다.

[회귀 변동(SSR, Regression Sum of Squares)**]**

'회귀 변동'은 (식 Ⅲ－96)에서 구한 '기울기($\hat{\beta}_1$)'가 포함된 식으로 재표현하는 것이 핵심이다. 변동 계산이 쉽기 때문이다. 우선 '단순 회귀 모형'에서의 (식 Ⅲ－98)에 대한 '회귀 변동'은 다음과 같이 재표현된다.

회귀변동(SSR) :　　　　　　　　　　　　　　　　　　　　(식 Ⅲ-100-1)

$$\sum_i (\hat{y}_i - \overline{y})^2 = \sum \left[(\hat{\beta}_1 x_i + \hat{\beta}_o) - \overline{y} \right]^2$$
$$= \sum \left[\hat{\beta}_1 x_i + (\overline{y} - \hat{\beta}_1 \overline{x}) - \overline{y} \right]^2$$
$$\left(\because (식\,III-95)의\,'\hat{\beta}_o'식\,참조 \right)$$
$$= \sum (\hat{\beta}_1 x_i - \hat{\beta}_1 \overline{x})^2$$
$$= \hat{\beta}_1^2 \sum (x_i - \overline{x})^2 ----------- 1)$$

(식 Ⅲ－100-1)의 맨 끝 항 '1)식'의 '$\sum (x_i - \overline{x})^2$'은 다음과 같이 (식 Ⅲ－95) 내 '$\hat{\beta}_1$'에서의 '분모' 형태로 재정립될 수 있다.

$$\sum (x_i - \overline{x})^2 = \sum (x_i^2 - 2x_i\overline{x} + \overline{x}^2) \qquad \text{(식 III-100-2)}$$
$$= \sum x_i^2 - 2n\left(\frac{\sum x_i}{n}\right)\overline{x} + n\overline{x}^2$$
$$= \sum x_i^2 - 2n\overline{x}^2 + n\overline{x}^2$$
$$= \sum x_i^2 - n\overline{x}^2, \ \text{또는} \ '\overline{x} = \sum x_i/n' \text{이므로}$$
$$= \sum x_i^2 - \frac{\left(\sum x_i\right)^2}{n} \ \ ------ \ 2)$$

(식 III‐100-2)의 '2)'는 (식 III‐95) 내 '$\hat{\beta}_1$'에서의 '분모'와 정확히 일치한다('n'으로 묶어낼 경우). 따라서 '2)'를 (식 III‐100-1)과 연결해 정리하면 최종적으로 다음을 얻는다.

$$\text{회귀변동}(SSR): \qquad\qquad\qquad\qquad\qquad \text{(식 III-100-3)}$$
$$\sum_i (\hat{y}_i - \overline{y})^2 = '1)\text{식}'$$
$$= \hat{\beta}_1^2 \times '2)\text{식}'$$
$$= \hat{\beta}_1 \times \frac{\left[\sum x_i y_i - \left(\sum x_i\right)\left(\sum y_i\right)/n\right]}{'2)\text{식}'} \times '2)\text{식}'$$
$$= \hat{\beta}_1 \times \left[\sum x_i y_i - \left(\sum x_i\right)\left(\sum y_i\right)/n\right] \ ----- \ 3)$$

따라서 (식 III‐100-3)의 '3)'을 통해 '회귀 변동'을 얻을 수 있으며, '[ ]' 안의 양은 (식 III‐95)에서 '$\hat{\beta}_1$'의 '분자'이므로 (식 III‐96)의 계산 내용을 그대로 이용한다. '회귀 변동(SSR)'을 [표 III‐38]과 (식 III‐96)의 '$\hat{\beta}_1$'을 적용해 직접 계산하면 다음과 같다.

회귀변동(SSR) : (식 Ⅲ-101)

$$\sum_i (\hat{y}_i - \bar{y})^2 = \hat{\beta}_1 \left[\sum x_i y_i - \left(\sum x_i\right)\left(\sum y_i\right)/n \right]$$

$$= 14.115 \times \left[\begin{array}{l} (1.0 \times 28.8 + 2.0 \times 35.34 + 3.0 \times 51.36 \\ + 1.0 \times 5.46 + 2.0 \times 4.86 + 3.0 \times 39.36) \\ - [2 \times (1.0 + 2.0 + 3.0)] \times (28.8 + 35.34 \\ + 51.36 + 5.46 + 4.86 + 39.36)/6 \end{array} \right]$$

$$\cong 796.9329$$

지금까지 '총 변동(SST)'과 '회귀 변동(SSR)'을 구했으니 끝으로 '오차 변동(SSE)'을 구해보자.

[오차 변동(SSE, Error Sum of Squares)]
'오차 변동'은 (식 Ⅲ‐98)을 통해 얻어진다. 다음과 같다.

오차변동(SSE) : (식 Ⅲ-102)

$$\sum_i (y_i - \hat{y}_i)^2 = \sum_i (y_i - \bar{y})^2 - \sum_i (\hat{y}_i - \bar{y})^2$$
$$= (식\ III - 99) - (식\ III - 101)$$
$$= 1771.4406 - 796.9329$$
$$\cong 974.5077$$

$$\left(\begin{array}{l} \because 단,\ y = \hat{\beta}_1 x,\ 즉\ \hat{\beta}_o = 0,\ 또는\ 직선이\ 원점을\ 지나는\ 경우면, \\ \sum_i (y_i - \hat{y}_i)^2 = \sum_i (y_i - \hat{\beta}_1 x_i)^2\ 으로\ 바로\ 계산. \end{array} \right)$$

현재 필요한 사항은 'SN 비'를 얻기 위한 '오차 분산'이다. '변동'을 '분산'으로 바꾸려면 '자유도(데이터 개수)'로 나눠야 하며, (식 Ⅲ‐102)의 '오차 변동'에 대한 자유도는 'n‐2'이다[111]('$y = \hat{\beta}_1 x$'인 경우 'n-1'). 따라서 최종 '오차 분산'은 다음과 같이 계산된다.

---

111) 변동별 '자유도'는 「Be the Solver_확증적 자료 분석(CDA)」편 참조.

오차 분산($\widehat{\sigma_e}^2$) 또는   (식 Ⅲ-103)
평균제곱오차($MSE, Mean\ Square\ Erroe$) :

$$\widehat{\sigma_e}^2 = \frac{\sum\limits_i \left(y_i - \hat{y}\right)^2}{n-2} = \frac{974.5077}{6-2}$$

$$= \frac{974.5077}{4} \cong 243.627$$

$$\left(\begin{array}{l} \because \text{단}, y = \hat{\beta}_1 x, \text{즉 } \hat{\beta}_o = 0 \text{ 또는 직선이 원점을 지나는 경우면,} \\ \widehat{\sigma_e}^2 = \dfrac{\sum\limits_i \left(y_i - \hat{\beta}_1 x_i\right)^2}{n-1} \text{ 으로 직접 계산.} \end{array} \right)$$

또 통계 프로그램에 따라서는 '분산' 대신 '표준 편차'를 이용하기도 하는데 '표준 편차'는 (식 Ⅲ‐103)의 값에 '제곱근'을 해서 얻는다.

오차 분산($\widehat{\sigma_e}^2$)의 '표준편차' :   (식 Ⅲ-104)

$$\sqrt{\widehat{\sigma_e}^2} = \sqrt{243.627}$$

$$\cong 15.6086$$

사실 계산 과정이 요샛말로 '나이스' 하진 않다. 만일 '분산 분석'과 '회귀 분석'에 일가견이 있는 독자라면 [표 Ⅲ‐38]을 원 데이터로 통계 프로그램 등을 이용해 '단순 회귀 분석'을 수행해보는 것도 한 방법이다. 이때 나오는 '분산 분석 표'에 지금까지 구한 (식 Ⅲ‐98)의 변동들이 모두 포함되어 있다. 또는 '단순 회귀 모형'의 변동(또는 분산)을 구하는 다른 접근은 「Be the Solver_확증적 자료 분석(CDA)」편에 자세히 설명하고 있다. 훨씬 쉬운 방법 이므로 지금까지의 과정에 어려움을 느끼는 독자는 해당 서적을 참고하기 바 란다.

'SN 비'의 계산은 (식 Ⅲ - 94)의 수식처럼 '$\hat{\beta_1}^2$'과 '$\hat{\sigma}_e^2$'을 이용한다. '정특성'과 마찬가지로 '동특성'에 쓰이는 'SN 비'도 '$10\log_{10}$'을 취해 다음과 같이 정의한다.

$$SN비 = 10\log_{10}\left(\frac{\hat{\beta}^2}{\hat{\sigma}_e^{\,2}}\right) dB, \text{ 또는} \qquad \text{(식 Ⅲ-105)}$$

$$= 10\log_{10}\left(\frac{\hat{\beta}}{\hat{\sigma}_e}\right)^2 dB,$$

$$= 20\log_{10}\left(\frac{\hat{\beta}}{\hat{\sigma}_e}\right) dB$$

(식 Ⅲ - 105)를 통해 [표 Ⅲ - 36]의 'No.1' 실험에 대한 'SN 비'를 계산하면 다음과 같다.

$$[표 III-36]의\,'No.1'\,실험에\,대한\,'SN비' : \qquad \text{(식 Ⅲ-106)}$$

$$SN비_{No.1} = 10\log_{10}\left(\frac{\hat{\beta}^2}{\hat{\sigma}_e^{\,2}}\right)$$

$$= 10\log_{10}\left(\frac{14.115^2}{243.627}\right)$$

$$\cong -0.87364\,dB$$

지금까지의 과정을 검증 차원에서 미니탭으로 확인해보자. '직교 배열(표)'는 [표 III−36]의 구조이며, 당시 상황은 "브레이크 페달을 밟았을 때 제동토크를 잡음에 최대한 둔감하도록 최적화하기 위한 실험 계획으로 '제어 인자'는 '2수준 1개'와 '3수준 7개'로 이루어졌고, '잡음 인자'는 마찰열과 패드 마모를 고려해 그들의 조합인 '최적의 상황−N1'과 '최악의 상황−N2'로 설정하였다"로 정했었다. 이에 대한 미니탭 입력 '대화 상자'는 다음 [그림 III−49]와 같다.

[그림 III−49] 직교 배열(표) '$L_{18}2^1 \times 3^7$ 설계'

미니탭『통계분석(S)>실험계획법(D)>Taguchi 설계(T)>Taguchi 설계 생성(C)...』

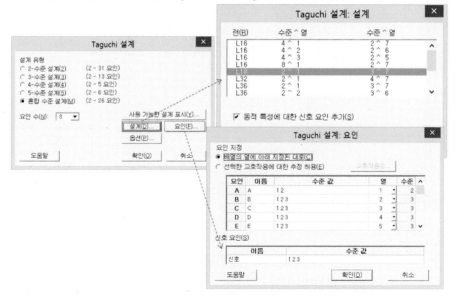

[그림 Ⅲ-49]에서 '제어 인자'가 '2수준 1개'와 '3수준 7개'로 이루어져 있으므로 '혼합 수준 설계(M)'와 '요인 수=8'이 선택되었다. 또 '　설계(D)...　'의 '대화 상자'에는 '직교 배열(표)'와 '동특성 분석'을 지정한다. '　요인(F)...　'에서는 '요인명'과 '수준' 기입 외에 '신호 인자의 수준'을 추가로 입력한다.

다음 [그림 Ⅲ-50]은 워크시트에 내·외측 배열의 '설계 표'를 보여준다. 이해를 돕기 위해 실험이 끝난 것으로 가정하고 결과인 '반응(Y)'들 모두를 입력하였다.

[그림 Ⅲ-50] '직교 배열(표)' 및 입력된 실험결과 값

	C1	C2	C3	C4	C5	C6	C7	C8	C9	C10	C11
	A	B	C	D	E	F	G	H	신호	N1	N2
1	1	1	1	1	1	1	1	1	1	28.80	5.46
2	1	1	1	1	1	1	1	1	2	35.34	4.86
3	1	1	1	1	1	1	1	1	3	51.36	39.36
4	1	1	2	2	2	2	2	2	1	27.30	15.24
5	1	1	2	2	2	2	2	2	2	34.38	19.62
6	1	1	2	2	2	2	2	2	3	75.06	58.02
7	1	1	3	3	3	3	3	3	1	35.88	31.50
8	1	1	3	3	3	3	3	3	2	41.22	18.06
9	1	1	3	3	3	3	3	3		64.02	56.16
46	2	3	1	3	2	3	1	2	1	24.90	16.68
47	2	3	1	3	2	3	1	2	2	35.82	26.52
48	2	3	1	3	2	3	1	2	3	74.22	52.56
49	2	3	2	1	3	1	2	3	1	14.10	5.22
50	2	3	2	1	3	1	2	3	2	19.38	12.96
51	2	3	2	1	3	1	2	3	3	61.44	48.36
52	2	3	3	2	1	2	3	1	1	7.50	1.08
53	2	3	3	2	1	2	3	1	2	30.96	7.44
54	2	3	3	2	1	2	3	1	3	47.16	14.16

워크시트 17 ***

[그림 Ⅲ-50]에서 '요인 A'는 수준이 '1'과 '2'로 이루어져 있고, 나머진 '1/2/3 수준'으로 구성되어 있다. 열 이름 "신호"는 '신호 인자(M)'의 수준인 '1/2/3'이 동일 '실험 조합(예, No.1)'별로 반복된다. 즉 첫 번째 조합인 'No.1'

은 모두 '1-수준' 조합이고, '신호 인자'가 '3개' 수준이므로 '3회' 반복된다.

  분석 결과가 어떻게 나오는지 알아보기 위해 '대화 상자'의 입력 과정을 다음에 옮겨놓았다. 또 그 결과가 '워크시트'에 어떻게 나타나는지 알아보기 위해 ' 저장(S)... ' 기능을 사용하였다. 다음 [그림 Ⅲ－51]과 같다.

[그림 Ⅲ－51] 분석을 위한 '대화 상자'의 옵션 선택

미니탭『통계분석(S)>실험계획법(D)>Taguchi 설계(T)> Taguchi 설계분석(A)...』

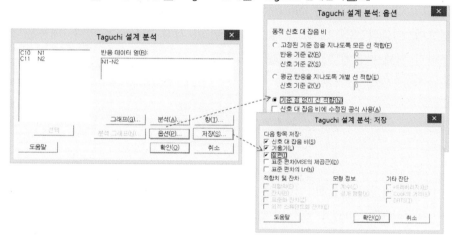

  [그림 Ⅲ－51]에서 ' 옵션(P)... '을 통해 '기준점' 없이 자료 그대로 회귀 모형 파라미터를 얻는다는 지정과, ' 저장(S)... '에서 '신호 대 잡음비', '기울기', '절편'을 '워크시트'에 나타내도록 선택했다. 다음 [그림 Ⅲ－52]는 이 지정에 대한 결과를 보여준다(첫 번째인 'No.1' 실험에 대한 설명임).

	C1 A	C2 B	C3 C	C4 D	C5 E	C6 F	C7 G	C8 H	C9 신호	C10 N1	C11 N2	C12 신호 대 잡음 비1	C13 기울기1	C14 절편1
1	1	1	1	1	1	1	1	1	1	28.80	5.46	-0.87364	14.115	-0.70
2	1	1	1	1	1	1	1	1	2	35.34	4.86	*	*	*
3	1	1	1	1	1	1	1	1	3	51.36	39.36	*	*	*
4	1	1	2	2	2	2	2	2	1	27.30	15.24	4.61667	22.635	-7.00
5	1	1	2	2	2	2	2	2	2	34.38	19.62	*	*	*
6	1	1	2	2	2	2	2	2	3	75.06	58.02	*	*	*

워크시트 17 ***

[그림 Ⅲ-52]를 보면 'No.1 실험'에 '신호 인자'의 '수준'인 '1.0/2.0/3.0'이 있으며, 이들의 'SN 비'와 '기울기', '절편'이 각각 계산되어 있다. 내용을 강조하기 위해 다음에 다시 옮겨놓았다.

$$\bigcirc\ SN비_{No.1} = -0.87364\ dB \qquad\qquad (식\ Ⅲ-107)$$
$$\bigcirc\ 기울기(\hat{\beta}_1)_{No.1} = 14.115$$
$$\bigcirc\ 절편(\hat{\beta}_o)_{No.1} = -0.70$$

미니탭 결과인 (식 Ⅲ-107)을 (식 Ⅲ-96)의 '기울기', (식 Ⅲ-97)의 '절편' 및 (식 Ⅲ-106)의 'SN 비'와 비교하기 바란다. 모두 일치한다는 것을 알 수 있다.

5.5. 동특성 결과 해석

'망목 특성'에서 최적화를 위해 'SN 비'와 '평균'을 조정했던 것과 마찬가지로 '동특성'에서도 'SN 비'와 '기울기' 조정을 통해 최적화가 이루어진다. 최적화를 위해 (식 Ⅲ-107)처럼 'No.2~No.18'까지 모든 'SN 비'와 '기울기

$(\hat{\beta}_1)$’를 구하면 다음 [표 Ⅲ-39]와 같다.

[표 Ⅲ-39] 동특성 '강건 설계'를 위한 '기울기', 'SN 비' 계산 결과

요인	A	B	C	D	E	F	G	H	M1=1.0		M2=2.0		M3=3.0		기울기 (β)	SN 비
No.	1	2	3	4	5	6	7	8	N1	N2	N1	N2	N1	N2		
1	1	1	1	1	1	1	1	1	28.80	5.46	35.34	4.86	51.36	39.36	14.115	-0.87364
2	1	1	2	2	2	2	2	2	27.30	15.24	34.38	19.62	75.06	58.02	22.635	4.616674
3	1	1	3	3	3	3	3	3	35.88	31.50	41.22	18.06	64.02	56.16	13.200	-0.05243
4	1	2	1	1	2	2	3	3	27.42	12.96	34.56	18.42	73.14	53.58	21.585	4.025428
5	1	2	2	3	3	1	1	1	39.48	13.08	47.16	19.62	74.16	41.82	15.855	-1.2878
6	1	2	3	3	1	1	2	2	30.24	25.50	35.04	26.16	69.36	56.94	17.640	4.674865
7	1	3	1	2	1	3	2	3	31.32	24.42	33.84	27.42	71.34	54.96	17.640	4.194762
8	1	3	2	3	2	1	3	1	14.58	0.54	26.10	16.86	40.74	24.54	12.540	3.593085
9	1	3	3	1	3	2	1	2	38.22	29.10	47.22	36.78	72.96	56.04	15.420	4.924188
10	2	1	1	3	3	2	2	1	12.96	0.48	11.76	1.80	27.48	2.28	4.080	-8.45512
11	2	1	2	1	1	3	3	2	29.58	7.56	45.90	11.22	68.16	39.48	17.625	-0.30442
12	2	1	3	2	2	1	1	3	31.02	26.58	38.94	26.88	60.72	47.16	12.570	3.694565
13	2	2	1	2	3	1	3	2	13.02	1.26	32.58	3.90	40.50	7.50	8.430	-5.60984
14	2	2	2	3	1	2	1	3	35.88	30.48	41.34	31.38	79.92	72.24	21.450	5.335441
15	2	2	3	1	2	3	2	1	19.44	2.88	23.76	11.04	52.56	19.50	12.435	-1.20162
16	2	3	1	3	2	3	1	2	24.90	16.68	35.82	26.52	74.22	52.56	21.300	5.861652
17	2	3	2	1	3	1	2	3	14.10	5.22	19.38	12.96	61.44	48.36	22.620	6.194144
18	2	3	3	2	1	2	3	1	7.50	1.08	30.96	7.44	47.16	14.16	13.185	-0.84981

[표 Ⅲ-39]로부터 각 요인별 수준들의 '기울기'와 'SN 비'를 구하는 방법과 과정은 '정특성'에서의 [그림 Ⅲ-25] 및 (식 Ⅲ-41)과 동일하므로 참고하기 바란다. 여기선 그 결과만 다음 [그림 Ⅲ-53]에 옮겨놓았다.

[그림 Ⅲ-53] 'SN 비에 대한 반응 표'와 '기울기에 대한 반응 표'

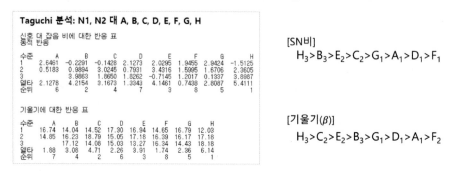

[SN비]
$$H_3 > B_3 > E_2 > C_2 > G_1 > A_1 > D_1 > F_1$$

[기울기(β)]
$$H_3 > C_2 > E_2 > B_3 > G_1 > D_1 > A_1 > F_2$$

[그림 Ⅲ-53]을 '주 효과도'로 나타내면 다음 [그림 Ⅲ-54]와 같다.

[그림 Ⅲ-54] '동특성'에 대한 'SN 비' 및 '기울기'의 '주 효과도'

[SN비]   [기울기]

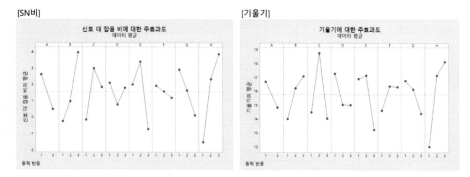

[그림 Ⅲ-53]과 [그림 Ⅲ-54]에서 1단계로 먼저 '산포'를 줄이기 위해 'SN 비'를 영향력이 큰 순서로 배열한 뒤, 각 요인별 'SN 비'가 큰 '수준'들의 조합을 정한다. 정리하면 다음과 같다.

[1단계 최적화] $H_3 > B_3 > E_2 > C_2 > G_1 > A_1 > D_1 > F_1$ (식 III-108)

(식 III‑108)의 요인별 수준들의 지정은 '산포'를 최소화하는 조합이다. 다음은 '기울기'에 영향력이 큰 요인들을 파악한다. [그림 III‑53]과 [그림 III‑54]에 기술된 '기울기' 순위를 아래에 옮겨놓았다.

['기울기' 순위] $H_3 > C_2 > E_2 > B_3 > G_1 > D_1 > A_1 > F_2$ (식 III-109)

2단계로 '산포'에 영향력이 작은 요인들 중 '기울기'에 영향력이 큰 요인들을 선별해 '수준' 값이 큰 것을 지정한다. 이에 (식 III‑108)과 (식 III‑109)를 비교하면 상위 5개 요인들이 일치한다는 것을 알 수 있다. 요인이 '산포'와 '기울기' 모두에 영향력이 크다면 '산포'의 최적화에 우선순위를 둔다. 결국 현재로선 'SN 비'에 영향력이 작은 '요인 A, D, F'의 수준을 '기울기'에 영향력 있는 수준(큰 값)에 맞추는 것으로 2단계 최적화를 마무리한다(고 가정한다). 따라서 1, 2단계 최적화를 마친 최종 '최적 조건'은 다음으로 정리된다.

[2단계 최적화] $H_3 > B_3 > E_2 > C_2 > G_1 > A_1 > D_1 > F_2$ (식 III-110)

현 운영 상태가 모두 '2수준'이라고 가정할 때, (식 III‑110)의 '최적 조건'과 'SN 비' 및 '기울기(감도)'를 분석하면 다음과 같다.

$$SN\text{비}_{\text{현수준}} = \overline{A_2} + \overline{B_2} + \overline{C_2} + \overline{D_2} + \overline{E_2} + \overline{F_2} + \overline{G_2} + \overline{H_2} - 7\overline{T} \qquad \text{(식 Ⅲ-111)}$$
$$= 0.5183 + 0.9894 + 3.0245 + 0.7931 + 3.4316$$
$$+ 1.5995 + 1.6706 + 2.3605 - 7 \times 1.5822$$
$$\cong 3.3121\,dB$$

$$기울기_{\text{현수준}} = \overline{A_2} + \overline{B_2} + \overline{C_2} + \overline{D_2} + \overline{E_2} + \overline{F_2} + \overline{G_2} + \overline{H_2} - 7\overline{T}$$
$$= 14.85 + 16.23 + 18.79 + 15.05 + 17.18 + 16.39$$
$$+ 16.17 + 17.18 - 7 \times 15.796$$
$$\cong 21.268$$

$$SN\text{비}_{\text{최적}} = \overline{A_1} + \overline{B_3} + \overline{C_2} + \overline{D_1} + \overline{E_2} + \overline{F_2} + \overline{G_1} + \overline{H_3} - 7\overline{T}$$
$$= 2.6461 + 3.9863 + 3.0245 + 2.1273 + 3.4316$$
$$+ 1.5995 + 2.9424 + 3.8987 - 7 \times 1.5822$$
$$= 12.581\,dB$$

$$기울기_{\text{최적}} = \overline{A_1} + \overline{B_3} + \overline{C_2} + \overline{D_1} + \overline{E_2} + \overline{F_2} + \overline{G_1} + \overline{H_3} - 7\overline{T}$$
$$= 16.74 + 17.12 + 18.79 + 17.30 + 17.18 + 16.39$$
$$+ 16.79 + 18.18 - 7 \times 15.796$$
$$= 27.918$$

(식 Ⅲ‐111)로부터 'SN 비'의 '이득(Gain)'과 '기울기'의 향상은 다음과 같이 요약된다.

	현 수준	최적화	이득	
○ SN비 :	$3.3121\,dB$	$\Rightarrow 12.581\,dB$	$9.27\,dB$	(식 Ⅲ-112)
○ 기울기 :	21.268	$\Rightarrow 27.918$	31.27%	

(식 Ⅲ‐112)의 효과를 확인하기 위해 재현 실험을 실시한다. 그 결과는 다음과 같다(고 가정한다).

[재현 실험]

		M₁	M₂	M₃	S/N	β
		1.0	2.0	3.0		
현 운영 조건	N₁	29.4	46.5	77.4	*3.171*	*19.525*
	N₂	14.6	33.3	44.7		
		M₁	M₂	M₃	S/N	β
		1.0	2.0	3.0		
최적 조건	N₁	29.2	59.4	87.3	*13.79*	*28.05*
	N₂	24.1	47.2	78.2		
				이득	*10.619*	*43.7%*

[추정치 대 재현실험 비교]

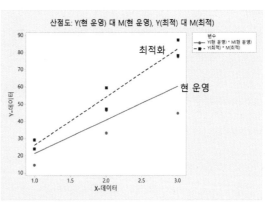

	추정치		재현실험	
	S/N	b	S/N	b
현 운영 조건	3.31	21.26	3.171	19.525
최적 설계	12.581	27.918	13.79	28.05
이득	**9.27**	**31.27%**	**10.619**	**43.7%**

[그림 Ⅲ-55]의 왼쪽은 '현 운영 조건$=A_2B_2C_2D_2E_2F_2G_2H_2$'에서와 '최적 조건$=A_1B_3C_2D_1E_2F_2G_1H_3$'에서 실제 '재현 실험'을 통해 얻은 결과이며, 그들을 '동특성' 실험 결과인 (식 Ⅲ-112)와 비교한 것이 [그림 Ⅲ-55]의 오른쪽 표이다. '추정치'보다 좀 더 좋은 결과를 얻었으며 내부적으로 적정 수준의 결과를 얻은 것으로 판단한다(고 가정한다). '재현 실험' 결과를 '산점도'로 나타내면 다음 [그림 Ⅲ-56]과 같다.

[그림 Ⅲ-56] '재현 실험'을 통해 '현 운영'과 '최적화' 개선 비교

M(현 운영)	Y(현 운영)	M(최적)	Y(최적)
1	29.4	1	29.2
2	46.5	2	59.4
3	77.4	3	87.3
1	14.6	1	24.1
2	33.3	2	47.2
3	44.7	3	78.2

[그림 Ⅲ-56]에서 '재현 실험' 중 '현 운영 조건'과 '최적 조건' 둘 다에 대해 데이터를 얻은 결과 '산포'와 '기울기'에서 뚜렷한 개선이 이루어졌음을 알 수 있다. 그러나 여전히 존재하는 '산포'들에 대해서는 추가 개선의 여지가 남아 있다(고 가정한다).

만일 지금까지 진행된 동특성 실험에서의 'Y'가 '망목 특성'이라면 (식 Ⅲ-7-2), 또는 [표 Ⅲ-5]의 '망목 특성 손실 함수' 식을 이용하여 금전적 개선 효과의 산정도 가능하다. '망목 특성 손실 함수' 식을 다시 옮겨놓으면 다음과 같다.

$$\overline{L(y)} = \frac{A_0}{D_0^2}\left[s^2 + (\overline{y}-m)^2\right] \qquad \text{(식 Ⅲ-113)}$$

(식 Ⅲ-113)을 활용하기 위해서는 개선 전 '규격 허용차'에서 'D_o'를, '단위당 폐기 비용'에서 'A_o', 또 '(예로써)30개'의 표본들로부터 얻은 '분산'과 '평균'이 알려져 있다면 가능하다. 물론 개선 후는 '규격 허용차'와 '단위당 폐기 비용'은 '상수'로 동일하므로 '최적 조건' 상태에서 '(예로써)30개'의 표본들로부터 '분산'과 '평균'을 얻어 금전적 효과를 가늠할 수 있다. '목표 값(m)' 역시 개선 전·후 동일하다. 계산 과정은 생략한다.

부록(Appendix)

A. 선형대수학에서 '직교'의 조건

    선형대수학은 행렬과 벡터를 다루는 수학의 한 분야로, 두 직선이 직교할 때의 수학적 관계는 다음의 과정을 통해 유도된다.

[그림 A-1] 선형대수에서의 '직교' 상태

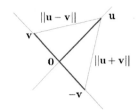

'$\|u-v\|$'는 두 벡터 간 거리를 나타내는 수학적 표현

$\|\vec{u}-\vec{v}\|$ 와 $\|\vec{u}+\vec{v}\|$ 의 거리가 같으므로,

$$[dist(\vec{u},\,-\vec{v})]^2 = \|\vec{u}-(-\vec{v})\|^2 = \|\vec{u}+\vec{v}\|^2$$
$$= (\vec{u}+\vec{v})\bullet(\vec{u}+\vec{v})$$
$$= \vec{u}\bullet(\vec{u}+\vec{v})+\vec{v}\bullet(\vec{u}+\vec{v})$$
$$= (\vec{u}\bullet\vec{u})+\vec{u}\bullet\vec{v}+\vec{v}\bullet\vec{u}+\vec{v}\bullet\vec{v}$$
$$= \|\vec{u}\|^2 + \|\vec{v}\|^2 +2\vec{u}\bullet\vec{v}$$
$$[dist(\vec{u},\vec{v})]^2 = \|\vec{u}\|^2 + \|-\vec{v}\|^2 +2\vec{u}\bullet(-\vec{v})$$
$$= \|\vec{u}\|^2 + \|\vec{v}\|^2 -2\vec{u}\bullet\vec{v}$$

그런데,

$$[dist(\vec{u},\,-\vec{v})]^2 = [dist(\vec{u},\vec{v})]^2 \text{ 이므로,}$$

$$\|\vec{u}\|^2 + \|\vec{v}\|^2 +2\vec{u}\bullet\vec{v} = \|\vec{u}\|^2 + \|\vec{v}\|^2 -2\vec{u}\bullet\vec{v}$$

$$\therefore \vec{u}\bullet\vec{v} = 0$$

B. Yates Algorithm(Analysis)_효과 계산

지금처럼 통계 프로그램이 발달되어 있는 현실에서 요인 설계의 각 항별 '효과(Effects)'를 계산하는 일은 한마디로 "a Piece of Cake"다. 예이츠(1902~1994)가 정립한 이 방식은 '완전 요인 설계'에서 쉽게 찾아볼 수 있으며, 요인들의 수준 조합이 'Yates Order'로 되어 있을 때 계산이 수월하다. Yates Algorithm이 수학적으로 잘 설명된 문헌은 'Box, Hunter, and Hunter(1978)'의 'Chapter 10'이며,[112] 추정된 효과들의 통계적 검정 절차에 대해서는 'Natrella(1963)'가 있다.[113] 다음은 '2수준 3인자'들에 대한 'Yates Algorithm' 계산 예이다.

[설계 표] 표준 순서	A	B	C	Y	Y 표기	[Yates Algorithm] (1)	(2)	(3)	[효과(Effects)] 효과	산식
1	-1	-1	-1	52	1	119.5	240.5	524.5	65.5625	=524.5/8
2	1	-1	-1	67.5	a	121	284	18.5	4.625	=18.5/4
3	-1	1	-1	56	b	148	24.5	-10.5	-2.625	=-10.5/4
4	1	1	-1	65	ab	136	-6	-20.5	-5.125	=-20.5/4
5	-1	-1	1	72	c	15.5	1.5	43.5	10.875	=43.5/4
6	1	-1	1	76	ac	9	-12	-30.5	-7.625	=-30.5/4
7	-1	1	1	73	bc	4	-6.5	-13.5	-3.375	=-13.5/4
8	1	1	1	63	abc	-10	-14	-7.5	-1.875	=-7.5/4

그림에서 '[설계 표]'는 '2수준 3인자 완전 요인 설계'의 '설계 표'를 나타낸다. 'Y 표기'는 일반적으로 'Y값'을 대신해서 표현하는 방식으로, 각 '처리 조합'에서 높은 수준을 따라 알파벳으로 표기한다. 예를 들어 '표준 순서'가 '2'인 실험 조합에서 'A=1', 'B=-1', 'C=-1'이므로 'a'로 표기한다(A요인의 수준

---

112) Box, G. E. P., Hunter, W. G., and Hunter, J. S. (1978). Statistics for Experimenters: An Introduction to Design, Data Analysis, and Model Building, John Wiley and Sons.
113) Natrella, Mary (1963). Experimental Statistics, National Bureau of Standards Handbook 91.

이 '높은 수준'임). 또 '표준 순서'가 '6'인 실험에서 'A=1', 'B=-1', 'C=1'이므로 'ac'로 표기한다.

[Yates Algorithm]은 실제 '효과(Effects)'를 얻기 위한 계산 과정이다. 전체 계산 횟수는 '요인 수'만큼 진행되며 그림 예에서 '요인 수=3개'이므로 알고리즘 역시 '3회' 반복한다. 계산 방법은 'Y'값 처음 두 개를 더해 '(1)'의 '첫 값'으로 가져온다. 즉, '52+67.5=119.5'이다. 이어 '(1)'의 두 번째 값은 연이은 'Y'값 두 개를 다시 더해서 얻는다. 즉, '56+65=121'이다.

'Y의 쌍'이 다 소모되면 다시 위로 올라가 이번엔 '첫 번째 쌍'의 '차'를 구한다. '차'를 계산할 때는 '뒤 숫자'에서 '앞 숫자'를 뺀다. 예를 들어, '(1)'의 위에서 다섯 번째 입력 값은 '67.5-52=15.5'이다.

'(1)'에서의 계산 방식을 '요인 수'가 '3개'이므로 '(3)'까지 반복한다. 알고리즘이 완료되면 맨 끝 열인 '(3)'에 대해 '평균'을 구하는 방식으로 '효과(Effects)'를 계산한다(그림 내 계산 식 참조).

다음 그림은 미니탭을 통해 얻은 계산 결과이며 둘 간의 '효과'를 비교하면 정확히 일치한다는 것을 알 수 있다.

항	효과	계수	SE 계수	T-값	P-값
상수		65.56	*	*	*
A	4.625	2.313	*	*	*
B	-2.625	-1.312	*	*	*
C	10.875	5.438	*	*	*
A*B	-5.125	-2.563	*	*	*
A*C	-7.625	-3.813	*	*	*
B*C	-3.375	-1.688	*	*	*
A*B*C	-1.8750	-0.9375	*	*	*

그림은 통계 프로그램을 통해 계산된 결과이다. 요인 설계에서 '효과'를 계산하는 일반적 접근은 「1.3.5. [통계 분석] 회귀 분석(Regression Analysis)」의 「'주 효과(Main Effect)'의 계산 원리」를 참고하기 바란다.

C. '실제 값(Un-coded)'에서의 '회귀 계수' 구하기

'회귀 계수'는 「1.3. '개인 오차'와 '최소 제곱법' 및 '분산 분석' 간 관계」에서 설명했던 '최소 제곱법(the Method of Least Squares, 또는 Least-Square Estimate)'을 통해 얻는다. 그러나 [표 Ⅱ-23]과 같은 'X'가 여럿인 '다중 회귀 모형'에서의 '실제 값(Uncoded)'에 대한 '계수'는 벡터 행렬을 이용해 '최소 제곱법'을 전개한 후 일반식을 얻어 계산된다. 그 과정을 소개하면 다음과 같다.

다중 회귀모형은,　　　　　　　　　　　　　　　　　　　　　1)
$$Y = \beta_o + \beta_1 x_1 + \beta_2 x_2 + ... + \beta_k x_k + \epsilon$$

이때 $\begin{cases} x_{ij} = \text{설명변수 } x_j \text{의 } i \text{번째 값} \\ Y_i = \text{설명변수 } (x_{i1}, x_{i2}, ... x_{ik}) \text{에서의 반응변수 값이라면} \end{cases}$

$$Y_1 = \beta_o + \beta_1 x_{11} + \beta_2 x_{12} + ... + \beta_k x_{1k} + \epsilon_1 = \beta_o + \sum_{j=1}^{k} \beta_j x_{1j} + \epsilon_1$$

$$Y_2 = \beta_o + \beta_1 x_{21} + \beta_2 x_{22} + ... + \beta_k x_{2k} + \epsilon_2 = \beta_o + \sum_{j=1}^{k} \beta_j x_{2j} + \epsilon_2$$

...

$$Y_n = \beta_o + \beta_1 x_{n1} + \beta_2 x_{n2} + ... + \beta_k x_{nk} + \epsilon_n = \beta_o + \sum_{j=1}^{k} \beta_j x_{nj} + \epsilon_n$$

$$\therefore \epsilon_i \text{는 } iid, E(\epsilon_i) = 0, Var(\epsilon_i) = \sigma^2$$

'1)'식을 행렬로 나타내면 다음과 같다.

$$Y = \begin{bmatrix} Y_1 \\ Y_2 \\ \vdots \\ Y_n \end{bmatrix}_{n \times 1} \quad X = \begin{bmatrix} 1 & x_{11} & x_{12} & \cdots & x_{1k} \\ 1 & x_{21} & x_{22} & \cdots & x_{2k} \\ \vdots & \vdots & \vdots & & \vdots \\ 1 & x_{n1} & x_{n2} & \cdots & x_{nk} \end{bmatrix}_{n \times (k+1)} \quad \beta = \begin{bmatrix} \beta_o \\ \beta_1 \\ \vdots \\ \beta_k \end{bmatrix}_{(k+1) \times 1} \quad \epsilon = \begin{bmatrix} \epsilon_1 \\ \epsilon_2 \\ \vdots \\ \epsilon_n \end{bmatrix}_{n \times 1} \quad 2)$$

'2)'식을 벡터로 표현하면 다음과 같다.

$$\vec{Y} = \vec{X}\vec{\beta} + \vec{\epsilon} \qquad 3)$$

이때 '3)'에서 '오차(ϵ)'는 'β'의 함수로써 '제곱 합'을 구하면,

$$Q(\vec{\beta}) = \sum_{i=1}^{n} \epsilon_i{}^2 = \vec{\epsilon}'\vec{\epsilon} = (\vec{Y} - \vec{X}\beta)'(\vec{Y} - \vec{X}\beta) \qquad 4)$$

여기서 $'(Prime)$ 은 '전치행렬'을 의미함.

'4)'를 풀어 정리하면 다음과 같다.

$$Q(\beta) = \vec{Y}'\vec{Y} - \vec{\beta}'\vec{X}'\vec{Y} - \vec{Y}'\vec{X}\beta + \vec{\beta}'\vec{X}'\vec{X}\beta \qquad 5)$$

$$\begin{pmatrix} \because \vec{\beta}'\vec{X}'\vec{Y} \text{는} 1 \times 1 \text{ 행렬로 '상수'} \\ \vec{Y}'\vec{X}\beta \text{는} 1 \times 1 \text{ 행렬로 '상수' 둘은 동일함.} \end{pmatrix}, \text{따라서}$$

$$Q(\beta) = \vec{Y}'\vec{Y} - 2\vec{\beta}'\vec{X}'\vec{Y} + \vec{\beta}'\vec{X}'\vec{X}\beta$$

'5)'를 $\vec{\beta}$ 에 대해 '편미분'하면 다음과 같다.

$$\frac{\partial Q(\vec{\beta})}{\partial \vec{\beta}}\Big|_{\hat{\beta}} = \begin{bmatrix} \dfrac{\partial Q}{\partial \beta_o} \\ \dfrac{\partial Q}{\partial \beta_1} \\ \vdots \\ \dfrac{\partial Q}{\partial \beta_k} \end{bmatrix}_{\hat{\beta}} = -2\vec{X}'\vec{Y} + 2\vec{X}'\vec{X}\beta = \begin{bmatrix} 0 \\ 0 \\ \vdots \\ 0 \end{bmatrix}_{(k+1) \times 1} \qquad 6)$$

$\because$ '정규방정식'이라고 함

‘6)’을 행렬로 표시하면 다음과 같다.

$$\vec{X}'\vec{X}\hat{\beta}=\vec{X}'\vec{Y} \qquad\qquad 7)$$

$[\because \vec{X}'\vec{X}$의 역행렬 $(\vec{X}'\vec{X})^{-1}$을 양변에 곱해주면]

기울기의 최소제곱 추정량은,

$$\hat{\beta}=(\vec{X}'\vec{X})^{-1}\vec{X}'\vec{Y}$$

다음은 [표 Ⅱ‒16]([표 Ⅱ‒23]은 부호화되어 있음)이며, ‘7)’을 적용해 [표 Ⅱ‒24]의 ‘회귀 방정식 계수’를 구하고자 한다. [표 Ⅱ‒24]의 모형에는 ‘상호작용’인 ‘(날개 폭)*(날개 길이)’와 ‘(날개 폭)*(꼬리 길이)’가 포함되어 있으므로 [표 Ⅱ‒16]에 ‘상호작용’ 열을 다음과 같이 추가한다(두 요인의 수준들을 서로 곱해서 만듦).

[참고로, 이 과정은 행렬들의 복잡한 계산이 필요하므로 미니탭의 「데이터(A)>복사(C)>열을 행렬로(U)…」 기능과, 「계산(C)>행렬(M)>전치(U)…」 또는 「역행렬 구하기(I)…」 및 「산술 연산(A)…」 들을 이용한다.]

날개폭	3.5	5.5	3.5	5.5	3.5	5.5	3.5	5.5	3.5	5.5	3.5	5.5	3.5	5.5	3.5	5.5
날개길이	12	12	15	15	12	12	15	15	12	12	15	15	12	12	15	15
꼬리길이	5	5	5	5	8	8	8	8	5	5	5	5	8	8	8	8
날개 폭*날개 길이	42	66	52.5	82.5	42	66	52.5	82.5	42	66	52.5	82.5	42	66	52.5	82.5
날개 폭*꼬리 길이	17.5	28	17.5	27.5	28	44	28	44	17.5	27.5	17.5	27.5	28	44	28	44
체공시간(Y)	2.5	2.66	3.63	3.94	3.32	3.54	4.14	3.61	2.84	3.5	3.55	3.87	3.08	3.63	4.38	3.35

$$(\vec{X}'\vec{X})^{-1} = \left[\begin{array}{ccc} 1 & 1 & \cdots 1 \\ 3.5 & 5.5 & \cdots 5.5 \\ 12 & 12 & \cdots 15 \\ 5 & 5 & \cdots 8 \\ 42 & 66 & \cdots 82.5 \\ 17.5 & 28 & \cdots 44 \end{array}\right] \left[\begin{array}{cccccc} 1 & 3.5 & 12 & 5 & 42 & 17.5 \\ 1 & 5.5 & 12 & 5 & 66 & 28 \\ \vdots & \vdots & \vdots & \vdots & \vdots & \vdots \\ 1 & 5.5 & 15 & 8 & 82.5 & 44 \end{array}\right]^{-1} \qquad 8)$$

$$= \left[\begin{array}{ccc} 133.85 & -28.34 & \cdots 0.813 \\ -28.34 & 6.297 & \cdots -0.181 \\ -7.97 & 1.688 & \cdots -0.000 \\ -3.84 & 0.813 & \cdots -0.125 \\ 1.688 & -0.375 & \cdots 0.000 \\ 0.812 & -0.181 & \cdots 0.028 \end{array}\right]$$

$$\vec{X}'\vec{Y} = \left[\begin{array}{ccc} 1 & 1 & \cdots 1 \\ 3.5 & 5.5 & \cdots 5.5 \\ 12 & 12 & \cdots 15 \\ 5 & 5 & \cdots 8 \\ 42 & 66 & \cdots 82.5 \\ 17.5 & 28 & \cdots 44 \end{array}\right] \left[\begin{array}{c} 2.50 \\ 2.66 \\ 3.63 \\ 3.94 \\ 3.32 \\ 3.54 \\ \vdots \\ 3.35 \end{array}\right] = \left[\begin{array}{c} 55.54 \\ 250.59 \\ 757.89 \\ 364.85 \\ 3415.64 \\ 1642.76 \end{array}\right] \qquad 9)$$

$$\hat{\beta} = (\vec{X}'\vec{X})^{-1}\vec{X}'\vec{Y} = {'8}' \times {'9}' = \left[\begin{array}{c} -9.554 \\ 2.065 \\ 0.698 \\ 0.527 \\ -0.105 \\ -0.093 \end{array}\right] \qquad 10)$$

'10)'을 [표 Ⅱ‐24]에 있는 "[코드화되지 않은 단위의 회귀 방정식]" 계수들과 비교하면 정확히 일치한다.

D. 'SN 비' 예측 값의 '신뢰 구간'

실험이 종료된 후 'SN 비'의 예측 값을 얻으면, '재현 실험'을 통해 예측 값이 실현됐는지 검증하는 활동으로 이어진다. 이때 'SN 비'는 평균값이므로 검증에서 얻어진 'SN 비'와 얼마만큼의 차이를 보여야 예측된 결과가 얻어진 것인지, 또는 아닌지 그 판단이 모호하다. 이때 '예측 값'의 '신뢰 구간 (Confidence Interval)'을 구하여 비교하면 의사결정이 매우 용이하다. '신뢰 구간' 식은 다음과 같다.

$$\overline{SN\text{비}} \in \widehat{SN}\text{비} \pm t_{DF,\,1-\alpha/2} \sqrt{\left(k + \frac{1}{r}\right) V_e} \qquad\qquad 1)$$

$$\begin{pmatrix}
\because \; \bigcirc\, DF : \text{오차의 자유도} \\
\quad \bigcirc\, t_{DF,\,1-\alpha/2} : \text{자유도가}\, DF \text{인}\, t-\text{분포의}\, 100*(1-\alpha/2)\text{의}\, t\text{값} \\
\quad \bigcirc\, V_e : \text{오차의 분산}(ANOVA\text{에서 오차의 분산}) \\
\quad \bigcirc\, k = \dfrac{\widehat{SN}\text{비에 대한 예측식에서 각 항의 자유도 합}}{\text{총 실험 횟수}}. \\
\quad \overline{T}\text{는 자유도}\,1\text{을 가짐.} \\
\quad \bigcirc\, r : \text{재현실험에서의 반복 관측 수(통상 }'1')
\end{pmatrix}$$

또는, 다음의 '신뢰 구간' 식도 이용된다.[114]

$$C.I. = \widehat{SN}\text{비} \pm \left(\frac{F_{\alpha:(1,f_e)} V_e}{n_{eff}} \right)^{1/2}, \qquad\qquad 2)$$

$$\begin{pmatrix}
f_e : \text{오차분산 자유도} \\
n_{eff} = \dfrac{\text{실험 수}}{1 + \text{평균 추정 때의 전체 자유도}}
\end{pmatrix}$$

---

114) Franko Puh, Toni Šegota, Zoran Jurković (2012). OPTIMIZATION OF HARD TURNING PROCESS PARAMETERS WITH PCBN TOOL BASED ON THE TAGUCHI METHOD, Tehni ki vjesnik č 19, 2(2012). 419.

예를 들어, 다음의 정특성(망소 특성) 실험이 수행됐다고 할 때, '신뢰 구간'을 구해보자.

No	A	B	C	D	E	F	G	N1	N2	N3	N4	SN 비
1	1	1	1	1	1	1	1	3.12	3.6	3.48	2.28	−10.000
2	1	1	1	2	2	2	2	2.16	3.6	5.88	2.04	−11.489
3	1	2	2	1	1	2	2	3.36	2.04	2.28	5.88	−11.401
4	1	2	2	2	2	1	1	2.52	1.68	0.96	1.2	−4.5994
5	2	1	2	1	2	1	2	0.012	0.024	0.84	0.0012	7.53058
6	2	1	2	2	1	2	1	3.24	1.8	3.72	1.08	−8.5646
7	2	2	1	1	2	2	1	1.56	0.96	0.012	1.68	−1.8877
8	2	2	1	2	1	1	2	2.76	2.04	2.64	1.2	−7.0305

[최적 조건]$= A_2 B_1 C_2 D_1 E_2 F_1 G_2$, 예측 값=7.53dB

'SN 비'로 '분산 분석'을 수행하면 '오차의 분산 및 자유도'를 알 수 있다 [유의하지 않은 'B, G'는 병합(Pooling)].

```
분산 분석
출처   DF   Adj SS    Adj MS    F-값     P-값
 A     1   94.788   94.7882  118.29   0.008
 C     1   22.357   22.3570   27.90   0.034
 D     1   31.703   31.7030   39.56   0.024
 E     1   88.116   88.1158  109.96   0.009
 F     1   46.285   46.2848   57.76   0.017
오차    2    1.603    0.8013
종계    7  284.851
```

'총 8회'의 실험에서 'SN 비'의 '90% 예측 구간'을 계산한다고 할 때,

○ $\widehat{SN\text{비}} = 7.53\,dB$ 3)
○ $t_{2,\,0.05} \cong 2.92$
○ $k = \dfrac{6}{8} = 0.75$
○ $r = 1$
○ $V_e = 0.8013$
○ $C.I. = 7.53 \pm 2.92\sqrt{(0.75+1)*0.8013}$
          $= 7.53 \pm 3.46$

∴ $\widehat{SN\text{비}}$ 의 90% $C.I.$ (4.072, 10.99)

결국 '재현 실험(또는 검증 실험)'을 통해 얻어진 '$\widehat{SN\text{비}}$'가 '3)'에 포함되면 예상대로 재현이 잘된 것으로 판단할 수 있다.

'F-분포'를 이용한 '2)'식의 활용은 '주) 114'를 참고하기 바란다.

색인

송인식

(현) PS-Lab 컨설팅 대표

한양대학교 물리학과 졸업
삼성 SDI 디스플레이연구소 선임연구원
한국 능률협회 컨설팅 6시그마 전문위원
네모 시그마 그룹 수석 컨설턴트
삼정 KPMG 전략컨설팅 그룹 상무

인터넷 강의: http://www.youtube.com/c/송인식PSLab
이메일: labper1@ps-lab.co.kr

※ 도서 내 데이터 및 템플릿은 PS-Lab(www.ps-lab.co.kr)에서 무료로 받아보실 수 있습니다.

Be the Solver
실험 계획(DOE)

초판인쇄 2018년 9월 14일
초판발행 2018년 9월 14일

지은이 송인식
펴낸이 채종준
펴낸곳 한국학술정보㈜
주소 경기도 파주시 회동길 230(문발동)
전화 031) 908-3181(대표)
팩스 031) 908-3189
홈페이지 http://ebook.kstudy.com
전자우편 출판사업부 publish@kstudy.com
등록 제일산-115호(2000. 6. 19)

ISBN 978-89-268-8528-4 94320